通関士試験
ゼロからの申告書

2024

日本関税協会
JAPAN TARIFF ASSOCIATION

本書の正誤等について

本書の内容の正誤等については、日本関税協会ホームページにてご案内しています。

■本書の正誤表のご確認

https://www.kanzei.or.jp/

上記URLにアクセスしていただき、
画面上部の「出版物・資料」→「書籍の正誤・訂正」を選んで下さい。

■正誤等のお問い合わせについて

上記の正誤表に記載がない場合、照会は下記の方法にてお問い合わせ下さい。
いずれの場合も、書籍名、お客様のご氏名、ご連絡先を明記して下さい。
なお、内容確認のため回答に時間を要する場合もございますので、あらかじめご了承下さい。
なお、本書の記載内容以外のお問い合わせ、学習指導に係るご質問及び質問内容が明記されていないものについてはお答えできませんので、あらかじめご了承下さい。

ホームページの質問フォームからのお問い合わせ

（日本関税協会ホームページ）https://www.kanzei.or.jp/

上記URLにアクセスしていただき、画面最上部の「お問い合わせ」をクリックし、「3．教育セミナー、通関士養成事業、研究部会関係」の「メールでのお問い合わせフォーム」をご利用下さい。

文書でのお問い合わせ

（郵送先）
〒101-0062 東京都千代田区神田駿河台3-4-2 日専連朝日生命ビル6F
公益財団法人 日本関税協会　通関士養成事業事務局 宛

はじめに

「申告書作成が通関士試験の合否を決します！」

申告書作成問題では、それまで多くの時間をかけて学習してきた関税関係法令に関する学習の成果が問われます。品目分類に誤りはなかったか、申告価格の計算に手落ちはなかったか等々試験終了後も心配の種は尽きることはありません。

ご存じのとおり、通関士試験は第１科目「通関業法」、第２科目「関税法・関税定率法等」及び第３科目「通関書類の作成要領等」の３科目から構成されています。第３科目の申告書作成問題では、NACCS（電子情報処理組織による輸出入等関連業務の処理等を行うシステム）の使用を想定した出題形式となっています。輸出では統計品目番号を、輸入では品目番号と申告価格の額をそれぞれ解答する形式となっており、一般的に受験生の苦手意識は強いと思われます。しかし、この申告書作成は、一見するとやっかいな問題とみられがちですが、実はその作成の前提となる諸条件は、問題文に具体的に提示されています。このコツをつかめば申告書作成に怖れを抱くことはありません。

第３科目「通関書類の作成要領等」の総得点は45点で17問から構成されています。申告書作成はわずか２問で全得点45点の44％（20点）を占めます。この科目の合格基準は得点率で通常60％なので申告書作成の出来、不出来がまさに通関士試験の合否を決することになります。

本書では初めて学習される方でも理解できるように丁寧に説明されています。

試験問題として提供される「輸出統計品目表」や「実行関税率表」をどのように見ていくのかという初歩的な説明からスタートし、解答すべき選択肢や申告価格の決定まで仕入書を活用しながらビジュアルな視点で解説しています。

当然のことながら、申告書作成では申告価格の計算も避けて通ることはできません。特異な事例（無償貨物、仕入書記載数量の不足など）への対処も必要になります。しかし、これらのケースについても、作成に際し留意すべき事項として、類書にみられないような詳細な解説を試みています。

申告書作成の攻略ポイントは，提示された素材をどのように読み解き、限られた時間の中でそれらをいかに迅速かつ的確に処理していくかにあります。正確に解答するためには、端数処理などきめ細かいテクニックは多少必要ですが、これは本書の練習問題をこなしながら、マスターしていくことにしましょう。

一人でも多くの受験生が本書を活用して申告書作成問題への苦手意識を克服するだけでなく得意科目として、「合格」を勝ち取ってくれることを切に願っています。

2024年5月

公益財団法人　日本関税協会

本書の利用の仕方

1.『ゼロからの申告書』の構成

『ゼロからの申告書』は、通関士試験の受験科目「通関書類の作成要領その他通関手続の実務」の「輸出申告」及び「輸入(納税)申告」(以下二つ合わせて「申告書作成」という。)にスポットを当てた参考書です。

通関士試験に合格するためには、この科目についても、満点の60%以上の得点が必要となります。本書では、この1冊で申告書作成をマスターできるように、「輸出申告」と「輸入(納税)申告」の二つのパートに分け、それぞれを次の三つの項目に分けて構成しています。

Ⅰ.基本事項　申告書作成の基本についての解説
Ⅱ.応用事項　申告書作成に際して注意を必要とするポイントについての解説と事例
Ⅲ.練習問題　Ⅰ.及びⅡ.の内容を踏襲したオリジナル練習問題

2.「Ⅰ.基本事項」のネライと構成

(1)ネライ

「Ⅰ.基本事項」では、申告書作成のために必要となる基本の「基」となる事項について解説しました。

どのような貨物に係る申告書を作成するときであっても、申告書作成の基礎についての知識(諸様式に関する基礎的な知識)が必要になります。まず、基本的な事項をしっかりとマスターしましょう。

(2)構成

作成例題を解きながら解説していく形式で、初学者にも分かりやすい内容となっています。

解答の順序をStepとして分け、それぞれそのStepでのポイントを解説した後、作成例題について具体的に解説しています。

また、解答の際の一つのポイントとなる仕入書にメモをする記載例も掲載していますので、ぜひ参考にして自分にとって見やすい記載の仕方を見つけて下さい。

3.「Ⅱ.応用事項」のネライと構成

(1)ネライ

申告書作成問題への取組みに際し、基本の「基」に関する理解ができていれば一応の解答の筋道はできることになりますが、通関士試験における過去の例をみると、手を変え品を変えた問題が出題されています。

このため、申告書作成に際しては、その作成の前提条件とされている基礎的な知識のほか、申告価格の決定、NACCS用品目コードの選択など専門的な諸事項について更なる知識が要求されるので、この項目でマスターしましょう。

(2)構成

輸出入貨物の種類や問題において示された条件によって申告書作成の仕方が異なることがあります。これらをいくつかのパターンに分け、事例を挙げて解説しました。

4.「Ⅲ.練習問題」のネライと選定

(1)ネライ

上記Ⅰ.及びⅡ.において学習した事項の理解度をチェックしてもらうために、パターン化されたオリジナル練習問題を輸出入それぞれ15問用意しました。

練習問題への取組みを通じ、本番の通関士試験への万全の態勢を整えていただくこととしています。本番の通関士試験に臨んだつもりで、参考書その他の資料を参照することなく、トライしてみましょう。

（注）パターン化された練習問題

受験生は出題例についてのパターンをしっかりと認識し、類型的な解答要領を習得することができれば、申告書作成問題に対する取組みも、比較的容易になると考えられます（申告書の作成は難しいという観念を払拭することができます。）。

（2）練習問題の選定

練習問題の選定は、原則として、過去の出題例（現在の出題形式に変更された平成18年第40回試験以降の出題例）を基に、日本関税協会が独自に作成したものです。

（3）練習問題への取組み時間の目処

練習問題への取組み時間の目処を、次のように示しておきますので、時間内に申告書作成ができるかどうか、トライしてみましょう。

輸出申告　　　　　　約15分

輸入（納税）申告　　　約25分

（4）解答と解説

品目分類については、輸出統計品目表又は実行関税率表を見ながら、受験生がその分類を確認できるように解説しています。

輸出申告の問題では、申告価格を解答する必要はありません。しかし、輸入（納税）申告の問題では、正確に本邦の通貨における申告価格を計算しなければならないため、輸出申告の問題においても、練習の意味を込めて本邦の通貨における申告価格まで計算しています。

最後にどのように仕入書にメモをしていくと正確、かつ、スムーズに解答できるか、一例を挙げておきました。この例を参考に、自分にとって見やすいメモの仕方を見つけて下さい。

（注）本書で使用している「輸出統計品目表」及び「実行関税率表」は2024年4月1日の内容に基づいています。

ゼロからの申告書に関するお知らせ

当協会では、本書籍に関するお知らせ（正誤・変更等）についてはホームページにてご案内する予定です。

URL　https://www.kanzei.or.jp/

◆ 目次 CONTENTS

輸入(納税)申告 ……… 169

輸出申告

Ⅰ.基本事項

輸出申告の問題は、配付される問題書類に基づいて、仕入書に記載された品目(6～9程度)が別冊の「輸出統計品目表」のどの統計品目番号に分類されるかを探し出し、その統計品目番号があらかじめ与えられた15個の選択肢のどの番号に合致するかを解答(5つの申告欄にあてはめる。)するものである。

試験で配付される問題書類には、次のようなものがある。

問題文

統計品目番号等の申告事項を入力する上でのポイントとなる「注意事項」が「記」に記載されている。この内容を把握して解答するのが絶対条件である。

別紙1　仕入書(INVOICE)

輸出する貨物の明細が英語で記載されている。輸出貨物の品名、性状、個数・重量、契約条件や価格等をここで確認する。

別紙2　輸出申告事項登録画面

NACCSで輸出申告をする場合の「輸出申告書」に相当し、その作成用の入力画面である。なお、「繰返部」に解答すべき統計品目番号欄((a)～(e))の場所が示されているが、解答は答案用マークシートへ行うことになる。

別紙3　実勢外国為替相場の週間平均値

輸出申告の日に適用すべき為替相場(適用為替レート)を決定するための表である。ここに記載されている為替相場適用期間から、輸出申告の日(問題文に記載されている申告年月日)の属する週の前々週の為替相場を適用する。

別冊　輸出統計品目表(抜粋)

仕入書に記載されている輸出貨物を分類して統計品目番号を決定するために使用する。

なお、通関士試験では、計算用紙及びメモ用紙等は配付されないので、別紙1の仕入書を、輸出申告事項登録画面へ入力するための計算用紙及びメモ用紙として有効に活用し、仕入書に記載された貨物ごとに仕入書の余白に、輸出申告事項登録画面への入力に必要な事項の書き込み(メモ)をすることが重要で、そのように仕入書を有効に活用することが迅速で正しい解答に直結することになる。

次の作成例題により、配付書類の使い方、解答の手順等輸出申告の基本事項(基礎知識)を習得する。

作成例題　輸出申告

別紙1の仕入書及び下記事項により、家庭用の電熱機器の輸出申告を輸出入・港湾関連情報処理システム(NACCS)を使用して行う場合について、別紙2の輸出申告事項登録画面の統計品目番号欄((a)〜(e))に入力すべき統計品目番号を、輸出統計品目表の解釈に関する通則に従い、別冊の「輸出統計品目表」(抜粋)を参照して、下の選択肢から選び、その番号をマークしなさい。

記

1　別紙1の仕入書に記載されている品目に統計品目番号が同一であるものがある場合には、これらを一の統計品目番号にとりまとめる。
2　統計品目番号ごとの申告価格が20万円以下であるもの(上記1によりとりまとめたものを含む。)がある場合には、その統計品目番号が異なるものであっても、これらを一括して一欄にとりまとめる。
3　上記2による場合に輸出申告事項登録画面に入力すべき統計品目番号は、上記2によりとりまとめる前の統計品目番号ごとの申告価格(上記1によりとりまとめたものについては、その合計額)が最も大きいものの統計品目番号とし、10桁目は「X」とする。
4　輸出申告事項登録画面に入力する統計品目番号((a)〜(e))は、その統計品目番号ごとの申告価格(上記1及び2によりとりまとめたものについては、その合計額)が大きいものから順に入力するものとする。
5　別紙1の仕入書に記載されている米ドル建価格の本邦通貨への換算は、別紙3の「実勢外国為替相場の週間平均値」を参照して行う。
6　別紙1の仕入書に記載されている貨物は、家庭において使用する種類の電熱機器である。
7　申告年月日は、令和XX年9月5日とする。

①8516.10-0003	②8516.21-0006	③8516.29-0005	④8516.31-0003
⑤8516.31-000X	⑥8516.32-0002	⑦8516.33-0001	⑧8516.40-0001
⑨8516.50-0005	⑩8516.60-0002	⑪8516.71-0005	⑫8516.71-000X
⑬8516.72-0004	⑭8516.79-1006	⑮8516.79-9001	

別紙3

実勢外国為替相場の週間平均値
(1米ドルに対する円相場)

期間	週間平均値
令和XX. 8.13 〜 令和XX. 8.19	¥109.50
令和XX. 8.20 〜 令和XX. 8.26	¥110.00
令和XX. 8.27 〜 令和XX. 9. 2	¥110.50
令和XX. 9. 3 〜 令和XX. 9. 9	¥111.00
令和XX. 9.10 〜 令和XX. 9.16	¥112.00

注．通関士試験問題と本書の掲載箇所の相違点
次の書類の掲載箇所が異なるので留意すること。以下「Ⅲ.練習問題」において同じである。
1．別紙3の「実勢外国為替相場の週間平均値」
本書では選択肢の後に掲載しているが、通関士試験では、別紙2の「輸出申告事項登録画面」の後に掲載されている。
2．別冊の「輸出統計品目表」(抜粋)
本書では別紙2の「輸出申告事項登録画面」の後に掲載しているが、通関士試験では、別の冊子に掲載されている。

別紙 1

INVOICE

Seller
ZAIMU TRADING Co., Ltd.
1- 1, 3- Chome, Kasumigaseki
Chiyoda-ku, Tokyo, Japan

Invoice No. and Date
ZTC-3201 Sep. 3rd, 20XX

Reference No. ER-0-001

Buyer EAST RIVER Inc. 2010 America Road New York NY, U.S.A.	**Country of Origin**：JAPAN **L/C No.** 100-LC-383932 **Date** Aug. 25th, 20XX
Vessel AMERICA MARU **On or About** Sep. 7th, 20XX	**Issuing Bank** New York City Bank
From Tokyo, Japan **Via**	
To New York, U.S.A.	

Marks and Nos.	Description of Goods	Quantity Unit	Unit Price per Unit	Amount FOB US$
	Electric storage heating radiators for space heating	10	612.00	6,120.00
	Electric storage water heater	40	459.00	18,360.00
ER	Electric rice cookers	20	81.60	1,632.00
New York MADE IN JAPAN	Electric roasters	200	255.00	51,000.00
	Electric hair dryers	150	50.00	7,500.00
	Electric cooking plates	108	127.50	13,770.00
	Electric coffee makers for powdered coffee	25	69.00	1,725.00

Total : FOB TOKYO US$100,107.00

Total : 60 cartons
N/W : 8,250 kgs
G/W : 9,075 kgs

ZAIMU TRADING Co., Ltd.
(Signature)

別紙2

輸出申告事項登録（大額）

共通部　繰返部

申告等番号

大額・少額識別 L　申告等種別 E　申告先種別　貨物識別　あて先官署　あて先部門

申告予定年月日

輸出者　ZAIMU TRADING CO., LTD.

住所　TOKYO TO CHIYODA KU KASUMIGASEKI 3-1-1

電話

申告予定者

蔵置場所

貨物個数　60　CT　貨物重量　9075　KGM　貨物容積

貨物の記号等

最終仕向地　USNYC -　船（機）籍符号

積出港　JPTYO　貿易形態別符号

積載予定船舶 - AMERICA MARU　出港予定年月日　20XX0907

インボイス番号　A - ZTC-3201 - 20XX0903

インボイス価格　FOB - - - A

輸出申告事項登録（大額）

共通部 | **繰返部**

〈1欄〉 統計品目番号 （a） 品名
数量（1） 数量（2）
BPR按分係数 BPR通貨コード
他法令 （1） （2） （3） （4） （5）
輸出貿易管理令別表コード 外為法第48条コード 関税減免戻税コード
内国消費税免税コード 内国消費税免税識別

〈2欄〉 統計品目番号 （b） 品名
数量（1） 数量（2）
BPR按分係数 BPR通貨コード
他法令 （1） （2） （3） （4） （5）
輸出貿易管理令別表コード 外為法第48条コード 関税減免戻税コード
内国消費税免税コード 内国消費税免税識別

〈3欄〉 統計品目番号 （c） 品名
数量（1） 数量（2）
BPR按分係数 BPR通貨コード
他法令 （1） （2） （3） （4） （5）
輸出貿易管理令別表コード 外為法第48条コード 関税減免戻税コード
内国消費税免税コード 内国消費税免税識別

〈4欄〉 統計品目番号 （d） 品名
数量（1） 数量（2）
BPR按分係数 BPR通貨コード
他法令 （1） （2） （3） （4） （5）
輸出貿易管理令別表コード 外為法第48条コード 関税減免戻税コード
内国消費税免税コード 内国消費税免税識別

〈5欄〉 統計品目番号 （e） 品名
数量（1） 数量（2）
BPR按分係数 BPR通貨コード
他法令 （1） （2） （3） （4） （5）
輸出貿易管理令別表コード 外為法第48条コード 関税減免戻税コード
内国消費税免税コード 内国消費税免税識別

別冊　輸出統計品目表（抜粋）

第85類　電気機器及びその部分品並びに録音機、音声再生機並びにテレビジョンの映像及び音声の記録用又は再生用の機器並びにこれらの部分品及び附属品

注

1　この類には、次の物品を含まない。

(a)　電気加熱式の毛布、ベッドパッド、足温器その他これらに類する物品並びに電気加熱式の衣類、履物、耳当てその他の着用品及び身辺用品

Chapter 85　Electrical machinery and equipment and parts thereof; sound recorders and reproducers, television image and sound recorders and reproducers, and parts and accessories of such articles

Notes.

1.- This Chapter does not cover:

(a) Electrically warmed blankets, bed pads, foot-muffs or the like; electrically warmed clothing, footwear or ear pads or other electrically warmed articles worn on or about the person;

番号 NO	細分番号 sub. no	NACCS用	品名	単位 UNIT I	単位 UNIT II	DESCRIPTION	参考
85.16			**電気式の瞬間湯沸器、貯蔵式湯沸器、浸せき式液体加熱器、暖房機器及び土壌加熱器、電熱式の調髪用機器（例えば、ヘアドライヤー、ヘアカーラー及びカール用こて）及び手用ドライヤー、電気アイロンその他の家庭において使用する種類の電熱機器並びに電熱用抵抗体（第85.45項のものを除く。）**			Electric instantaneous or storage water heaters and immersion heaters; electric space heating apparatus and soil heating apparatus; electro-thermic hair-dressing apparatus (for example, hair dryers, hair curlers, curling tong heaters) and hand dryers; electric smoothing irons; other electro-thermic appliances of a kind used for domestic purposes; electric heating resistors, other than those of heading 85.45:	
8516.10	000	3	－電気式の瞬間湯沸器、貯蔵式湯沸器及び浸せき式液体加熱器		NO	－Electric instantaneous or storage water heaters and immersion heaters	
			－電気式の暖房機器及び土壌加熱器			－Electric space heating apparatus and electric soil heating apparatus:	
8516.21	000	6	－－蓄熱式ラジエーター		NO	－－Storage heating radiators	
8516.29	000	5	－－その他のもの		NO	－－Other	
			－電熱式の調髪用機器及び手用ドライヤー			－Electro-thermic hair-dressing or hand-drying apparatus:	
8516.31	000	3	－－ヘアドライヤー		NO	－－Hair dryers	
8516.32	000	2	－－その他の調髪用機器	NO	KG	－－Other hair-dressing apparatus	
8516.33	000	1	－－手用ドライヤー	NO	KG	－－Hand-drying apparatus	
8516.40	000	1	－電気アイロン		NO	－Electric smoothing irons	
8516.50	000	5	－マイクロ波オーブン		NO	－Microwave ovens	
8516.60	000	2	－その他のオーブン並びにクッカー、加熱調理板、煮沸リング、グリル及びロースター	NO	KG	－Other ovens; cookers, cooking plates, boiling rings, grillers and roasters	
			－その他の電熱機器			－Other electro-thermic appliances:	
8516.71	000	5	－－コーヒーメーカー及びティーメーカー		NO	－－Coffee or tea makers	
8516.72	000	4	－－トースター		NO	－－Toasters	
8516.79			－－その他のもの			－－Other:	
	100	6	－－－電気がま		NO	－－－Electric rice cookers	
	900	1	－－－その他のもの	NO	KG	－－－Other	

解答のフローチャート

輸出申告は、次のStepの順番に従って処理していくと、スムーズに、かつ、比較的短時間に解答することができる。

問題によって、個々のStepの内容に若干の差はあるものの、解答のための考え方は基本的に変わらないので、Step1からStep7までの手順を覚える必要がある。

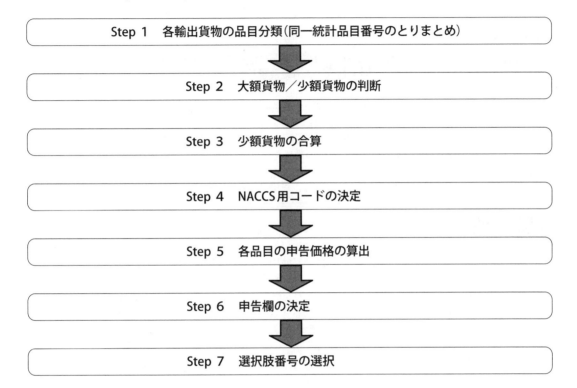

Step 1　各輸出貨物の品目分類（同一統計品目番号のとりまとめ）

↓

Step 2　大額貨物／少額貨物の判断

↓

Step 3　少額貨物の合算

↓

Step 4　NACCS用コードの決定

↓

Step 5　各品目の申告価格の算出

↓

Step 6　申告欄の決定

↓

Step 7　選択肢番号の選択

解答のポイント

解答する際には、次のポイントに注意しておくと、その問題の要点が把握しやすくなる。

① 輸出貨物は何か（仕入書からだけではなく、問題文の「記」を熟読し、確実に確認する。）。
② 同一となる統計品目番号はあるか。
③ 少額貨物はあるか。
④ 仕入書価格の建値はFOB価格か（関税法施行令第59条の2第2項前段参照）。
⑤ 仕入書価格が上記④以外のインコタームズに定める取引条件であった場合に、輸出申告価格の決定において算入又は控除すべき費用があるか。

Step 1　各輸出貨物の品目分類(同一統計品目番号のとりまとめ)

配付された問題用紙の内容を一通り確認したならば、まずは、仕入書(INVOICE)中段の品目欄について、品目順に番号を付した上で、品目間に横線を引き、次に各輸出貨物の統計品目番号を決定していく。統計品目番号は、問題文の記載内容及び仕入書に記載されている品名から、別冊の「輸出統計品目表」(抜粋)を参照して決定する。

Point

統計品目番号を決定するには、輸出統計品目表の記載に沿って、貨物を分類する。そのため、仕入書に記載されている品名及び問題文記を基に次のように決定していく。

① どの「項」(4桁)に所属するかを決定する。
② その「項」(4桁)の中の「−(ハイフン)」が一つのもの(一段落ち)に記載されている品名を確認し、当該貨物がいずれの品名に所属するかを決定する。
③ ②と同様に「−−」、「−−−」、…についても「−」の数の順に該当する統計細分番号が振られているところまで繰り返し品名を確認し、9桁の番号を決定する。
④ NACCS用コードを10桁目に付加する。

なお、同一となる統計品目番号があった場合は、一欄にとりまとめる。

作成例題

問題文記6より、貨物はすべて、家庭において使用する電熱機器である。

(1)仕入書第1項：Electric storage heating radiators for space heating ➡ 8516.21-0006

貨物は、「暖房用の蓄熱式ラジエーター」であり、第85類注1(a)に規定する物品ではないので、第85.16項の「電気式の…暖房機器…」に該当する。この項において、まず、「−」(ハイフンが一つ)のもののうち、「−電気式の暖房機器…」に分類する。

番号	細分番号	NACCS用	品名	DESCRIPTION
① 85.16			電気式の…暖房機器…その他の家庭において使用する種類の電熱機器… (…)	Electric…; electric space heating apparatus…
8516.10			② (−)	
			− 電気式の暖房機器…	−Electric space heating apparatus…
8516.21			−−	
8516.29			−−	
			(−)	
8516.31			−−	
8516.32			−−	

次に、「−電気式暖房機器…」の「−−」(ハイフンが二つ)のもののうち、第8516.21号の「−−蓄熱式ラジエーター」に分類し、統計細分番号は「000」、NACCS用コードは「6」となる。

番号	細分番号	NACCS用	品名	DESCRIPTION
			−電気式の暖房機器…	−Electric space heating apparatus…
8516.21	000	6	−−蓄熱式ラジエーター	−− Storage heating radiators
8516.29	000	5	③ −−その他のもの	−− Other

(2)仕入書第2項：Electric storage water heaters ➡ 8516.10-0003

貨物は、「電気式の貯蔵式湯沸器」であり、第85.16項の「－」のもののうち、第8516.10号の「－電気式の…貯蔵式湯沸器…」に分類し、統計細分番号は「000」、NACCS用コードは「3」となる。

(3)仕入書第3項：Electric rice cookers ➡ 8516.79-1006

貨物は、「電気がま」であり、第85.16項の「－」のもののうち、「－その他の電熱機器」に区分し、次に「－－」のうち、第8516.79号の「－－その他のもの」に入る。さらに、「－－－」のうち、「－－－電気がま」に分類し、統計細分番号は「100」、NACCS用コードは「6」となる。

(4)仕入書第4項：Electric roasters ➡ 8516.60-0002

貨物は、「ロースター」であり、第85.16項の「－」のもののうち、第8516.60号の「－その他のオーブン並びに…トースター…」に分類し、統計細分番号は「000」、NACCS用コードは「2」となる。

(5)仕入書第5項：Electric hair dryers ➡ 8516.31-0003

貨物は、「ヘアドライヤー」であり、第85.16項の「－」のもののうち、「－電熱式の調髪用機器…」に区分する。次に「－－」のうち、第8516.31号の「－－ヘアドライヤー」に分類し、統計細分番号は「000」、NACCS用コードは「3」となる。

(6)仕入書第6項：Electric cooking plates ➡ 8516.60-0002

貨物は、「電気加熱調理板」であり、第85.16項の「－」のもののうち、第8516.60号の「－その他のオーブン並びに…加熱調理板…」に分類し、統計細分番号は「000」、NACCS用コードは「2」となる。

(7)仕入書第7項：Electric coffee makers for powdered coffee ➡ 8516.71-0005

貨物は、「電気コーヒーメーカー(粉末用)」であり、第85.16項の「－」のもののうち、「－その他の電熱機器」に区分する。次に「－－」のうち、第8516.71号の「－－コーヒーメーカー…」に分類し、統計細分番号は「000」、NACCS用コードは「5」となる。

なお、仕入書第4項と第6項の貨物は、統計細分番号が同一となるため、一欄にとりまとめる。

(仕入書の有効活用例)

Marks and Nos.	Description of Goods	Quantity Unit	Unit Price per Unit	Amount FOB US$
	1. Electric storage heating radiators for space heating **8516.21-0006**	10	612.00	6,120.00
	2. Electric storage water heater **8516.10-0003**	40	459.00	18,360.00
	3. Electric rice cookers **8516.79-1006**	20	81.60	1,632.00
	4. Electric roasters **8516.60-0002**	200	255.00	51,000.00 **64,770.00**
	5. Electric hair dryers **8516.31-0003**	150	50.00	7,500.00
	6. Electric cooking plates **8516.60-0002**	108	127.50	13,770.00
	7. Electric coffee makers for powdered coffee **8516.71-0005**	25	69.00	1,725.00

Total : FOB TOKYO US$100,107.00

Step 2　大額貨物／少額貨物の判断

各貨物の統計品目番号を決定して同一の統計品目番号のものをとりまとめたならば、次に、統計品目番号が異なるごとの申告価格が少額貨物分岐点価格20万円以下のもの(以下「少額貨物」(注)という。)になるかどうかを判断する。

(注)外国貿易等に関する統計基本通達21-2(1)(普通貿易統計計上除外貨物)

Point

仕入書価格が外国通貨で記載されている場合、少額貨物かどうかを判断するためには、その外国通貨がいくらであれば20万円以下のものに該当するかの基準となる価格(以下「少額判断基準価格」という。)を求めておくと便利である。

仕入書価格がFOB価格(注1)である場合の少額判断基準価格は、20万円を適用為替レート(注2)で除したものとなる。

なお、仕入書価格がFOB価格以外の場合の少額判断基準価格の算出方法については、後記「**Ⅱ.応用事項－Check1　少額貨物の判断**」を参照のこと。

(注1)輸出申告における申告価格は、当該輸出貨物の本邦の輸出港における本船甲板渡し価格(FOB価格)とされている(関税法施行令第59条の2第2項前段)。

(注2)適用為替レートは、後記「**ワンポイントアドバイス：本邦通貨への換算(輸出)**」を参照

作成例題

仕入書価格が外国通貨で表示されているFOB価格であるので、20万円を適用為替レートで除することで少額判断基準価格を求めることができる。

適用為替レート　：110.00円/US$（令和XX. 8.20 ～令和XX. 8.26）
少額判断基準価格：200,000円　÷　110.00円/US$　＝　US$1,818.18

したがって、仕入書価格が**US$1,818.18**以下であれば、少額貨物と判断することができる。
この作成例題では、「8516.79-1006」(仕入書第3項：US$1,632.00)及び
「8516.71-0005」(仕入書第7項：US$1,725.00)
が少額貨物となる。

（仕入書の有効活用例）

適用為替レート：¥110.00/US$

Marks and Nos.	Description of Goods	Quantity Unit	Unit Price per Unit	Amount FOB US$
	1. Electric storage heating radiators for space heating 8516.21-0006	10	612.00	6,120.00
	2. Electric storage water heater 8516.10-0003	40	459.00	18,360.00
	3. Electric rice cookers 8516.79-1006	20	81.60	1,632.00
	4. Electric roasters 8516.60-0002	200	255.00	51,000.00 64,770.00
	5. Electric hair dryers 8516.31-0003	150	50.00	7,500.00
	6. Electric cooking plates 8516.60-0002	108	127.50	13,770.00
	7. Electric coffee makers for powdered coffee 8516.71-0005	25	69.00	1,725.00

Total : FOB TOKYO US$100,107.00

少額判断基準価格 US$1,818.18

ワンポイントアドバイス：本邦通貨への換算（輸出）

輸出申告では、申告価格は本邦の通貨「円」で申告する。そのため、仕入書価格が外国通貨で表示されていた場合は、輸出申告の日の属する週の前々週における実勢外国為替相場の当該週間の平均値として税関長が公示した相場（以下「適用為替レート」という。）により本邦の通貨へ換算する（関税法施行令第59条の2第4項）。

通関士試験では、問題文記に記載されている申告年月日から、別紙3の「実勢外国為替相場の週間平均値」に記載されている期間を特定し、適用為替レートを決定する。

作成例題

申告年月日が「令和XX年9月5日」であるので、別紙3の「実勢外国為替相場の週間平均値」における適用為替レートは、「令和XX年9月5日」の属する週「令和XX. 9. 3～令和XX. 9. 9」の前々週「令和XX. 8.20～令和XX. 8.26」に記載されている週間平均値「**¥110.00**」となる。

Step 3　少額貨物の合算

少額貨物が二以上ある場合には、それらを一括して一欄にとりまとめて申告する。

Point

少額貨物の二以上を一括して一欄にとりまとめて申告する場合、通常、合算した少額貨物のうち申告価格が最も大きい品目の属する統計品目番号にとりまとめている。

通関士試験においては問題文記に少額貨物のとりまとめ方についての指示があるので、それに従ってとりまとめる(参考参照)。

(参考)令和5年第57回通関士試験の問題文(少額貨物の合算関連部分：記1～3)

1　別紙1の仕入書に記載されている品目に統計品目番号が同一であるものがある場合には、これらを一の統計品目番号にとりまとめる。

2　統計品目番号ごとの申告価格が20万円以下であるもの(上記1によりとりまとめたものを含む。)がある場合には、その統計品目番号が異なるものであっても、これらを一括して一欄にとりまとめる。

3　上記2による場合に輸出申告事項登録画面に入力すべき統計品目番号は、上記2によりとりまとめる前の統計品目番号ごとの申告価格(上記1によりとりまとめたものについては、その合計額)が最も大きいものの統計品目番号とし、10桁目は「X」とする。

作成例題

仕入書価格が少額判断基準価格(US$1,818.18)以下で少額貨物となるものは、次のとおりである。

仕入書の品名	統計品目番号	仕入書価格
3. Electric rice cookers	8516.79-1006	US$1,632.00
7. Electric coffee makers for powdered coffee	8516.71-0005	US$1,725.00

問題文記2及び3より、統計品目番号は、申告価格が大きい「8516.71-0005」にとりまとめ、他の番号を「~~8516.79-1006~~」とする。

合算後の統計品目番号及び仕入書価格は次のようになる。

仕入書の品名	統計品目番号	仕入書価格
3. Electric rice cookers	~~8516.79-1006~~	US$3,357.00
7. Electric coffee makers for powdered coffee	8516.71-0005	

（仕入書の有効活用例）

Marks and Nos.	Description of Goods	Quantity Unit	Unit Price per Unit	Amount FOB US$
適用為替レート：￥110.00/US$				
	1. Electric storage heating radiators for space heating 8516.21-0006	10	612.00	6,120.00
	2. Electric storage water heater 8516.10-0003	40	459.00	18,360.00
	3. Electric rice cookers ~~8516.79-1006~~	20	81.60	1,632.00
	4. Electric roasters 8516.60-0002	200	255.00	51,000.00 64,770.00
	5. Electric hair dryers 8516.31-0003	150	50.00	7,500.00
	6. Electric cooking plates 8516.60-0002	108	127.50	13,770.00
	7. Electric coffee makers for powdered coffee **8516.71-0005**	25	69.00	1,725.00 **3,357.00**

Total：FOB TOKYO US$100,107.00
少額判断基準価格 US$1,818.18

Step 4　NACCS用コードの決定

統計品目番号の整理(少額合算)を終えたならば、問題文記3によりNACCS用コードを確定させる。少額貨物をとりまとめた後の統計品目番号の10桁目を「X」とする。

Point

NACCS用コードとは、輸出入・港湾関連情報処理システム(NACCS)を使用して輸出申告をする場合に、統計品目番号9桁の後に10桁目として設けられているチェックデジットである。通常は、輸出統計品目表のNACCS用欄に記載されている数字をそのまま選択すればよいが、次の場合には変更が必要である。

(1)普通貿易統計に計上する必要がない貨物に該当する場合

普通貿易統計に計上する必要がない貨物とは、具体的には、申告価格が20万円以下のもの(少額貨物)をいう。

① 少額貨物を一品目のみ単独で申告するとき
10桁目を「E」とする。

② 二以上の少額貨物を一括して一欄にとりまとめて申告するとき
申告する統計品目番号は、一欄にとりまとめた品目のうち申告価格が最も大きいものの統計品目番号とし、10桁目を「X」とする。

(2)NACCS用欄に「†」印がある場合

別紙として提示される「NACCS用品目コード(輸入)」(抜粋)を参照して決定する。

(3)外国産品の「再輸出品」を申告する場合

10桁目を「Y」とする。(統計品目番号7108.20-000(マネタリーゴールド)及び7118.90-100(金貨)に該当する貨物を除く。)

作成例題

少額貨物の二品目(仕入書第3項及び第7項)を申告価格の大きい統計品目番号「8516.71-0005」に一括して一欄にとりまとめて申告するので、この統計品目番号のNACCS用コードを「5」から「X」に変更する。

8516.71-0005 → 8516.71-000X

その他の品目(仕入書第1項、第2項、第4項(第6項と合算)及び第5項)については、各品目ごとに申告価格が20万円を超えるので、NACCS用コードを変更する必要はない。

（仕入書の有効活用例）

Marks and Nos.	Description of Goods	Quantity Unit	Unit Price per Unit	Amount FOB US$
適用為替レート：￥110.00/US$				
	1. Electric storage heating radiators for space heating 8516.21-0006	10	612.00	6,120.00
	2. Electric storage water heater 8516.10-0003	40	459.00	18,360.00
	3. Electric rice cookers ~~8516.79-1006~~	20	81.60	1,632.00
	4. Electric roasters 8516.60-0002	200	255.00	51,000.00 64,770.00
	5. Electric hair dryers 8516.31-0003	150	50.00	7,500.00
	6. Electric cooking plates 8516.60-0002	108	127.50	13,770.00
	7. Electric coffee makers for powdered coffee ~~8516.71-0005~~ → 8516.71-000X	25	69.00	1,725.00 3,357.00

Total : FOB TOKYO US$100,107.00
少額判断基準価格 US$1,818.18

Step 5　各品目の申告価格の算出

次に、各品目の申告価格を算出する。

なお、申告価格は、通関士試験の輸出申告の問題では解答する項目に挙げられていないが、申告欄を決定する際に必要となる場合があるので、算出方法を習得する。(後記「**Step6　申告欄の決定**」参照)

Point

輸出申告における申告価格は、当該輸出貨物の本邦の輸出港における本船甲板渡し価格(FOB価格)とされている(関税法施行令第59条の2第2項前段)。

このため、問題で提示されている仕入書の契約条件が、FOB以外の契約条件であった場合には、それぞれ所要の調整をしてFOB価格を算出しなければならない。(後記「**Ⅱ.応用事項－Check1　少額貨物の判断**」参照)

調整をして算出した申告価格に、適用為替レートを乗じて本邦通貨に換算し、小数点以下の端数が出た場合は、1円未満の端数を切り捨てる。(「適用為替レート」については、前記Step2内の**ワンポイントアドバイス**参照)

作成例題

仕入書価格の契約条件がFOB価格であるので、調整をする必要はない。仕入書価格に適用為替レート(110.00円/US$)を乗じて本邦の通貨に換算する。

なお、この作成例題の適用為替レートについては、前記Step2内の**ワンポイントアドバイス**を参照のこと。

(1)8516.21-0006(仕入書第1項)
FOB US$6,120.00　×　110.00円/US$　＝　673,200円

(2)8516.10-0003(仕入書第2項)
FOB US$18,360.00　×　110.00円/US$　＝　2,019,600円

(3)8516.60-0002(仕入書第4項及び第6項)
FOB US$64,770.00　×　110.00円/US$　＝　7,124,700円

(4)8516.31-0003(仕入書第5項)
FOB US$7,500.00　×　110.00円/US$　＝　825,000円

(5)8516.71-000X(少額合算：仕入書第7項及び第3項)
FOB US$3,357.00　×　110.00円/US$　＝　369,270円

（仕入書の有効活用例）

Marks and Nos.	Description of Goods	Quantity Unit	Unit Price per Unit	Amount FOB US$
適用為替レート：￥110.00/US$				
	1. Electric storage heating radiators for space heating 8516.21-0006	10	612.00	6,120.00 **¥673,200**
	2. Electric storage water heater 8516.10-0003	40	459.00	18,360.00 **¥2,019,600**
	3. Electric rice cookers ~~8516.79-1006~~	20	81.60	1,632.00
	4. Electric roasters 8516.60-0002	200	255.00	51,000.00 64,770.00 **¥7,124,700**
	5. Electric hair dryers 8516.31-0003	150	50.00	7,500.00 **¥825,000**
	6. Electric cooking plates 8516.60-0002	108	127.50	13,770.00
	7. Electric coffee makers for powdered coffee ~~8516.71-0005~~ 8516.71-000X	25	69.00	1,725.00 3,357.00 **¥369,270**

Total：FOB TOKYO US$100,107.00
少額判断基準価格 US$1,818.18

ワンポイントアドバイス：申告価格について

輸出申告では、申告価格が大きいものから順に入力するものとされているが、申告価格については解答する必要がないので、申告価格の大小が判断できればよい。

したがって、仕入書価格がFOB価格である場合又はCFR価格等でその価格に対して一定の割合で運賃等が加算されている場合は、そのまま仕入書価格の大小で申告欄を決定できる。

なお、仕入書価格がCFR価格等で個数、重量又は容積に応じて運賃等が加算されている場合は、仕入書価格の調整を終えた外国通貨建の申告価格の大小で申告欄を決定できる。

後記「**Ⅱ.応用事項－Check1　少額貨物の判断－Case3**内の**ワンポイントアドバイス**（仕入書価格と運賃等とで通貨が異なる場合）」を除き、外国通貨建の仕入書価格を本邦通貨に換算する必要はない。

（注）本書においては、輸入（納税）申告では申告価格の解答を求められていることから、その練習も兼ねて輸出申告においても本邦通貨の申告価格を算出している。これは「Ⅲ.練習問題」についても同様である。

なお、「Ⅲ.練習問題」の仕入書の有効活用例については、必要がある場合を除き、申告価格を記載していない。

Step 6　申告欄の決定

次に、決定した統計品目番号をどの欄に入力するかを決定する。

Point

申告欄の記入順番については、問題文の記の記述に従う。

参考：通関士試験の問題文の指示

① **令和元年、2年、3年、4年、5年**

統計品目番号ごとの申告価格(同一品目番号のものをとりまとめたものはその合計額、少額貨物を合算したものはその合計額)が大きいものから順に入力する。

② **平成26年、27年、28年、29年、30年**

申告価格(同一品目のものをとりまとめたものはその合計額)の大きいものから順に入力し、少額貨物を合算したものは最後の欄に入力する。

作成例題

問題文記４により、申告価格が大きいものから順に並び替えると次のようになる。

仕入書の品名	統計品目番号	申告価格	申告欄
4. Electric roasters 6. Electric cooking plates	8516.60-0002	7,124,700円	第１欄
2. Electric storage water heaters	8516.10-0003	2,019,600円	第２欄
5. Electric hair dryers	8516.31-0003	825,000円	第３欄
1. Electric storage heating radiators for space heating	8516.21-0006	673,200円	第４欄
3. Electric rice cookers 7. Electric coffee makers for powdered coffee	8516.71-000X	369,270円	第５欄

したがって、申告欄は上の表の右端の「申告欄」の列に記載されているとおりの順番となる。

ワンポイントアドバイス：申告欄の決定

統計品目番号の決定を正しく行ったとしても、申告欄の選択を誤り、解答欄を誤ってしまうと得点することができないので、十分に注意すること。

これは輸入(納税)申告でも同じである。

（仕入書の有効活用例）

Marks and Nos.	Description of Goods	Quantity Unit	Unit Price per Unit	Amount FOB US$
適用為替レート：¥110.00/US$				
	1. Electric storage heating radiators for space heating 8516.21-0006《4》	10	612.00	6,120.00 ¥673,200
	2. Electric storage water heater 8516.10-0003《2》	40	459.00	18,360.00 ¥2,019,600
	3. Electric rice cookers ~~8516.79-1006~~	20	81.60	1,632.00
	4. Electric roasters 8516.60-0002《1》	200	255.00	51,000.00 64,770.00 ¥7,124,700
	5. Electric hair dryers 8516.31-0003《3》	150	50.00	7,500.00 ¥825,000
	6. Electric cooking plates 8516.60-0002	108	127.50	13,770.00
	7. Electric coffee makers for powdered coffee ~~8516.71-0005~~ 8516.71-000X《5》	25	69.00	1,725.00 3,357.00 ¥369,270

Total：FOB TOKYO US$100,107.00

少額判断基準価格 US$1,818.18

Step 7　選択肢番号の選択

申告欄が決定したならば、最後に問題文の下段に掲げられている選択肢の中からそれぞれの申告欄に入力すべき統計品目番号に該当する選択肢番号を選び、答案用紙にマークする。

Point

選択肢は品目番号が規則的に並べられていない場合があること及び9桁まで同じ品目番号でも10桁目が異なるものがあることに注意する必要がある。問題文に記載されている選択肢の統計品目番号を見誤って異なる選択肢を選択してしまう可能性もあるので、自分で4桁、6桁、9桁の箇所で線を引いて区切るのもよいと思われる。

【例】① 8516.10-0003 ➡ ① 8516.|10-|000|3

作成例題

Step6までの作業を基に統計品目番号欄に入力する統計品目番号の選択肢番号を決定すると次のようになる。

(a)：第1欄に入力する統計品目番号　8516.60-0002　➡　⑩
(b)：第2欄に入力する統計品目番号　8516.10-0003　➡　①
(c)：第3欄に入力する統計品目番号　8516.31-0003　➡　④
(d)：第4欄に入力する統計品目番号　8516.21-0006　➡　②
(e)：第5欄に入力する統計品目番号　8516.71-000X　➡　⑫

（仕入書の有効活用例）

Marks and Nos. / Description of Goods	Quantity Unit	Unit Price per Unit	Amount FOB US$
適用為替レート：￥110.00/US$			
1. Electric storage heating radiators for space heating ②8516.21-0006《4》	10	612.00	6,120.00 ¥673,200
2. Electric storage water heater ①8516.10-0003《2》	40	459.00	18,360.00 ¥2,019,600
3. Electric rice cookers ~~8516.79-1006~~	20	81.60	1,632.00
4. Electric roasters ⑩8516.60-0002《1》	200	255.00	51,000.00 64,770.00 ¥7,124,700
5. Electric hair dryers ④8516.31-0003《3》	150	50.00	7,500.00 ¥825,000
6. Electric cooking plates 8516.60-0002	108	127.50	13,770.00
7. Electric coffee makers for powdered coffee ~~8516.71-0005~~ ⑫8516.71-000X《5》	25	69.00	1,725.00 3,357.00 ¥369,270

Total：FOB TOKYO US$100,107.00
少額判断基準価格 US$1,818.18

このように仕入書に記入（メモ）していきながら解答をしていくことで、見直しもしやすくなる。

【作成例題の解答】

（a）⑩　（b）①　（c）④　（d）②　（e）⑫

Ⅱ.応用事項

Check 1　少額貨物の判断

通関士試験の輸出申告において申告価格を算出する主たる必要性は、申告欄の品目の順番の決定及び輸出貨物の申告価格が統計品目番号の異なるものごとに20万円以下となるもの（以下「少額貨物」という。）かどうかの判断を行うためにある。

したがって、仕入書記載の各輸出貨物について、品目分類を行った結果、少額貨物となるものかどうか仕分けして、最終的なNACCS用コードの決定を行う。

このため、仕入書価格が外国通貨建である場合及びCFR価格又はCIF価格等のようにFOB価格ではない場合は、少額貨物かどうかの迅速な判断をするために「少額判断基準価格」の算出を行うことが便利である。「少額判断基準価格」を算出して少額貨物かどうかの判断を行うことで、多くの場合、申告価格の計算処理を省略することができる。

少額貨物の判断は、仕入書に記載された各貨物の申告価格が20万円以下になるかどうかを、出題された作成問題において前提とされた条件に基づいて、少額貨物分岐点価格である20万円に相当する外国通貨建価格（少額判断基準価格）を算出して、この算出した少額判断基準価格と仕入書価格を比較して行う。

Case 1　仕入書価格がFOB価格である場合

この場合には、少額判断基準価格は、「少額貨物分岐点価格20万円」を輸出申告日の適用為替レートで除して得た外国通貨建のFOB価格である。（前記「**Ⅰ．基本事項－Step2　大額貨物／少額貨物の判断**」において解説しているので、そちらを参照のこと。）

例：第50回(繊維製品)

INVOICE

(適用為替レート　103.00 円 /US$)

Marks and Nos.	Description of Goods	Quantity Unit	Unit Price per Unit	Amount FOB US$
	Knitted cardigans made of 100% of flax fibres	30	64.50	1,935.00

FOB TOKYO US$ 64,825.00

(1)少額判断基準価格の算出

少額貨物分岐点価格		適用為替レート		少額判断基準価格
200,000円	÷	103.00円/US$	＝	US$1,941.74

(2)少額貨物であるかどうかの判断

仕入書に記載されているすべての貨物について、その仕入書価格(同一となる統計品目番号があった場合には、それらをとりまとめた後の価格)と少額判断基準価格とを比較して、少額貨物となるかどうかを確認する。

この例の貨物の場合、仕入書価格が少額判断基準価格より小さいので、少額貨物となる。

FOB US$1,935.00　<　少額判断基準価格　US$1,941.74

(3)検証

US$1,935.00　×　103.00円/US$　＝　199,305円　<　200,000円

Case 2　仕入書価格がFOB価格以外の価格（CIF価格等）である場合

Pattern 1　運賃等がFOB価格のχ％と設定されている場合

この場合は、「仕入書価格(CIF価格等)＝FOB価格＋FOB価格×χ％＝FOB価格×(1＋χ％)」であり、少額判断基準価格(CIF価格等)は、「FOB価格＝20万円」として「20万円×(1＋χ％)」により算出した額を、輸出申告日の適用為替レートで除した額(外国通貨建て)である。

ワンポイントアドバイス：FOB価格への調整

貨物の価格がFOB価格以外の価格である場合には、次のように仕入書価格を調整して、FOB価格を算出する。

①EXW価格 ・・輸出国内での運賃その他輸出諸掛を加算する。
②CFR価格 ・・・輸出港からの運賃を控除する。
③CIF価格 ・・・・輸出港からの運賃及び保険料を控除する。
④DPU価格 ・・・輸出港からの運賃及び保険料並びに輸入国内においてかかる費用を控除する。

例：第43回(はさみその他の物品)

記

5　別紙1の仕入書に記載されている価格には、東京港における本船甲板渡し価格(FOB価格)の10%に相当する額の海上運賃及び保険料が加算されている。

INVOICE

（適用為替レート　94.00円/US$）

Marks and Nos.	Description of Goods	Quantity No	Unit Price per No	Amount CIF US$
	Kitchen Knives	1,150	2.00	2,300.00

Total : CIF NEW YORK　　US$ 27,550.00

(1)少額判断基準価格の算出

この場合は、χ％＝10%である。

1＋χ％ ＝ 1＋10% ＝ 1＋0.1 ＝ 1.1　《∵ CIF＝FOB×1.1》

(少額貨物分岐点価格 200,000円 ×1.1)　÷　適用為替レート 94.00円/US$　＝　少額判断基準価格 US$2,340.42

(2)少額貨物であるかどうかの判断

仕入書に記載されているすべての貨物について、その仕入書価格(同一となる統計品目番号があった場合には、それらをとりまとめた後の価格)と少額判断基準価格とを比較して、少額貨物となるかどうかを確認する。

この例の貨物の場合、仕入書価格が少額判断基準価格より小さいので、少額貨物となる。

CIF US$2,300.00　＜　少額判断基準価格　US$2,340.42

Pattern 2 運賃等が仕入書価格のχ%と設定されている場合

この場合は、「FOB価格＝仕入書価格(CIF価格等)－仕入書価格(CIF価格等)×χ%＝仕入書価格(CIF価格等)×(1－χ%)」とすると、「仕入書価格(CIF価格等)＝FOB価格÷(1－χ%)」であり、少額判断基準価格は、「FOB価格＝20万円」として「20万円÷(1－χ%)」により算出した額を、輸出申告日の適用為替レートで除した額(外国通貨建て)である。

例：第52回(機械製品等)

記

5 別紙1の仕入書に記載されているそれぞれの品目の価格には、次の額が含まれている。
　イ 売手の工場から輸出港までの運賃……………………………………4%
　ロ 輸出港における貨物の船積みに要する費用…………………………5%
　ハ 目的地(輸入港)までの海上運賃及び保険料………………………15%

INVOICE

(適用為替レート 110.00円/US$)

Marks and Nos.	Description of Goods	Quantity Unit	Unit Price per Unit	Amount CIF US$
	DVD-ROM, unrecorded	1,000	1.00	1,000.00

Total : CIF NEW YORK　　US$ 268,000.00

(1)少額判断基準価格の算出

仕入書価格がCIF価格であり、問題文記5に掲げる費用の額のうち「ハ」の額は申告価格へ算入しない。このため、χ%＝15%である。

1－χ% ＝ 1－15% ＝ 1－0.15 ＝ 0.85 《∵CIF＝FOB÷0.85》

(200,000円〔少額貨物分岐点価格〕 ÷ 0.85) ÷ 110.00円/US$〔適用為替レート〕 ＝ US$2,139.03〔少額判断基準価格〕

(2)少額貨物であるかどうかの判断

仕入書に記載されているすべての貨物について、その仕入書価格(同一となる統計品目番号があった場合には、それらをとりまとめた後の価格)と少額判断基準価格とを比較して、少額貨物になるかどうかを確認する。

この例の貨物の場合、仕入書価格が少額判断基準価格より小さいので、少額貨物となる。

CIF US$1,000.00 ＜ 少額判断基準価格 US$2,139.03

Pattern 3　運賃等の金額が記載されていて、価格按分をする場合

この場合には、仕入書価格総額からFOB価格（申告価格）総額を算出し、少額判断基準価格を求める。

例：第44回（コーヒー、香辛料及び各種の調製食料品）

記

4　別紙1の仕入書に記載されているそれぞれの品目の価格に加算し、又は減算すべき費用がある場合の当該費用の申告価格への振り分けは価格按分とする。

INVOICE

（適用為替レート　99.00円/US$）

Marks and Nos.	Description of Goods	Quantity kg	Unit Price per kg	Amount Ex-works US$
	Roasted coffee (not decaffeinated)	200	10.00	2,000.00
	～～～			
	Inland freight & other charges (Tokyo)			622.00
	Freight & insurance (Tokyo~NewYork)			2,488.00
	Total : CIF NEW YORK			US$ 34,210.00

※この設問におけるEXW（Ex-works）価格総額は、US$31,100.00である。

（1）少額判断基準価格の算出

CIF価格総額から海上運賃及び保険料を控除して、申告価格であるFOB価格総額を算出する。

CIF価格総額		海上運賃・保険料		FOB価格（申告価格）総額
US$34,210.00	－	US$2,488.00	＝	US$31,722.00

FOB価格総額は、EXW（Ex-works）価格総額に内陸運送料・諸掛りを加算することでも算出できる。

EXW価格総額		内陸運送料・諸掛り		FOB価格（申告価格）総額
US$31,100.00（A）	＋	US$622.00	＝	US$31,722.00（B）

各貨物の価格はEXW価格で表示されているので、「少額貨物分岐点価格20万円」をEXW価格に換算して、少額判断基準価格を算出する。

少額貨物分岐点価格 200,000円 × $\frac{\text{EXW価格総額 US\$31,100.00(A)}}{\text{FOB価格総額 US\$31,722.00(B)}}$ ÷ 適用為替レート 99.00円/US$ ＝ 少額判断基準価格 US$1,980.59

∵ FOB価格＝EXW価格×（B）/（A）

（2）少額貨物であるかどうかの判断

仕入書に記載されているすべての貨物について、その仕入書価格（同一となる統計品目番号があった場合には、それらをとりまとめた後の価格）と少額判断基準価格とを比較して、少額貨物となるかどうかを確認する。

この例の貨物の場合、仕入書価格が少額判断基準価格より大きいので、少額貨物ではない。

EXW US$2,000.00　＞　少額判断基準価格　US$1,980.59

ワンポイントアドバイス：運賃等の金額が記載されていて、重量等で按分をする場合

運賃等の金額が記載されていて、価格以外のもの(例えば、重量、容積)によって按分する場合は、運賃等の金額が仕入書価格と比例しないため、仕入書に記載された価格のままで少額貨物となるかどうかを判断することができない。

この場合には、運賃等により各貨物の仕入書価格を調整して外国通貨建の申告価格を算出し、これと少額貨物分岐点価格である20万円を適用為替レートで除した額とを比較して、少額貨物となるかどうかを判断する。《**Ⅲ．練習問題の第４問、第６問、第７問**参照》

ワンポイントアドバイス：仕入書価格と運賃等とで通貨が異なる場合

仕入書価格の通貨と運賃等の通貨が異なる場合(例：仕入書価格が米ドル「US$」で、運賃等は本邦の通貨「円」で表示されている場合)は、次のように処理する。

１．重量、容量又は個数に応じて仕入書価格から控除する場合

まず、各品目の仕入書価格を本邦の通貨に換算し、これから別途算出した運賃等を控除して「申告価格」を算出する。そのため、少額判断基準価格を算出することなく、少額貨物かどうかの判断をする。

２．仕入書価格で按分して控除する場合

仕入書価格総額を本邦の通貨に換算して申告価格総額を算出し、少額判断基準価格を求める。

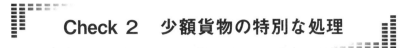

Check 2　少額貨物の特別な処理

仕入書記載の各輸出貨物の統計品目番号を決定した場合において、統計品目番号が異なり、それぞれの申告価格が20万円以下となるもの(以下「**少額貨物**」という。)については、その統計品目番号及び申告価格について次の二つのいずれかの処理を行う。

Case 1　少額貨物を一括して一欄にとりまとめる場合（少額合算申告）

前記「**Check 1　少額貨物の判断**」により少額貨物となる統計品目番号が二以上あった場合には、それらのもののうちのいずれかの統計品目番号を代表統計品目番号として、これに他の少額貨物の申告価格を一括して一欄にとりまとめて申告をしなければならない。これを**少額合算申告**という。

この少額合算をした場合には、代表統計品目番号の10桁目は「X」としなければならない。

第40回以降の通関士試験においては、少額合算の方法について、『統計品目番号が異なるものであっても、それぞれの申告価格が20万円以下である場合には、これらを一括して一欄にとりまとめる。

なお、この場合に入力すべき統計品目番号は、これらの品目のうち申告価格が最も大きいものの統計品目番号とし、…。』とされている(前記「**Ⅰ．基本事項－Step3　少額貨物の合算**」参照)。

例：第43回(はさみその他の物品)

INVOICE

(少額判断基準価格　US$2,340.42)

Marks and Nos.	Description of Goods	Quantity No	Unit Price per No	Amount CIF US$
	5. Safty razor blades ~~8212.20-0006~~	2,000	0.50	1,000.00
	8. Kitchen knives →~~8211.92-1001~~ →8211.92-100X	1,150	2.00	2,300.00
				3,300.00

Case 2　少額貨物を単独で申告する場合

少額貨物が一つしかない場合（前記**Case1**に該当しない場合）には、この少額貨物のみを単独で、申告欄を一欄で申告する（これを「**少額単独申告**」という。）。

なお、この場合には、この少額貨物の統計品目番号の10桁目は、「E」とする。

例：第54回（プラスチック製品等）

記

1　別紙1の仕入書に記載されている品目に統計品目番号が同一であるものがある場合には、これらを一の統計品目番号にとりまとめる。

2　統計品目番号ごとの申告価格が20万円以下であるもの（上記1によりとりまとめたものを含む。）がある場合には、その統計品目番号が異なるものであっても、これらを一括して一欄にとりまとめる。

3　上記2による場合に輸出申告事項登録画面に入力すべき統計品目番号は、上記2によりとりまとめる前の統計品目番号ごとの申告価格（上記1によりとりまとめたものについては、その合計額）が最も大きいものの統計品目番号とし、10桁目は「X」とする。

4　輸出申告事項登録画面に入力する統計品目番号（(a)～(e)）は、その統計品目番号ごとの申告価格（上記1及び2によりとりまとめたものについては、その合計額）が大きいものから順に入力するものとする。

5　上記2によりとりまとめたものを除き、輸出申告事項登録画面に入力する統計品目番号ごとの申告価格が20万円以下である場合には、その統計品目番号の10桁目は「E」とする。

INVOICE

（適用為替レート　108.00円/US$）
（少額判断基準価格　US$2,128.56）

Marks and Nos.	Description of Goods	Quantity Unit	Unit Price per Unit	Amount CIF US$
	Watch case, of plastics ~~9111.80-0003~~ →9111.80-000E	250	8.00	2,000.00 187,920円

Check 3　申告価格の決定

輸出貨物の申告価格は、本邦の輸出港における本船甲板渡し価格(FOB価格)である(関税法第67条、関税法施行令第59条の2第2項前段)。

申告価格を計算する場合には、各輸出貨物の外国通貨建の仕入書価格を基礎として行わなければならない。

ワンポイントアドバイス：輸出貨物の申告価格の計算

輸出申告の問題では、仕入書に記載された各輸出貨物の申告価格を解答する必要はない。

前記Check 1により、少額判断基準価格を計算することができる場合には、その申告価格と仕入書価格は比例しているので、申告価格を計算することなく、仕入書価格の大小によって申告欄を決定することができる。

すなわち、仕入書記載の外国通貨建価格により、輸出申告価格の大小の比較ができる場合には、あえて、外国通貨建価格に適用換算レートを乗じて本邦通貨に換算した上で、申告価格の大小を比較する必要はない。

Case 1　仕入書価格がFOB価格である場合

仕入書に記載された輸出貨物の価格が外国通貨建のFOB価格である場合には、次の算式により申告価格を算出する。

申告価格 ＝ FOB価格 × 適用為替レート

例：第50回(繊維製品)

INVOICE

(適用為替レート　103.00円/US$)

Marks and Nos.	Description of Goods	Quantity Unit	Unit Price per Unit	Amount FOB US$
	Knitted cardigans made of 50% of wool and 50% of man-made fibres	70	68.00	4,760.00

FOB TOKYO US$ 64,825.00

(1)申告価格の算出

FOB価格		適用為替レート		申告価格
US$4,760.00	×	103.00円/US$	＝	490,280円

Case 2　仕入書価格がFOB価格以外の価格（CIF価格等）である場合

Pattern 1　運賃等がFOB価格のχ%と設定されている場合

この場合には、仕入書に記載された各貨物の価格にFOB価格のχ%の運賃等が含まれているとされているので、次の算式により申告価格を計算する。

仕入書価格(CIF価格等）＝(FOB価格＋FOB価格×χ%)＝FOB価格×（1＋χ%）
∴申告価格 ＝ FOB価格 × 適用為替レート
　　　　　＝ 仕入書価格(CIF価格等) ÷（1＋χ%）× 適用為替レート

例：第43回(はさみその他の物品)

記

5　別紙1の仕入書に記載されている価格には、東京港における本船甲板渡し価格(FOB価格)の10%に相当する額の海上運賃及び保険料が加算されている。

INVOICE

（適用為替レート　94.00円/US$）

Marks and Nos.	Description of Goods	Quantity No	Unit Price per No	Amount CIF US$
	Scissors	1,500	5.30	7,950.00

Total : CIF NEW YORK　　US$ 27,550.00

(1)申告価格の算出

この場合は、χ%＝10%である。

1＋χ% ＝ 1＋10% ＝ 1＋0.1 ＝ 1.1

(US$7,950.00 ÷1.1)〔仕入書価格〕 × 94.00円/US$〔適用為替レート〕 ＝ 679,363円〔申告価格〕

Pattern 2　運賃等が仕入書価格のχ%と設定されている場合

この場合には、仕入書に記載された各貨物の価格に仕入書価格(CIF価格等)のχ%の運賃等が含まれているとされているので、次の算式により申告価格を計算する。

仕入書価格 ＝ FOB価格＋仕入書価格×χ%
→FOB価格 ＝ 仕入書価格－仕入書価格×χ%
　　　　　＝ 仕入書価格×(1－χ%)
∴申告価格 ＝ FOB価格×適用為替レート ＝ 仕入書価格×(1－χ%)×適用為替レート

例：第52回（機械製品等）

記

5　別紙1の仕入書に記載されているそれぞれの品目の価格には、次の額が含まれている。
　イ　売手の工場から輸出港までの運賃……………………………………………………4%
　ロ　輸出港における貨物の船積みに要する費用…………………………………………5%
　ハ　目的地（輸入港）までの海上運賃及び保険料……………………………………… 15%

INVOICE

（適用為替レート　110.00円/US$）

Marks and Nos.	**Description of Goods**	**Quantity Unit**	**Unit Price per Unit**	**Amount CIF US$**
	SD flash memory cards	1,000	5.00	5,000.00
	Total : CIF NEW YORK			US$ 268,000.00

（1）申告価格の算出

仕入書価格がCIF価格であり、問題文記5に掲げる費用の額のうち「ハ」の額は申告価格へ算入しない。
このため、χ％＝15％である。
1－χ％ ＝ 1－15％ ＝ 1－0.15 ＝ 0.85

（仕入書価格 US$5,000.00 × 0.85） × 適用為替レート 110.00円/US$ ＝ 申告価格 467,500円

Pattern 3　**運賃等の金額が記載されていて、価格按分をする場合**

この場合には、次のように、段階的に計算して各輸出貨物の申告価格を算出する。
まず、運賃等の額を算出する。
次に、仕入書価格総額（CIF価格等）に、この算出した運賃等の額を加算し、又は減算して申告価格総額を算出する。
最後に、各輸出貨物の仕入書価格（CIF価格等）に、申告価格総額を仕入書価格総額で除した額を乗じ、この乗じて得た額に適用為替レートを乗じて、申告価格を算出する。

$$申告価格 = 仕入書価格 \times \frac{申告価格総額}{仕入書価格総額} \times 適用為替レート$$

例：第44回（コーヒー、香辛料及び各種の調製食料品）

記

4　別紙１の仕入書に記載されているそれぞれの品目の価格に加算し、又は減算すべき費用がある場合の当該費用の申告価格への振り分けは価格按分とする。

INVOICE

（適用為替レート　99.00 円 /US$）

Marks and Nos.	Description of Goods	Quantity kg	Unit Price per kg	Amount Ex-works US$
	Roasted coffee (not decaffeinated)	200	10.00	2,000.00

Inland freight & other charges (Tokyo)　622.00
Freight & insurance (Tokyo~NewYork)　2,488.00
Total : CIF NEW YORK　US$ 34,210.00

※この設問におけるEXW（Ex-works）価格総額は、US$31,100.00である。

（１）申告価格の算出

CIF価格総額から海上運賃及び保険料を控除して、申告価格であるFOB価格総額を算出する。

CIF価格総額 US$34,210.00 － 海上運賃・保険料 US$2,488.00 ＝ FOB価格（申告価格）総額 US$31,722.00

FOB価格総額は、EXW（Ex-works）価格総額に内陸運送料・諸掛りを加算することでも算出できる。

EXW価格総額 US$31,100.00 ＋ 内陸運送料・諸掛り US$622.00 ＝ FOB価格（申告価格）総額 US$31,722.00

$$\text{仕入書価格 US\$2,000.00} \times \frac{\text{FOB価格総額 US\$31,722.00}}{\text{EXW価格総額 US\$31,100.00}} \times \text{適用為替レート 99.00円/US\$} = \text{申告価格 201,960円}$$

ワンポイントアドバイス：運賃等の金額が記載されていて、重量等で按分をする場合

運賃等の金額が記載されていて、価格以外のもの（例えば、重量、容積）によって按分する場合は、仕入書価格を当該品目にかかる運賃等により調整した価格を本邦通貨に換算して、申告価格を算出する。

申告価格＝（仕入書価格＋運賃等（単位当たりの運賃等(注)×当該品目の重量等））×適用為替レート

（注）単位当たりの運賃等＝運賃等の合計額÷貨物の総重量等

Ⅲ．練習問題

「Ⅰ.基本事項」及び「Ⅱ.応用事項」を習得できたかどうかを、実際に練習問題に取り組むことで確認してください。

練習問題は、過去の出題例を基に様々なパターンのものを15問用意しています。繰り返し問題に取り組むことで、出題パターンを覚えることができ、本番での応用力も身につけることができます。各問題最初のページの右上部分にチェック欄を設けていますので、問題に取り組んだ日付や進捗状況等を記入しておくと便利です。

解けなかった問題については、解説を参考とし、ときには「Ⅰ.基本事項」及び「Ⅱ.応用事項」に立ち戻り、再度挑戦してください。

時間配分の目安としては、1問当たり15分で解答できるように取り組みましょう。

解答に当たり、まずはじめに仕入書(INVOICE)中段の品目欄について、品目順に番号を付した上で、その品目間に横線を引き、次に統計品目番号を品目の下にメモ書きすると、その後の処理が容易となります。

チェック欄		

第1問 輸出申告(解答・P.354)

別紙1の仕入書及び下記事項により、食品の輸出申告を輸出入・港湾関連情報処理システム(NACCS)を使用して行う場合について、別紙2の輸出申告事項登録画面の統計品目番号欄((a)～(e))に入力すべき統計品目番号を、輸出統計品目表の解釈に関する通則に従い、別冊の「輸出統計品目表」(抜粋)及び関税率表解説(抜粋)を参照して、下の選択肢から選び、その番号をマークしなさい。

記

1　別紙1の仕入書に記載されている品目に統計品目番号が同一であるものがある場合には、これらを一の統計品目番号にとりまとめる。

2　統計品目番号ごとの申告価格が20万円以下であるもの(上記1によりとりまとめたものを含む。)がある場合には、その統計品目番号が異なるものであっても、これらを一括して一欄にとりまとめる。

3　上記2による場合に輸出申告事項登録画面に入力すべき統計品目番号は、上記2によりとりまとめる前の統計品目番号ごとの申告価格(上記1によりとりまとめたものについては、その合計額)が最も大きいものの統計品目番号とし、10桁目は「X」とする。

4　輸出申告事項登録画面に入力する統計品目番号((a)～(e))は、その統計品目番号ごとの申告価格(上記1及び2によりとりまとめたものについては、その合計額)が大きいものから順に入力するものとする。

5　別紙1の仕入書に記載されている米ドル建価格の本邦通貨への換算は、別紙3の「実勢外国為替相場の週間平均値」を参照して行う。

6　別紙1の仕入書に記載されているそれぞれの品目の価格(CIF価格)には、次の費用等の額が含まれており、当該CIF価格にそれらの費用等の額が占める割合は次のとおり。

イ　輸出者(売手)の倉庫から輸出港に到着するまでの運送に要する運賃……………………5%

ロ　輸出港における貨物の船積みに要する費用…………………………………………………5%

ハ　輸出港から輸入港に到着するまでの海上運送に要する運賃及び保険料………………8%

7　別紙1の仕入書に記載されている「Apple juice, of a Brix value 15, not containing added sugar」は、アルコールを含有しないものとする。

8　別紙1の仕入書に記載されている「Mixed Juice, not containing added sugar」は、トマト、にんじん等の野菜のジュース及び桃等の果実のジュースを混合したものであり、アルコールを含有しないものとする。

9　申告年月日は、令和XX年9月14日とする。

① 2006.00-0006	② 2006.00-000X	③ 2007.10-0001	④ 2007.91-0004
⑤ 2007.99-0003	⑥ 2008.11-0005	⑦ 2008.11-000X	⑧ 2008.19-0903
⑨ 2008.99-0900	⑩ 2009.71-0006	⑪ 2009.71-000X	⑫ 2009.79-0005
⑬ 2009.90-0001	⑭ 2206.00-2002	⑮ 2206.00-9002	

別紙３

実勢外国為替相場の週間平均値
（１米ドルに対する円相場）

期　　　　間	週間平均値
令和XX．８．14　～　令和XX．８．20	¥121.00
令和XX．８．21　～　令和XX．８．27	¥120.50
令和XX．８．28　～　令和XX．９．３	¥120.00
令和XX．９．４　～　令和XX．９．10	¥119.50
令和XX．９．11　～　令和XX．９．17	¥119.00

輸出申告

別紙1

INVOICE

Seller
ZAIMU TRAIDING Co., Ltd.
1-1, 3-Chome, Kasumigaseki
Chiyoda-ku, Tokyo, JAPAN

Invoice No, and Date
ZTC-1957 Sep. 9th, 20XX

Reference No. AB-0397

Buyer AB COMPANY 490 Nassim Road Singapore 34251	**Country of Origin** Japan **L/C No.** HTC-2162 **Date** Aug. 25th, 20XX
Vessel NIPPON MARU **On or about** Sep. 19th, 20XX	**Issuing Bank** Singapore International Bank
From Tokyo, Japan **Via**	
To Singapore, Singapore	

Marks and Nos.	Description of Goods	Quantity Unit	Unit Price per Unit	Amount CIF US$
AB SINGAPORE MADE IN JAPAN	Apple juice, of a Brix value 15, not containing added sugar	600	2.70	1,620.00
	Apple jams, obtained by cooking, containing added sugar	2,300	5.00	11,500.00
	Peanut butter, containing added sugar	1,000	8.70	8,700.00
	Cider, fermented beverage, of an alcoholic strength by volume of 3%	2,800	3.00	8,400.00
	Marrons glacés, preserved by sugar(glacés)	60	20.50	1,230.00
	Mixed Juice, not containing added sugar	300	10.00	3,000.00

Total : CIF SINGAPORE US$34,450.00

Total : 430 CTNs
N/W : 7,060 kg
G/W : 7,500 kg

ZAIMU TRAIDING Co., Ltd.
(Signature)

別紙2

輸出申告事項登録(大額)

共通部　繰返部

申告等番号

大額・少額識別 L　申告等種別 E　申告先種別　貨物識別　あて先官署　あて先部門

申告予定年月日

輸出者　ZAIMU TRADING CO., LTD.

住所　TOKYO TO CHIYODA KU KASUMIGASEKI 3-1-1

電話

申告予定者

蔵置場所

貨物個数 430 CT　貨物重量 7500 KGM　貨物容積

貨物の記号等

最終仕向地 SGSIN -　船(機)籍符号

積出港 JPTYO　貿易形態別符号

積載予定船舶 - NIPPON MARU　出港予定年月日 20XX0919

インボイス番号 A - ZTC-1957 - 20XX0909

インボイス価格 CIF - - - A

輸出申告事項登録（大額）

共通部 | **繰返部**

〈1欄〉
統計品目番号 （a）　品名
数量（1）　数量（2）
BPR按分係数　BPR通貨コード
他法令 （1） （2） （3） （4） （5）
輸出貿易管理令別表コード　外為法第48条コード　関税減免戻税コード
内国消費税免税コード　内国消費税免税識別

〈2欄〉
統計品目番号 （b）　品名
数量（1）　数量（2）
BPR按分係数　BPR通貨コード
他法令 （1） （2） （3） （4） （5）
輸出貿易管理令別表コード　外為法第48条コード　関税減免戻税コード
内国消費税免税コード　内国消費税免税識別

〈3欄〉
統計品目番号 （c）　品名
数量（1）　数量（2）
BPR按分係数　BPR通貨コード
他法令 （1） （2） （3） （4） （5）
輸出貿易管理令別表コード　外為法第48条コード　関税減免戻税コード
内国消費税免税コード　内国消費税免税識別

〈4欄〉
統計品目番号 （d）　品名
数量（1）　数量（2）
BPR按分係数　BPR通貨コード
他法令 （1） （2） （3） （4） （5）
輸出貿易管理令別表コード　外為法第48条コード　関税減免戻税コード
内国消費税免税コード　内国消費税免税識別

〈5欄〉
統計品目番号 （e）　品名
数量（1）　数量（2）
BPR按分係数　BPR通貨コード
他法令 （1） （2） （3） （4） （5）
輸出貿易管理令別表コード　外為法第48条コード　関税減免戻税コード
内国消費税免税コード　内国消費税免税識別

別冊

輸出統計品目表（抜粋）

第20類　野菜、果実、ナットその他植物の部分の調製品

注

1～5（省略）

6　第20.09項において「発酵しておらず、かつ、アルコールを加えてないもの」とは、アルコール分（第22類の注２参照）が全容量の0.5%以下のものをいう。

号注

1　（省略）

2　第2007.10号において「均質調製果実」とは、微細に均質化した果実から成る乳幼児用又は食餌療法用の調製品（小売用のもので正味重量が250グラム以下の容器入りにしたものに限る。）をいう。この場合において、調味、保存その他の目的のために当該調製品に加えた少量の構成成分は考慮しないものとし、当該調製品が少量の果実の目に見える程度の細片を含有するかしないかを問わない。同号は、第20.07項の他のいかなる号にも優先する。

3　第2009.12号、第2009.21号、第2009.31号、第2009.41号、第2009.61号及び第2009.71号において「ブリックス値」とは、温度20度におけるブリックスハイドロメーター又は屈折計（屈折率をしよ糖含有率（ブリックスの値）として目盛られたものに限る。）の読み値（温度20度と異なる温度で測定した場合には、温度20度における値に補正したもの。）をいう。

Chapter 20　Preparations of vegetables, fruit, nuts or other parts of plants

Notes.

1.～5.（省略）

6.- For the purposes of heading 20.09, the expression “juices, unfermented and not containing added spirit” means juices of an alcoholic strength by volume (see Note 2 to Chapter 22) not exceeding 0.5% vol.

Subheading Notes.

1.-（省略）

2.- For the purposes of subheading 2007.10, the expression “homogenised preparations” means preparations of fruit, finely homogenised, put up for retail sale as food suitable for infants or young children or for dietetic purposes, in containers of a net weight content not exceeding 250 g. For the application of this definition no account is to be taken of small quantities of any ingredients which may have been added to the preparation for seasoning, preservation or other purposes. These preparations may contain a small quantity of visible pieces of fruit. Subheading 2007.10 takes precedence over all other subheadings of heading 20.07.

3.- For the purposes of subheadings 2009.12, 2009.21, 2009.31, 2009.41, 2009.61 and 2009.71, the expression “Brix value” means the direct reading of degrees Brix obtained from a Brix hydrometer or of refractive index expressed in terms of percentage sucrose content obtained from a refractometer, at a temperature of 20℃ or corrected for 20℃ if the reading is made at a different temperature.

番号 NO	細分番号 sub. no	NACCS用	品名	単位 UNIT I	単位 UNIT II	DESCRIPTION	参考
20.01			**食酢又は酢酸により調製し又は保存に適する処理をした野菜、果実、ナットその他植物の食用の部分**			**Vegetables, fruit, nuts and other edible parts of plants, prepared or preserved by vinegar or acetic acid:**	
2001.10	000	6	－きゅうり及びガーキン		KG	－Cucumbers and gherkins	
2001.90	000	3	－その他のもの		KG	－Other	
20.02			**調製し又は保存に適する処理をしたトマト（食酢又は酢酸により調製し又は保存に適する処理をしたものを除く。）**			**Tomatoes prepared or preserved otherwise than by vinegar or acetic acid:**	
2002.10	000	4	－トマト（全形のもの及び断片状のものに限る。）		KG	－Tomatoes, whole or in pieces	
2002.90	000	1	－その他のもの		KG	－Other	

番号 NO	細分番号 sub. no	NACCS用	品名	単位 UNIT I	単位 UNIT II	DESCRIPTION	参考
20.03			**調製し又は保存に適する処理をしたきのこ及びトリフ（食酢又は酢酸により調製し又は保存に適する処理をしたものを除く。）**			Mushrooms and truffles, prepared or preserved otherwise than by vinegar or acetic acid:	
2003.10	000	2	－きのこ（はらたけ属のもの）		KG	－Mushrooms of the genus *Agaricus*	
2003.90	000	6	－その他のもの		KG	－Other	
20.04			**調製し又は保存に適する処理をしたその他の野菜（冷凍したものに限るものとし、食酢又は酢酸により調製し又は保存に適する処理をしたもの及び第20.06項の物品を除く。）**			Other vegetables prepared or preserved otherwise than by vinegar or acetic acid, frozen, other than products of heading 20.06:	
2004.10	000	0	－ばれいしよ		KG	－Potatoes	
2004.90	000	4	－その他の野菜及び野菜を混合したもの		KG	－Other vegetables and mixtures of vegetables	
20.05			**調製し又は保存に適する処理をしたその他の野菜（冷凍してないものに限るものとし、食酢又は酢酸により調製し又は保存に適する処理をしたもの及び第20.06項の物品を除く。）**			Other vegetables prepared or preserved otherwise than by vinegar or acetic acid, not frozen, other than products of heading 20.06:	
2005.10	000	5	－均質調製野菜		KG	－Homogenised vegetables	
2005.20	000	2	－ばれいしよ		KG	－Potatoes	
2005.40	000	3	－えんどう（ピスム・サティヴム）		KG	－Peas (*Pisum sativum*)	
			－ささげ属又はいんげんまめ属の豆			－Beans (*Vigna spp., Phaseolus spp.*):	
2005.51	000	6	－－さやを除いた豆		KG	－－Beans, shelled	
2005.59	000	5	－－その他のもの		KG	－－Other	
2005.60	000	4	－アスパラガス		KG	－Asparagus	
2005.70	000	1	－オリーブ		KG	－Olives	
2005.80	000	5	－スイートコーン（ゼア・マユス変種サカラタ）		KG	－Sweet corn (*Zea mays var. saccharata*)	
			－その他の野菜及び野菜を混合したもの			－Other vegetables and mixtures of vegetables:	
2005.91	000	1	－－たけのこ		KG	－－Bamboo shoots	
2005.99	000	0	－－その他のもの		KG	－－Other	
20.06							
2006.00	000	6	**砂糖により調製した野菜、果実、ナット、果皮その他植物の部分（ドレインしたもの、グラッセのもの及びクリスタライズしたものに限る。）**		KG	Vegetables, fruit, nuts, fruit-peel and other parts of plants, preserved by sugar (drained, glacé or crystallised)	
20.07			**ジャム、フルーツゼリー、マーマレード、果実又はナットのピューレー及び果実又はナットのペースト（加熱調理をして得られたものに限るものとし、砂糖その他の甘味料を加えてあるかないかを問わない。）**			Jams, fruit jellies, marmalades, fruit or nut purée and fruit or nut pastes, obtained by cooking, whether or not containing added sugar or other sweetening matter:	
2007.10	000	1	－均質調製果実		KG	－Homogenised preparations	
			－その他のもの			－Other:	

番号 NO	細分番号 sub. no	NACCS用	品名	単位 UNIT I	単位 UNIT Ⅱ	DESCRIPTION	参考
2007.91	000	4	ーーかんきつ類の果実		KG	− − Citrus fruit	
2007.99	000	3	ーーその他のもの		KG	− − Other	
20.08			**果実、ナットその他植物の食用の部分(その他の調製をし又は保存に適する処理をしたものに限るものとし、砂糖その他の甘味料又はアルコールを加えてあるかないかを問わず、他の項に該当するものを除く。)**			**Fruit, nuts and other edible parts of plants, otherwise prepared or preserved, whether or not containing added sugar or other sweetening matter or spirit, not elsewhere specified or included:**	
			ーナット、落花生その他の種(これらを相互に混合してあるかないかを問わない。)			− Nuts, ground-nuts and other seeds, whether or not mixed together:	
2008.11	000	5	ーー落花生		KG	− − Ground-nuts	
2008.19			ーーその他のもの(混合したものを含む。)			− − Other, including mixtures:	
	010	0	ーーー納豆		KG	− − − Natto	
	090	3	ーーーその他のもの		KG	− − − Other	
2008.20	000	3	ーパイナップル		KG	− Pineapples	
2008.30	000	0	ーかんきつ類の果実		KG	− Citrus fruit	
2008.40	000	4	ーなし		KG	− Pears	
2008.50	000	1	ーあんず		KG	− Apricots	
2008.60	000	5	ーさくらんぼ		KG	− Cherries	
2008.70	000	2	ー桃(ネクタリンを含む。)		KG	− Peaches, including nectarines	
2008.80	000	6	ーストロベリー		KG	− Strawberries	
			ーその他のもの(混合したもの(第2008.19号のものを除く。)を含む。)			− Other, including mixtures other than those of subheading 2008.19:	
2008.91	000	2	ーーパームハート		KG	− − Palm hearts	
2008.93	000	0	ーークランベリー(ヴァキニウム・マクロカルポン及びヴァキニウム・オクシココス)及びこけもも(ヴァキニウム・ヴィティスイダイア)		KG	− − Cranberries (*Vaccinium macrocarpon*, *Vaccinium oxycoccos*); lingonberries (*Vaccinium vitis-idaea*)	
2008.97	000	3	ーー混合したもの		KG	− − Mixtures	
2008.99			ーーその他のもの			− − Other:	
	010	4	ーーー梅		KG	− − − Ume (fruit of Mume plum)	
	020	0	ーーー焼きのり及び味つけのり		KG	− − − Edible dried lavers, roasted or seasoned	
			ーーーかんしよ			− − − Sweetpotatoes:	
	031	4	ーーーー単に蒸気又は水煮による加熱調理をした後、乾燥したもので、全形のもの及び断片状のもの		KG	− − − − Whole or in pieces, dried after simply steaming or boiling in water	
	039	5	ーーーーその他のもの		KG	− − − − Other	
	090	0	ーーーその他のもの		KG	− − − Other	

番号 NO	細分番号 sub. no	NACCS用	品名	単位 UNIT I	II	DESCRIPTION	参考
20.09			**果実、ナット又は野菜のジュース(ぶどう搾汁及びココナッツウォーターを含み、発酵しておらず、かつ、アルコールを加えてないものに限るものとし、砂糖その他の甘味料を加えてあるかないかを問わない。)**			Fruit or nut juices (including grape must and coconut water) and vegetable juices, unfermented and not containing added spirit, whether or not containing added sugar or other sweetening matter:	
			－オレンジジュース			－Orange juice:	
2009.11	000	3	－－冷凍したもの	L	KG	－－Frozen	
2009.12	000	2	－－冷凍してないもの(ブリックス値が20以下のものに限る。)	L	KG	－－Not frozen, of a Brix value not exceeding 20	
2009.19	000	2	－－その他のもの	L	KG	－－Other	
			－グレープフルーツジュース及びポメロジュース			－Grapefruit juice; pomelo juice:	
2009.21	000	0	－－ブリックス値が20以下のもの	L	KG	－－Of a Brix value not exceeding 20	
2009.29	000	6	－－その他のもの	L	KG	－－Other	
			－その他のかんきつ類の果実のジュース(二以上の果実から得たものを除く。)			－Juice of any other single citrus fruit:	
2009.31	000	4	－－ブリックス値が20以下のもの	L	KG	－－Of a Brix value not exceeding 20	
2009.39	000	3	－－その他のもの	L	KG	－－Other	
			－パイナップルジュース			－Pineapple juice:	
2009.41	000	1	－－ブリックス値が20以下のもの	L	KG	－－Of a Brix value not exceeding 20	
2009.49	000	0	－－その他のもの	L	KG	－－Other	
2009.50	000	6	－トマトジュース	L	KG	－Tomato juice	
			－ぶどうジュース(ぶどう搾汁を含む。)			－Grape juice (including grape must):	
2009.61	000	2	－－ブリックス値が30以下のもの	L	KG	－－Of a Brix value not exceeding 30	
2009.69	000	1	－－その他のもの	L	KG	－－Other	
			－りんごジュース			－Apple juice:	
2009.71	000	6	－－ブリックス値が20以下のもの	L	KG	－－Of a Brix value not exceeding 20	
2009.79	000	5	－－その他のもの	L	KG	－－Other	
			－その他の果実、ナット又は野菜のジュース(二以上の果実、ナット又は野菜から得たものを除く。)			－Juice of any other single fruit, nut or vegetable:	
2009.81	000	3	－－クランベリー(ヴァキニウム・マクロカルポン及びヴァキニウム・オクシココス)ジュース及びこけもも(ヴァキニウム・ヴィティスイダイア)ジュース	L	KG	－－Cranberry (*Vaccinium macrocarpon*, *Vaccinium oxycoccos*) juice; lingonberry (*Vaccinium vitis-idaea*) juice	
2009.89	000	2	－－その他のもの	L	KG	－－Other	
2009.90	000	1	－混合ジュース	L	KG	－Mixtures of juices	

第22類 飲料、アルコール及び食酢

注

1 (省略)

2 第20類からこの類までにおいてアルコール分は、温度20度におけるアルコールの容量分による。

3 第22.02項において「アルコールを含有しない飲料」とは、アルコール分が0.5%以下の飲料をいう。アルコール飲料は、第22.03項から第22.06項まで又は第22.08項に属する。

Chapter 22 Beverages, spirits and vinegar

Notes.

1.- (省略)

2.- For the purposes of this Chapter and of Chapters 20 and 21, the "alcoholic strength by volume" shall be determined at a temperature of 20℃.

3.- For the purposes of heading 22.02, the term "non-alcoholic beverages" means beverages of an alcoholic strength by volume not exceeding 0.5% vol. Alcoholic beverages are classified in headings 22.03 to 22.06 or heading 22.08 as appropriate.

番号 NO	細分番号 sub. no	NACCS用	品名	単位 UNIT I	単位 UNIT II	DESCRIPTION	参考
22.03							
2203.00	000	4	**ビール**		L	Beer made from malt	貿Ⅱの2
22.04			**ぶどう酒(強化ぶどう酒を含むものとし、生鮮のぶどうから製造したものに限る。)及びぶどう搾汁(第20.09項のものを除く。)**			Wine of fresh grapes, including fortified wines; grape must other than that of heading 20.09:	
2204.10	000	6	－スパークリングワイン		L	－Sparkling wine	〃
			－その他のぶどう酒及びぶどう搾汁でアルコール添加により発酵を止めたもの			－Other wine; grape must with fermentation prevented or arrested by the addition of alcohol:	
2204.21	000	2	－－2リットル以下の容器入りにしたもの		L	－－In containers holding 2 l or less	〃
2204.22	000	1	－－2リットルを超え10リットル以下の容器入りにしたもの		L	－－In containers holding more than 2 l but not more than 10 l	〃
2204.29	000	1	－－その他のもの		L	－－Other	〃
2204.30	000	0	－その他のぶどう搾汁		L	－Other grape must	〃
22.05			**ベルモットその他のぶどう酒(生鮮のぶどうから製造したもので、植物又は芳香性物質により香味を付けたものに限る。)**			Vermouth and other wine of fresh grapes flavoured with plants or aromatic substances:	
2205.10	000	4	－2リットル以下の容器入りにしたもの		L	－In containers holding 2 l or less	〃
2205.90	000	1	－その他のもの		L	－Other	〃
22.06							
2206.00			**その他の発酵酒(例えば、りんご酒、梨酒、ミード及び清酒)並びに発酵酒とアルコールを含有しない飲料との混合物及び発酵酒の混合物(他の項に該当するものを除く。)**			Other fermented beverages (for example, cider, perry, mead, saké); mixtures of fermented beverages and mixtures of fermented beverages and non-alcoholic beverages, not elsewhere specified or included:	
	200	2	－清酒		L	－Saké	〃
	900	2	－その他のもの		L	－Other	〃

関税率表解説(抜粋)

第20類
野菜、果実、ナットその他植物の部分の調製品

20.06　砂糖により調製した野菜、果実、ナット、果皮その他植物の部分(ドレインしたもの、グラッセのもの及びクリスタライズしたものに限る。)

この項の物品は、最初、野菜、果実、ナット、果皮その他植物の部分を沸とう水で処理(材料を柔らかくし、砂糖の浸透を容易にさせる。)し、次いで沸とう点まで温度を上げることを繰り返して、徐々に砂糖水の濃度をあげ、砂糖を充分に浸透させ、その保存を確実にしたものである。

砂糖により保存に適する処理をした主な物品は、全形の果実又はナット(さくらんぼ、あんず、なし、プラム、くり(マロングラッセ)、くるみ等)、切り分けた果実(オレンジ、レモン、パインナップル等)、果皮(シトロン、レモン、オレンジ、メロン等)、その他植物の部分(アンジェリカ、しょうが、ヤム、かんしょ等)及び花(すみれ、ミモザ等)である。

(省略)

グラッセのものは、ドレインのものを砂糖水の中に漬けて得られ、乾燥して薄い光沢のある皮膜を形成する。

20.08　果実、ナットその他植物の食用の部分(その他の調製をし又は保存に適する処理をしたものに限るものとし、砂糖その他の甘味料又はアルコールを加えてあるかないかを問わず、他の項に該当するものを除く。)

(省略)

この項には、他の類又はこの類の前項までに該当する方法以外の方法で調製し又は保存に適する処理をした果実、ナット、その他植物の食用の部分（全形のもの、断片状のもの又はつぶしたもの及びこれらの混合物）を含む。

この項には、次の物品を含む。

(省略)

(2)ピーナツバター：煎った落花生をすりつぶして作ったペースト状のもの(塩又は油を加えてあるかないかを問わない。)

20.09　果実、ナット又は野菜のジュース(ぶどう搾汁及びココナッツウォーターを含み、発酵しておらず、かつ、アルコールを加えてないものに限るものとし、砂糖その他の甘味料を加えてあるかないかを問わない。)

(省略)

この項の野菜のジュースには、また、塩（塩化ナトリウム)、香辛料又は香味料を加えたものを含む。

同様に、同種又は異種の果実、ナット若しくは野菜のジュースを混合したものは、この項に属する。同様に再生ジュース（reconstituted juice)（すなわち、濃縮ジュースに正常な成分割合の未濃縮ジュースに含有されている量を超えない量の水を加えて得られた物品)も含まれる。

チェック欄		

第２問　輸出申告（解答・P.356）

別紙１の仕入書及び下記事項により、卑金属製の錠等の輸出申告を輸出入・港湾関連情報処理システム（NACCS）を使用して行う場合について、別紙２の輸出申告事項登録画面の統計品目番号欄（（ａ）～（ｅ））に入力すべき統計品目番号を、輸出統計品目表の解釈に関する通則に従い、別冊の「輸出統計品目表」（抜粋）を参照して、下の選択肢から選び、その番号をマークしなさい。

記

1　別紙１の仕入書に記載されている品目に統計品目番号が同一であるものがある場合には、これらを一の統計品目番号にとりまとめる。
2　統計品目番号ごとの申告価格が20万円以下であるもの（上記１によりとりまとめたものを含む。）がある場合には、その統計品目番号が異なるものであっても、これらを一括して一欄にとりまとめる。
3　上記２による場合に輸出申告事項登録画面に入力すべき統計品目番号は、上記２によりとりまとめる前の統計品目番号ごとの申告価格（上記１によりとりまとめたものについては、その合計額）が最も大きいものの統計品目番号とし、10桁目は「X」とする。
4　輸出申告事項登録画面に入力する統計品目番号（（a）～（e））は、その統計品目番号ごとの申告価格（上記１及び２によりとりまとめたものについては、その合計額）が大きいものから順に入力するものとする。
5　輸出者（売手）と輸入者（買手）の間のEXW契約に基づき、買手は売手の工場から貨物を受け取った後に輸入港までの次の費用を支払う。
（1）輸出者の工場から輸出港までの国内運送等の費用………… CHF494.44
（2）輸出港における貨物の船積みの費用………………………… CHF330.00
（3）目的地（輸入港）までの海上運賃及び保険料………………CHF3,290.00
6　別紙１の仕入書に記載されているそれぞれの品目の価格に加算すべき費用がある場合の当該費用の申告価格への振り分けは仕入書価格按分とする。
7　別紙１の仕入書に記載されているスイス・フラン（CHF）建価格の本邦通貨への換算は、別紙３の「実勢外国為替相場の週間平均値」を参照して行う。
8　別紙１の仕入書に記載されている錠等は卑金属製のものである。なお、「Name-plates for doorway of house」は発光装置のないものであり、また、「Keys」は単独で提示するものである。
9　申告年月日は、令和XX年９月10日とする。

① 8301.10-0006	② 8301.20-0003	③ 8301.40-0004	④ 8301.40-000X
⑤ 8301.50-0001	⑥ 8301.70-0002	⑦ 8301.70-000X	⑧ 8302.50-0006
⑨ 8303.00-0005	⑩ 8303.00-000X	⑪ 8304.00-0003	⑫ 8308.10-0006
⑬ 8308.90-0003	⑭ 8308.90-000X	⑮ 8310.00-0005	

別紙３

実勢外国為替相場の週間平均値
（１スイス・フラン（CHF）に対する円相場）

期間	週間平均値
令和XX. 8.10 ～ 令和XX. 8.16	￥111.50
令和XX. 8.17 ～ 令和XX. 8.23	￥111.00
令和XX. 8.24 ～ 令和XX. 8.30	￥110.00
令和XX. 8.31 ～ 令和XX. 9. 6	￥109.00
令和XX. 9. 7 ～ 令和XX. 9.13	￥108.50

輸出申告

別紙 1

INVOICE

Seller
ZAIMU TRADING Co., Ltd.
1- 1, 3- Chome, Kasumigaseki
Chiyoda-ku, Tokyo, Japan

Invoice No. and Date
ZTC-3291 Sep. 9th, 20XX

Reference No. STC-2727

Buyer SWISS TRADE COMPANY BUREAU NR.F-19 CASA POSTALE 1116 GENEVA 2015 SWITZERLAND	**Country of Origin**： JAPAN **L/C No.** GCB-79794 **Date** Aug. 1st, 20XX
Vessel AZUSA MARU **On or About** Sep. 13th, 20XX	**Issuing Bank** GENEVA CITY BANK
From Tokyo, Japan **Via** Suez Canal	
To Geneva, Switzerland	

Marks and Nos.	Description of Goods	Quantity Unit	Unit Price per Unit	Amount Ex-works CHF
	Locks with looped chain, combination dial operated, for bicycles	109	16.00	1,744.00
STC	Keys, for cylinder locks	650	2.72	1,768.00
GENEVA MADE IN JAPAN	Locks of a kind used for door of a house, key operated	520	8.80	4,576.00
	Reinforced cash-boxes	20	88.68	1,773.60
	Filing cabinets, designed for placing on desk	56	129.60	7,257.60
	Frames with clasps, incorporating locks, for trunks	2,328	5.10	11,872.80
	Name-plates for door-way of house	88	27.20	2,393.60
	Frame with clasps for travel goods	398	4.00	1,592.00

Total：EXW Tokyo CHF32,977.60

Total : 110 cartons
N/W : 2,931.60 kgs
G/W : 3,224.76 kgs

ZAIMU TRADING Co., Ltd.
(Signature)

別紙２

輸出申告事項登録（大額）

共通部　繰返部

申告等番号

大額・少額識別 L　申告等種別 E　申告先種別　貨物識別　あて先官署　あて先部門

申告予定年月日

輸出者　ZAIMU TRADING CO., LTD.

住所　TOKYO TO CHIYODA KU KASUMIGASEKI 3-1-1

電話

申告予定者

蔵置場所

貨物個数　110　CT　貨物重量　3224.76　KGM　貨物容積

貨物の記号等

最終仕向地　CHGVA -　船（機）籍符号

積出港　JPTYO　貿易形態別符号

積載予定船舶 - AZUSA MARU　出港予定年月日　20XX0913

インボイス番号　A - ZTC-3291 - 20XX0909

インボイス価格　EXW - - - A

輸出申告事項登録（大額）

共通部　**繰返部**

〈1欄〉 統計品目番号 （a）　品名
数量（1）　数量（2）
BPR按分係数　BPR通貨コード
他法令 （1） （2） （3） （4） （5）
輸出貿易管理令別表コード　外為法第48条コード　関税減免戻税コード
内国消費税免税コード　内国消費税免税識別

〈2欄〉 統計品目番号 （b）　品名
数量（1）　数量（2）
BPR按分係数　BPR通貨コード
他法令 （1） （2） （3） （4） （5）
輸出貿易管理令別表コード　外為法第48条コード　関税減免戻税コード
内国消費税免税コード　内国消費税免税識別

〈3欄〉 統計品目番号 （c）　品名
数量（1）　数量（2）
BPR按分係数　BPR通貨コード
他法令 （1） （2） （3） （4） （5）
輸出貿易管理令別表コード　外為法第48条コード　関税減免戻税コード
内国消費税免税コード　内国消費税免税識別

〈4欄〉 統計品目番号 （d）　品名
数量（1）　数量（2）
BPR按分係数　BPR通貨コード
他法令 （1） （2） （3） （4） （5）
輸出貿易管理令別表コード　外為法第48条コード　関税減免戻税コード
内国消費税免税コード　内国消費税免税識別

〈5欄〉 統計品目番号 （e）　品名
数量（1）　数量（2）
BPR按分係数　BPR通貨コード
他法令 （1） （2） （3） （4） （5）
輸出貿易管理令別表コード　外為法第48条コード　関税減免戻税コード
内国消費税免税コード　内国消費税免税識別

別冊　　輸出統計品目表（抜粋）

第83類　各種の卑金属製品　　**Chapter 83　Miscellaneous articles of base metal**

番号 NO	細分番号 sub. no	NACCS用	品名	単位 UNIT I	単位 UNIT II	DESCRIPTION	参考
83.01			**卑金属製の錠（かぎを使用するもの、ダイヤル式のもの及び電気式のものに限る。）並びに卑金属製の留金及び留金付きフレームで、錠と一体のもの並びにこれらの卑金属製のかぎ**			Padlocks and locks (key, combination or electrically operated), of base metal; clasps and frames with clasps, incorporating locks, of base metal; keys for any of the foregoing articles, of base metal:	
8301.10	000	6	－南京錠		KG	－Padlocks	
8301.20	000	3	－自動車に使用する種類の錠		KG	－Locks of a kind used for motor vehicles	
8301.30	000	0	－家具に使用する種類の錠		KG	－Locks of a kind used for furniture	
8301.40	000	4	－その他の錠		KG	－Other locks	
8301.50	000	1	－留金及び留金付きフレームで、錠と一体のもの		KG	－Clasps and frames with clasps, incorporating locks	
8301.60	000	5	－部分品		KG	－Parts	
8301.70	000	2	－かぎ（単独で提示するものに限る。）		KG	－Keys presented separately	
83.02			**卑金属製の帽子掛け、ブラケットその他これらに類する支持具、取付具その他これに類する物品（家具、戸、階段、窓、日よけ、車体、馬具、トランク、衣装箱、小箱その他これらに類する物品に適するものに限る。）、取付具付きキャスター及びドアクローザー**			Base metal mountings, fittings and similar articles suitable for furniture, doors, staircases, windows, blinds, coachwork, saddlery, trunks, chests, caskets or the like; base metal hat-racks, hat-pegs, brackets and similar fixtures; castors with mountings of base metal; automatic door closers of base metal:	
8302.10	000	4	－ちょうつがい		KG	－Hinges	
8302.20	000	1	－キャスター		KG	－Castors	
8302.30	000	5	－その他の取付具その他これに類する物品（自動車に適するものに限る。）		KG	－Other mountings, fittings and similar articles suitable for motor vehicles	
			－その他の取付具その他これに類する物品			－Other mountings, fittings and similar articles:	
8302.41	000	1	－－建築物に適するもの		KG	－－Suitable for buildings	
8302.42	000	0	－－その他のもの（家具に適するものに限る。）		KG	－－Other, suitable for furniture	
8302.49	000	0	－－その他のもの		KG	－－Other	
8302.50	000	6	－帽子掛け、ブラケットその他これらに類する支持具		KG	－Hat-racks, hat-pegs, brackets and similar fixtures	
8302.60	000	3	－ドアクローザー		KG	－Automatic door closers	
83.03							
8303.00	000	5	**卑金属製の金庫、金庫室の扉及び貴重品保管ロッカー並びに卑金属製のキャッシュボックスその他これに類する物品**		KG	Armoured or reinforced safes, strong-boxes and doors and safe deposit lockers for strong-rooms, cash or deed boxes and the like, of base metal	
83.04							
8304.00	000	3	**卑金属製の書類整理箱、インデックスカード箱、書類入れ、ペン皿、スタンプ台その他これらに類する事務用具及び机上用品（第94.03項の事務所用の家具を除く。）**		KG	Filing cabinets, card-index cabinets, paper trays, paper rests, pen trays, office-stamp stands and similar office or desk equipment, of base metal, other than office furniture of heading 94.03	

番号 NO	細分番号 sub. no	NACCS用	品名	単位 UNIT I	単位 UNIT II	DESCRIPTION	参考
83.05			**卑金属製の書類とじ込み用金具、クリップ、レターコーナー、インデックスタグその他これらに類する事務用品及びストリップ状ステープル(例えば、事務用、いす張り用又は梱包用のもの)**			**Fittings for loose-leaf binders or files, letter clips, letter corners, paper clips, indexing tags and similar office articles, of base metal; staples in strips (for example, for offices, upholstery, packaging), of base metal:**	
8305.10	000	5	－書類とじ込み用金具		KG	－Fittings for loose-leaf binders or files	
8305.20	000	2	－ストリップ状ステープル		KG	－Staples in strips	
8305.90	000	2	－その他のもの(部分品を含む。)		KG	－Other, including parts	
83.06			**卑金属製のベル、ゴングその他これらに類する物品(電気式のものを除く。)、小像その他の装飾品、額縁その他これに類するフレーム及び鏡**			**Bells, gongs and the like, non-electric, of base metal; statuettes and other ornaments, of base metal; photograph, picture or similar frames, of base metal; mirrors of base metal:**	
8306.10	000	3	－ベル、ゴングその他これらに類する物品		KG	－Bells, gongs and the like	
			－小像その他の装飾品			－Statuettes and other ornaments:	
8306.21	000	6	－－貴金属をめっきしたもの		KG	－－Plated with precious metal	
8306.29	000	5	－－その他のもの		KG	－－Other	
8306.30	000	4	－額縁その他これに類するフレーム及び鏡		KG	－Photograph, picture or similar frames; mirrors	
83.07			**卑金属製のフレキシブルチューブ(継手があるかないかを問わない。)**			**Flexible tubing of base metal, with or without fittings:**	
8307.10	000	1	－鉄鋼製のもの		KG	－Of iron or steel	
8307.90	000	5	－その他の卑金属製のもの		KG	－Of other base metal	
83.08			**卑金属製の留金、留金付きフレーム、バックル、フック、アイ、アイレットその他これらに類する物品(衣類又は衣類附属品、履物、身辺用細貨類、腕時計、書籍、日よけ、革製品、旅行用具、馬具その他の製品に使用する種類のものに限る。)、管リベット、二股リベット、ビーズ及びスパングル**			**Clasps, frames with clasps, buckles, buckle-clasps, hooks, eyes, eyelets and the like, of base metal, of a kind used for clothing or clothing accessories, footwear, jewellery, wrist-watches, books, awnings, leather goods, travel goods or saddlery or for other made up articles; tubular or bifurcated rivets, of base metal; beads and spangles, of base metal:**	
8308.10	000	6	－フック、アイ及びアイレット		KG	－Hooks, eyes and eyelets	
8308.20	000	3	－管リベット及び二股リベット		KG	－Tubular or bifurcated rivets	
8308.90	000	3	－その他のもの(部分品を含む。)		KG	－Other, including parts	
83.09			**卑金属製の栓及びふた(王冠、ねじぶた及び注水口用の栓を含む。)、瓶用口金、ねじ式たる栓、たる栓用カバー、シールその他これらに類する包装用の附属品**			**Stoppers, caps and lids (including crown corks, screw caps and pouring stoppers), capsules for bottles, threaded bungs, bung covers, seals and other packing accessories, of base metal:**	
8309.10	000	4	－王冠		KG	－Crown corks	
8309.90	000	1	－その他のもの		KG	－Other	
83.10							
8310.00	000	5	**卑金属製のサインプレート、ネームプレート、アドレスプレートその他これらに類するプレート及び数字、文字その他の標章(第94.05項のものを除く。)**		KG	**Sign-plates, name-plates, address-plates and similar plates, numbers, letters and other symbols, of base metal, excluding those of heading 94.05**	

チェック欄		

第３問 輸出申告（解答・P.358）

別紙１の仕入書及び下記事項により、衣類附属品の輸出申告を輸出入・港湾関連情報処理システム（NACCS）を使用して行う場合について、別紙２の輸出申告事項登録画面の統計品目番号欄（（ａ）～（ｅ））に入力すべき統計品目番号を、輸出統計品目表の解釈に関する通則に従い、別冊の「輸出統計品目表」（抜粋）を参照して、下の選択肢から選び、その番号をマークしなさい。

記

1　別紙１の仕入書に記載されている品目に統計品目番号が同一であるものがある場合には、これらを一の統計品目番号にとりまとめる。
2　統計品目番号ごとの申告価格が20万円以下であるもの（上記１によりとりまとめたものを含む。）がある場合には、その統計品目番号が異なるものであっても、これらを一括して一欄にとりまとめる。
3　上記２による場合に輸出申告事項登録画面に入力すべき統計品目番号は、上記２によりとりまとめる前の統計品目番号ごとの申告価格（上記１によりとりまとめたものについては、その合計額）が最も大きいものの統計品目番号とし、10桁目は「X」とする。
4　輸出申告事項登録画面に入力する統計品目番号（（a）～（e））は、その統計品目番号ごとの申告価格（上記１及び２によりとりまとめたものについては、その合計額）が大きいものから順に入力するものとする。
5　別紙１の仕入書に記載されている価格には、東京港における本船甲板渡し価格（FOB価格）に、東京港からロサンゼルス港までの海上運賃1,261米ドルが加算されている。
　上記の海上運賃の別紙１の仕入書価格への振り分けは価格按分とする。
6　米ドル建価格の本邦通貨への換算は、別紙３の「実勢外国為替相場の週間平均値」を参照して行う。
7　別紙１の仕入書に記載されている衣類附属品は大人用のものである。
8　申告年月日は、令和XX年８月１日とする。

① 6116.93-0002	② 6117.10-0006	③ 6117.10-000X	④ 6117.80-0006
⑤ 6212.10-0005	⑥ 6212.90-0002	⑦ 6213.20-0000	⑧ 6213.20-000X
⑨ 6213.90-0000	⑩ 6214.10-0001	⑪ 6214.30-0002	⑫ 6214.40-0006
⑬ 6214.90-0005	⑭ 6215.10-000X	⑮ 6216.00-5003	

別紙３

実勢外国為替相場の週間平均値
（１米ドルに対する円相場）

期　　間	週間平均値
令和XX. 6.24 ～ 令和XX. 6.30	￥91.00
令和XX. 7. 1 ～ 令和XX. 7. 7	￥90.60
令和XX. 7. 8 ～ 令和XX. 7.14	￥90.10
令和XX. 7.15 ～ 令和XX. 7.21	￥89.50
令和XX. 7.22 ～ 令和XX. 7.28	￥89.00

輸出申告

別紙1

INVOICE

Seller ZAIMU TRADING Co., Ltd. 1- 1, 3- Chome, Kasumigaseki Chiyoda-ku, Tokyo, Japan	**Invoice No. and Date** ZT-3485 Jul. 30th, 20XX **Reference No.** LTC-4488

Buyer LOS TEXTILE Corp. 100 X 78th street Los Angeles CA 90222 U. S. A.	**Country of Origin**：JAPAN **L/C No.** LL-21205 **Date** Jun. 21st, 20XX
Vessel NAGATO MARU **On or About** Aug. 4th, 20XX **From** Tokyo, Japan **Via** **To** Los Angeles, U. S. A.	**Issuing Bank** USA NATIONAL BANK

Marks and Nos.	Description of Goods	Quantity Unit	Unit Price per Unit	Amount CFR US$
	Knitted scarves of synthetic fibres (size : 110cm×110cm)	567	4.00	2,268.00
	Knitted brassières of silk	1,200	30.50	36,600.00
	Golf gloves, made up of nonwoven of man-made fibres	300	24.44	7,332.00
LTC Los Angeles MADE IN JAPAN	Suspenders of cotton, not knitted or crocheted	400	23.00	9,200.00
	Handkerchiefs of cotton (size: 60cm×60cm), not knitted or crocheted	630	3.50	2,205.00
	Handkerchiefs of synthetic fibres (size: 65cm×65cm), not knitted or crocheted	1,500	4.50	6,750.00
	Ties of silk, not knitted or crocheted	100	18.00	1,800.00
	Scarves of synthetic fibres (size: 100cm×100cm), not knitted or crocheted	1,500	10.50	15,750.00

Total : 8 cartons
N/W : 67.00 kgs
G/W : 73.70 kgs

Total : CFR Los Angeles US$81,905.00

ZAIMU TRADING Co., Ltd.
(Signature)

別紙2

輸出申告事項登録（大額）

共通部　繰返部

申告等番号

大額・少額識別 L　申告等種別 E　申告先種別　貨物識別　あて先官署　あて先部門

申告予定年月日

輸出者　ZAIMU TRADING CO., LTD.

住所　TOKYO TO CHIYODA KU KASUMIGASEKI 3-1-1

電話

申告予定者

蔵置場所

貨物個数　8　CT　貨物重量　73.70　KGM　貨物容積

貨物の記号等

最終仕向地　USLAX -　船（機）籍符号

積出港　JPTYO　貿易形態別符号

積載予定船舶 - NAGATO MARU　出港予定年月日　20XX0804

インボイス番号　A - ZT-3485 - 20XX0730

インボイス価格　CFR - - - A

輸出申告事項登録（大額）

共通部 | **繰返部**

〈1欄〉 統計品目番号 （a） 品名
数量（1） 数量（2）
BPR按分係数 BPR通貨コード
他法令 （1） （2） （3） （4） （5）
輸出貿易管理令別表コード 外為法第48条コード 関税減免戻税コード
内国消費税免税コード 内国消費税免税識別

〈2欄〉 統計品目番号 （b） 品名
数量（1） 数量（2）
BPR按分係数 BPR通貨コード
他法令 （1） （2） （3） （4） （5）
輸出貿易管理令別表コード 外為法第48条コード 関税減免戻税コード
内国消費税免税コード 内国消費税免税識別

〈3欄〉 統計品目番号 （c） 品名
数量（1） 数量（2）
BPR按分係数 BPR通貨コード
他法令 （1） （2） （3） （4） （5）
輸出貿易管理令別表コード 外為法第48条コード 関税減免戻税コード
内国消費税免税コード 内国消費税免税識別

〈4欄〉 統計品目番号 （d） 品名
数量（1） 数量（2）
BPR按分係数 BPR通貨コード
他法令 （1） （2） （3） （4） （5）
輸出貿易管理令別表コード 外為法第48条コード 関税減免戻税コード
内国消費税免税コード 内国消費税免税識別

〈5欄〉 統計品目番号 （e） 品名
数量（1） 数量（2）
BPR按分係数 BPR通貨コード
他法令 （1） （2） （3） （4） （5）
輸出貿易管理令別表コード 外為法第48条コード 関税減免戻税コード
内国消費税免税コード 内国消費税免税識別

別冊

輸出統計品目表（抜粋）

第61類　衣類及び衣類附属品(メリヤス編み又はクロセ編みのものに限る。)

Chapter 61　Articles of apparel and clothing accessories, knitted or crocheted

注

1　この類の物品は、メリヤス編物又はクロセ編物を製品にしたものに限る。

2　この類には、次の物品を含まない。

(a)　第62.12項の物品

(b)　第63.09項の中古の衣類その他の物品

(c)　整形外科用機器、外科用ベルト、脱腸帯その他これらに類する物品(第90.21項参照)

3～10　(省略)

Notes.

1.- This Chapter applies only to made up knitted or crocheted articles.

2.- This Chapter does not cover:

(a) Goods of heading 62.12;

(b) Worn clothing or other worn articles of heading 63.09; or

(c) Orthopaedic appliances, surgical belts, trusses or the like (heading 90.21).

3. ～10.　(省略)

番号 NO	細分番号 sub. no	NACCS用	品名	単位 UNIT I	単位 UNIT II	DESCRIPTION	参考
61.16			**手袋、ミトン及びミット(メリヤス編み又はクロセ編みのものに限る。)**			**Gloves, mittens and mitts, knitted or crocheted:**	
6116.10	000	1	－プラスチック又はゴムを染み込ませ、塗布し、被覆し又は積層したもの	PR	KG	－Impregnated, coated, covered or laminated with plastics or rubber	
			－その他のもの			－Other:	
6116.91	000	4	－－羊毛製又は繊獣毛製のもの	PR	KG	－－Of wool or fine animal hair	
6116.92	000	3	－－綿製のもの	PR	KG	－－Of cotton	
6116.93	000	2	－－合成繊維製のもの	PR	KG	－－Of synthetic fibres	
6116.99	000	3	－－その他の紡織用繊維製のもの	PR	KG	－－Of other textile materials	
61.17			**その他の衣類附属品(製品にしたもので、メリヤス編み又はクロセ編みのものに限る。)及び衣類又は衣類附属品の部分品(メリヤス編み又はクロセ編みのものに限る。)**			**Other made up clothing accessories, knitted or crocheted; knitted or crocheted parts of garments or of clothing accessories:**	
6117.10	000	6	－ショール、スカーフ、マフラー、マンティーラ、ベールその他これらに類する製品	NO	KG	－Shawls, scarves, mufflers, mantillas, veils and the like	
6117.80	000	6	－その他の附属品		KG	－Other accessories	
6117.90	000	3	－部分品		KG	－Parts	

第62類　衣類及び衣類附属品(メリヤス編み又はクロセ編みのものを除く。)

Chapter 62　Articles of apparel and clothing accessories, not knitted or crocheted

注

1　この類の物品は、紡織用繊維の織物類(ウォッディングを除く。)を製品にしたものに限るものとし、メリヤス編み又はクロセ編みの物品(第62.12項のものを除く。)を含まない。

2～7　(省略)

8　スカーフその他これに類する物品で正方形又は正方形に近い形状のもののうち各辺の長さが60センチメートル以下のものは、ハンカチとして第62.13項に属する。ハンカチで一辺の長さが60センチメーチルを超えるものは、第62.14項に属する。

9～10　(省略)

Notes.

1.- This Chapter applies only to made up articles of any textile fabric other than wadding, excluding knitted or crocheted articles (other than those of heading 62.12).

2.~7.　(省略)

8.- Scarves and articles of the scarf type, square or approximately square, of which no side exceeds 60cm, are to be classified as handkerchiefs (heading 62.13). Handkerchiefs of which any side exceeds 60cm are to be classified in heading 62.14.

9.~10.　(省略)

番号 NO	細分番号 sub. no	NACCS用	品名	単位 UNIT I	単位 UNIT II	DESCRIPTION	参考
62.12			**ブラジャー、ガードル、コルセット、サスペンダー、ガーターその他これらに類する製品及びこれらの部分品(メリヤス編みであるかないか又はクロセ編みであるかないかを問わない。)**			**Brassières, girdles, corsets, braces, suspenders, garters and similar articles and parts thereof, whether or not knitted or crocheted:**	
6212.10	000	5	ーブラジャー	NO	KG	- Brassières	
6212.20	000	2	ーガードル及びパンティガードル	NO	KG	- Girdles and panty-girdles	
6212.30	000	6	ーコースレット	NO	KG	- Corselettes	
6212.90	000	2	ーその他のもの		KG	- Other	
62.13			**ハンカチ**			**Handkerchiefs:**	
6213.20	000	0	ー綿製のもの	NO	KG	- Of cotton	
6213.90	000	0	ーその他の紡織用繊維製のもの	NO	KG	- Of other textile materials	
62.14			**ショール、スカーフ、マフラー、マンティーラ、ベールその他これらに類する製品**			**Shawls, scarves, mufflers, mantillas, veils and the like:**	
6214.10	000	1	ー絹(絹のくずを含む。)製のもの	NO	KG	- Of silk or silk waste	
6214.20	000	5	ー羊毛製又は繊獣毛製のもの	NO	KG	- Of wool or fine animal hair	
6214.30	000	2	ー合成繊維製のもの	NO	KG	- Of synthetic fibres	
6214.40	000	6	ー再生繊維又は半合成繊維製のもの	NO	KG	- Of artificial fibres	
6214.90	000	5	ーその他の紡織用繊維製のもの	NO	KG	- Of other textile materials	
62.15			**ネクタイ**			**Ties, bow ties and cravats:**	
6215.10	000	6	ー絹(絹のくずを含む。)製のもの	NO	KG	- Of silk or silk waste	
6215.20	000	3	ー人造繊維製のもの	NO	KG	- Of man-made fibres	
6215.90	000	3	ーその他の紡織用繊維製のもの	NO	KG	- Of other textile materials	
62.16							
6216.00	500	3	**手袋、ミトン及びミット**	PR	KG	**Gloves, mittens and mitts**	

チェック欄		

第４問　輸出申告（解答・P.360）

別紙１の仕入書及び下記事項により、雑品等の輸出申告を輸出入・港湾関連情報処理システム(NACCS)を使用して行う場合について、別紙２の輸出申告事項登録画面の統計品目番号欄((ａ)～(ｅ))に入力すべき統計品目番号を、輸出統計品目表の解釈に関する通則に従い、別冊の「輸出統計品目表」(抜粋)を参照して、下の選択肢から選び、その番号をマークしなさい。

記

1　別紙１の仕入書に記載されている品目に統計品目番号が同一であるものがある場合には、これらを一の統計品目番号にとりまとめる。
2　統計品目番号ごとの申告価格が20万円以下であるもの(上記１によりとりまとめたものを含む。)がある場合には、その統計品目番号が異なるものであっても、これらを一括して一欄にとりまとめる。
3　上記２による場合に輸出申告事項登録画面に入力すべき統計品目番号は、上記２によりとりまとめる前の統計品目番号ごとの申告価格(上記１によりとりまとめたものについては、その合計額)が最も大きいものの統計品目番号とし、10桁目は「X」とする。
4　輸出申告事項登録画面に入力する統計品目番号((a)～(e))は、その統計品目番号ごとの申告価格(上記１及び２によりとりまとめたものについては、その合計額)が大きいものから順に入力するものとする。
5　別紙１の仕入書に記載されているそれぞれの品目の価格に加算し、又は減算すべき費用がある場合の当該費用の申告価格への振り分けは容積(㎥)按分とする。
6　別紙１の仕入書に記載されている米ドル建価格の本邦通貨への換算は、別紙３の「実勢外国為替相場の週間平均値」を参照して行う。
7　申告年月日は、令和XX年９月１日とする。

① 9504.30-0002	② 9504.40-000X	③ 9504.50-1005	④ 9504.50-100X
⑤ 9504.90-0005	⑥ 9505.10-0006	⑦ 9505.90-0003	⑧ 9603.29-0001
⑨ 9603.30-0000	⑩ 9605.00-0005	⑪ 9606.10-0000	⑫ 9606.22-0002
⑬ 9606.29-0002	⑭ 9607.11-0004	⑮ 9607.11-000X	

別紙３

実勢外国為替相場の週間平均値
（１米ドルに対する円相場）

期　　　間	週間平均値
令和XX. 8. 7 ～ 令和XX. 8.13	¥100.50
令和XX. 8.14 ～ 令和XX. 8.20	¥101.00
令和XX. 8.21 ～ 令和XX. 8.27	¥102.00
令和XX. 8.28 ～ 令和XX. 9. 3	¥102.50
令和XX. 9. 4 ～ 令和XX. 9.10	¥103.00

別紙1

INVOICE

Seller
ZAIMU TRADING Co., Ltd.
1-1, 3-Chome, Kasumigaseki
Chiyoda-ku, Tokyo, Japan

Invoice No. and Date
ZTC-6020 Aug. 30th, 20XX

Reference No. NTC-5050

Buyer NY TOY Corp. 150th Street Park Avenue, Bronx, New York 11105 U. S. A.	**Country of Origin**：JAPAN **L/C No.** 05-LC-346030 **Date** Aug. 10th, 20XX
Vessel NIHON MARU **On or About** Sep. 2nd, 20XX	**Issuing Bank** US International Bank
From Tokyo **Via**	
To New York, U. S. A.	

Marks and Nos.	Description of Goods	Quantity Unit	Unit Price per Unit	Amount EXW US$
NTC New York MADE IN JAPAN	Travel sets for personal toilet 2 packs × 1m³	3,300	8.00	26,400.00
	Slide fasteners, fitted with chain scoops of base metal 1 pack × 0.5m³	190	10.15	1,928.50
	Shaving brushes 2 packs × 1m³	50	46.10	2,305.00
	Buttons of aluminium, covered with synthetic fibres 4 packs × 0.5m³	2,880	2.00	5,760.00
	Hair brushes for use on the person 3 packs × 0.5m³	55	22.00	1,210.00
	X'mas trees of plastics 1 pack × 0.5m³	15	30.00	450.00
	Video games used with TV 3 packs × 0.5m³ 1 pack × 1m³	11	536.00	5,896.00
	Playing cards "AMERICA" 1 pack × 1m³	190	9.90	1,881.00

Inland freight & other charges (Tokyo) 924.00
Freight (Tokyo-New York) 3,040.00

Total : CPT NEW YORK US$49,794.50

Total : 18 packs
N/W : 468.35 kgs
G/W : 585.45 kgs (12m³)

ZAIMU TRADING Co., Ltd.
(Signature)

別紙２

輸出申告事項登録（大額）

共通部　繰返部

申告等番号

大額・少額識別 L　申告等種別 E　申告先種別　貨物識別　あて先官署　あて先部門

申告予定年月日

輸出者　ZAIMU TRADING CO., LTD.

住所　TOKYO TO CHIYODA KU KASUMIGASEKI 3-1-1

電話

申告予定者

蔵置場所

貨物個数　18　PK　貨物重量　585.45　KGM　貨物容積

貨物の記号等

最終仕向地　USNYC －　　船（機）籍符号

積出港　JPTYO　　貿易形態別符号

積載予定船舶　－ NIHON MARU　出港予定年月日　20XX0902

インボイス番号　A － ZTC-6020 － 20XX0830

インボイス価格　CPT －　－　－ A

輸出申告事項登録（大額）

共通部 | **繰返部**

〈1欄〉 統計品目番号 (a) 品名
数量（1） 数量（2）
BPR按分係数 BPR通貨コード
他法令 （1） （2） （3） （4） （5）
輸出貿易管理令別表コード 外為法第48条コード 関税減免戻税コード
内国消費税免税コード 内国消費税免税識別

〈2欄〉 統計品目番号 (b) 品名
数量（1） 数量（2）
BPR按分係数 BPR通貨コード
他法令 （1） （2） （3） （4） （5）
輸出貿易管理令別表コード 外為法第48条コード 関税減免戻税コード
内国消費税免税コード 内国消費税免税識別

〈3欄〉 統計品目番号 (c) 品名
数量（1） 数量（2）
BPR按分係数 BPR通貨コード
他法令 （1） （2） （3） （4） （5）
輸出貿易管理令別表コード 外為法第48条コード 関税減免戻税コード
内国消費税免税コード 内国消費税免税識別

〈4欄〉 統計品目番号 (d) 品名
数量（1） 数量（2）
BPR按分係数 BPR通貨コード
他法令 （1） （2） （3） （4） （5）
輸出貿易管理令別表コード 外為法第48条コード 関税減免戻税コード
内国消費税免税コード 内国消費税免税識別

〈5欄〉 統計品目番号 (e) 品名
数量（1） 数量（2）
BPR按分係数 BPR通貨コード
他法令 （1） （2） （3） （4） （5）
輸出貿易管理令別表コード 外為法第48条コード 関税減免戻税コード
内国消費税免税コード 内国消費税免税識別

別冊

輸出統計品目表（抜粋）

第95類　玩具、遊戯用具及び運動用具並びにこれらの部分品及び附属品

Chapter 95　Toys, games and sports requisites; parts and accessories thereof

号注

1　第9504.50号には、次の物品を含む。

(a)　ビデオゲーム用のコンソール（テレビジョン受像機、モニターその他の外部のスクリーン又は表面に画像を再生するものに限る。）

(b)　ビデオスクリーンを自蔵するビデオゲーム用の機器（携帯用であるかないかを問わない。）

この号には、硬貨、銀行券、バンクカード、トークンその他の支払手段により作動するビデオゲーム用のコンソール又は機器（第9504.30号参照）を含まない。

Subheading Note.

1.- Subheading 9504.50 covers:

(a) Video game consoles from which the image is reproduced on a television receiver, a monitor or other external screen or surface; or

(b) Video game machines having a self-contained video screen, whether or not portable.

This subheading does not cover video game consoles or machines operated by coins, banknotes, bank cards, tokens or by any other means of payment (subheading 9504.30).

番号 NO	細分番号 sub. no	NACCS用	品名	単位 UNIT I	単位 UNIT II	DESCRIPTION	参考
95.04			**ビデオゲーム用のコンソール及び機器、テーブルゲーム用又は室内遊戯用の物品（ピンテーブル、ビリヤード台、カジノ用に特に製造したテーブル及びボーリングアレー用自動装置を含む。）並びに硬貨、銀行券、バンクカード、トークンその他の支払手段により作動する娯楽用の機械**			**Video game consoles and machines, table or parlour games, including pintables, billiards, special tables for casino games and automatic bowling equipment, amusement machines operated by coins, banknotes, bank cards, tokens or by any other means of payment:**	
9504.20	000	5	－ビリヤード用の物品及び附属品		KG	－Articles and accessories for billiards of all kinds	
9504.30	000	2	－その他のゲーム用のもの（硬貨、銀行券、バンクカード、トークンその他の支払手段により作動するものに限るものとし、ボーリングアレー用自動装置を除く。）	NO	KG	－Other games, operated by coins, banknotes, bank cards, tokens or by any other means of payment, other than automatic bowling alley equipment	
9504.40	000	6	－遊戯用カード	ST	KG	－Playing cards	
9504.50			－ビデオゲーム用のコンソール又は機器（第9504.30号の物品を除く。）			－Video game consoles and machines, other than those of subheading 9504.30:	
	100	5	－－テレビジョン受像機を使用する種類のビデオゲーム		KG	－－Video games of a kind used with a television receiver	
			－－その他のもの			－－Other:	
	910	3	－－－電子式ゲーム用具（電池内蔵式のもの）	NO	KG	－－－Electronic games, with self-contained batteries	
	990	6	－－－その他のもの	NO	KG	－－－Other	
9504.90	000	5	－その他のもの	NO	KG	－Other	
95.05			**祝祭用品、カーニバル用品その他の娯楽用品（奇術用具を含む。）**			**Festive, carnival or other entertainment articles, including conjuring tricks and novelty jokes:**	
9505.10	000	6	－クリスマス用品		KG	－Articles for Christmas festivities	
9505.90	000	3	－その他のもの		KG	－Other	

番号 NO	細分番号 sub. no	NACCS用	品名	単位 UNIT I	単位 UNIT II	DESCRIPTION	参考
96.03			**ほうき、ブラシ(機械類又は車両の部分品として使用するブラシを含む。)、動力駆動式でない手動床掃除機、モップ及び羽毛ダスター、ほうき又はブラシの製造用に結束し又は房状にした物品、ペイントパッド、ペイントローラー並びにスクイージー(ローラースクイージーを除く。)**			**Brooms, brushes (including brushes constituting parts of machines, appliances or vehicles), hand-operated mechanical floor sweepers, not motorised, mops and feather dusters; prepared knots and tufts for broom or brush making; paint pads and rollers; squeegees (other than roller squeegees):**	
9603.10	000	6	－ほうき及びブラシ(小枝その他の植物性材料を結束したものに限るものとし、柄を有するか有しないかを問わない。)	NO	KG	－Brooms and brushes, consisting of twigs or other vegetable materials bound together, with or without handles	
			－歯ブラシ、ひげそり用ブラシ、ヘアブラシ、つめ用ブラシ、まつげ用ブラシその他化粧用ブラシ(器具の部分品を構成するブラシを含むものとし、身体に直接使用するものに限る。)			－Tooth brushes, shaving brushes, hair brushes, nail brushes, eyelash brushes and other toilet brushes for use on the person, including such brushes constituting parts of appliances:	
9603.21	000	2	－－歯ブラシ(義歯用ブラシを含む。)	NO	KG	－－Tooth brushes, including dental-plate brushes	
9603.29	000	1	－－その他のもの	NO	KG	－－Other	
9603.30	000	0	－美術用又は筆記用の筆その他これに類するブラシで化粧用のもの	NO	KG	－Artists' brushes, writing brushes and similar brushes for the application of cosmetics	
9603.40	000	4	－塗装用、ワニス用その他これらに類する用途に供するブラシ(第9603.30号のブラシを除く。)、ペイントパッド及びペイントローラー	NO	KG	－Paint, distemper, varnish or similar brushes (other than brushes of subheading 9603.30); paint pads and rollers	
9603.50	000	1	－その他のブラシ(機械類又は車両の部分品を構成するものに限る。)	NO	KG	－Other brushes constituting parts of machines, appliances or vehicles	
9603.90			－その他のもの			－Other:	
	100	5	－－ほうき及びブラシ	NO	KG	－－Brooms and brushes	
	900	0	－－その他のもの	NO	KG	－－Other	
96.04							
9604.00	000	0	**手ふるい**	NO	KG	**Hand sieves and hand riddles**	
96.05							
9605.00	000	5	**トラベルセット(化粧用、洗面用、裁縫用又は靴若しくは衣服の清浄用のものに限る。)**	NO	KG	**Travel sets for personal toilet, sewing or shoe or clothes cleaning**	

番号 NO	細分番号 sub. no	NACCS用	品　　名	単位 UNIT I	単位 UNIT II	DESCRIPTION	参　考
96.06			**ボタン、プレスファスナー、スナップファスナー及びプレススタッド並びにこれらの部分品（ボタンモールドを含む。）並びにボタンのブランク**			**Buttons, press-fasteners, snap-fasteners and press-studs, button moulds and other parts of these articles; button blanks:**	
9606.10	000	0	－プレスファスナー、スナップファスナー及びプレススタッド並びにこれらの部分品		KG	－Press-fasteners, snap-fasteners and press-studs and parts therefor	
			－ボタン			－Buttons:	
9606.21	000	3	－－プラスチック製のもので紡織用繊維を被覆してないもの	GS	KG	－－Of plastics, not covered with textile material	
9606.22	000	2	－－卑金属製のもので紡織用繊維を被覆してないもの	GS	KG	－－Of base metal, not covered with textile material	
9606.29	000	2	－－その他のもの	GS	KG	－－Other	
9606.30	000	1	－ボタンの部分品（ボタンモールドを含む。）及びボタンのブランク		KG	－Button moulds and other parts of buttons; button blanks	
96.07			**スライドファスナー及びその部分品**			**Slide fasteners and parts thereof:**	
			－スライドファスナー			－Slide fasteners:	
9607.11	000	4	－－卑金属製の務歯を取り付けたもの		KG	－－Fitted with chain scoops of base metal	
9607.19	000	3	－－その他のもの		KG	－－Other	
9607.20	000	2	－部分品		KG	－Parts	

第5問 輸出申告(解答・P.363)

チェック欄		

別紙1の仕入書及び下記事項により、スポーツシューズ等の輸出申告を輸出入・港湾関連情報処理システム(NACCS)を使用して行う場合について、別紙2の輸出申告事項登録画面の統計品目番号欄((a)~(e))に入力すべき統計品目番号を、輸出統計品目表の解釈に関する通則に従い、別冊の「輸出統計品目表」(抜粋)を参照して、下の選択肢から選び、その番号をマークしなさい。

記

1 別紙1の仕入書に記載されている品目に統計品目番号が同一であるものがある場合には、これらを一の統計品目番号にとりまとめる。

2 統計品目番号ごとの申告価格が20万円以下であるもの(上記1によりとりまとめたものを含む。)がある場合には、その統計品目番号が異なるものであっても、これらを一括して一欄にとりまとめる。

なお、この場合に入力すべき統計品目番号は、これらの品目のうち申告価格が最も大きいものの統計品目番号とし、10桁目は「X」とする。

3 輸出申告事項登録は、申告価格(上記1によりとりまとめられたものについては、その合計額)の大きいものから順に入力するものとし、上記2により一括して一欄にとりまとめたものについては、最後の欄に入力するものとする。

4 別紙1の仕入書に記載されている履物はスポーツ用のもので、靴の甲の構成材料の割合は、甲の外面に占める面積の割合を表現している。また、軽量であり、くるぶしを覆う構造のものではない。

5 別紙1の仕入書に記載されている価格には、東京港における本船甲板渡し価格(FOB価格)の10%に相当する額の海上運賃が加算されている。

6 別紙1の仕入書に記載されている米ドル建価格の本邦通貨への換算は、別紙3の「実勢外国為替相場の週間平均値」を参照して行う。

7 申告年月日は、令和XX年8月26日とする。

① 6402.12-0001	② 6402.19-0001	③ 6402.19-000X	④ 6402.99-0005
⑤ 6402.99-000X	⑥ 6403.12-0006	⑦ 6403.19-0006	⑧ 6403.59-0001
⑨ 6404.11-0005	⑩ 6404.11-000X	⑪ 6404.19-9001	⑫ 6404.20-0003
⑬ 6405.10-0004	⑭ 9506.19-0002	⑮ 9506.70-0000	

別紙3

実勢外国為替相場の週間平均値
(1米ドルに対する円相場)

期間	週間平均値
令和XX. 7.27 ~ 令和XX. 8. 2	¥90.50
令和XX. 8. 3 ~ 令和XX. 8. 9	¥91.00
令和XX. 8.10 ~ 令和XX. 8.16	¥91.20
令和XX. 8.17 ~ 令和XX. 8.23	¥92.00
令和XX. 8.24 ~ 令和XX. 8.30	¥92.50

別紙 1

INVOICE

Seller
ZAIMU TRADING Co., Ltd.
1- 1, 3- Chome, Kasumigaseki
Chiyoda-ku, Tokyo, Japan

Invoice No. and Date
A03-2323 Aug. 22th, 20XX

Reference No. CSC-8233

Buyer CALIFORNIASPORTS Corp. 2345 West Ave, Stockton CALIFORNIA, U.S.A.	**Country of Origin**: JAPAN
	L/C No. 03-LC-5509 **Date** Jul. 13th, 20XX
Vessel NIPPON MARU **On or About** Aug. 27th, 20XX	**Issuing Bank** U.S.A. International Bank
From Tokyo, Japan **Via**	
To San Francisco, U.S.A.	

Marks and Nos.	Description of Goods	Quantity Pair	Unit Price per Pair	Amount CFR US$
	Women's Cycling Shoes with outer soles of leather and uppers of textile materials 51% & plastics 49%	160	42.90	6,864.00
	Women's skating boots with outer soles of plastics and uppers of leather, with roller skates attached	110	31.00	3,410.00
C S C L	Men's Cycling Shoes with outer soles of plastics and uppers of leather 45% / textile materials 40% / plastics 15%	46	38.50	1,771.00
San Francisco MADE IN JAPAN	Men's Cycling Shoes with outer soles of rubber and uppers of plastics	44	50.30	2,213.20
	Women's Golf Shoes having spikes, with outer soles of plastics and uppers of leather 52% & textile materials 48%	11	160.00	1,760.00
	Women's Tennis Shoes with outer soles of plastics and uppers of textile materials	66	25.00	1,650.00
	Men's Ski-boots with outer soles and uppers of plastics	40	271.70	10,868.00

Total: CFR SAN FRANCISCO US$28,536.20

Total : 27 Cartons
N/W : 584.50 kgs
G/W : 643.00 kgs

ZAIMU TRADING Co., Ltd.
(Signature)

別紙2

輸出申告事項登録（大額）

共通部 繰返部

申告等番号

大額・少額識別 L　申告等種別 E　申告先種別　貨物識別　あて先官署　あて先部門

申告予定年月日

輸出者　ZAIMU TRADING CO., LTD.

住所　TOKYO TO CHIYODA KU KASUMIGASEKI 3-1-1

電話

申告予定者

蔵置場所

貨物個数 27 CT　貨物重量 643 KGM　貨物容積

貨物の記号等

最終仕向地 USSFO -　船（機）籍符号

積出港 JPTYO　貿易形態別符号

積載予定船舶 - NIPPON MARU　出港予定年月日 20XX0827

インボイス番号 A - A03-2323 - 20XX0822

インボイス価格 CFR - - - A

輸出申告事項登録（大額）

共通部 **繰返部**

〈1欄〉 統計品目番号 （a） 品名
数量（1） 数量（2）
BPR按分係数 BPR通貨コード
他法令 （1） （2） （3） （4） （5）
輸出貿易管理令別表コード 外為法第48条コード 関税減免戻税コード
内国消費税免税コード 内国消費税免税識別

〈2欄〉 統計品目番号 （b） 品名
数量（1） 数量（2）
BPR按分係数 BPR通貨コード
他法令 （1） （2） （3） （4） （5）
輸出貿易管理令別表コード 外為法第48条コード 関税減免戻税コード
内国消費税免税コード 内国消費税免税識別

〈3欄〉 統計品目番号 （c） 品名
数量（1） 数量（2）
BPR按分係数 BPR通貨コード
他法令 （1） （2） （3） （4） （5）
輸出貿易管理令別表コード 外為法第48条コード 関税減免戻税コード
内国消費税免税コード 内国消費税免税識別

〈4欄〉 統計品目番号 （d） 品名
数量（1） 数量（2）
BPR按分係数 BPR通貨コード
他法令 （1） （2） （3） （4） （5）
輸出貿易管理令別表コード 外為法第48条コード 関税減免戻税コード
内国消費税免税コード 内国消費税免税識別

〈5欄〉 統計品目番号 （e） 品名
数量（1） 数量（2）
BPR按分係数 BPR通貨コード
他法令 （1） （2） （3） （4） （5）
輸出貿易管理令別表コード 外為法第48条コード 関税減免戻税コード
内国消費税免税コード 内国消費税免税識別

別冊　　　　　　　　　　　　　　　輸出統計品目表（抜粋）

第64類　履物及びゲートルその他これに類する物品並びにこれらの部分品

注

1　この類には、次の物品を含まない。

(a)　もろい材料(例えば、紙又はプラスチックシート)製の使い捨ての足又は靴のカバーで更に別の底を取り付けてないもの。これらの製品は、構成する材料により該当する項に属する。

(b)　紡織用繊維製の履物で、甲にのり付け、縫製その他の方法で取り付けられた本底を有しないもの(第11部参照)

(c)　第63.09項の中古の履物

(d)　石綿製品(第68.12項参照)

(e)　整形外科用の履物その他の機器及びその部分品(第90.21項参照)

(f)　がん具の靴及びアイススケート又はローラースケートを取り付けたスケート靴並びにすね当てその他これに類する保護用スポーツウエア(第95類参照)

2　(省略)

3　この類においては、次に定めるところによる。

(a)　ゴム又はプラスチックには、織物その他の紡織用繊維製品であつて、肉眼により判別できる程度のゴム又はプラスチックの外面層を有するものを含む。この場合において、ゴム又はプラスチックの外面層を有する結果生ずる色彩の変化を考慮しない。

(b)　「革」とは、第41.07項及び第41.12項から第41.14項までの物品をいう。

4　3の規定に従うことを条件として、

(a)　甲の材料は、外面に占める面積が最も大きい構成材料により決定するものとし、附属品及び補強材(例えば、アンクルパッチ、縁取り、装飾品、バックル、タブ及びアイレットステー)を考慮しない。

(b)　本底の構成材料は、地面に接する面積が最も大きい材料により決定するものとし、附属品及び補強材(例えば、スパイク、バー、くぎ及び保護物)を考慮しない。

号注

1　第6402.12号、第6402.19号、第6403.12号、第6403.19号及び第6404.11号においてスポーツ用の履物は、次の物品に限る。

(a)　スポーツ活動用として製造した履物で、スパイク、スプリッグ、ストップ、クリップ、バーその他これらに類する物品を取り付けてあるもの及び取り付けることができるもの

(b)　スケート靴、スキー靴(クロスカントリー用のものを含む。)、スノーボードブーツ、レスリングシューズ、ボクシングシューズ及びサイクリングシューズ

Chapter 64　Footwear, gaiters and the like; parts of such articles

Notes.

1.- This Chapter does not cover:

(a) Disposable foot or shoe coverings of flimsy material (for example, paper, sheeting of plastics) without applied soles. These products are classified according to their constituent material;

(b) Footwear of textile material, without an outer sole glued, sewn or otherwise affixed or applied to the upper (Section XI);

(c) Worn footwear of heading 63.09;

(d) Articles of asbestos (heading 68.12);

(e) Orthopaedic footwear or other orthopaedic appliances, or parts thereof (heading 90.21); or

(f) Toy footwear or skating boots with ice or roller skates attached; shin-guards or similar protective sportswear (Chapter 95).

2.- (省略)

3.- For the purposes of this Chapter:

(a) the terms “rubber” and “plastics” include woven fabrics or other textile products with an external layer of rubber or plastics being visible to the naked eye; for the purpose of this provision, no account should be taken of any resulting change of colour; and

(b) the term “leather” refers to the goods of headings 41.07 and 41.12 to 41.14.

4.- Subject to Note 3 to this Chapter:

(a) the material of the upper shall be taken to be the constituent material having the greatest external surface area, no account being taken of accessories or reinforcements such as ankle patches, edging, ornamentation, buckles, tabs, eyelet stays or similar attachments;

(b) the constituent material of the outer sole shall be taken to be the material having the greatest surface area in contact with the ground, no account being taken of accessories or reinforcements such as spikes, bars, nails, protectors or similar attachments.

Subheading Note.

1.- For the purposes of subheadings 6402.12, 6402.19, 6403.12, 6403.19 and 6404.11, the expression “sports footwear” applies only to:

(a) footwear which is designed for a sporting activity and has, or has provision for the attachment of, spikes, sprigs, stops, clips, bars or the like;

(b) skating boots, ski-boots and cross-country ski footwear, snowboard boots, wrestling boots, boxing boots and cycling shoes.

番号 NO	細分番号 sub. no	NACCS用	品名	単位 UNIT I	単位 UNIT Ⅱ	DESCRIPTION	参考
64.02			**その他の履物(本底及び甲がゴム製又はプラスチック製のものに限る。)**			**Other footwear with outer soles and uppers of rubber or plastics:**	
			－スポーツ用の履物			－Sports footwear:	
6402.12	000	1	－－スキー靴(クロスカントリー用のものを含む。)及びスノーボードブーツ		PR	－－Ski-boots, cross-country ski footwear and snowboard boots	
6402.19	000	1	－－その他のもの		PR	－－Other	
6402.20	000	0	－履物(甲の部分のストラップ又はひもを底にプラグ止めしたものに限る。)		PR	－Footwear with upper straps or thongs assembled to the sole by means of plugs	
			－その他の履物			－Other footwear:	
6402.91	000	6	－－くるぶしを覆うもの		PR	－－Covering the ankle	
6402.99	000	5	－－その他のもの		PR	－－Other	
64.03			**履物(本底がゴム製、プラスチック製、革製又はコンポジションレザー製で、甲が革製のものに限る。)**			**Footwear with outer soles of rubber, plastics, leather or composition leather and uppers of leather:**	
			－スポーツ用の履物			－Sports footwear:	
6403.12	000	6	－－スキー靴(クロスカントリー用のものを含む。)及びスノーボードブーツ		PR	－－Ski-boots, cross-country ski footwear and snowboard boots	
6403.19	000	6	－－その他のもの		PR	－－Other	
6403.20	000	5	－履物(本底が革製で、革製のストラップが足の甲及び親指の回りにかかるものに限る。)		PR	－Footwear with outer soles of leather, and uppers which consist of leather straps across the instep and around the big toe	
6403.40	000	6	－その他の履物(保護用の金属製トーキャップを有するものに限る。)		PR	－Other footwear, incorporating a protective metal toe-cap	
			－その他の履物(本底が革製のものに限る。)			－Other footwear with outer soles of leather:	
6403.51	000	2	－－くるぶしを覆うもの		PR	－－Covering the ankle	
6403.59	000	1	－－その他のもの		PR	－－Other	
			－その他の履物			－Other footwear:	
6403.91	000	4	－－くるぶしを覆うもの		PR	－－Covering the ankle	
6403.99			－－その他のもの			－－Other:	
	100	5	－－－本底がゴム製のもの		PR	－－－With outer soles of rubber	
	900	0	－－－その他のもの		PR	－－－Other	

番号 NO	細分番号 sub. no	NACCS用	品　名	単位 UNIT I	単位 UNIT II	DESCRIPTION	参考
64.04			**履物(本底がゴム製、プラスチック製、革製又はコンポジションレザー製で、甲が紡織用繊維製のものに限る。)**			**Footwear with outer soles of rubber, plastics, leather or composition leather and uppers of textile materials:**	
			−履物(本底がゴム製又はプラスチック製のものに限る。)			−Footwear with outer soles of rubber or plastics:	
6404.11	000	5	−−スポーツ用の履物及びテニスシューズ、バスケットシューズ、体操シューズ、トレーニングシューズその他これらに類する履物		PR	−−Sports footwear; tennis shoes, basketball shoes, gym shoes, training shoes and the like	
6404.19			−−その他のもの			−−Other:	
	100	6	−−−靴		PR	−−−Shoes and boots	
	900	1	−−−その他のもの		PR	−−−Other	
6404.20	000	3	−履物(本底が革製又はコンポジションレザー製のものに限る。)		PR	−Footwear with outer soles of leather or composition leather	
64.05			**その他の履物**			**Other footwear:**	
6405.10	000	4	−甲が革製又はコンポジションレザー製のもの		PR	−With uppers of leather or composition leather	
6405.20	000	1	−甲が紡織用繊維製のもの		PR	−With uppers of textile materials	
6405.90	000	1	−その他のもの		PR	−Other	

第95類　玩具、遊戯用具及び運動用具並びにこれらの部分品及び附属品

注

1　この類には、次の物品を含まない。

(a)　ろうそく（第34.06項参照）

(b)　第36.04項の花火その他の火工品

(c)　第39類、第42.06項又は第11部の糸、単繊維、ひも、ガットその他これらに類する物品で、釣り用のものを特定の長さに切ったもののうち釣糸に仕上げてないもの

(d)　第42.02項、第43.03項又は第43.04項のスポーツバッグその他の容器

(e)　第61類又は第62類の紡織用繊維製の運動用衣類及び特殊衣類（肘、膝又はそけい部にパッド又は詰物等のさ細な保護用部分を有するか有しないかを問わない。例えば、フェンシング用衣類及びサッカーのゴールキーパー用ジャージー）並びに第61類又は第62類の紡織用繊維製の仮装用の衣類

(f)　第63類の紡織用繊維製の帆（ボート用、セールボード用又はランドクラフト用のものに限る。）及び旗類

(g)　第64類のスポーツ用の履物（アイススケート又はローラースケートを取り付けたスケート靴を除く。）及び第65類の運動用帽子

(h)　つえ、むちその他これらに類する製品（第66.02項参照）及びこれらの部分品（第66.03項参照）

(ij)　人形その他のがん具に使用する第70.18項のガラス製の眼（取り付けてないものに限る。）

(k)　第15部の注２の卑金属製のはん用性の部分品（第15部参照）及びプラスチック製のこれに類する物品（第39類参照）

(l)　第83.06項のベル、ゴングその他これらに類する物品

(m)　液体ポンプ（第84.13項参照）、液体又は気体のろ過機及び清浄機（第84.21項参照）、電動機（第85.01項参照）、トランスフォーマー（第85.04項参照）、ディスク、テープ、不揮発性半導体記憶装置、スマートカードその他の媒体（記録してあるかないかを問わない。）（第85.23項参照）、無線遠隔制御機器（第85.26項参照）並びにコードレス赤外線遠隔操作装置（第85.43項参照）

(n)　第17部のスポーツ用車両（ボブスレー、トボガンその他これらに類する物品を除く。）

(o)　幼児用自転車（第87.12項参照）

(p)　無人航空機（第88.06項参照）

(q)　カヌー、スキフその他これらに類するスポーツ用ボート（第89類参照）及びこれらの推進用具（木製品については、第44類参照）

(r)　運動用又は戸外遊戯用の眼鏡その他これに類する物品（第90.04項参照）

(s)　おとり笛及びホイッスル（第92.08項参照）

Chapter 95 Toys, games and sports requisites; parts and accessories thereof

Notes.

1.- This Chapter does not cover:

(a) Candles (heading 34.06);

(b) Fireworks or other pyrotechnic articles of heading 36.04;

(c) Yarns, monofilament, cords or gut or the like for fishing, cut to length but not made up into fishing lines, of Chapter 39, heading 42.06 or Section XI;

(d) Sports bags or other containers of heading 42.02, 43.03 or 43.04;

(e) Fancy dress of textiles, of Chapter 61 or 62; sports clothing and special articles of apparel of textiles, of Chapter 61 or 62, whether or not incorporating incidentally protective components such as pads or padding in the elbow, knee or groin areas (for example, fencing clothing or soccer goalkeeper jerseys);

(f) Textile flags or bunting, or sails for boats, sailboards or land craft, of Chapter 63;

(g) Sports footwear (other than skating boots with ice or roller skates attached) of Chapter 64, or sports headgear of Chapter 65;

(h) Walking-sticks, whips, riding-crops or the like (heading 66.02), or parts thereof (heading 66.03);

(ij) Unmounted glass eyes for dolls or other toys, of heading 70.18;

(k) Parts of general use, as defined in Note 2 to Section XV, of base metal (Section XV), or similar goods of plastics (Chapter 39);

(l) Bells, gongs or the like of heading 83.06;

(m) Pumps for liquids (heading 84.13), filtering or purifying machinery and apparatus for liquids or gases (heading 84.21), electric motors (heading 85.01), electric transformers (heading 85.04), discs, tapes, solid-state non-volatile storage devices, "smart cards" and other media for the recording of sound or of other phenomena, whether or not recorded (heading 85.23), radio remote control apparatus (heading 85.26) or cordless infrared remote control devices (heading 85.43);

(n) Sports vehicles (other than bobsleighs, toboggans and the like) of Section XVII;

(o) Children's bicycles (heading 87.12);

(p) Unmanned aircraft (heading 88.06);

(q) Sports craft such as canoes and skiffs (Chapter 89), or their means of propulsion (Chapter 44 for such articles made of wood);

(r) Spectacles, goggles or the like, for sports or outdoor games (heading 90.04);

(s) Decoy calls or whistles (heading 92.08);

(t) 第93類の武器その他の物品
(u) ストリングライト(第94.05項参照)
(v) 一脚、二脚、三脚その他これらに類する物品(第96.20項参照)
(w) ラケット用ガット、テントその他のキャンプ用品並びに手袋、ミトン及びミット(構成する材料により該当する項に属する。)
(x) 食卓用品、台所用品、化粧用品、じゆうたんその他の紡織用繊維の床用敷物、衣類、ベッドリネン、テーブルリネン、トイレットリネン、キッチンリネンその他これらに類する実用的機能を有する物品(構成する材料によりそれぞれ該当する項に属する。)

2~6 (省略)

(t) Arms or other articles of Chapter 93;
(u) Lighting strings of all kinds (heading 94.05);
(v) Monopods, bipods, tripods and similar articles (heading 96.20);
(w) Racket strings, tents or other camping goods, or gloves, mittens and mitts (classified according to their constituent material); or
(x) Tableware, kitchenware, toilet articles, carpets and other textile floor coverings, apparel, bed linen, table linen, toilet linen, kitchen linen and similar articles having a utilitarian function (classified according to their constituent material).

2.~6. (省略)

番号 NO	細分番号 sub. no	NACCS用	品名	単位 UNIT I	単位 UNIT II	DESCRIPTION	参考
95.06			**身体トレーニング、体操、競技その他の運動(卓球を含む。)又は戸外遊戯に使用する物品(この類の他の項に該当するものを除く。)及び水泳用又は水遊び用のプール**			**Articles and equipment for general physical exercise, gymnastics, athletics, other sports (including table-tennis) or outdoor games, not specified or included elsewhere in this Chapter; swimming pools and paddling pools:**	
			-スキーその他のスキー用具			-Snow-skis and other snow-ski equipment:	
9506.11	000	3	--スキー		PR	--Skis	
9506.12	000	2	--スキーの締め具		KG	--Ski-fastenings (ski-bindings)	
9506.19	000	2	--その他のもの		KG	--Other	
			-水上スキー、サーフボード、セールボードその他の水上運動用具			-Water-skis, surf-boards, sailboards and other water-sport equipment:	
9506.21	000	0	--セールボード	NO	KG	--Sailboards	
9506.29	000	6	--その他のもの	NO	KG	--Other	
			-ゴルフクラブその他のゴルフ用具			-Golf clubs and other golf equipment:	
9506.31	000	4	--クラブ(完成品に限る。)		NO	--Clubs, complete	
9506.32	000	3	--ボール		NO	--Balls	
9506.39	000	3	--その他のもの		KG	--Other	
9506.40	000	2	-卓球用具		KG	-Articles and equipment for table-tennis	
			-テニスラケット、バドミントンラケットその他これらに類するラケット(ガットを張つてあるかないかを問わない。)			-Tennis, badminton or similar rackets, whether or not strung:	
9506.51	000	5	--テニスラケット(ガットを張つてあるかないかを問わない。)		NO	--Lawn-tennis rackets, whether or not strung	
9506.59	000	4	--その他のもの	NO	KG	--Other	
			-ボール(ゴルフ用又は卓球用のボールを除く。)			-Balls, other than golf balls and table-tennis balls:	
9506.61	000	2	--テニスボール		NO	--Lawn-tennis balls	
9506.62	000	1	--空気入れ式のもの		NO	--Inflatable	
9506.69	000	1	--その他のもの		NO	--Other	
9506.70	000	0	-アイススケート及びローラースケート(これらを取り付けたスケート靴を含む。)	PR	KG	-Ice skates and roller skates, including skating boots with skates attached	
			-その他のもの			-Other:	
9506.91	000	0	--身体トレーニング用具、体操用具及び競技用具		KG	--Articles and equipment for general physical exercise, gymnastics or athletics	
9506.99	000	6	--その他のもの	NO	KG	--Other	

チェック欄		

第６問　輸出申告（解答・P.365）

別紙１の仕入書及び下記事項により、乗用自動車の輸出申告を輸出入・港湾関連情報処理システム（NACCS）を使用して行う場合について、別紙２の輸出申告事項登録画面の統計品目番号欄（（ａ）～（ｅ））に入力すべき統計品目番号を、輸出統計品目表の解釈に関する通則に従い、別冊の「輸出統計品目表」（抜粋）を参照して、下の選択肢から選び、その番号をマークしなさい。

記

1　統計品目番号が同一であるものがある場合は、これらを一欄にとりまとめる。
2　申告価格が20万円以下のものを単独で申告する場合に入力すべき統計品目番号の10桁目は「E」とする。
3　輸出申告事項登録は、申告価格（上記１によりとりまとめられたものについては、その合計額）の大きいものから順に入力するものとする。
4　別紙１の仕入書に記載されている乗用自動車は新型の完成車であり、同仕入書第１項の車は「ピストン式火花点火内燃機関（往復動のもの）のみを搭載したもの」であること、また、第３項の車は「ハイブリッドシステムを搭載したもの」で、当該ハイブリッドシステムは、ピストン式圧縮点火内燃機関（ディーゼルエンジン：シリンダー容積600cc）及び電動機（出力40kw/5,000rpm）を搭載し、外部電源に接続することにより充電することができるものである。
5　別紙１の仕入書に記載されている価格には、東京港からシアトル港までの海上運賃として、US$4,252.50が含まれているものとする。
6　上記５の海上運賃の仕入書価格への振り分けは、それぞれの貨物の車両装備重量（Curb weight）により按分するものとする。
7　米ドル建価格の本邦通貨への換算は、別紙３の「実勢外国為替相場の週間平均値」を参照して行う。
8　申告年月日は、令和XX年８月25日とする。

① 8702.10-9205	② 8702.90-9106	③ 8702.90-9202	④ 8702.90-920E
⑤ 8703.10-0000	⑥ 8703.10-000E	⑦ 8703.21-9195	⑧ 8703.21-919E
⑨ 8703.23-9193	⑩ 8703.23-9296	⑪ 8703.24-9203	⑫ 8703.60-9003
⑬ 8703.70-9000	⑭ 8703.80-9004	⑮ 8703.80-900E	

別紙３

実勢外国為替相場の週間平均値
（１米ドルに対する円相場）

期　間	週間平均値
令和XX. 7. 31 ～ 令和XX. 8. 6	¥90.00
令和XX. 8. 7 ～ 令和XX. 8. 13	¥90.30
令和XX. 8. 14 ～ 令和XX. 8. 20	¥91.00
令和XX. 8. 21 ～ 令和XX. 8. 27	¥91.50
令和XX. 8. 28 ～ 令和XX. 9. 3	¥92.00

輸出申告

別紙1

INVOICE

Seller	**Invoice No. and Date**
ZAIMU TRADING Co., Ltd. 1-1, 3-Chome, Kasumigaseki Chiyoda-ku, Tokyo, Japan	ZTC-0015 Aug. 15th, 20XX **Reference No.** AKT-0101

Buyer AUTOMOBILE K TRADING Corp. 1121 Fourth Avenue Suite 2180 Seattle, Washington, 95101, U.S.A.	**Country of Origin：** JAPAN **L/C No.** TOK-LC-2118 **Date** Jul. 7th, 20XX
Vessel NIPPON MARU **On or About** Aug. 27th, 20XX **From** Tokyo, Japan **Via** **To** Seattle, U.S.A.	**Issuing Bank** Seattle International Bank

Marks and Nos.	Description of Goods	Quantity	Unit Price per car	Amount CFR US$
	Passenger Motorcars & Vehicles, assembled New type			
	1. With only spark-ignition internal combustion reciprocating piston engine			
	(1) SEDAN for the transport of 5 persons Of cylinder capacity 2,997cc Curb weight 3,100 kgs	2 cars	21,792.00	43,584.00
AKT SEATTLE MADE IN JAPAN	(2) WAGON for the transport of 10 persons Of cylinder capacity 2,388cc Curb weight 2,100 kgs	1 car	20,490.00	20,490.00
	(3) SNOW-MOBILE for the transport of 2 persons Of cylinder capacity 50cc Curb weight 150 kgs	1 car	2,280.00	2,280.00
	(4) WAGON SPORT for the transport of 8 persons Of cylinder capacity 2,354cc Curb weight 1,400 kgs	1 car	11,207.00	11,207.00
	2. With only electric motor for propulsion SEDAN for the transport of 5 persons Of an output 50kw/6,000rpm Curb weight 1,300 kgs	1 car	19,500.00	19,500.00
	3. With Hybrid System as motor for propulsion, capable of being charged by plugging to external source Of electric power Mini-car for the transport of 4 persons Curb weight 1,400 kgs	2 cars	5,188.00	10,376.00

Total : CFR SEATTLE US$107,437.00

Total : 8 Containers
Curb weight : 9,450 kgs
G/W : 13,500 kgs

ZAIMU TRADING Co., Ltd.
(Signature)

別紙２

輸出申告事項登録（大額）

共通部 繰返部

申告等番号

大額・少額識別 L　申告等種別 E　申告先種別　貨物識別　あて先官署　あて先部門

申告予定年月日

輸出者　ZAIMU TRADING CO., LTD.

住所　TOKYO TO CHIYODA KU KASUMIGASEKI 3-1-1

電話

申告予定者

蔵置場所

貨物個数　8　CN　貨物重量　13500　KGM　貨物容積

貨物の記号等

最終仕向地　USSEA　－　　船（機）籍符号

積出港　JPTYO　　貿易形態別符号

積載予定船舶　－ NIPPON MARU　出港予定年月日　20XX0827

インボイス番号　A　－　ZTC-0015　－　20XX0815

インボイス価格　CFR　－　－　－　A

輸出申告事項登録（大額）

共通部 | **繰返部**

〈1欄〉 統計品目番号 （a） 品名
数量（1） 数量（2）
BPR按分係数 BPR通貨コード
他法令 （1） （2） （3） （4） （5）
輸出貿易管理令別表コード 外為法第48条コード 関税減免戻税コード
内国消費税免税コード 内国消費税免税識別

〈2欄〉 統計品目番号 （b） 品名
数量（1） 数量（2）
BPR按分係数 BPR通貨コード
他法令 （1） （2） （3） （4） （5）
輸出貿易管理令別表コード 外為法第48条コード 関税減免戻税コード
内国消費税免税コード 内国消費税免税識別

〈3欄〉 統計品目番号 （c） 品名
数量（1） 数量（2）
BPR按分係数 BPR通貨コード
他法令 （1） （2） （3） （4） （5）
輸出貿易管理令別表コード 外為法第48条コード 関税減免戻税コード
内国消費税免税コード 内国消費税免税識別

〈4欄〉 統計品目番号 （d） 品名
数量（1） 数量（2）
BPR按分係数 BPR通貨コード
他法令 （1） （2） （3） （4） （5）
輸出貿易管理令別表コード 外為法第48条コード 関税減免戻税コード
内国消費税免税コード 内国消費税免税識別

〈5欄〉 統計品目番号 （e） 品名
数量（1） 数量（2）
BPR按分係数 BPR通貨コード
他法令 （1） （2） （3） （4） （5）
輸出貿易管理令別表コード 外為法第48条コード 関税減免戻税コード
内国消費税免税コード 内国消費税免税識別

別冊

輸出統計品目表（抜粋）

第87類　鉄道用及び軌道用以外の車両並びにその部分品及び附属品

Chapter 87　Vehicles other than railway or tramway rolling-stock, and parts and accessories thereof

番号 NO	細分番号 sub. no	NACCS用	品名	単位 UNIT I	単位 UNIT II	DESCRIPTION	参考
87.02			**10人以上の人員（運転手を含む。）の輸送用の自動車**			**Motor vehicles for the transport of ten or more persons, including the driver:**	
8702.10			－ピストン式圧縮点火内燃機関（ディーゼルエンジン及びセミディーゼルエンジン）のみを搭載したもの			－With only compression-ignition internal combustion piston engine (diesel or semi-diesel):	
	100	4	－－ノックダウンのもの		ST	－－Unassembled or disassembled	
			－－その他のもの			－－Other:	
	910	2	－－－中古のもの		NO	－－－Used	
	920	5	－－－その他のもの		NO	－－－Other	
8702.20			－駆動原動機としてピストン式圧縮点火内燃機関（ディーゼルエンジン及びセミディーゼルエンジン）及び電動機を搭載したもの			－With both compression-ignition internal combustion piston engine (diesel or semi-diesel) and electric motor as motors for propulsion:	
	100	1	－－中古のもの		NO	－－Used	
	900	3	－－その他のもの		NO	－－Other	
8702.30			－駆動原動機としてピストン式火花点火内燃機関及び電動機を搭載したもの			－With both spark-ignition internal combustion piston engine and electric motor as motors for propulsion:	
	100	5	－－中古のもの		NO	－－Used	
	900	0	－－その他のもの		NO	－－Other	
8702.40			－駆動原動機として電動機のみを搭載したもの			－With only electric motor for propulsion:	
	100	2	－－中古のもの		NO	－－Used	
	900	4	－－その他のもの		NO	－－Other	
8702.90			－その他のもの			－Other:	
	100	1	－－ノックダウンのもの		ST	－－Unassembled or disassembled	
			－－その他のもの			－－Other:	
	910	6	－－－中古のもの		NO	－－－Used	
	920	2	－－－その他のもの		NO	－－－Other	
87.03			**乗用自動車その他の自動車（ステーションワゴン及びレーシングカーを含み、主として人員の輸送用に設計したものに限るものとし、第87.02項のものを除く。）**			**Motor cars and other motor vehicles principally designed for the transport of persons (other than those of heading 87.02), including station wagons and racing cars:**	
8703.10	000	0	－雪上走行用に特に設計した車両及びゴルフカーその他これに類する		NO	－Vehicles specially designed for travelling on snow; golf cars and similar vehi-	

番号 NO	細分番号 sub. no	NACCS用	品　　名	単位 UNIT I	単位 UNIT II	DESCRIPTION	参　考
(8703.10)			車両			cles	
			－その他の車両(ピストン式火花点火内燃機関のみを搭載したものに限る。)			－Other vehicles, with only spark-ignition internal combustion piston engine:	
8703.21			－－シリンダー容積が1,000立方センチメートル以下のもの			－－Of a cylinder capacity not exceeding 1,000 cc:	
	100	5	－－－ノックダウンのもの		ST	－－－Unassembled or disassembled	
			－－－その他のもの			－－－Other:	
			－－－－シリンダー容積が660立方センチメートル以下のもの			－－－－Of a cylinder capacity not exceeding 660 cc:	
	915	1	－－－－－中古のもの		NO	－－－－－Used	
	919	5	－－－－－その他のもの		NO	－－－－－Other	
			－－－－シリンダー容積が660立方センチメートルを超えるもの			－－－－Of a cylinder capacity exceeding 660 cc:	
	925	4	－－－－－中古のもの		NO	－－－－－Used	
	929	1	－－－－－その他のもの		NO	－－－－－Other	
8703.22			－－シリンダー容積が1,000立方センチメートルを超え1,500立方センチメートル以下のもの			－－Of a cylinder capacity exceeding 1,000 cc but not exceeding 1,500 cc:	
	100	4	－－－ノックダウンのもの		ST	－－－Unassembled or disassembled	
			－－－その他のもの			－－－Other:	
	910	2	－－－－中古のもの		NO	－－－－Used	
	920	5	－－－－その他のもの		NO	－－－－Other	
8703.23			－－シリンダー容積が1,500立方センチメートルを超え3,000立方センチメートル以下のもの			－－Of a cylinder capacity exceeding 1,500 cc but not exceeding 3,000 cc:	
	100	3	－－－ノックダウンのもの		ST	－－－Unassembled or disassembled	
			－－－その他のもの			－－－Other:	
			－－－－シリンダー容積が2,000立方センチメートル以下のもの			－－－－Of a cylinder capacity not exceeding 2,000 cc:	
	915	6	－－－－－中古のもの		NO	－－－－－Used	
	919	3	－－－－－その他のもの		NO	－－－－－Other	
			－－－－シリンダー容積が2,000立方センチメートルを超えるもの			－－－－Of a cylinder capacity exceeding 2,000 cc:	
	925	2	－－－－－中古のもの		NO	－－－－－Used	
	929	6	－－－－－その他のもの		NO	－－－－－Other	
8703.24			－－シリンダー容積が3,000立方センチメートルを超えるもの			－－Of a cylinder capacity exceeding 3,000 cc:	

番号 NO	細分番号 sub. no	NACCS用	品　　名	単位 UNIT Ⅰ	単位 UNIT Ⅱ	DESCRIPTION	参　考
(8703.24)	100	2	－－－ノックダウンのもの		ST	－－－Unassembled or disassembled	
			－－－その他のもの			－－－Other:	
	910	0	－－－－中古のもの		NO	－－－－Used	
	920	3	－－－－その他のもの		NO	－－－－Other	
			－その他の車両(ピストン式圧縮点火内燃機関(ディーゼルエンジン又はセミディーゼルエンジン)のみを搭載したものに限る。)			－Other vehicles, with only compression-ignition internal combustion piston engine (diesel or semi-diesel):	
8703.31			－－シリンダー容積が1,500立方センチメートル以下のもの			－－Of a cylinder capacity not exceeding 1,500 cc:	
	100	2	－－－中古のもの		NO	－－－Used	
	900	4	－－－その他のもの		NO	－－－Other	
8703.32			－－シリンダー容積が1,500立方センチメートルを超え2,500立方センチメートル以下のもの			－－Of a cylinder capacity exceeding 1,500 cc but not exceeding 2,500 cc:	
	100	1	－－－ノックダウンのもの		ST	－－－Unassembled or disassembled	
			－－－その他のもの			－－－Other:	
			－－－－シリンダー容積が2,000立方センチメートル以下のもの			－－－－Of a cylinder capacity not exceeding 2,000 cc:	
	915	4	－－－－－中古のもの		NO	－－－－－Used	
	919	1	－－－－－その他のもの		NO	－－－－－Other	
			－－－－シリンダー容積が2,000立方センチメートルを超えるもの			－－－－Of a cylinder capacity exceeding 2,000 cc:	
	925	0	－－－－－中古のもの		NO	－－－－－Used	
	929	4	－－－－－その他のもの		NO	－－－－－Other	
8703.33			－－シリンダー容積が2,500立方センチメートルを超えるもの			－－Of a cylinder capacity exceeding 2,500 cc:	
	100	0	－－－ノックダウンのもの		ST	－－－Unassembled or disassembled	
			－－－その他のもの			－－－Other:	
	910	5	－－－－中古のもの		NO	－－－－Used	
	920	1	－－－－その他のもの		NO	－－－－Other	
8703.40			－その他の車両(駆動原動機としてピストン式火花点火内燃機関及び電動機を搭載したものに限るものとし、外部電源に接続することにより充電することができるものを除く。)			－Other vehicles, with both spark-ignition internal combustion piston engine and electric motor as motors for propulsion, other than those capable of being charged by plugging to external source of electric power:	
	100	0	－－中古のもの		NO	－－Used	
	900	2	－－その他のもの		NO	－－Other	

番号 NO	細分番号 sub. no	NACCS用	品　名	単位 UNIT I	単位 UNIT II	DESCRIPTION	参　考
8703.50			－その他の車両(駆動原動機としてピストン式圧縮点火内燃機関(ディーゼルエンジン又はセミディーゼルエンジン)及び電動機を搭載したものに限るものとし、外部電源に接続することにより充電することができるものを除く。)			－Other vehicles, with both compression-ignition internal combustion piston engine (diesel or semi-diesel) and electric motor as motors for propulsion, other than those capable of being charged by plugging to external source of electric power:	
	100	4	－－中古のもの		NO	－－Used	
	900	6	－－その他のもの		NO	－－Other	
8703.60			－その他の車両(駆動原動機としてピストン式火花点火内燃機関及び電動機を搭載したもので、外部電源に接続することにより充電することができるものに限る。)			－Other vehicles, with both spark-ignition internal combustion piston engine and electric motor as motors for propulsion, capable of being charged by plugging to external source of electric power:	
	100	1	－－中古のもの		NO	－－Used	
	900	3	－－その他のもの		NO	－－Other	
8703.70			－その他の車両(駆動原動機としてピストン式圧縮点火内燃機関(ディーゼルエンジン又はセミディーゼルエンジン)及び電動機を搭載したもので、外部電源に接続することにより充電することができるものに限る。)			－Other vehicles, with both compression-ignition internal combustion piston engine (diesel or semi-diesel) and electric motor as motors for propulsion, capable of being charged by plugging to external source of electric power:	
	100	5	－－中古のもの		NO	－－Used	
	900	0	－－その他のもの		NO	－－Other	
8703.80			－その他の車両(駆動原動機として電動機のみを搭載したものに限る。)			－Other vehicles, with only electric motor for propulsion:	
	100	2	－－中古のもの		NO	－－Used	
	900	4	－－その他のもの		NO	－－Other	
8703.90			－その他のもの			－Other:	
	100	6	－－中古のもの		NO	－－Used	
	900	1	－－その他のもの		NO	－－Other	

チェック欄		

第７問　輸出申告（解答・P.367）

別紙１の仕入書及び下記事項により、木製品の輸出申告を輸出入・港湾関連情報処理システム（NACCS）を使用して行う場合について、別紙２の輸出申告事項登録画面の統計品目番号欄（（ａ）～（ｅ））に入力すべき統計品目番号を、輸出統計品目表の解釈に関する通則に従い、別冊の「輸出統計品目表」（抜粋）を参照して、下の選択肢から選び、その番号をマークしなさい。

記

1　別紙１の仕入書に記載されている品目に統計品目番号が同一であるものがある場合には、これらを一の統計品目番号にとりまとめる。
2　統計品目番号ごとの申告価格が20万円以下であるもの（上記１によりとりまとめたものを含む。）がある場合には、その統計品目番号が異なるものであっても、これらを一括して一欄にとりまとめる。
3　上記２による場合に輸出申告事項登録画面に入力すべき統計品目番号は、上記２によりとりまとめる前の統計品目番号ごとの申告価格（上記１によりとりまとめたものについては、その合計額）が最も大きいものの統計品目番号とし、10桁目は「X」とする。
4　輸出申告事項登録画面に入力する統計品目番号（(a)～(e)）は、その統計品目番号ごとの申告価格（上記１及び２によりとりまとめたものについては、その合計額）が大きいものから順に入力するものとする。
5　売手はFAS契約に基づき、貨物を輸出港ターミナルで買手に引き渡した後、買手が本船への積込みに要した費用等であるUS$741.00を売手を通じて港湾業者に支払う。
6　別紙１の仕入書に記載された木製品には竹製のものは含んでいない。
7　別紙１の仕入書に記載されている米ドル建価格の本邦通貨への換算は、別紙３の「実勢外国為替相場の週間平均値」を参照して行う。
8　上記５の費用を申告価格に算入する場合の申告価格への振り分けは容積（㎥）按分とする。
9　申告年月日は、令和XX年８月13日とする。

① 4414.10-0003	② 4415.10-0001	③ 4415.20-0005	④ 4416.00-0002
⑤ 4418.74-0001	⑥ 4418.74-000X	⑦ 4418.79-0003	⑧ 4418.99-0004
⑨ 4419.90-0100	⑩ 4419.90-010X	⑪ 4420.11-0004	⑫ 4420.90-1004
⑬ 4420.90-9006	⑭ 4421.99-0005	⑮ 4421.99-000X	

別紙３

実勢外国為替相場の週間平均値
（１米ドルに対する円相場）

期間	週間平均値
令和XX. 7.20 ～ 令和XX. 7.26	¥102.20
令和XX. 7.27 ～ 令和XX. 8. 2	¥102.00
令和XX. 8. 3 ～ 令和XX. 8. 9	¥101.50
令和XX. 8.10 ～ 令和XX. 8.16	¥101.30
令和XX. 8.17 ～ 令和XX. 8.23	¥100.00

別紙 1

INVOICE

Seller
ZAIMU TRADING Co., Ltd.
1- 1, 3- Chome, Kasumigaseki
Chiyoda-ku,Tokyo, Japan

Invoice No. and Date
ZTC-3225 Aug. 7th, 20XX

Reference No. YEC-1822

Buyer YLC EX/IMPORT Corp. 161st Street, River Avenue Bronx, New York 10451	**Country of Origin**： JAPAN **L/C No.** 0X-LC-0557 **Date** Jul. 4th, 20XX
Vessel NIPPON MARU **On or About** Aug. 15th, 20XX	**Issuing Bank** NY International Bank
From Tokyo, Japan **Via**	
To New York, U. S. A.	

Marks and Nos.	Description of Goods	Quantity PC	Unit Price per PC	Amount FAS US$
YEC New York MADE IN JAPAN	Fans of wood(sensu), for Japanese dancing 0.2 ㎥ G/W 18 kgs	75	20.00	1,500.00
	Assembled flooring wood panels for mosaic floors, builder's carpentry 0.6 ㎥ G/W 270 kgs	5	368.60	1,843.00
	Packing boxes of wood 0.6 ㎥ G/W 210 kgs	90	294.00	26,460.00
	Lacquered wooden bowls for tableware, of Japanese type 0.3 ㎥ G/W 35 kgs	28	49.00	1,372.00
	Wooden frames for paintings, of tropical wood 0.2 ㎥ G/W 250 kgs	50	232.90	11,645.00
	Wooden name-plates for door 0.2 ㎥ G/W 16 kgs	49	24.00	1,176.00
	Wooden ornaments of Tokyo Tower for souvenir, of tropical wood 1.7 ㎥ G/W 1,522 kgs	10	2,470.65	24,706.50

Total : FAS Tokyo US$68,702.50

Total : 30 cartons
N/W : 2,110 kgs
G/W : 2,321 kgs (3.8㎥)

ZAIMU TRADING Co., Ltd.
(Signature)

別紙２

輸出申告事項登録（大額）

共通部　繰返部

申告等番号

大額・少額識別 L　申告等種別 E　申告先種別　貨物識別　あて先官署　あて先部門

申告予定年月日

輸出者　　ZAIMU TRADING CO., LTD.

住所　TOKYO TO CHIYODA KU KASUMIGASEKI 3-1-1

電話

申告予定者

蔵置場所

貨物個数 30　CT　貨物重量 2321　KGM　貨物容積

貨物の記号等

最終仕向地 USNYC －　　船（機）籍符号

積出港 JPTYO　　貿易形態別符号

積載予定船舶 － NIPPON MARU　出港予定年月日 20XX0815

インボイス番号 A － ZTC-3225 － 20XX0807

インボイス価格 FAS － － － A

輸出申告事項登録(大額)

共通部　**繰返部**

〈1欄〉 統計品目番号 (a)　品名
数量(1)　数量(2)
BPR按分係数　BPR通貨コード
他法令 (1) (2) (3) (4) (5)
輸出貿易管理令別表コード　外為法第48条コード　関税減免戻税コード
内国消費税免税コード　内国消費税免税識別

〈2欄〉 統計品目番号 (b)　品名
数量(1)　数量(2)
BPR按分係数　BPR通貨コード
他法令 (1) (2) (3) (4) (5)
輸出貿易管理令別表コード　外為法第48条コード　関税減免戻税コード
内国消費税免税コード　内国消費税免税識別

〈3欄〉 統計品目番号 (c)　品名
数量(1)　数量(2)
BPR按分係数　BPR通貨コード
他法令 (1) (2) (3) (4) (5)
輸出貿易管理令別表コード　外為法第48条コード　関税減免戻税コード
内国消費税免税コード　内国消費税免税識別

〈4欄〉 統計品目番号 (d)　品名
数量(1)　数量(2)
BPR按分係数　BPR通貨コード
他法令 (1) (2) (3) (4) (5)
輸出貿易管理令別表コード　外為法第48条コード　関税減免戻税コード
内国消費税免税コード　内国消費税免税識別

〈5欄〉 統計品目番号 (e)　品名
数量(1)　数量(2)
BPR按分係数　BPR通貨コード
他法令 (1) (2) (3) (4) (5)
輸出貿易管理令別表コード　外為法第48条コード　関税減免戻税コード
内国消費税免税コード　内国消費税免税識別

別冊

輸出統計品目表（抜粋）

第44類　木材及びその製品並びに木炭　　**Chapter 44 Wood and articles of wood; wood charcoal**

番号 NO	細分番号 sub. no	NACCS用	品　　名	単位 UNIT I	単位 UNIT II	DESCRIPTION	参　考
44.14			**木製の額縁、鏡枠その他これらに類する縁**			**Wooden frames for paintings, photographs, mirrors or similar objects:**	
4414.10	000	3	－熱帯産木材のもの		KG	－Of tropical wood	
4414.90	000	0	－その他のもの		KG	－Other	
44.15			**木製のケース、箱、クレート、ドラムその他これらに類する包装容器、木製のケーブルドラム及び木製のパレット、ボックスパレットその他の積載用ボード並びに木製のパレット枠**			**Packing cases, boxes, crates, drums and similar packings, of wood; cable-drums of wood; pallets, box pallets and other load boards, of wood; pallet collars of wood:**	
4415.10	000	1	－ケース、箱、クレート、ドラムその他これらに類する包装容器及びケーブルドラム	NO	KG	－Cases, boxes, crates, drums and similar packings; cable-drums	
4415.20	000	5	－パレット、ボックスパレットその他の積載用ボード及びパレット枠	NO	KG	－Pallets, box pallets and other load boards; pallet collars	
44.16							
4416.00	000	2	**木製のたる、おけその他これらに類する容器及び木製のこれらの部分品（たる材及びおけ材を含む。）**		KG	**Casks, barrels, vats, tubs and other coopers' products and parts thereof, of wood, including staves**	
44.17							
4417.00	000	0	**木製の工具並びに工具、ほうき又はブラシの木製のボデー、柄及び握り並びに靴の木型**		KG	**Tools, tool bodies, tool handles, broom or brush bodies and handles, of wood; boot or shoe lasts and trees, of wood**	
44.18			**木製建具及び建築用木工品（セルラーウッドパネル、組み合わせた床用パネル及びこけら板を含む。）**			**Builders' joinery and carpentry of wood, including cellular wood panels, assembled flooring panels, shingles and shakes:**	
			－窓及びフランス窓並びにこれらの枠			－Windows, French-windows and their frames:	
4418.11	000	1	－－熱帯産木材のもの	NO	KG	－－Of tropical wood	
4418.19	000	0	－－その他のもの	NO	KG	－－Other	
			－戸及びその枠並びに敷居			－Doors and their frames and thresholds:	
4418.21	000	5	－－熱帯産木材のもの	NO	KG	－－Of tropical wood	
4418.29	000	4	－－その他のもの	NO	KG	－－Other	
4418.30	000	3	－くい及びはり（第4418.81号から第4418.89号までの物品を除く。）	CM	KG	－Posts and beams other than products of subheadings 4418.81 to 4418.89	
4418.40	000	0	－コンクリート型枠		KG	－Shuttering for concrete constructional work	
4418.50	000	4	－こけら板		KG	－Shingles and shakes	
			－組み合わせた床用パネル			－Assembled flooring panels:	
4418.73	000	2	－－竹製のもの及び少なくとも最上層（摩耗層）が竹製のもの		KG	－－Of bamboo or with at least the top layer (wear layer) of bamboo	

番号 NO	細分番号 sub. no	NACCS用	品名	単位 UNIT I	単位 UNIT II	DESCRIPTION	参考
4418.74	000	1	――その他のもの(モザイク状の床用のものに限る。)		KG	– – Other, for mosaic floors	
4418.75	000	0	――その他のもの(多層のものに限る。)		KG	– – Other, multilayer	
4418.79	000	3	――その他のもの		KG	– – Other	
			―構造設計用木材製品			– Engineered structural timber products:	
4418.81			――構造用集成材(グルラム)			– – Glue-laminated timber (glulam):	
	100	3	―――竹製のもの	CM	KG	– – – Of bamboo	
			―――その他のもの			– – – Other:	
	910	1	――――くい及びはり	CM	KG	– – – – Posts and beams	
	990	4	――――その他のもの	CM	KG	– – – – Other	
4418.82			――直交集成板(CLT又はX－ラム)			– – Cross-laminated timber (CLT or X-lam):	
	100	2	―――いずれのラミナも厚さが12ミリメートル以上のもの	CM	KG	– – – With each lamina of not less than 12 mm in thickness	
	900	4	―――その他のもの	CM	KG	– – – Other	
4418.83			――I型はり			– – I beams:	
	100	1	―――竹製のもの	CM	KG	– – – Of bamboo	
	900	3	―――その他のもの	CM	KG	– – – Other	
4418.89			――その他のもの			– – Other:	
	100	2	―――竹製のもの	CM	KG	– – – Of bamboo	
			―――その他のもの			– – – Other:	
	910	0	――――くい及びはり	CM	KG	– – – – Posts and beams	
	990	3	――――その他のもの	CM	KG	– – – – Other	
			―その他のもの			– Other:	
4418.91	000	5	――竹製のもの		KG	– – Of bamboo	
4418.92	000	4	――セルラーウッドパネル	SM	KG	– – Cellular wood panels	
4418.99	000	4	――その他のもの		KG	– – Other	
44.19			**木製の食卓用品及び台所用品**			**Tableware and kitchenware, of wood:**	
			―竹製のもの			– Of bamboo:	
4419.11	000	6	――製パン用の板、まな板その他これらに類する板		KG	– – Bread boards, chopping boards and similar boards	
4419.12			――箸			– – Chopsticks:	
	010	1	―――漆塗りのもの		KG	– – – Lacquered articles (of Japanese type)	
	090	4	―――その他のもの		KG	– – – Other	

番号 NO	細分番号 sub. no	NACCS用	品名	単位 UNIT I	単位 UNIT Ⅱ	DESCRIPTION	参考
4419.19			−−その他のもの			− −Other:	
	010	1	−−−漆塗りのもの		KG	− − −Lacquered articles (of Japanese type)	
	090	4	−−−その他のもの		KG	− − −Other	
4419.20			−熱帯産木材のもの			−Of tropical wood:	
	010	0	−−漆塗りのもの		KG	− −Lacquered articles (of Japanese type)	
	090	3	−−その他のもの		KG	− −Other	
4419.90			−その他のもの			−Other:	
	010	0	−−漆塗りのもの		KG	− −Lacquered articles (of Japanese type)	
	090	3	−−その他のもの		KG	− −Other	
44.20			**寄せ木し又は象眼した木材、宝石用又は刃物用の木製の箱、ケースその他これらに類する製品及び木製の小像その他の装飾品並びに第94類に属しない木製の家具**			**Wood marquetry and inlaid wood; caskets and cases for jewellery or cutlery, and similar articles, of wood; statuettes and other ornaments, of wood; wooden articles of furniture not falling in Chapter 94:**	
			−小像その他の装飾品			−Statuettes and other ornaments:	
4420.11	000	4	−−熱帯産木材のもの		KG	− −Of tropical wood	
4420.19	000	3	−−その他のもの		KG	− −Other	
4420.90			−その他のもの			−Other:	
	100	4	−−漆塗りのもの		KG	− −Lacquered articles (of Japanese type)	
	900	6	−−その他のもの		KG	− −Other	
44.21			**その他の木製品**			**Other articles of wood:**	
4421.10	000	3	−衣類用ハンガー		KG	−Clothes hangers	
4421.20	000	0	−棺		KG	−Coffins	
			−その他のもの			−Other:	
4421.91	000	6	−−竹製のもの		KG	− −Of bamboo	
4421.99	000	5	−−その他のもの		KG	− −Other	

第8問 輸出申告(解答・P.369)

チェック欄		

別紙1の仕入書及び下記事項により、香辛料その他の物品の輸出申告を輸出入・港湾関連情報処理システム(NACCS)を使用して行う場合について、別紙2の輸出申告事項登録画面の統計品目番号欄((a)～(e))に入力すべき統計品目番号を、輸出統計品目表の解釈に関する通則に従い、別冊の「輸出統計品目表」(抜粋)を参照して、下の選択肢から選び、その番号をマークしなさい。

記

1　統計品目番号が同一であるものがある場合は、これらを一欄にとりまとめる。
2　統計品目番号が異なるものであっても、それぞれの申告価格が20万円以下である場合には、これらを一括して一欄にとりまとめる。
　なお、この場合に入力すべき統計品目番号は、これらの品目のうち申告価格が最も大きいものの統計品目番号とし、10桁目は「X」とする。
3　輸出申告事項登録は、申告価格(上記1によりとりまとめられたものについては、その合計額)の大きいものから順に入力するものとし、上記2により一括して一欄にとりまとめたものについては、最後の欄に入力するものとする。
4　別紙1の仕入書に記載されているそれぞれの品目の価格には、次の額が含まれている。
(1) 売手の工場から輸出港までの国内運送及び船積みの費用 ………………………… 55,000円
(2) 輸出港から輸入港までの運賃及び保険料 ……………………………………… 330,132円
5　別紙1の仕入書に記載されているそれぞれの品目の価格に加算し、又は減算すべき費用がある場合の当該費用の申告価格への振り分けは仕入書価格按分とする。
6　別紙1の仕入書に記載されている欧州統一通貨・ユーロ建価格の本邦通貨への換算は、別紙3の「実勢外国為替相場の週間平均値」を参照して行う。
7　別紙1の仕入書に記載されているカレーの商品説明は、以下のとおりである。
(1)「Curry powders」は第09.04項から第09.10項までの物品などを適量混合したものである。
(2)「Prepared Curry」は、ばれいしょ、ボイルした牛肉、ココナッツミルク、ナッツ、チーズ、上記(1)のカレー粉 (Curry powders)、調味料、水、カレーペーストなどを加熱調理し、固形物を含むペースト状のもので、レトルト包装(完全調理済の食品を袋に入れ、蒸気で加熱・殺菌して密封)したものであり、温めて食する。
8　申告年月日は、令和XX年5月16日とする。

① 0902.10-100X	② 0902.20-1005	③ 0908.12-0006	④ 0908.12-000X
⑤ 0908.31-0001	⑥ 0909.22-0001	⑦ 0910.91-1002	⑧ 0910.91-100X
⑨ 0910.91-9004	⑩ 0910.99-0006	⑪ 2101.20-0006	⑫ 2103.90-100X
⑬ 2104.10-0003	⑭ 2106.90-2000	⑮ 2106.90-9000	

別紙3

実勢外国為替相場の週間平均値
(1欧州統一通貨・ユーロに対する円相場)

期　　間	週間平均値
令和XX. 4. 6 ～ 令和XX. 4.12	¥113.50
令和XX. 4.13 ～ 令和XX. 4.19	¥114.00
令和XX. 4.20 ～ 令和XX. 4.26	¥113.00
令和XX. 4.27 ～ 令和XX. 5. 3	¥115.00
令和XX. 5. 4 ～ 令和XX. 5.10	¥112.00

別紙１

INVOICE

Seller
ZAIMU TRADING Co., Ltd.
1-1, 3-Chome, Kasumigaseki
Chiyoda-ku, Tokyo, Japan

Invoice No. and Date
ZTC-3536 May 9th, 20XX

Reference No. FSC-2516

Buyer FRENCH SPICE COMPANY 325 BOULEVARD PEREIRE, PARIS 75019 FRANCE	**Country of Origin**： JAPAN
	L/C No. FN-334685 **Date** Apr. 2nd, 20XX
Vessel CHICHIBU MARU **On or About** May 21st, 20XX	**Issuing Bank** FRENCH NATIONAL BANK
From Tokyo **Via** Suez Canal	
To Marseille, France	

Marks and Nos.	Description of Goods	Quantity box	Unit Price per box	Amount CIF EUR
	Curry powders 50 cans per box	16	130.00	2,080.00
	Nutmeg, ground 100 packs per box	7	273.00	1,911.00
FSC MARSEILLE MADE IN JAPAN	Seeds of coriander (55% by weight) & Fruits of the genus *capsium* (45% by weight) mixed powder (dried) 120 packs per box	13	522.00	6,786.00
	Soybean curds "tofu" 24 packs per box	20	52.15	1,043.00
	Prepared curry, packed in retort pouch 180 packs per box	4	2,316.50	9,266.00
	Powdered green teas (not fermented) in immediate packings of a content 200g 70 packs per box	3	609.00	1,827.00
	Instant green tea 24 bags per box	185	20.80	3,848.00
	Miso (bean paste) 24 packs per box	12	62.50	750.00

Total：CIF MARSEILLE EUR 27,511.00

Total : 260 boxes
N/W : 1,430 kgs
G/W : 1,573 kgs

ZAIMU TRADING Co., Ltd.
(Signature)

別紙2

輸出申告事項登録（大額）

共通部　繰返部

申告等番号

大額・少額識別 L　申告等種別 E　申告先種別　貨物識別　あて先官署　あて先部門

申告予定年月日

輸出者　ZAIMU TRADING CO., LTD.

住所　TOKYO TO CHIYODA KU KASUMIGASEKI 3-1-1

電話

申告予定者

蔵置場所

貨物個数　260　BX　貨物重量　1573　KGM　貨物容積

貨物の記号等

最終仕向地　FRMRS -　船（機）籍符号

積出港　JPTYO　貿易形態別符号

積載予定船舶 - CHICHIBU MARU　出港予定年月日　20XX0521

インボイス番号　A - ZTC-3536 - 20XX0509

インボイス価格　CIF - - - A

輸出申告事項登録（大額）

共通部 | **繰返部**

〈1欄〉 統計品目番号 （a） 品名
数量（1） 数量（2）
BPR按分係数 BPR通貨コード
他法令 （1） （2） （3） （4） （5）
輸出貿易管理令別表コード 外為法第48条コード 関税減免戻税コード
内国消費税免税コード 内国消費税免税識別

〈2欄〉 統計品目番号 （b） 品名
数量（1） 数量（2）
BPR按分係数 BPR通貨コード
他法令 （1） （2） （3） （4） （5）
輸出貿易管理令別表コード 外為法第48条コード 関税減免戻税コード
内国消費税免税コード 内国消費税免税識別

〈3欄〉 統計品目番号 （c） 品名
数量（1） 数量（2）
BPR按分係数 BPR通貨コード
他法令 （1） （2） （3） （4） （5）
輸出貿易管理令別表コード 外為法第48条コード 関税減免戻税コード
内国消費税免税コード 内国消費税免税識別

〈4欄〉 統計品目番号 （d） 品名
数量（1） 数量（2）
BPR按分係数 BPR通貨コード
他法令 （1） （2） （3） （4） （5）
輸出貿易管理令別表コード 外為法第48条コード 関税減免戻税コード
内国消費税免税コード 内国消費税免税識別

〈5欄〉 統計品目番号 （e） 品名
数量（1） 数量（2）
BPR按分係数 BPR通貨コード
他法令 （1） （2） （3） （4） （5）
輸出貿易管理令別表コード 外為法第48条コード 関税減免戻税コード
内国消費税免税コード 内国消費税免税識別

別冊　輸出統計品目表（抜粋）

第９類　コーヒー、茶、マテ及び香辛料

Chapter 9　Coffee, tea, maté and spices

注

1　第09.04項から第09.10項までの物品の混合物は、次に定めるところによりその所属を決定する。

(a)　同一の項の二以上の物品の混合物は、その項に属する。

(b)　異なる項の二以上の物品の混合物は、第09.10項に属する。

第09.04項から第09.10項までの物品((a)又は(b)の混合物を含む。)に他の物品を加えて得た混合物のうち、当該各項の物品の重要な特性を保持するものについてはその属する項は変わらないものとし、その他のものについてはこの類に属さず、混合調味料にしたものは第21.03項に属する。

2　この類には、第12.11項のクベバ(ピペル・クベバ)その他の物品を含まない。

Notes.

1.- Mixtures of the products of headings 09.04 to 09.10 are to be classified as follows:

(a) Mixtures of two or more of the products of the same heading are to be classified in that heading;

(b) Mixtures of two or more of the products of different headings are to be classified in heading 09.10.

The addition of other substances to the products of headings 09.04 to 09.10 (or to the mixtures referred to in paragraph (a) or (b) above) shall not affect their classification provided the resulting mixtures retain the essential character of the goods of those headings. Otherwise such mixtures are not classified in this Chapter; those constituting mixed condiments or mixed seasonings are classified in heading 21.03.

2.- This Chapter does not cover Cubeb pepper (*Piper cubeba*) or other products of heading 12.11.

番号 NO	細分番号 sub. no	NACCS用	品名	単位 UNIT I	単位 UNIT II	DESCRIPTION	参考
09.02			**茶(香味を付けてあるかないかを問わない。)**			**Tea, whether or not flavoured:**	
0902.10			－緑茶(発酵していないもので、正味重量が３キログラム以下の直接包装にしたものに限る。)			－Green tea (not fermented) in immediate packings of a content not exceeding 3 kg:	
	100	1	－－粉末状のもの		KG	－－In powdered form	
	900	3	－－その他のもの		KG	－－Other	
0902.20			－その他の緑茶(発酵していないものに限る。)			－Other green tea (not fermented):	
	100	5	－－粉末状のもの		KG	－－In powdered form	
	900	0	－－その他のもの		KG	－－Other	
0902.30	000	0	－紅茶及び部分的に発酵した茶(正味重量が３キログラム以下の直接包装にしたものに限る。)		KG	－Black tea (fermented) and partly fermented tea, in immediate packings of a content not exceeding 3 kg	
0902.40	000	4	－その他の紅茶及び部分的に発酵した茶		KG	－Other black tea (fermented) and other partly fermented tea	
09.03							
0903.00	000	0	**マテ**		KG	**Maté**	
09.04			**とうがらし属又はピメンタ属の果実(乾燥し、破砕し又は粉砕したものに限る。)及びこしょう属のペッパー**			**Pepper of the genus *Piper*; dried or crushed or ground fruits of the genus *Capsicum* or of the genus *Pimenta*:**	
			－ペッパー			－Pepper:	
0904.11	000	1	－－破砕及び粉砕のいずれもしてないもの		KG	－－Neither crushed nor ground	
0904.12	000	0	－－破砕し又は粉砕したもの		KG	－－Crushed or ground	
			－とうがらし属又はピメンタ属の果実			－Fruits of the genus *Capsicum* or of the genus *Pimenta*:	

番号 NO	細分番号 sub. no	NACCS用	品名	単位 UNIT I	単位 UNIT II	DESCRIPTION	参考
0904.21	000	5	――乾燥したもの(破砕及び粉砕のいずれもしてないものに限る。)		KG	– –Dried, neither crushed nor ground	
0904.22	000	4	――破砕し又は粉砕したもの		KG	– –Crushed or ground	
09.05			**バニラ豆**			**Vanilla:**	
0905.10	000	0	―破砕及び粉砕のいずれもしてないもの		KG	–Neither crushed nor ground	
0905.20	000	4	―破砕し又は粉砕したもの		KG	–Crushed or ground	
09.06			**けい皮及びシンナモンツリーの花**			**Cinnamon and cinnamon-tree flowers:**	
			―破砕及び粉砕のいずれもしてないもの			–Neither crushed nor ground:	
0906.11	000	4	――けい皮(キナモムム・ゼラニカム・ブルーメ)		KG	– –Cinnamon (*Cinnamomum zeylanicum Blume*)	
0906.19	000	3	――その他のもの		KG	– –Other	
0906.20	000	2	―破砕し又は粉砕したもの		KG	–Crushed or ground	
09.07			**丁子(果実、花及び花梗に限る。)**			**Cloves (whole fruit, cloves and stems):**	
0907.10	000	3	―破砕及び粉砕のいずれもしてないもの		KG	–Neither crushed nor ground	
0907.20	000	0	―破砕し又は粉砕したもの		KG	–Crushed or ground	
09.08			**肉ずく、肉ずく花及びカルダモン類**			**Nutmeg, mace and cardamoms:**	
			―肉ずく			–Nutmeg:	
0908.11	000	0	――破砕及び粉砕のいずれもしてないもの		KG	– –Neither crushed nor ground	
0908.12	000	6	――破砕し又は粉砕したもの		KG	– –Crushed or ground	
			―肉ずく花			–Mace:	
0908.21	000	4	――破砕及び粉砕のいずれもしてないもの		KG	– –Neither crushed nor ground	
0908.22	000	3	――破砕し又は粉砕したもの		KG	– –Crushed or ground	
			―カルダモン類			–Cardamoms:	
0908.31	000	1	――破砕及び粉砕のいずれもしてないもの		KG	– –Neither crushed nor ground	
0908.32	000	0	――破砕し又は粉砕したもの		KG	– –Crushed or ground	
09.09			**アニス、大ういきよう、ういきよう、コリアンダー、クミン又はカラウエイの種及びジュニパーベリー**			**Seeds of anise, badian, fennel, coriander, cumin or caraway; juniper berries:**	
			―コリアンダーの種			–Seeds of coriander:	
0909.21	000	2	――破砕及び粉砕のいずれもしてないもの		KG	– –Neither crushed nor ground	
0909.22	000	1	――破砕し又は粉砕したもの		KG	– –Crushed or ground	
			―クミンの種			–Seeds of cumin:	

番号 NO	細分番号 sub. no	NACCS用	品　名	単位 UNIT I	II	DESCRIPTION	参　考
0909.31	000	6	－－破砕及び粉砕のいずれもしてないもの		KG	－－Neither crushed nor ground	
0909.32	000	5	－－破砕し又は粉砕したもの		KG	－－Crushed or ground	
			－アニス、大ういきよう、カラウエイ又はういきようの種及びジュニパーベリー			－Seeds of anise, badian, caraway or fennel; juniper berries:	
0909.61	000	4	－－破砕及び粉砕のいずれもしてないもの		KG	－－Neither crushed nor ground	
0909.62	000	3	－－破砕し又は粉砕したもの		KG	－－Crushed or ground	
09.10			**しようが、サフラン、うこん、タイム、月けい樹の葉、カレーその他の香辛料**			**Ginger, saffron, turmeric (curcuma), thyme, bay leaves, curry and other spices:**	
			－しようが			－Ginger:	
0910.11	000	3	－－破砕及び粉砕のいずれもしてないもの		KG	－－Neither crushed nor ground	
0910.12	000	2	－－破砕し又は粉砕したもの		KG	－－Crushed or ground	
0910.20	000	1	－サフラン		KG	－Saffron	
0910.30	000	5	－うこん		KG	－Turmeric (curcuma)	
			－その他の香辛料			－Other spices:	
0910.91			－－この類の注１(b)の混合物			－－Mixtures referred to in Note 1 (b) to this Chapter:	
	100	2	－－－カレー		KG	－－－Curry	
	900	4	－－－その他のもの		KG	－－－Other	
0910.99	000	6	－－その他のもの		KG	－－Other	

第21類　各種の調製食料品

注

1　この類には、次の物品を含まない。

(a)　第07.12項の野菜を混合したもの

(b)　コーヒーを含有するコーヒー代用物（いつたものに限るものとし、コーヒーの含有量のいかんを問わない。第09.01項参照）

(c)　香味を付けた茶（第09.02項参照）

(d)　第09.04項から第09.10項までの香辛料その他の物品

(e)　ソーセージ、肉、くず肉、血、昆虫類、魚又は甲殻類、軟体動物若しくはその他の水棲無脊椎動物の一以上を含有する調製食料品で、これらの物品の含有量の合計が全重量の20％を超えるもの（第16類参照。第21.03項及び第21.04項のものを除く。）

(f)　第24.04項の物品

(g)　酵母で、第30.03項又は第30.04項の医薬品その他の物品にしたもの

(h)　第35.07項の調製した酵素

2～3（省略）

Chapter 21　Miscellaneous edible preparations

Notes.

1.- This Chapter does not cover:

(a) Mixed vegetables of heading 07.12;

(b) Roasted coffee substitutes containing coffee in any proportion (heading 09.01);

(c) Flavoured tea (heading 09.02);

(d) Spices or other products of headings 09.04 to 09.10;

(e) Food preparations, other than the products described in heading 21.03 or 21.04, containing more than 20% by weight of sausage, meat, meat offal, blood, insects, fish or crustaceans, molluscs or other aquatic invertebrates, or any combination thereof (Chapter 16);

(f) Products of heading 24.04;

(g) Yeast put up as a medicament or other products of heading 30.03 or 30.04; or

(h) Prepared enzymes of heading 35.07.

2.～3.（省略）

番号 NO	細分番号 sub. no	NACCS用	品名	単位 UNIT I	単位 UNIT II	DESCRIPTION	参考
21.01			**コーヒー、茶又はマテのエキス、エッセンス及び濃縮物並びにこれらをもととした調製品、コーヒー、茶又はマテをもととした調製品並びにチコリーその他のコーヒー代用物（いつたものに限る。）並びにそのエキス、エッセンス及び濃縮物**			Extracts, essences and concentrates, of coffee, tea or maté and preparations with a basis of these products or with a basis of coffee, tea or maté; roasted chicory and other roasted coffee substitutes, and extracts, essences and concentrates thereof:	
			－コーヒーのエキス、エッセンス及び濃縮物並びにこれらをもととした調製品並びにコーヒーをもととした調製品			- Extracts, essences and concentrates, of coffee, and preparations with a basis of these extracts, essences or concentrates or with a basis of coffee:	
2101.11			－－エキス、エッセンス及び濃縮物			- - Extracts, essences and concentrates:	
	100	3	－－－インスタントコーヒー		KG	- - - Instant coffee	
	900	5	－－－その他のもの		KG	- - - Other	
2101.12	000	0	－－エキス、エッセンス又は濃縮物をもととした調製品及びコーヒーをもととした調製品		KG	- - Preparations with a basis of extracts, essences or concentrates or with a basis of coffee	
2101.20	000	6	－茶又はマテのエキス、エッセンス及び濃縮物並びにこれらをもととした調製品並びに茶又はマテをもととした調製品		KG	- Extracts, essences and concentrates, of tea or maté, and preparations with a basis of these extracts, essences or concentrates or with a basis of tea or maté	
2101.30	000	3	－チコリーその他のコーヒー代用物（いつたものに限る。）並びにそのエキス、エッセンス及び濃縮物		KG	- Roasted chicory and other roasted coffee substitutes, and extracts, essences and concentrates thereof	

番号 NO	細分番号 sub. no	NACCS用	品　名	単位 UNIT I	単位 UNIT II	DESCRIPTION	参考
21.03			**ソース、ソース用の調製品、混合調味料、マスタードの粉及びミール並びに調製したマスタード**			**Sauces and preparations therefor; mixed condiments and mixed seasonings; mustard flour and meal and prepared mustard:**	
2103.10	000	5	－醤油	L	KG	－Soya sauce	
2103.20	000	2	－トマトケチャップその他のトマトソース		KG	－Tomato ketchup and other tomato sauces	
2103.30	000	6	－マスタードの粉及びミール並びに調製したマスタード		KG	－Mustard flour and meal and prepared mustard	
2103.90			－その他のもの			－Other:	
	100	4	－－味噌		KG	－－Miso (bean paste)	
	200	6	－－インスタントカレーその他のカレー調製品		KG	－－Instant curry and other curry preparations	
	300	1	－－ウスターソースその他これに類する物品		KG	－－Worcestershire sauce and the like	
	400	3	－－マヨネーズ		KG	－－Mayonnaise	
	500	5	－－ドレッシングその他これに類する物品(マヨネーズを除く。)		KG	－－Dressings and the like, excluding mayonnaise	
	900	6	－－その他のもの		KG	－－Other	
21.04			**スープ、ブロス、スープ用又はブロス用の調製品及び均質混合調製食料品**			**Soups and broths and preparations therefor; homogenised composite food preparations:**	
2104.10	000	3	－スープ、ブロス及びスープ用又はブロス用の調製品		KG	－Soups and broths and preparations therefor	
2104.20	000	0	－均質混合調製食料品		KG	－Homogenised composite food preparations	
21.05							
2105.00	000	4	**アイスクリームその他の氷菓(ココアを含有するかしないかを問わない。)**		KG	**Ice cream and other edible ice, whether or not containing cocoa**	
21.06			**調製食料品(他の項に該当するものを除く。)**			**Food preparations not elsewhere specified or included:**	
2106.10	000	6	－たんぱく質濃縮物及び繊維状にしたたんぱく質系物質		KG	－Protein concentrates and textured protein substances	
2106.90			－その他のもの			－Other:	
	200	0	－－豆腐		KG	－－Tofu	
	300	2	－－ビタミン、ミネラル、アミノ酸又は不飽和脂肪酸をもととした栄養補助食品(小売用の容器入りにしたものに限る。)		KG	－－Food supplement with a basis of vitamins, minerals, amino-acids or unsaturated fatty acids, put up in containers for retail sale	
	900	0	－－その他のもの		KG	－－Other	

チェック欄		

第９問 輸出申告(解答・P.372)

別紙１の仕入書及び下記事項により、合成繊維の短繊維の織物の輸出申告を輸出入・港湾関連情報処理システム(NACCS)を使用して行う場合について、別紙２の輸出申告事項登録画面の統計品目番号欄((ａ)～(ｅ))に入力すべき統計品目番号を、輸出統計品目表の解釈に関する通則に従い、別冊の「輸出統計品目表」(抜粋)を参照して、下の選択肢から選び、その番号をマークしなさい。

記

1　統計品目番号が同一であるものがある場合は、これらを一欄にとりまとめる。
2　申告価格が20万円以下のものを単独で申告する場合に入力すべき統計品目番号の10桁目は「E」とする。
3　輸出申告事項登録は、申告価格(上記1によりとりまとめられたものについては、その合計額)の大きいものから順に入力するものとする。
4　別紙１の仕入書に記載されている米ドル建価格の本邦通貨への換算は、別紙３の「実勢外国為替相場の週間平均値」を参照して行う。
5　申告年月日は、令和XX年8月27日とする。

① 5512.11-0004	② 5512.91-0001	③ 5512.91-000E	④ 5513.21-0006
⑤ 5513.23-1006	⑥ 5513.23-9001	⑦ 5513.29-0005	⑧ 5513.41-0000
⑨ 5514.23-0002	⑩ 5514.29-0003	⑪ 5514.29-000E	⑫ 5514.41-0005
⑬ 5515.11-0005	⑭ 5515.22-0001	⑮ 5515.22-000E	⑯ 5515.91-0002

別紙３

実勢外国為替相場の週間平均値
(1米ドルに対する円相場)

期　　　　間	週間平均値
令和XX. 8. 1 ～ 令和XX. 8. 7	¥93.00
令和XX. 8. 8 ～ 令和XX. 8.14	¥92.50
令和XX. 8.15 ～ 令和XX. 8.21	¥91.30
令和XX. 8.22 ～ 令和XX. 8.28	¥90.50
令和XX. 8.29 ～ 令和XX. 9. 4	¥90.60

輸出申告

別紙1

INVOICE

Seller
ZAIMU TRADING Co., Ltd.
1- 1, 3- Chome, Kasumigaseki
Chiyoda-ku, Tokyo, Japan

Invoice No. and Date
ZTC-3186 Aug. 20th, 20XX

Reference No. NYT-5433

Buyer NEW YORK TRADING Corp. 850 West Avenue Suite 1 New York NY 63900, U.S.A.	**Country of Origin**： JAPAN
	L/C No. 04-LC-3109 **Date** Jul. 7th, 20XX
Vessel NIPPON MARU **On or About** Aug. 31st, 20XX	**Issuing Bank** New York International Bank
From Tokyo, Japan **Via** Panama Canal	
To New York, U.S.A.	

Marks and Nos.	Description of Goods	Quantity roll	Unit Price per roll	Amount CFR US$
	Woven fabrics, dyed, 3-thread twill of Acrylic staple fibres 45% / Polyester staple fibres 35% / Cotton 12% / Viscose rayon staple fibres 5% / Wool 3%, Rolled size: 42cm × 350cm Net Weight:12.10kgs	50	122.00	6,100.00
NY TC New York MADE IN JAPAN	Woven fabrics, unbleached, plain weave of Polyester staple fibres 45% / Nylon staple fibres 40% / Cotton 15%, Rolled size: 45cm × 410cm Net Weight: 9.50kgs	30	118.00	3,540.00
	Woven fabrics, printed, plain weave of Acrylic staple fibres 65% / Wool 20% / Cotton 10% / Acrylic filament 5%, Rolled size: 42cm × 330cm Net Weight: 4.50kgs	20	108.10	2,162.00
	Woven fabrics, dyed, 4-thread twill of Acrylic staple fibres 55% / Cotton 30% / Wool 15%, Rolled size: 45cm × 420cm Net Weight: 5.20kgs	15	145.60	2,184.00
	Woven fabrics, printed, plain weave of Polyester staple fibres 60% / Cotton 25% / Viscose rayon staple fibres 15%, Rolled size: 43cm × 350cm Net Weight:11.00kgs	49	120.00	5,880.00
			Ocean Freight	469.50

Total : CFR NEW YORK US$20,335.50

Total : 25 cartons
N/W : 42.30 kgs
G/W : 46.53 kgs

ZAIMU TRADING Co., Ltd.
(Signature)

別紙２

輸出申告事項登録（大額）

共通部　繰返部

申告等番号

大額・少額識別 L　申告等種別 E　申告先種別　貨物識別　あて先官署　あて先部門

申告予定年月日

輸出者　　ZAIMU TRADING CO., LTD.

住所　TOKYO TO CHIYODA KU KASUMIGASEKI 3-1-1

電話

申告予定者

蔵置場所

貨物個数　25　CT　貨物重量　46.53　KGM　貨物容積

貨物の記号等

最終仕向地　USNYC　-　　船（機）籍符号

積出港　JPTYO　　貿易形態別符号

積載予定船舶　　-　NIPPON MARU　出港予定年月日　20XX0831

インボイス番号　A　-　ZTC-3186　-　20XX0820

インボイス価格　CFR　-　-　-　A

輸出申告事項登録(大額)

共通部 | **繰返部**

〈1欄〉 統計品目番号 (a) 品名
数量(1) 数量(2)
BPR按分係数 BPR通貨コード
他法令 (1) (2) (3) (4) (5)
輸出貿易管理令別表コード 外為法第48条コード 関税減免戻税コード
内国消費税免税コード 内国消費税免税識別

〈2欄〉 統計品目番号 (b) 品名
数量(1) 数量(2)
BPR按分係数 BPR通貨コード
他法令 (1) (2) (3) (4) (5)
輸出貿易管理令別表コード 外為法第48条コード 関税減免戻税コード
内国消費税免税コード 内国消費税免税識別

〈3欄〉 統計品目番号 (c) 品名
数量(1) 数量(2)
BPR按分係数 BPR通貨コード
他法令 (1) (2) (3) (4) (5)
輸出貿易管理令別表コード 外為法第48条コード 関税減免戻税コード
内国消費税免税コード 内国消費税免税識別

〈4欄〉 統計品目番号 (d) 品名
数量(1) 数量(2)
BPR按分係数 BPR通貨コード
他法令 (1) (2) (3) (4) (5)
輸出貿易管理令別表コード 外為法第48条コード 関税減免戻税コード
内国消費税免税コード 内国消費税免税識別

〈5欄〉 統計品目番号 (e) 品名
数量(1) 数量(2)
BPR按分係数 BPR通貨コード
他法令 (1) (2) (3) (4) (5)
輸出貿易管理令別表コード 外為法第48条コード 関税減免戻税コード
内国消費税免税コード 内国消費税免税識別

別冊　輸出統計品目表（抜粋）

第54類　人造繊維の長繊維並びに人造繊維の織物及びストリップその他これに類する人造繊維製品

注

1　この表において「人造繊維」とは、次の繊維をいう。

(a)　有機単量体の重合により製造した短繊維及び長繊維(例えば、ポリアミド、ポリエステル、ポリオレフィン又はポリウレタンのもの)、又は、この工程により得た重合体を化学的に変性させることにより製造した短繊維及び長繊維(例えば、ポリ(酢酸ビニル)を加水分解することにより得たポリ(ビニルアルコール))

(b)　繊維素その他の天然有機重合体を溶解し若しくは化学的に処理することにより製造した短繊維及び長繊維(例えば、銅アンモニアレーヨン(キュプラ)及びビスコースレーヨン)、又は、繊維素、カゼイン及びその他のプロテイン、アルギン酸その他の天然有機重合体を化学的に変性させることにより製造した短繊維及び長繊維(例えば、アセテート及びアルギネート)

この場合において、「合成繊維」とは(a)の繊維をいうものとし、「再生繊維又は半合成繊維」又は場合により「再生繊維若しくは半合成繊維」とは(b)の繊維をいう。第54.04項又は第54.05項のストリップその他これに類する物品は、人造繊維とみなさない。

人造繊維、合成繊維及び再生繊維又は半合成繊維の各用語は、材料の語とともに使用する場合においてもそれぞれ前記の意味と同一の意味を有する。

2　第54.02項及び第54.03項には、第55類の合成繊維の長繊維のトウ及び再生繊維又は半合成繊維の長繊維のトウを含まない。

Chapter 54　Man-made filaments; strip and the like of man-made textile materials

Notes.

1.- Throughout the Nomenclature, the term “man-made fibres” means staple fibres and filaments of organic polymers produced by manufacturing processes, either:

(a) By polymerisation of organic monomers to produce polymers such as polyamides, polyesters, polyolefins or polyurethanes, or by chemical modification of polymers produced by this process (for example, poly(vinyl alcohol) prepared by the hydrolysis of poly(vinyl acetate)); or

(b) By dissolution or chemical treatment of natural organic polymers (for example, cellulose) to produce polymers such as cuprammonium rayon (cupro) or viscose rayon, or by chemical modification of natural organic polymers (for example, cellulose, casein and other proteins, or alginic acid), to produce polymers such as cellulose acetate or alginates.

The terms “synthetic” and “artificial”, used in relation to fibres, mean: synthetic: fibres as defined at (a); artificial: fibres as defined at (b). Strip and the like of heading 54.04 or 54.05 are not considered to be man-made fibres.

The terms “man-made”, “synthetic” and “artificial” shall have the same meanings when used in relation to “textile materials”.

2.- Headings 54.02 and 54.03 do not apply to synthetic or artificial filament tow of Chapter 55.

第55類　人造繊維の短繊維及びその織物　Chapter 55　Man-made staple fibres

番号 NO	細分番号 sub. no	NACCS用	品名	単位 UNIT I	単位 UNIT II	DESCRIPTION	参考
55.12			**合成繊維の短繊維の織物(合成繊維の短繊維の重量が全重量の85%以上のものに限る。)**			**Woven fabrics of synthetic staple fibres, containing 85 % or more by weight of synthetic staple fibres:**	
			－ポリエステルの短繊維の重量が全重量の85%以上のもの			－Containing 85 % or more by weight of polyester staple fibres:	
5512.11	000	4	－－漂白してないもの及び漂白したもの	SM	KG	－－Unbleached or bleached	
5512.19	000	3	－－その他のもの	SM	KG	－－Other	
			－アクリル又はモダクリルの短繊維の重量が全重量の85%以上のもの			－Containing 85 % or more by weight of acrylic or modacrylic staple fibres:	
5512.21	000	1	－－漂白してないもの及び漂白したもの	SM	KG	－－Unbleached or bleached	
5512.29	000	0	－－その他のもの	SM	KG	－－Other	
			－その他のもの			－Other:	
5512.91	000	1	－－漂白してないもの及び漂白したもの	SM	KG	－－Unbleached or bleached	

番号 NO	細分番号 sub. no	NACCS用	品名	単位 UNIT I	単位 UNIT II	DESCRIPTION	参考
55.13			**合成繊維の短繊維の織物（合成繊維の短繊維の重量が全重量の85％未満のもののうち、混用繊維の全部又は大部分が綿のもので、重量が１平方メートルにつき170グラム以下のものに限る。）**			**Woven fabrics of synthetic staple fibres, containing less than 85 % by weight of such fibres, mixed mainly or solely with cotton, of a weight not exceeding 170 g/m²:**	
			－漂白してないもの及び漂白したもの			－Unbleached or bleached:	
5513.11	000	2	－－ポリエステルの短繊維のもの（平織りのものに限る。）	SM	KG	－－Of polyester staple fibres, plain weave	
5513.12	000	1	－－ポリエステルの短繊維のもの（３枚綾織り又は４枚綾織り（破れ斜文織りを含む。）のものに限る。）	SM	KG	－－3-thread or 4-thread twill, including cross twill, of polyester staple fibres	
5513.13	000	0	－－ポリエステルの短繊維のその他の織物	SM	KG	－－Other woven fabrics of polyester staple fibres	
5513.19	000	1	－－その他の織物	SM	KG	－－Other woven fabrics	
			－浸染したもの			－Dyed:	
5513.21	000	6	－－ポリエステルの短繊維のもの（平織りのものに限る。）	SM	KG	－－Of polyester staple fibres, plain weave	
5513.23			－－ポリエステルの短繊維のその他の織物			－－Other woven fabrics of polyester staple fibres:	
	100	6	－－－３枚綾織り又は４枚綾織り（破れ斜文織りを含む。）のもの	SM	KG	－－－3-thread or 4-thread twill, including cross twill	
	900	1	－－－その他のもの	SM	KG	－－－Other	
5513.29	000	5	－－その他の織物	SM	KG	－－Other woven fabrics	
			－異なる色の糸から成るもの			－Of yarns of different colours:	
5513.31	000	3	－－ポリエステルの短繊維のもの（平織りのものに限る。）	SM	KG	－－Of polyester staple fibres, plain weave	
5513.39			－－その他の織物			－－Other woven fabrics:	
	100	4	－－－ポリエステルの短繊維のその他の織物	SM	KG	－－－Other woven fabrics of polyester staple fibres	
	900	6	－－－その他のもの	SM	KG	－－－Other	
			－なせんしたもの			－Printed:	
5513.41	000	0	－－ポリエステルの短繊維のもの（平織りのものに限る。）	SM	KG	－－Of polyester staple fibres, plain weave	
5513.49	000	6	－－その他の織物	SM	KG	－－Other woven fabrics	
55.14			**合成繊維の短繊維の織物（合成繊維の短繊維の重量が全重量の85％未満のもののうち、混用繊維の全部又は大部分が綿のもので、重量が１平方**			**Woven fabrics of synthetic staple fibres, containing less than 85 % by weight of such fibres, mixed mainly or solely with cotton, of a weight**	

番号 NO	細分番号 sub. no	NACCS用	品　名	単位 UNIT I	単位 UNIT Ⅱ	DESCRIPTION	参　考
(55.14)			**メートルにつき170グラムを超えるものに限る。)**			**exceeding 170 g/m²:**	
			－漂白してないもの及び漂白したもの			－Unbleached or bleached:	
5514.11	000	0	－－ポリエステルの短繊維のもの(平織りのものに限る。)	SM	KG	－－Of polyester staple fibres, plain weave	
5514.12	000	6	－－ポリエステルの短繊維のもの(３枚綾織り又は４枚綾織り(破れ斜文織りを含む。)のものに限る。)	SM	KG	－－3-thread or 4-thread twill, including cross twill, of polyester staple fibres	
5514.19	000	6	－－その他の織物	SM	KG	－－Other woven fabrics	
			－浸染したもの			－Dyed:	
5514.21	000	4	－－ポリエステルの短繊維のもの(平織りのものに限る。)	SM	KG	－－Of polyester staple fibres, plain weave	
5514.22	000	3	－－ポリエステルの短繊維のもの(３枚綾織り又は４枚綾織り(破れ斜文織りを含む。)のものに限る。)	SM	KG	－－3-thread or 4-thread twill, including cross twill, of polyester staple fibres	
5514.23	000	2	－－ポリエステルの短繊維のその他の織物	SM	KG	－－Other woven fabrics of polyester staple fibres	
5514.29	000	3	－－その他の織物	SM	KG	－－Other woven fabrics	
5514.30	000	2	－異なる色の糸から成るもの	SM	KG	－Of yarns of different colours	
			－なせんしたもの			－Printed:	
5514.41	000	5	－－ポリエステルの短繊維のもの(平織りのものに限る。)	SM	KG	－－Of polyester staple fibres, plain weave	
5514.42	000	4	－－ポリエステルの短繊維のもの(３枚綾織り又は４枚綾織り(破れ斜文織りを含む。)のものに限る。)	SM	KG	－－3-thread or 4-thread twill, including cross twill, of polyester staple fibres	
5514.43	000	3	－－ポリエステルの短繊維のその他の織物	SM	KG	－－Other woven fabrics of polyester staple fibres	
5514.49	000	4	－－その他の織物	SM	KG	－－Other woven fabrics	
55.15			**合成繊維の短繊維のその他の織物**			**Other woven fabrics of synthetic staple fibres:**	
			－ポリエステルの短繊維のもの			－Of polyester staple fibres:	
5515.11	000	5	－－混用繊維の全部又は大部分がビスコースレーヨンの短繊維のもの	SM	KG	－－Mixed mainly or solely with viscose rayon staple fibres	
5515.12	000	4	－－混用繊維の全部又は大部分が人造繊維の長繊維のもの	SM	KG	－－Mixed mainly or solely with man-made filaments	
5515.13	000	3	－－混用繊維の全部又は大部分が羊毛又は繊獣毛のもの	SM	KG	－－Mixed mainly or solely with wool or fine animal hair	

番号 NO	細分番号 sub. no	NACCS用	品　　名	単位 UNIT I	II	DESCRIPTION	参　考
5515.19	000	4	－－その他のもの	SM	KG	－－Other	
			－アクリル又はモダクリルの短繊維のもの			－Of acrylic or modacrylic staple fibres:	
5515.21	000	2	－－混用繊維の全部又は大部分が人造繊維の長繊維のもの	SM	KG	－－Mixed mainly or solely with man-made filaments	
5515.22	000	1	－－混用繊維の全部又は大部分が羊毛又は繊獣毛のもの	SM	KG	－－Mixed mainly or solely with wool or fine animal hair	
5515.29	000	1	－－その他のもの	SM	KG	－－Other	
			－その他の織物			－Other woven fabrics:	
5515.91	000	2	－－混用繊維の全部又は大部分が人造繊維の長繊維のもの	SM	KG	－－Mixed mainly or solely with man-made filaments	
5515.99	000	1	－－その他のもの	SM	KG	－－Other	

チェック欄

第10問 輸出申告（解答・P.374）

別紙1の仕入書及び下記事項により、電子機器及びその部分品の輸出申告を輸出入・港湾関連情報処理システム（NACCS）を使用して行う場合について、別紙2の輸出申告事項登録画面の統計品目番号欄（（ａ）～（ｅ））に入力すべき統計品目番号を、輸出統計品目表の解釈に関する通則に従い、別冊の「輸出統計品目表」（抜粋）を参照して、下の選択肢から選び、その番号をマークしなさい。

記

1　別紙1の仕入書に記載されている品目に統計品目番号が同一であるものがある場合には、これらを一の統計品目番号にとりまとめる。
2　統計品目番号ごとの申告価格が20万円以下であるもの（上記1によりとりまとめたものを含む。）がある場合には、その統計品目番号が異なるものであっても、これらを一括して一欄にとりまとめる。
3　上記2による場合に輸出申告事項登録画面に入力すべき統計品目番号は、上記2によりとりまとめる前の統計品目番号ごとの申告価格（上記1によりとりまとめたものについては、その合計額）が最も大きいものの統計品目番号とし、10桁目は「X」とする。
4　輸出申告事項登録画面に入力する統計品目番号（(a)～(e)）は、その統計品目番号ごとの申告価格（上記1及び2によりとりまとめたものについては、その合計額）が大きいものから順に入力するものとする。
5　別紙1の仕入書に記載されている米ドル建価格の本邦通貨への換算は、別紙3の「実勢外国為替相場の週間平均値」を参照して行う。
6　別紙1の仕入書に記載されているそれぞれの品目の価格（DAP）には次の費用等の額が含まれており、当該DAP価格にそれらの費用等の額が占める割合は、次のとおり。
　イ　売手の工場から輸出港までの運賃……………………………………………………5%
　ロ　輸出港における貨物の船積みに要する費用…………………………………………3%
　ハ　目的地（輸入港）までの海上運賃及び保険料…………………………………………7%
　ニ　輸入港での本船からの荷卸し及び仕向地での運送に要する費用…………………3%
7　別紙1の仕入書に記載されている5番目及び8番目の品目「Light emitting diodes」は、同種の貨物である。
8　申告年月日は、令和XX年6月16日とする。

① 3818.00-1003	② 3818.00-9005	③ 8523.21-000X	④ 8523.41-000X
⑤ 8523.51-0004	⑥ 8523.59-0003	⑦ 8539.39-0005	⑧ 8539.52-0006
⑨ 8539.52-000X	⑩ 8541.41-0006	⑪ 8541.41-000X	⑫ 8541.42-0005
⑬ 8541.60-100X	⑭ 9114.40-0002	⑮ 9114.90-0001	

別紙3

実勢外国為替相場の週間平均値
（1米ドルに対する円相場）

期　間	週間平均値
令和XX.　5.18　～　令和XX.　5.24	¥105.30
令和XX.　5.25　～　令和XX.　5.31	¥105.20
令和XX.　6.　1　～　令和XX.　6.　7	¥105.00
令和XX.　6.　8　～　令和XX.　6.14	¥105.50
令和XX.　6.15　～　令和XX.　6.21	¥105.60

輸出申告

別紙 1

INVOICE

Seller
ZAIMU TRADING Co., Ltd.
1- 1, 3- Chome, Kasumigaseki
Chiyoda-ku, Tokyo, Japan

Invoice No. and Date
ZTC-1210 Jun. 11th, 20XX

Reference No. OEC-3721

Buyer OCBS ELECTRIC Corp. 313 ANDREW ST, MANGERE CALIFORNIA, U.S.A.	**Country of Origin**： JAPAN
	L/C No. 97-L-96347 **Date** May 23rd, 20XX
Vessel NAGATO MARU **On or About** Jun. 22nd, 20XX	**Issuing Bank** VANCOUVER CITY BANK
From Tokyo, Japan **Via**	
To San Francisco, U.S.A.	

Marks and Nos.	Description of Goods	Quantity PC	Unit Price per PC	Amount DAP US$
	SD flash memory cards	850	7.00	5,950.00
	Mounted piezo-electric crystals, suitable for use solely as parts of electronic watch movements	101,325	2.00	202,650.00
OEC	Mounted piezo-electric crystals of quartz	1,000	1.80	1,800.00
San Francisco MADE IN JAPAN	Light emitting diodes(LED) lamps, 100W	50	41.80	2,090.00
	Light emitting diodes	12,000	5.60	67,200.00
	DVD-ROM, unrecorded	1,000	2.00	2,000.00
	Silicon wafers doped for use in electronics, not yet worked by selective diffusion	16,500	2.50	41,250.00
	Light emitting diodes	1,000	5.60 (No Commercial Value)	

Total : DAP San Francisco US$322,940.00

Total : 50 cartons
N/W : 208.00 kgs
G/W : 525.00 kgs

ZAIMU TRADING Co., Ltd.
(Signature)

別紙2

輸出申告事項登録（大額）

共通部 繰返部

申告等番号

大額・少額識別 L　申告等種別 E　申告先種別　貨物識別　あて先官署　あて先部門

申告予定年月日

輸出者　　ZAIMU TRADING CO., LTD.

住所　TOKYO TO CHIYODA KU KASUMIGASEKI 3-1-1

電話

申告予定者

蔵置場所

貨物個数　50　CT　貨物重量　525　KGM　貨物容積

貨物の記号等

最終仕向地　USSFO　-　　船（機）籍符号

積出港　JPTYO　　貿易形態別符号

積載予定船舶　　-　NAGATO MARU　出港予定年月日　20XX0622

インボイス番号　A　-　ZTC-1210　-　20XX0611

インボイス価格　DAP　-　-　-　A

輸出申告事項登録（大額）

共通部 | **繰返部**

〈1欄〉
統計品目番号 （a）　品名
数量（1）　数量（2）
BPR按分係数　BPR通貨コード
他法令 （1） （2） （3） （4） （5）
輸出貿易管理令別表コード　外為法第48条コード　関税減免戻税コード
内国消費税免税コード　内国消費税免税識別

〈2欄〉
統計品目番号 （b）　品名
数量（1）　数量（2）
BPR按分係数　BPR通貨コード
他法令 （1） （2） （3） （4） （5）
輸出貿易管理令別表コード　外為法第48条コード　関税減免戻税コード
内国消費税免税コード　内国消費税免税識別

〈3欄〉
統計品目番号 （c）　品名
数量（1）　数量（2）
BPR按分係数　BPR通貨コード
他法令 （1） （2） （3） （4） （5）
輸出貿易管理令別表コード　外為法第48条コード　関税減免戻税コード
内国消費税免税コード　内国消費税免税識別

〈4欄〉
統計品目番号 （d）　品名
数量（1）　数量（2）
BPR按分係数　BPR通貨コード
他法令 （1） （2） （3） （4） （5）
輸出貿易管理令別表コード　外為法第48条コード　関税減免戻税コード
内国消費税免税コード　内国消費税免税識別

〈5欄〉
統計品目番号 （e）　品名
数量（1）　数量（2）
BPR按分係数　BPR通貨コード
他法令 （1） （2） （3） （4） （5）
輸出貿易管理令別表コード　外為法第48条コード　関税減免戻税コード
内国消費税免税コード　内国消費税免税識別

別冊

輸出統計品目表（抜粋）

第38類　各種の化学工業生産品　　Chapter 38　Miscellaneous chemical products

番号 NO	細分番号 sub. no	NACCS用	品　名	単位 UNIT I	単位 UNIT II	DESCRIPTION	参　考
38.18							
3818.00			元素を電子工業用にドープ処理したもの(円盤状、ウエハー状その他これらに類する形状にしたものに限る。)及び化合物を電子工業用にドープ処理したもの			Chemical elements doped for use in electronics, in the form of discs, wafers or similar forms; chemical compounds doped for use in electronics:	
	100	3	－けい素のもの		KG	－Of silicon	
	900	5	－その他のもの		KG	－Other	

第85類　電気機器及びその部分品並びに録音機、音声再生機並びにテレビジョンの映像及び音声の記録用又は再生用の機器並びにこれらの部分品及び附属品

Chapter 85　Electrical machinery and equipment and parts thereof; sound recorders and reproducers, television image and sound recorders and reproducers, and parts and accessories of such articles

注

1～5 （省略）

6　第85.23項において次の用語の意義は、それぞれ次に定めるところによる。

(a) 「不揮発性半導体記憶装置」(例えば、「フラッシュメモリーカード」又は「フラッシュ電子記憶カード」)は、接続用ソケットを備え、同一ハウジングの中に、印刷回路基板上に集積回路の形で搭載している一以上のフラッシュメモリー(例えば、「FLASH　E²PROM」)を有している。これらは、集積回路の形状をしたコントローラー及び個別の受動素子(例えば、コンデンサー、抵抗器)を取り付けたものを含む。

(b) 「スマートカード」とは、内部にチップ状の集積回路(マイクロプロセッサー、ランダムアクセスメモリー(RAM)又はリードオンリーメモリー(ROM))を1個以上埋め込んだものをいう。これらのカードは、接触子、磁気ストリップ又はアンテナを取り付けたものを含むものとし、その他の能動又は受動回路素子を有するものを含まない。

7～11 （省略）

12　第85.41項及び第85.42項において次の用語の意義は、それぞれ次に定めるところによる。

(a)(ｉ) （省略）

(ii) 「発光ダイオード(LED)」とは、電気エネルギーを可視光線、赤外線又は紫外線に変換する半導体素材をもととした半導体デバイス(互いに電気的に結合しているかいないか又は保護ダイオードと接続しているかいないかを問わない。)をいう。第85.41項の発光ダイオード(LED)は、電源供給又は電源制御用の素子を自蔵していない。

Notes.

1.～5. （省略）

6.- For the purposes of heading 85.23:

(a) “Solid-state non-volatile storage devices” (for example, “flash memory cards” or “flash electronic storage cards”) are storage devices with a connecting socket, comprising in the same housing one or more flash memories (for example, “FLASH E²PROM”) in the form of integrated circuits mounted on a printed circuit board. They may include a controller in the form of an integrated circuit and discrete passive components, such as capacitors and resistors;

(b) The term “smart cards” means cards which have embedded in them one or more electronic integrated circuits (a microprocessor, random access memory (RAM) or read-only memory (ROM)) in the form of chips. These cards may contain contacts, a magnetic stripe or an embedded antenna but do not contain any other active or passive circuit elements.

7.～11. （省略）

12.-For the purposes of headings 85.41 and 85.42:

(a)(i) （省略）

(ii) “ ight-emitting diodes (LED)” are semiconductor devices based on semiconductor materials which convert electrical energy into visible, infra-red or ultra-violet rays, whether or not electrically connected among each other and whether or not combined with protective diodes. Light-emitting diodes (LED) of heading 85.41 do not incorporate elements for the purposes of providing power supply or power control;

(b) (省略)

この注12の物品の所属の決定に当たつては、第85.41項及び第85.42項は、第85.23項を除き、当該物品が特にその機能からみて属するとみられるこの表の他のいずれの項にも優先する。

号注 (省略)

(b) (省略)

For the classification of the articles defined in this Note, headings 85.41 and 85.42 shall take precedence over any other heading in the Nomenclature, except in the case of heading 85.23, which might cover them by reference to, in particular, their function.

Subheading Notes. (省略)

番号 NO	細分番号 sub. no	NACCS用	品名	単位 UNIT I	単位 UNIT II	DESCRIPTION	参考
85.23			**ディスク、テープ、不揮発性半導体記憶装置、スマートカードその他の媒体(記録してあるかないかを問わず、ディスク製造用の原盤及びマスターを含むものとし、第37類の物品を除く。)**			**Discs, tapes, solid-state non-volatile storage devices, "smart cards" and other media for the recording of sound or of other phenomena, whether or not recorded, including matrices and masters for the production of discs, but excluding products of Chapter 37:**	
			－磁気媒体			－Magnetic media:	
8523.21	000	6	－－カード(磁気ストライプを有するもの)		NO	－－Cards incorporating a magnetic stripe	
8523.29	000	5	－－その他のもの		NO	－－Other	
			－光学媒体			－Optical media:	
8523.41	000	0	－－記録してないもの		NO	－－Unrecorded	
8523.49	000	6	－－その他のもの		NO	－－Other	
			－半導体媒体			－Semiconductor media:	
8523.51	000	4	－－不揮発性半導体記憶装置		NO	－－Solid-state non-volatile storage devices	
8523.52			－－スマートカード			－－"Smart cards":	
	100	5	－－－プロキシミティカード及びプロキシミティタグ		NO	－－－Proximity cards and tags	
	900	0	－－－その他のもの		NO	－－－Other	
8523.59	000	3	－－その他のもの		NO	－－Other	
8523.80	000	3	－その他のもの		NO	－Other	
85.39			**フィラメント電球及び放電管(シールドビームランプ、紫外線ランプ及び赤外線ランプを含む。)、アーク灯並びに発光ダイオード(LED)光源**			**Electric filament or discharge lamps, including sealed beam lamp units and ultra-violet or infra-red lamps; arc-lamps; light-emitting diode (LED) light sources:**	
8539.10	000	6	－シールドビームランプ	NO	KG	－Sealed beam lamp units	
			－その他のフィラメント電球(紫外線ランプ及び赤外線ランプを除く。)			－Other filament lamps, excluding ultra-violet or infra-red lamps:	

番号 NO	細分番号 sub. no	NACCS用	品名	単位 UNIT I	単位 UNIT II	DESCRIPTION	参考
8539.21	000	2	――タングステンハロゲン電球	NO	KG	– – Tungsten halogen	
8539.22	000	1	――その他のもの(出力が200ワット以下のもので、使用電圧が100ボルトを超えるものに限る。)	NO	KG	– – Other, of a power not exceeding 200 W and for a voltage exceeding 100 V	
8539.29			――その他のもの			– – Other:	
	100	3	―――自動車用のもの	NO	KG	– – – For motor vehicles	
	200	5	―――表示用のもの(超小型のもの)	NO	KG	– – – For indicator, subminiature type	
	900	5	―――その他のもの	NO	KG	– – – Other	
			―放電管(紫外線ランプを除く。)			– Discharge lamps, other than ultra-violet lamps:	
8539.31	000	6	――熱陰極蛍光放電管	NO	KG	– – Fluorescent, hot cathode	
8539.32	000	5	――水銀ランプ、ナトリウムランプ及びメタルハライドランプ		NO	– – Mercury or sodium vapour lamps; metal halide lamps	
8539.39	000	5	――その他のもの	NO	KG	– – Other	
			―紫外線ランプ、赤外線ランプ及びアーク灯			– Ultra-violet or infra-red lamps; arc-lamps:	
8539.41	000	3	――アーク灯		NO	– – Arc-lamps	
8539.49	000	2	――その他のもの		NO	– – Other	
			―発光ダイオード(LED)光源			– Light-emitting diode (LED) light sources:	
8539.51	000	0	――発光ダイオード(LED)モジュール	NO	KG	– – Light-emitting diode (LED) modules	
8539.52	000	6	――発光ダイオード(LED)ランプ	NO	KG	– – Light-emitting diode (LED) lamps	
8539.90	000	3	―部分品		KG	– Parts	
85.41			**半導体デバイス(例えば、ダイオード、トランジスター及び半導体ベースの変換器)、光電性半導体デバイス(光電池(モジュール又はパネルにしてあるかないかを問わない。)を含む。)、発光ダイオード(LED)(他の発光ダイオード(LED)と組み合わせてあるかないかを問わない。)及び圧電結晶素子**			**Semiconductor devices (for example, diodes, transistors, semiconductor-based transducers); photosensitive semiconductor devices, including photovoltaic cells whether or not assembled in modules or made up into panels; light-emitting diodes (LED), whether or not assembled with other light-emitting diodes (LED); mounted piezo-electric crystals:**	
8541.10			―ダイオード(光電性ダイオード及び発光ダイオード(LED)を除く。)			– Diodes, other than photosensitive or light-emitting diodes (LED):	
	100	4	――実装してないもの		TH	– – Uncased	
			――その他のもの			– – Other:	
	910	2	―――平均順電流が100ミリアンペア未満のもの		NO	– – – With average forward current rating less than 100 mA	
	920	5	―――平均順電流が100ミリアンペア以上のもの		NO	– – – With average forward current rating 100 mA or more	
			―トランジスター(光電性トランジスターを除く。)			– Transistors, other than photosensitive transistors:	

番号 NO	細分番号 sub. no	NACCS用	品　　　名	単位 UNIT I	II	DESCRIPTION	参　考
8541.21			ーー定格消費電力が１ワット未満のもの			--With a dissipation rate of less than 1 W:	
	100	0	ーーー実装してないもの		TH	---Uncased	
			ーーーその他のもの			---Other:	
	910	5	ーーーーシリコントランジスター		NO	----Silicon transistors	
	990	1	ーーーーその他のもの		NO	----Other	
8541.29			ーーその他のもの			--Other:	
	100	6	ーーー実装してないもの		TH	---Uncased	
			ーーーその他のもの			---Other:	
	910	4	ーーーーシリコントランジスター		NO	----Silicon transistors	
	990	0	ーーーーその他のもの		NO	----Other	
8541.30			ーサイリスター、ダイアック及びトライアック（光電性デバイスを除く。）			-Thyristors, diacs and triacs, other than photosensitive devices:	
	100	5	ーー実装してないもの		TH	--Uncased	
	900	0	ーーその他のもの		NO	--Other	
			ー光電性半導体デバイス（光電池（モジュール又はパネルにしてあるかないかを問わない。）を含む。）及び発光ダイオード（LED）			-Photosensitive semiconductor devices, including photovoltaic cells whether or not assembled in modules or made up into panels; light-emitting diodes (LED):	
8541.41	000	6	ーー発光ダイオード（LED）		NO	--Light-emitting diodes (LED)	
8541.42	000	5	ーー光電池（モジュール又はパネルにしてないもの）		NO	--Photovoltaic cells not assembled in modules or made up into panels	
8541.43	000	4	ーー光電池（モジュール又はパネルにしてあるもの）		NO	--Photovoltaic cells assembled in modules or made up into panels	
8541.49	000	5	ーーその他のもの		NO	--Other	
			ーその他の半導体デバイス			-Other semiconductor devices:	
8541.51	000	3	ーー半導体ベースの変換器		NO	--Semiconductor-based transducers	
8541.59	000	2	ーーその他のもの		NO	--Other	
8541.60			ー圧電結晶素子			-Mounted piezo-electric crystals:	
	100	3	ーー水晶のもの		NO	--Of quartz	
	900	5	ーーその他のもの		NO	--Other	
8541.90	000	6	ー部分品		KG	-Parts	

第91類　時計及びその部分品

注

1　この類には、次の物品を含まない。

（a）　時計用のガラス及びおもり（構成する材料により該当する項に属する。）

（b）　携帯用時計の鎖（第71.13項及び第71.17項参照）

（c）　第15部の注２の卑金属製のはん用性の部分品（第15部参照）、プラスチック製のこれに類する物品（第39類参照）及び貴金属製又は貴金属を張つた金属製のこれに類する物品（主として第71.15項参照）。ただし、時計用ばねは、時計の部分品（第91.14項参照）の項に属する。

（d）　軸受用玉（第73.26項及び第84.82項参照）

（e）　第84.12項の物品で脱進機なしで作動するように組み立てたもの

（f）　玉軸受（第84.82項参照）

（g）　第85類の物品。ただし、相互に又は他の物品と組み合わせることにより、時計用ムーブメント又は時計用ムーブメントに専ら若しくは主として使用するのに適する部分品にしたものを除く（第85類参照）。

2～4　（省略）

Chapter 91　Clocks and watches and parts thereof

Notes.

1.- This Chapter does not cover:

(a) Clock or watch glasses or weights (classified according to their constituent material);

(b) Watch chains (heading 71.13 or 71.17, as the case may be);

(c) Parts of general use defined in Note 2 to Section XV, of base metal (Section XV), or similar goods of plastics (Chapter 39) or of precious metal or metal clad with precious metal (generally heading 71.15); clock or watch springs are, however, to be classified as clock or watch parts (heading 91.14);

(d) Bearing balls (heading 73.26 or 84.82, as the case may be);

(e) Articles of heading 84.12 constructed to work without an escapement;

(f) Ball bearings (heading 84.82); or

(g) Articles of Chapter 85, not yet assembled together or with other components into watch or clock movements or into articles suitable for use solely or principally as parts of such movements (Chapter 85).

2. ～4.　（省略）

番号 NO	細分番号 sub. no	NACCS用	品名	単位 UNIT I	単位 UNIT II	DESCRIPTION	参考
91.14			**その他の時計の部分品**			Other clock or watch parts:	
9114.30	000	5	－文字板		KG	－Dials	
9114.40	000	2	－地板及び受け		KG	－Plates and bridges	
9114.90	000	1	－その他のもの		KG	－Other	

チェック欄		

第11問 輸出申告（解答・P.377）

別紙1の仕入書及び下記事項により、魚等の輸出申告を輸出入・港湾関連情報処理システム(NACCS)を使用して行う場合について、別紙2の輸出申告事項登録画面の統計品目番号欄((ａ)～(ｅ))に入力すべき統計品目番号を、輸出統計品目表の解釈に関する通則に従い、別冊の「輸出統計品目表」(抜粋)を参照して、下の選択肢から選び、その番号をマークしなさい。

記

1　統計品目番号が同一であるものがある場合は、これらを一欄にとりまとめる。
2　統計品目番号が異なるものであっても、それぞれの申告価格が20万円以下である場合には、これらを一括して一欄にとりまとめる。
　なお、この場合に入力すべき統計品目番号は、これらの品目のうち申告価格が最も大きいものの統計品目番号とし、10桁目は「X」とする。
3　輸出申告事項登録は、申告価格(上記1によりとりまとめられたものについては、その合計額)の大きいものから順に入力するものとし、上記2により一括して一欄にとりまとめたものについては、最後の欄に入力するものとする。
4　売手は、FCA契約に際して、実際に要した輸出国内運送費US$520.00について別途請求する契約をしている。
　また、買手は本船への積込みに要した費用等であるUS$180.00を、売手を通じて港湾業者に支払う。
5　別紙1の仕入書に記載された「Roes of mullet, dried (“karasumi”)」は無償の試供品で、通常の単価は1パック当たりFCA US$36.50である。
6　米ドル建価格の本邦通貨への換算は、別紙3の「実勢外国為替相場の週間平均値」を参照して行う。
7　上記4の費用を申告価格に算入する場合の申告価格への振り分けは価格按分とする。
8　申告年月日は、令和XX年8月13日とする。

① 0305.20-0000	② 0305.20-000X	③ 0305.54-0001	④ 0305.59-9000
⑤ 0305.71-0005	⑥ 0305.71-000X	⑦ 0306.17-0001	⑧ 0306.95-010X
⑨ 0307.87-0102	⑩ 1604.19-9004	⑪ 1604.20-110X	⑫ 1604.31-0002
⑬ 1604.32-0001	⑭ 1605.54-0005	⑮ 1605.59-2004	

別紙3

実勢外国為替相場の週間平均値
(1米ドルに対する円相場)

期間			週間平均値
令和XX. 7.22	～	令和XX. 7.28	¥81.50
令和XX. 7.29	～	令和XX. 8. 4	¥81.00
令和XX. 8. 5	～	令和XX. 8.11	¥80.70
令和XX. 8.12	～	令和XX. 8.18	¥80.40
令和XX. 8.19	～	令和XX. 8.25	¥79.00

別紙1

I N V O I C E

Seller
ZAIMU TRADING Co., Ltd.
1-1, 3-Chome, Kasumigaseki
Chiyoda-ku, Tokyo, JAPAN

Invoice No. and Date
ZTC-2011 Aug. 10th, 20XX

Reference No. YEC-1822

Buyer KOREA EX/IMPORT COMPANY 717 Yangjae-dong Seocho-ku Busan KOREA	**Country of Origin**： JAPAN **L/C No.** 0X-LC-0557 **Date** Jul. 4th, 20XX
Vessel or NIHON MARU **On or About** Aug. 15th, 20XX	**Issuing Bank** Korea International Bank
From Tokyo, JAPAN **Via**	
To Busan, KOREA	

Marks and Nos.	Description of Goods	Quantity Pack	Unit Price per Pack	Amount FCA US$
	Shark fins, dried, not cooked	40	60.50	2,420.00
	Cavier (Roes of sturgeon, salted & prepared), canned, "Cavier of Bungo" Brand	130	98.50	12,805.00
(KEIC)	Roes of herrings, salted	72	31.00	2,232.00
Busan MADE IN JAPAN	Abalone (*Haliotis spp.*), smoked	95	55.50	5,272.50
	Kuruma-ebi (prawns), smoked, not frozen	129	18.50	2,386.50
	Frozen "Sea-Foods mix" in piece, prepared, containing Cod 25%, Shrimps 23%, Crabs 12%, Cuttle fish 22%, Octopus 5% Adductors of shellfish 13% by weight	150	47.65	7,147.50
	Fish meat sausages, prepared	115	11.10	1,276.50
	Roes of mullet, dried ("karasumi")	40	No Charges	

Total： FCA TOKYO US$33,540.00

Total: 80 Cartons
N/W : 1,200.00 kgs
G/W : 1,321.00 kgs

ZAIMU TRADING Co., Ltd.
(Signature)

別紙2

輸出申告事項登録(大額)

共通部 | 繰返部

申告等番号

大額・少額識別 L　申告等種別 E　申告先種別　貨物識別　あて先官署　あて先部門

申告予定年月日

輸出者　ZAIMU TRADING CO., LTD.

住所　TOKYO TO CHIYODA KU KASUMIGASEKI 3-1-1

電話

申告予定者

蔵置場所

貨物個数 80 CT　貨物重量 1321 KGM　貨物容積

貨物の記号等

最終仕向地 KRPUS -　船(機)籍符号

積出港 JPTYO　貿易形態別符号

積載予定船舶 - NIHON MARU　出港予定年月日 20XX0815

インボイス番号 A - ZTC-2011 - 20XX0810

インボイス価格 FCA - - - A

輸出申告事項登録(大額)

共通部 | **繰返部**

〈1欄〉 統計品目番号 (a)　品名
数量(1)　数量(2)
BPR按分係数　BPR通貨コード
他法令 (1) (2) (3) (4) (5)
輸出貿易管理令別表コード　外為法第48条コード　関税減免戻税コード
内国消費税免税コード　内国消費税免税識別

〈2欄〉 統計品目番号 (b)　品名
数量(1)　数量(2)
BPR按分係数　BPR通貨コード
他法令 (1) (2) (3) (4) (5)
輸出貿易管理令別表コード　外為法第48条コード　関税減免戻税コード
内国消費税免税コード　内国消費税免税識別

〈3欄〉 統計品目番号 (c)　品名
数量(1)　数量(2)
BPR按分係数　BPR通貨コード
他法令 (1) (2) (3) (4) (5)
輸出貿易管理令別表コード　外為法第48条コード　関税減免戻税コード
内国消費税免税コード　内国消費税免税識別

〈4欄〉 統計品目番号 (d)　品名
数量(1)　数量(2)
BPR按分係数　BPR通貨コード
他法令 (1) (2) (3) (4) (5)
輸出貿易管理令別表コード　外為法第48条コード　関税減免戻税コード
内国消費税免税コード　内国消費税免税識別

〈5欄〉 統計品目番号 (e)　品名
数量(1)　数量(2)
BPR按分係数　BPR通貨コード
他法令 (1) (2) (3) (4) (5)
輸出貿易管理令別表コード　外為法第48条コード　関税減免戻税コード
内国消費税免税コード　内国消費税免税識別

別冊　　輸出統計品目表（抜粋）

第３類　魚並びに甲殻類、軟体動物及びその他の水棲無脊椎動物

Chapter 3　Fish and crustaceans, molluscs and other aquatic invertebrates

注

1　この類には、次の物品を含まない。

(a)　第01.06項の哺乳類

(b)　第01.06項の哺乳類の肉(第02.08項及び第02.10項参照)

(c)　生きていない魚(肝臓、卵及びしらこを含む。)並びに生きていない甲殻類、軟体動物及びその他の水棲無脊椎動物で、食用に適しない種類又は状態のもの(第５類参照)並びに魚又は甲殻類、軟体動物若しくはその他の水棲無脊椎動物の粉、ミール及びペレットで、食用に適しないもの(第23.01項参照)

(d)　キャビア及び魚卵から調製したキャビア代用物(第16.04項参照)

2～3　(省略)

備考

1　第03.06項から第03.09項までにおいて「冷蔵したもの」及び「冷凍したもの」には、乾燥し、塩蔵し、塩水漬けし又はくん製したものを含まない。

Notes.

1.- This Chapter does not cover:

(a) Mammals of heading 01.06;

(b) Meat of mammals of heading 01.06 (heading 02.08 or 02.10);

(c) Fish (including livers, roes and milt thereof) or crustaceans, molluscs or other aquatic invertebrates, dead and unfit or unsuitable for human consumption by reason of either their species or their condition (Chapter 5); flours, meals or pellets of fish or of crustaceans, molluscs or other aquatic invertebrates, unfit for human consumption (heading 23.01); or

(d) Caviar or caviar substitutes prepared from fish eggs (heading 16.04).

2.～3. (省略)

Additional Note.

1.- In headings 03.06 to 03.09, the expressions “chilled” and “frozen” do not cover dried, salted, in brine or smoked.

番号 NO	細分番号 sub. no	NACCS用	品名	単位 UNIT I	単位 UNIT II	DESCRIPTION	参考
03.05			**魚(乾燥し、塩蔵し又は塩水漬けしたものに限る。)及びくん製した魚(くん製する前に又はくん製する際に加熱による調理をしてあるかないかを問わない。)**			Fish, dried, salted or in brine; smoked fish, whether or not cooked before or during the smoking process:	
0305.20	000	0	－魚の肝臓、卵及びしらこ(乾燥し、くん製し、塩蔵し又は塩水漬けしたものに限る。)		KG	－Livers, roes and milt of fish, dried, smoked, salted or in brine	
			－魚のフィレ(乾燥し、塩蔵し又は塩水漬けしたものに限るものとし、くん製したものを除く。)			－Fish fillets, dried, salted or in brine, but not smoked:	
			－くん製した魚(フィレを含み、食用の魚のくず肉を除く。)			－Smoked fish, including fillets, other than edible fish offal:	
			－乾燥した魚(食用の魚のくず肉を除き、塩蔵してあるかないかを問わないものとし、くん製したものを除く。)			－Dried fish, other than edible fish offal, whether or not salted but not smoked:	
0305.51	000	4	－－コッド(ガドゥス・モルア、ガドゥス・オガク及びガドゥス・マクロケファルス)		KG	－－Cod (*Gadus morhua*, *Gadus ogac*, *Gadus macrocephalus*)	

番号 NO	細分番号 sub. no	NACCS用	品名	単位 UNIT I	単位 UNIT II	DESCRIPTION	参考
0305.52	000	3	ーーティラピア(オレオクロミス属のもの)、なまず(パンガシウス属、シルルス属、クラリアス属又はイクタルルス属のもの)、こい(クテノファリュンゴドン・イデルルス、ミュロファリュンゴドン・ピケウス、カトラ・カトラ、オステオキルス・ハセルティ、レプトバルブス・ホイヴェニ及びキュプリヌス属、カラシウス属、ヒュポフタルミクテュス属、キルリヌス属、ラベオ属又はメガロブラマ属のもの)、うなぎ(アングイルラ属のもの)、ナイルパーチ(ラテス・ニロティクス)及びらいぎょ(カンナ属のもの)		KG	ーーTilapias (*Oreochromis spp.*), catfish (*Pangasius spp., Silurus spp., Clarias spp., Ictalurus spp.*), carp (*Cyprinus spp., Carassius spp., Ctenopharyngodon idellus, Hypophthalmichthys spp., Cirrhinus spp., Mylopharyngodon piceus, Catla catla, Labeo spp., Osteochilus hasselti, Leptobarbus hoeveni, Megalobrama spp.*), eels (*Anguilla spp.*), Nile perch (*Lates niloticus*) and snakeheads (*Channa spp.*)	
0305.53	000	2	ーーさいうお科、あしながだら科、たら科、そこだら科、かわりひれだら科、メルルーサ科、ちこだら科又はうなぎだら科のもの(コッド(ガドゥス・モルア、ガドゥス・オガク及びガドゥス・マクロケファルス)を除く。)		KG	ーーFish of the families *Bregmacerotidae, Euclichthyidae, Gadidae, Macrouridae, Melanonidae, Merlucciidae, Moridae* and *Muraenolepididae*, other than cod (*Gadus morhua, Gadus ogac, Gadus macrocephalus*)	
0305.54	000	1	ーーにしん(クルペア・ハレングス及びクルペア・パラスィイ)、かたくちいわし(エングラウリス属のもの)、いわし(スプラトゥス・スプラトゥス、サルディナ・ピルカルドゥス及びサルディノプス属又はサルディネルラ属のもの)、さば(スコムベル・スコムブルス、スコムベル・アウストララシクス及びスコムベル・ヤポニクス)、ぐるくま(ラストレルリゲル属のもの)、さわら(スコムベロモルス属のもの)、まあじ(トラクルス属のもの)、ぎんがめあじ(カランクス属のもの)、すぎ(ラキュケントロン・カナドゥム)、まながつお(パムプス属のもの)、さんま(コロラビス・サイラ)、むろあじ(デカプテルス属のもの)、からふとししゃも(マルロトゥス・ヴィルロスス)、めかじき(クスィフィアス・グラディウス)、すま(エウティヌス・アフィニス)、はがつお(サルダ属のもの)及びかじき(まかじき科のもの)		KG	ーーHerrings (*Clupea harengus, Clupea pallasii*), anchovies (*Engraulis spp.*), sardines (*Sardina pilchardus, Sardinops spp.*), sardinella (*Sardinella spp.*), brisling or sprats (*Sprattus sprattus*), mackerel (*Scomber scombrus, Scomber australasicus, Scomber japonicus*), Indian mackerels (*Rastrelliger spp.*), seerfishes (*Scomberomorus spp.*), jack and horse mackerel (*Trachurus spp.*), jacks, crevalles (*Caranx spp.*), cobia (*Rachycentron canadum*), silver pomfrets (*Pampus spp.*), Pacific saury (*Cololabis saira*), scads (*Decapterus spp.*), capelin (*Mallotus villosus*), swordfish (*Xiphias gladius*), Kawakawa (*Euthynnus affinis*), bonitos (*Sarda spp.*), marlins, sailfishes, spearfish (*Istiophoridae*)	
0305.59			ーーその他のもの			ーーOther:	
	100	5	ーーー煮干		KG	ーーーFish, boiled and dried	
	900	0	ーーーその他のもの		KG	ーーーOther	
			ー塩蔵した魚(乾燥し又はくん製したものを除く。)及び塩水漬けした魚(食用の魚のくず肉を除く。)			ーFish, salted but not dried or smoked and fish in brine, other than edible fish offal:	

番号 NO	細分番号 sub. no	NACCS用	品名	単位 UNIT I	単位 UNIT II	DESCRIPTION	参考
			－魚のひれ、頭、尾、浮袋その他の食用の魚のくず肉			－Fish fins, heads, tails, maws and other edible fish offal:	
0305.71	000	5	－－ふかひれ		KG	－－Shark fins	
0305.72	000	4	－－魚の頭、尾及び浮袋		KG	－－Fish heads, tails and maws	
0305.79	000	4	－－その他のもの		KG	－－Other	
03.06			**甲殻類(生きているもの、生鮮のもの及び冷蔵し、冷凍し、乾燥し、塩蔵し又は塩水漬けしたものに限るものとし、殻を除いてあるかないかを問わない。)、くん製した甲殻類(殻を除いてあるかないか又はくん製する前に若しくはくん製する際に加熱による調理をしてあるかないかを問わない。)及び蒸気又は水煮による調理をした殻付きの甲殻類(冷蔵し、冷凍し、乾燥し、塩蔵し又は塩水漬けしたものであるかないかを問わない。)**			**Crustaceans, whether in shell or not, live, fresh, chilled, frozen, dried, salted or in brine; smoked crustaceans, whether in shell or not, whether or not cooked before or during the smoking process; crustaceans, in shell, cooked by steaming or by boiling in water, whether or not chilled, frozen, dried, salted or in brine:**	
			－冷凍したもの			－Frozen:	
0306.11	000	0	－－いせえびその他のいせえび科のえび(パリヌルス属、パヌリルス属又はヤスス属のもの)		KG	－－Rock lobster and other sea crawfish (*Palinurus spp.*, *Panulirus spp.*, *Jasus spp.*)	
0306.12	000	6	－－ロブスター(ホマルス属のもの)		KG	－－Lobsters (*Homarus spp.*)	
0306.14	000	4	－－かに		KG	－－Crabs	
0306.15	000	3	－－ノルウェーロブスター(ネフロプス・ノルヴェギクス)		KG	－－Norway lobsters (*Nephrops norvegicus*)	
0306.16	000	2	－－コールドウォーターシュリンプ及びコールドウォータープローン(クランゴン・クランゴン及びパンダルス属のもの)		KG	－－Cold-water shrimps and prawns (*Pandalus spp.*, *Crangon crangon*)	
0306.17	000	1	－－その他のシュリンプ及びプローン		KG	－－Other shrimps and prawns	
0306.19	000	6	－－その他のもの		KG	－－Other	
			－生きているもの、生鮮のもの及び冷蔵したもの			－Live, fresh or chilled:	
			－その他のもの			－Other:	
0306.91			－－いせえびその他のいせえび科のえび(パリヌルス属、パヌリルス属又はヤスス属のもの)			－－Rock lobster and other sea crawfish (*Palinurus spp.*, *Panulirus spp.*, *Jasus spp.*):	
	010	0	－－－くん製したもの		KG	－－－Smoked	
	090	3	－－－その他のもの		KG	－－－Other	
0306.92			－－ロブスター(ホマルス属のもの)			－－Lobsters (*Homarus spp.*):	
	010	6	－－－くん製したもの		KG	－－－Smoked	
	090	2	－－－その他のもの		KG	－－－Other	
0306.93			－－かに			－－Crabs:	
	010	5	－－－くん製したもの		KG	－－－Smoked	
	090	1	－－－その他のもの		KG	－－－Other	

番号 NO	細分番号 sub. no	NACCS用	品名	単位 UNIT Ⅰ	単位 UNIT Ⅱ	DESCRIPTION	参考
0306.94			――ノルウェーロブスター(ネフロプス・ノルヴェギクス)			– – Norway lobsters (*Nephrops norvegicus*):	
	010	4	―――くん製したもの		KG	– – – Smoked	
	090	0	―――その他のもの		KG	– – – Other	
0306.95			――シュリンプ及びプローン			– – Shrimps and prawns:	
	010	3	―――くん製したもの		KG	– – – Smoked	
	090	6	―――その他のもの		KG	– – – Other	
0306.99			――その他のもの			– – Other:	
	010	6	―――くん製したもの		KG	– – – Smoked	
	090	2	―――その他のもの		KG	– – – Other	
03.07			**軟体動物(生きているもの、生鮮のもの及び冷蔵し、冷凍し、乾燥し、塩蔵し又は塩水漬けしたものに限るものとし、殻を除いてあるかないかを問わない。)及びくん製した軟体動物(殻を除いてあるかないか又はくん製する前に若しくはくん製する際に加熱による調理をしてあるかないかを問わない。)**			**Molluscs, whether in shell or not, live, fresh, chilled, frozen, dried, salted or in brine; smoked molluscs, whether in shell or not, whether or not cooked before or during the smoking process:**	
			―あわび(ハリオティス属のもの)及びそでぼら(ストロムブス属のもの)			– Abalone (*Haliotis spp.*) and stromboid conchs (*Strombus spp.*):	
0307.81	000	5	――あわび(ハリオティス属のもの)(生きているもの、生鮮のもの及び冷蔵したものに限る。)		KG	– – Live, fresh or chilled abalone (*Haliotis spp.*)	
0307.82	000	4	――そでぼら(ストロムブス属のもの)(生きているもの、生鮮のもの及び冷蔵したものに限る。)		KG	– – Live, fresh or chilled stromboid conchs (*Strombus spp.*)	
0307.83	000	3	――あわび(ハリオティス属のもの)(冷凍したものに限る。)		KG	– – Frozen abalone (*Haliotis spp.*)	
0307.84	000	2	――そでぼら(ストロムブス属のもの)(冷凍したものに限る。)		KG	– – Frozen stromboid conchs (*Strombus spp.*)	
0307.87			――その他のあわび(ハリオティス属のもの)			– – Other abalone (*Haliotis spp.*):	
	010	2	―――くん製したもの		KG	– – – Smoked	
	090	5	―――その他のもの		KG	– – – Other	
0307.88			――その他のそでぼら(ストロムブス属のもの)			– – Other stromboid conchs (*Strombus spp.*):	
	010	1	―――くん製したもの		KG	– – – Smoked	
	090	4	―――その他のもの		KG	– – – Other	

第16類 肉、魚、甲殻類、軟体動物若しくはその他の水棲無脊椎動物又は昆虫類の調製品

Chapter 16 Preparations of meat, of fish, of crustaceans, molluscs or other aquatic invertebrates, or of insects

注

1 この類には、第2類、第3類、第4類の注6又は第05.04項に定める方法により調製し又は保存に適する処理をした肉、くず肉、魚、甲殻類、軟体動物及びその他の水棲無脊椎動物並びに昆虫類を含まない。

2 ソーセージ、肉、くず肉、血、昆虫類、魚又は甲殻類、軟体動物若しくはその他の水棲無脊椎動物の一以上を含有する調製食料品で、これらの物品の含有量の合計が全重量の20%を超えるものは、この類に属する。この場合において、これらの物品の二以上を含有する調製食料品については、最大の重量を占める成分が属する項に属する。前段及び中段のいずれの規定も、第19.02項の詰物をした物品及び第21.03項又は第21.04項の調製品については、適用しない。

Notes.

1.- This Chapter does not cover meat, meat offal, fish, crustaceans, molluscs or other aquatic invertebrates, as well as insects, prepared or preserved by the processes specified in Chapter 2 or 3, Note 6 to Chapter 4 or in heading 05.04.

2.- Food preparations fall in this Chapter provided that they contain more than 20% by weight of sausage, meat, meat offal, blood, insects, fish or crustaceans, molluscs or other aquatic invertebrates, or any combination thereof. In cases where the preparation contains two or more of the products mentioned above, it is classified in the heading of Chapter 16 corresponding to the component or components which predominate by weight. These provisions do not apply to the stuffed products of heading 19.02 or to the preparations of heading 21.03 or 21.04.

号注

1 (省略)

2 第16.04項又は第16.05項の号において、慣用名のみで定める魚並びに甲殻類、軟体動物及びその他の水棲無脊椎動物は、第3類において同一の慣用名で定める魚並びに甲殻類、軟体動物及びその他の水棲無脊椎動物と同一の種に属する。

Subheading Notes.

1.- (省略)

2.- The fish, crustaceans, molluscs and other aquatic invertebrates specified in the subheadings of heading 16.04 or 16.05 under their common names only, are of the same species as those mentioned in Chapter 3 under the same name.

番号 NO	細分番号 sub. no	NACCS用	品名	単位 UNIT I	単位 UNIT II	DESCRIPTION	参考
16.04			**魚(調製し又は保存に適する処理をしたものに限る。)、キャビア及び魚卵から調製したキャビア代用物**			Prepared or preserved fish; caviar and caviar substitutes prepared from fish eggs:	
			−魚(全形のもの及び断片状のものに限るものとし、細かく切り刻んだものを除く。)			−Fish, whole or in pieces, but not minced:	
1604.11	000	1	−−さけ		KG	−−Salmon	
1604.12	000	0	−−にしん		KG	−−Herrings	
1604.13			−−いわし			−−Sardines, sardinella and brisling or sprats:	
	100	1	−−−気密容器入りのもの		KG	−−−In airtight containers	
	900	3	−−−その他のもの		KG	−−−Other	
1604.14			−−まぐろ、はがつお(サルダ属のもの)及びかつお			−−Tunas, skipjack tuna and bonito (*Sarda spp.*):	
			−−−気密容器入りのもの			−−−In airtight containers:	
	110	3	−−−−まぐろ		KG	−−−−Tunas	
	120	6	−−−−はがつお及びかつお		KG	−−−−Skipjack and Atlantic bonito	
	900	2	−−−その他のもの		KG	−−−Other	

番号 NO	細分番号 sub. no	NACCS用	品　　名	単位 UNIT I	単位 UNIT Ⅱ	DESCRIPTION	参　考
1604.15			ーーさば			− − Mackerel:	
			ーーー気密容器入りのもの			− − − In airtight containers:	
	120	5	ーーーー水煮のもの		KG	− − − − Boiled in water	
	190	5	ーーーーその他のもの		KG	− − − − Other	
	900	1	ーーーその他のもの		KG	− − − Other	
1604.16	000	3	ーーかたくちいわし		KG	− − Anchovies	
1604.17	000	2	ーーうなぎ		KG	− − Eels	
1604.18	000	1	ーーふかひれ		KG	− − Shark fins	
1604.19			ーーその他のもの			− − Other:	
	100	2	ーーーさんま		KG	− − − Sauries	
	900	4	ーーーその他のもの		KG	− − − Other	
1604.20			ーその他の調製をし又は保存に適する処理をした魚			− Other prepared or preserved fish:	
			ーー魚肉ソーセージ、かまぼこその他のねり製品			− − Fish meat sausage, fish cake and other Raw fish pasta:	
	110	4	ーーー魚肉ソーセージ		KG	− − − Fish meat sausage	
	190	0	ーーーその他のもの		KG	− − − Other	
	900	3	ーーその他のもの		KG	− − Other	
			ーキャビア及びその代用物			− Caviar and caviar substitutes:	
1604.31	000	2	ーーキャビア		KG	− − Caviar	
1604.32	000	1	ーーキャビア代用物		KG	− − Caviar substitutes	
16.05			**甲殻類、軟体動物及びその他の水棲無脊椎動物(調製し又は保存に適する処理をしたものに限る。)**			**Crustaceans, molluscs and other aquatic invertebrates, prepared or preserved:**	
			ー軟体動物			− Molluscs:	
1605.51			ーーかき			− − Oysters:	
	100	3	ーーー気密容器入りのもの		KG	− − − In airtight containers	
	900	5	ーーーその他のもの		KG	− − − Other	
1605.52	000	0	ーースキャロップ(いたや貝を含む。)		KG	− − Scallops, including queen scallops	
1605.53	000	6	ーーい貝		KG	− − Mussels	
1605.54	000	5	ーーいか		KG	− − Cuttle fish and squid	
1605.55	000	4	ーーたこ		KG	− − Octopus	
1605.56	000	3	ーークラム、コックル及びアークシェル		KG	− − Clams, cockles and arkshells	
1605.57	000	2	ーーあわび		KG	− − Abalone	
1605.58	000	1	ーーかたつむりその他の巻貝(海棲のものを除く。)		KG	− − Snails, other than sea snails	
1605.59			ーーその他のもの			− − Other:	
	200	4	ーーー貝柱		KG	− − − Adductors of shellfish	
	900	4	ーーーその他のもの		KG	− − − Other	

第12問 輸出申告（解答・P.380）

チェック欄		

別紙１の仕入書及び下記事項により、医薬品等の輸出申告を輸出入・港湾関連情報処理システム(NACCS)を使用して行う場合について、別紙２の輸出申告事項登録画面の統計品目番号欄((ａ)～(ｅ))に入力すべき統計品目番号を、輸出統計品目表の解釈に関する通則に従い、別冊の「輸出統計品目表」(抜粋)を参照して、下の選択肢から選び、その番号をマークしなさい。

記

1　統計品目番号が同一であるものがある場合は、これらを一欄にとりまとめる。
2　統計品目番号が異なるものであっても、それぞれの申告価格が20万円以下である場合には、これらを一括して一欄にとりまとめる。
　なお、この場合に入力すべき統計品目番号は、これらの品目のうち申告価格が最も大きいものの統計品目番号とし、10桁目は「X」とする。
3　輸出申告事項登録は、申告価格(上記１によりとりまとめられたものについては、その合計額)の大きいものから順に入力するものとし、上記２により一括して一欄にとりまとめたものについては、最後の欄に入力するものとする。
4　別紙１の仕入書に記載されているそれぞれの品目の価格には、次の額が含まれている。
(1) 輸出港での船積みまでの国内運送等の費用 ………… 3％
(2) 輸入港までの海上運賃及び保険料 ………… 10％
5　別紙１の仕入書に記載されている医薬品「Medicaments」に含まれる有効成分は、当該仕入書に記載された物質(penicillins、streptomycins)のみとする。
6　別紙１の仕入書に記載されている「Waste pharmaceuticals」は、試験研究用として開発者である買手に有償で送付されるものである。
7　別紙１の仕入書に記載されている米ドル建価格の本邦通貨への換算は、別紙３の「実勢外国為替相場の週間平均値」を参照して行う。
8　申告年月日は、令和XX年5月14日とする。

① 3002.14-0002	② 3002.49-0002	③ 3002.49-000X	④ 3003.10-0004
⑤ 3003.90-0001	⑥ 3004.10-0002	⑦ 3004.90-1001	⑧ 3004.90-100X
⑨ 3004.90-9003	⑩ 3005.10-1002	⑪ 3005.10-100X	⑫ 3006.40-0003
⑬ 3006.50-0000	⑭ 3006.91-0001	⑮ 3006.92-0000	

別紙３

実勢外国為替相場の週間平均値
(1米ドルに対する円相場)

期間	週間平均値
令和XX. 4.15 ～ 令和XX. 4.21	￥79.20
令和XX. 4.22 ～ 令和XX. 4.28	￥79.30
令和XX. 4.29 ～ 令和XX. 5. 5	￥79.50
令和XX. 5. 6 ～ 令和XX. 5.12	￥80.00
令和XX. 5.13 ～ 令和XX. 5.19	￥80.50

別紙 1

I N V O I C E

Seller
ZAIMU TRADING Co., Ltd.
1-1, 3-Chome, Kasumigaseki
Chiyoda-ku, Tokyo, JAPAN

Invoice No. and Date
ZTC-0930 May 10th, 20XX

Reference No. NTC-3822

Buyer NYORK TRADING Corp. 737 Central Avenue Suite 2 New York NY, 63920 U.S.A.	**Country of Origin**： JAPAN **L/C No.** TOKLC-0557 **Date** Apr. 4th, 20XX
Vessel or NIPPON MARU **On or About** May 16th, 20XX	**Issuing Bank** YORK international Bank
From Tokyo, JAPAN **Via**	
To New York, U.S.A.	

Marks and Nos.	Description of Goods	Quantity pack	Unit Price per pack	Amount CIF US$
	Digestive medicines, remedy for gastro-enteropathy, in packings for retail sale, 100tablets per pack	79	34.10	2,693.90
	First-aid kits, in packings for retail sale	65	62.89	4,087.85
NTC (in circle)	Medicaments containing penicillins and streptomycins, in bulk form	110	125.78	13,835.80
New York	Medicaments containing streptomycins, in packings for retail sale	450	6.19	2,785.50
Made in Japan	Sticking plaster, having an adhesive layer, in packings for retail sale for medical purpose	660	3.77	2,488.20
	Cultures of micro-organisms（Not yeasts), in packings for chilled transport	25	111.80	2,795.00
	Waste pharmaceuticals（Expiry shelf life）for laboratory use, packs in a lump	33	125.00	4,125.00
	Medicaments containing penicillins and streptomycins, put up in measured doses	265	9.49	2,514.85

Total: CIF NEW YORK US$35,326.10

Total: 56 Cartons
N/W : 1,200.00 kgs
G/W : 1,321.00 kgs

ZAIMU TRADING Co., Ltd.
(Signature)

別紙2

輸出申告事項登録（大額）

共通部 繰返部

申告等番号

大額・少額識別 L　申告等種別 E　申告先種別　貨物識別　あて先官署　あて先部門

申告予定年月日

輸出者　　ZAIMU TRADING CO., LTD.

住所　TOKYO TO CHIYODA KU KASUMIGASEKI 3-1-1

電話

申告予定者

蔵置場所　 -

貨物個数 56 CT　貨物重量 1321 KGM　貨物容積

貨物の記号等

最終仕向地 USNYC -　　船（機）籍符号

積出港 JPTYO　　貿易形態別符号

積載予定船舶 - NIPPON MARU　　出港予定年月日 20XX0516

インボイス番号 A - ZTC-0930 - 20XX0510

インボイス価格 CIF - - - A

輸出申告事項登録（大額）

共通部　**繰返部**

〈1欄〉 統計品目番号 （a） 品名
数量（1） 数量（2）
BPR按分係数 BPR通貨コード
他法令 （1） （2） （3） （4） （5）
輸出貿易管理令別表コード 外為法第48条コード 関税減免戻税コード
内国消費税免税コード 内国消費税免税識別

〈2欄〉 統計品目番号 （b） 品名
数量（1） 数量（2）
BPR按分係数 BPR通貨コード
他法令 （1） （2） （3） （4） （5）
輸出貿易管理令別表コード 外為法第48条コード 関税減免戻税コード
内国消費税免税コード 内国消費税免税識別

〈3欄〉 統計品目番号 （c） 品名
数量（1） 数量（2）
BPR按分係数 BPR通貨コード
他法令 （1） （2） （3） （4） （5）
輸出貿易管理令別表コード 外為法第48条コード 関税減免戻税コード
内国消費税免税コード 内国消費税免税識別

〈4欄〉 統計品目番号 （d） 品名
数量（1） 数量（2）
BPR按分係数 BPR通貨コード
他法令 （1） （2） （3） （4） （5）
輸出貿易管理令別表コード 外為法第48条コード 関税減免戻税コード
内国消費税免税コード 内国消費税免税識別

〈5欄〉 統計品目番号 （e） 品名
数量（1） 数量（2）
BPR按分係数 BPR通貨コード
他法令 （1） （2） （3） （4） （5）
輸出貿易管理令別表コード 外為法第48条コード 関税減免戻税コード
内国消費税免税コード 内国消費税免税識別

別冊　　輸出統計品目表（抜粋）

第30類　医療用品

注

1〜3 （省略）

4　第30.06項には、次の物品のみを含む。当該物品は、第30.06項に属するものとし、この表の他の項には属しない。

(a)　外科用のカットガットその他これに類する縫合材(外科用又は歯科用の吸収性糸を含むものとし、殺菌したものに限る。)及び切開創縫合用の接着剤(殺菌したものに限る。)

(b)　ラミナリア及びラミナリア栓(殺菌したものに限る。)

(c)　外科用又は歯科用の吸収性止血材(殺菌したものに限る。)並びに外科用又は歯科用の癒着防止材(殺菌したものに限るものとし、吸収性であるかないかを問わない。)

(d)　エックス線検査用造影剤及び患者に投与する診断用試薬(混合してないもので投与量にしたもの及び二以上の成分から成るもので検査用又は診断用に混合したものに限る。)

(e)　プラセボ及び盲検又は二重盲検臨床試験キットで、認可された臨床試験で使用されるもの(投与量にしたもので、活性薬剤を含有しているかいないかを問わない。)

(f)　歯科用セメントその他の歯科用充てん材料及び接骨用セメント

(g)　救急箱及び救急袋

(h)　避妊用化学調製品(第29.37項のホルモンその他の物質又は殺精子剤をもととしたものに限る。)

(ij)　医学又は獣医学において外科手術若しくは診療の際に人若しくは動物の身体の潤滑剤として又は人若しくは動物の身体と診療用機器とを密着させる薬品としての使用に供するよう調製したゲル

(k)　薬剤廃棄物(当初に意図した使用に適しない薬剤。例えば、使用期限を過ぎたもの)

(l)　瘻造設術用と認められるもの(例えば、結腸造瘻用、回腸造瘻用又は人口尿路開設術用の特定の形状に裁断したパウチ並びにこれらの接着性ウエハー及び面板)

Chapter 30　Pharmaceutical products

Notes.

1.〜3.（省略）

4.- Heading 30.06 applies only to the following, which are to be classified in that heading and in no other heading of the Nomenclature:

(a) Sterile surgical catgut, similar sterile suture materials (including sterile absorbable surgical or dental yarns) and sterile tissue adhesives for surgical wound closure;

(b) Sterile laminaria and sterile laminaria tents;

(c) Sterile absorbable surgical or dental haemostatics; sterile surgical or dental adhesion barriers, whether or not absorbable;

(d) Opacifying preparations for X-ray examinations and diagnostic reagents designed to be administered to the patient, being unmixed products put up in measured doses or products consisting of two or more ingredients which have been mixed together for such uses;

(e) Placebos and blinded (or double-blinded) clinical trial kits for use in recognised clinical trials, put up in measured doses, even if they might contain active medicaments;

(f) Dental cements and other dental fillings; bone reconstruction cements;

(g) First-aid boxes and kits;

(h) Chemical contraceptive preparations based on hormones, on other products of heading 29.37 or on spermicides;

(ij) Gel preparations designed to be used in human or veterinary medicine as a lubricant for parts of the body for surgical operations or physical examinations or as a coupling agent between the body and medical instruments;

(k) Waste pharmaceuticals, that is, pharmaceutical products which are unfit for their original intended purpose due to, for example, expiry of shelf life; and

(l) Appliances identifiable for ostomy use, that is, colostomy, ileostomy and urostomy pouches cut to shape and their adhesive wafers or faceplates.

番号 NO	細分番号 sub. no	NACCS用	品名	単位 UNIT I	単位 UNIT II	DESCRIPTION	参考
30.02			**人血、治療用、予防用又は診断用に調製した動物の血、免疫血清その他の血液分画物及び免疫産品(変性したものであるかないか又は生物工学的方法により得たものであるかないかを問わない。)、ワクチン、毒素、培養微生物(酵母を除く。)その他これらに類する物品並びに細胞培養物(変性したものであるかないかを問わない。)**			**Human blood; animal blood prepared for therapeutic, prophylactic or diagnostic uses; antisera, other blood fractions and immunological products, whether or not modified or obtained by means of biotechnological processes; vaccines, toxins, cultures of micro-organisms (excluding yeasts) and similar products; cell cultures, whether or not modified:**	
			－免疫血清その他の血液分画物及び免疫産品(変性したものであるかないか又は生物工学的方法により得たものであるかないかを問わない。)			－Antisera, other blood fractions and immunological products, whether or not modified or obtained by means of biotechnological processes:	
3002.12	000	4	－－免疫血清その他の血液分画物		KG	－－Antisera and other blood fractions	
3002.13	000	3	－－免疫産品(混合してないもので、投与量にしてなく、かつ、小売用の形状又は包装にしてないものに限る。)		KG	－－Immunological products, unmixed, not put up in measured doses or in forms or packings for retail sale	
3002.14	000	2	－－免疫産品(混合したもので、投与量にしてなく、かつ、小売用の形状又は包装にしてないものに限る。)		KG	－－Immunological products, mixed, not put up in measured doses or in forms or packings for retail sale	
3002.15	000	1	－－免疫産品(投与量にしたもの又は小売用の形状若しくは包装にしたものに限る。)		KG	－－Immunological products, put up in measured doses or in forms or packings for retail sale	
			－ワクチン、毒素、培養微生物(酵母を除く。)その他これらに類する物品			－Vaccines, toxins, cultures of micro-organisms (excluding yeasts) and similar products:	
3002.41	000	3	－－人用のワクチン		KG	－－Vaccines for human medicine	
3002.42	000	2	－－動物用のワクチン		KG	－－Vaccines for veterinary medicine	
3002.49	000	2	－－その他のもの		KG	－－Other	
			－細胞培養物(変性したものであるかないかを問わない。)			－Cell cultures, whether or not modified:	
3002.51	000	0	－－細胞治療製品		KG	－－Cell therapy products	
3002.59	000	6	－－その他のもの		KG	－－Other	
3002.90	000	3	－その他のもの		KG	－Other	

番号 NO	細分番号 sub. no	NACCS用	品　名	単位 UNIT I	単位 UNIT II	DESCRIPTION	参　考
30.03			**医薬品(治療用又は予防用に混合したニ以上の成分から成るもので、投与量にしてなく、かつ、小売用の形状又は包装にしてないものに限るものとし、第30.02項、第30.05項又は第30.06項の物品を除く。)**			**Medicaments (excluding goods of heading 30.02, 30.05 or 30.06) consisting of two or more constituents which have been mixed together for therapeutic or prophylactic uses, not put up in measured doses or in forms or packings for retail sale:**	
3003.10	000	4	－ペニシリン若しくはその誘導体(ペニシラン酸構造を有するものに限る。)又はストレプトマイシン若しくはその誘導体を含有するもの		KG (I.I.)	－Containing penicillins or derivatives thereof, with a penicillanic acid structure, or streptomycins or their derivatives	
3003.20	000	1	－その他のもの(抗生物質を含有するものに限る。)		KG (I.I.)	－Other, containing antibiotics	
			－その他のもの(第29.37項のホルモンその他の物質を含有するものに限る。)			－Other, containing hormones or other products of heading 29.37:	
3003.31	000	4	－－インスリンを含有するもの		KG (I.I.)	－－Containing insulin	
3003.39	000	3	－－その他のもの		KG (I.I.)	－－Other	
			－その他のもの(アルカロイド又はその誘導体を含有するものに限る。)			－Other, containing alkaloids or derivatives thereof:	
3003.41	000	1	－－エフェドリン又はその塩を含有するもの		KG (I.I.)	－－Containing ephedrine or its salts	
3003.42	000	0	－－プソイドエフェドリン(INN)又はその塩を含有するもの		KG (I.I.)	－－Containing pseudoephedrine (INN) or its salts	
3003.43	000	6	－－ノルエフェドリン又はその塩を含有するもの		KG (I.I.)	－－Containing norephedrine or its salts	
3003.49	000	0	－－その他のもの		KG (I.I.)	－－Other	
3003.60	000	3	－その他のもの(この類の号注2の抗マラリア有効成分を含有するものに限る。)		KG (I.I.)	－Other, containing antimalarial active principles described in Subheading Note 2 to this Chapter	
3003.90	000	1	－その他のもの		KG (I.I.)	－Other	

番号 NO	細分番号 sub. no	NACCS用	品　名	単位 UNIT I	単位 UNIT II	DESCRIPTION	参考
30.04			**医薬品(混合し又は混合してない物品から成る治療用又は予防用のもので、投与量にしたもの(経皮投与剤の形状にしたものを含む。)又は小売用の形状若しくは包装にしたものに限るものとし、第30.02項、第30.05項又は第30.06項の物品を除く。)**			**Medicaments (excluding goods of heading 30.02, 30.05 or 30.06) consisting of mixed or unmixed products for therapeutic or prophylactic uses, put up in measured doses (including those in the form of transdermal administration systems) or in forms or packings for retail sale:**	
3004.10	000	2	－ペニシリン若しくはその誘導体(ペニシラン酸構造を有するものに限る。)又はストレプトマイシン若しくはその誘導体を含有するもの		KG (I.I.)	－Containing penicillins or derivatives thereof, with a penicillanic acid structure, or streptomycins or their derivatives	
3004.20	000	6	－その他のもの(抗生物質を含有するものに限る。)		KG (I.I.)	－Other, containing antibiotics	
			－その他のもの(第29.37項のホルモンその他の物質を含有するものに限る。)			－Other, containing hormones or other products of heading 29.37:	
3004.31	000	2	－－インスリンを含有するもの		KG (I.I.)	－－Containing insulin	
3004.32	000	1	－－コルチコステロイドホルモン又はその誘導体若しくは構造類似物を含有するもの		KG (I.I.)	－－Containing corticosteroid hormones, their derivatives or structural analogues	
3004.39	000	1	－－その他のもの		KG (I.I.)	－－Other	
			－その他のもの(アルカロイド又はその誘導体を含有するものに限る。)			－Other, containing alkaloids or derivatives thereof:	
3004.41	000	6	－－エフェドリン又はその塩を含有するもの		KG (I.I.)	－－Containing ephedrine or its salts	
3004.42	000	5	－－プソイドエフェドリン(INN)又はその塩を含有するもの		KG (I.I.)	－－Containing pseudoephedrine (INN) or its salts	
3004.43	000	4	－－ノルエフェドリン又はその塩を含有するもの		KG (I.I.)	－－Containing norephedrine or its salts	
3004.49	000	5	－－その他のもの		KG (I.I.)	－－Other	
3004.50	000	4	－その他のもの(第29.36項のビタミンその他の物質を含有するものに限る。)		KG (I.I.)	－Other, containing vitamins or other products of heading 29.36	
3004.60	000	1	－その他のもの(この類の号注2の抗マラリア有効成分を含有するものに限る。)		KG (I.I.)	－Other, containing antimalarial active principles described in Subheading Note 2 to this Chapter	
3004.90			－その他のもの			－Other:	
	100	1	－－胃腸薬		KG (I.I.)	－－Remedy for gastro-enteropathy	
	900	3	－－その他のもの		KG (I.I.)	－－Other	

番号 NO	細分番号 sub. no	NACCS用	品　名	単位 UNIT I	単位 UNIT II	DESCRIPTION	参考
30.05			**脱脂綿、ガーゼ、包帯その他これらに類する製品(例えば、被覆材、ばんそうこう及びパップ剤)で、医薬を染み込ませ若しくは塗布し又は医療用若しくは獣医用として小売用の形状若しくは包装にしたもの**			**Wadding, gauze, bandages and similar articles (for example, dressings, adhesive plasters, poultices), impregnated or coated with pharmaceutical substances or put up in forms or packings for retail sale for medical, surgical, dental or veterinary purposes:**	
3005.10			－接着性を有する被覆材その他の接着層を有する製品			－Adhesive dressings and other articles having an adhesive layer:	
	100	2	－－ばんそうこうその他のプラスター		KG (I.I.)	－－Plasters	
	900	4	－－その他のもの		KG (I.I.)	－－Other	
3005.90	000	4	－その他のもの		KG (I.I.)	－Other	
30.06			**この類の注4の医療用品**			**Pharmaceutical goods specified in Note 4 to this Chapter:**	
3006.10	000	5	－外科用のカットガットその他これに類する縫合材(外科用又は歯科用の吸収性糸を含む。)、切開創縫合用の接着剤、ラミナリア、ラミナリア栓、外科用又は歯科用の吸収性止血材及び外科用又は歯科用の癒着防止材(吸収性があるかないかを問わない。)(殺菌したものに限る。)		KG (I.I.)	－Sterile surgical catgut, similar sterile suture materials (including sterile absorbable surgical or dental yarns) and sterile tissue adhesives for surgical wound closure; sterile laminaria and sterile laminaria tents; sterile absorbable surgical or dental haemostatics; sterile surgical or dental adhesion barriers, whether or not absorbable	
3006.30	000	6	－エックス線検査用造影剤及び患者に投与する診断用試薬		KG (I.I.)	－Opacifying preparations for X-ray examinations; diagnostic reagents designed to be administered to the patient	
3006.40	000	3	－歯科用セメントその他の歯科用充てん材料及び接骨用セメント		KG (I.I.)	－Dental cements and other dental fillings; bone reconstruction cements	
3006.50	000	0	－救急箱及び救急袋		KG (I.I.)	－First-aid boxes and kits	
3006.60	000	4	－避妊用化学調製品(第29.37項のホルモンその他の物質又は殺精子剤をもととしたものに限る。)		KG (I.I.)	－Chemical contraceptive preparations based on hormones, on other products of heading 29.37 or on spermicides	
3006.70	000	1	－医学又は獣医学において外科手術若しくは診療の際に人若しくは動物の身体の潤滑剤として又は人若しくは動物の身体と診療用機器とを密着させる薬品としての使用に供するよう調製したゲル		KG (I.I.)	－Gel preparations designed to be used in human or veterinary medicine as a lubricant for parts of the body for surgical operations or physical examinations or as a coupling agent between the body and medical instruments	
			－その他のもの			－Other:	
3006.91	000	1	－－瘻造設術用と認められるもの		KG (I.I.)	－－Appliances identifiable for ostomy use	
3006.92	000	0	－－薬剤廃棄物(当初に意図した使用に適しない薬剤。例えば、使用期限を過ぎたもの)		KG (I.I.)	－－Waste pharmaceuticals	
3006.93	000	6	－－プラセボ及び盲検又は二重盲検臨床試験キットで、認可された臨床試験で使用されるもの(投与量にしたものに限る。)		KG (I.I.)	－－Placebos and blinded (or double-blinded) clinical trial kits for a recognised clinical trial, put up in measured doses	

チェック欄		

第13問 輸出申告（解答・P.383）

別紙1の仕入書及び下記事項により、紙製品の輸出申告を輸出入・港湾関連情報処理システム（NACCS）を使用して行う場合について、別紙2の輸出申告事項登録画面の統計品目番号欄（（a）～（e））に入力すべき統計品目番号を、輸出統計品目表の解釈に関する通則に従い、別冊の「輸出統計品目表」（抜粋）を参照して、下の選択肢から選び、その番号をマークしなさい。

記

1　別紙1の仕入書に記載されている品目に統計品目番号が同一であるものがある場合には、これらを一の統計品目番号にとりまとめる。

2　統計品目番号ごとの申告価格が20万円以下であるもの（上記1によりとりまとめたものを含む。）がある場合には、その統計品目番号が異なるものであっても、これらを一括して一欄にとりまとめる。

3　上記2による場合に輸出申告事項登録画面に入力すべき統計品目番号は、上記2によりとりまとめる前の統計品目番号ごとの申告価格（上記1によりとりまとめたものについては、その合計額）が最も大きいものの統計品目番号とし、10桁目は「X」とする。

4　輸出申告事項登録画面に入力する統計品目番号（（a）～（e））は、その統計品目番号ごとの申告価格（上記1及び2によりとりまとめたものについては、その合計額）が大きいものから順に入力するものとする。

5　売手と買手は、CFR契約をしており、次の費用については、別紙1の仕入書に記載されているそれぞれの品目に、その額が含まれている。

（1）輸出港において貨物を本船に積み込むまでの費用 ………… 5%

（2）輸入港までの海上運賃 ………… 6%

6　別紙1の仕入書に記載されている「cellulose wadding」はパルプの繊維（セルロースが主成分）を薄く固めて何層にも重ねたものである。また、「Printing paper」は、機械パルプとケミグランドパルプを合わせたものの重量が全繊維量の10%以下のもので第48類注5の要件を満たすものである。

7　別紙1の仕入書に記載されている欧州統一通貨・ユーロ建価格の本邦通貨への換算は、別紙3の「実勢外国為替相場の週間平均値」を参照して行う。

8　申告年月日は、令和XX年4月16日とする。

① 4802.10-0004	② 4802.57-1104	③ 4802.57-9003	④ 4803.00-1000
⑤ 4803.00-100X	⑥ 4805.91-0001	⑦ 4810.13-0006	⑧ 4810.19-0000
⑨ 4810.19-000X	⑩ 4818.10-0000	⑪ 4818.10-000X	⑫ 4818.20-0004
⑬ 4821.10-0001	⑭ 4821.10-000X	⑮ 9619.00-0005	

別紙3

実勢外国為替相場の週間平均値
（1欧州統一通貨・ユーロに対する円相場）

期　　間	週間平均値
令和XX. 3.25 ～ 令和XX. 3.31	¥102.80
令和XX. 4. 1 ～ 令和XX. 4. 7	¥103.00
令和XX. 4. 8 ～ 令和XX. 4.14	¥103.70
令和XX. 4.15 ～ 令和XX. 4.21	¥104.00
令和XX. 4.22 ～ 令和XX. 4.28	¥104.05

輸出申告

別紙1

I N V O I C E

Seller
ZAIMU TRADING Co., Ltd.
1-1, 3-Chome, Kasumigaseki
Chiyoda-ku, Tokyo, JAPAN

Invoice No. and Date
ZTC-3511　　Apr. 11th, 20XX

Reference No. ICL-1822

Buyer ITALIANA COMPANY Via Monten 21 11555 Milano ITALY	**Country of Origin**： JAPAN
	L/C No. 0X-LC-0557　**Date** Mar. 27th, 20XX
Vessel or NIHON MARU　**On or About** Apr. 18th, 20XX	**Issuing Bank** Italy International Bank
From Tokyo, JAPAN　**Via**	
To Genova, ITALY	

Marks and Nos.	Description of Goods	Quantity pack	Unit Price per pack	Amount CFR EUR
	Kitchen paper towel in rolls, width 38cm Packs in 12 pieces	1,550	2.91	4,510.50
	Toilet paper in rolls, width 11.5cm Packs in 6 pieces	780	2.40	1,872.00
	Napkins（diaper）of cellulose wadding for babies　Packs in 50 pieces	250	48.50	12,125.00
ICL (in oval) Genova MADE IN JAPAN	Embosses paper for table-clothes, in rolls, with 150cm width & 200m length Packs in 1 piece	21	97.00	2,037.00
	Hand-made paper, in square sheets, with 36cm width Packs in 20 sheets　N/W25.50kgs	500	145.63	72,815.00
	Printing paper, coloured, coated only on one side with kaolin（China clay）, in square sheets, with 45cm width in the unfolded state Packs in 15 sheets　N/W13.50kgs	99	19.50	1,930.50
	Printing paper, coloured, uncoated, in square sheets, with 50cm width in the unfolded state Packs in 10 sheets　N/W37.50kgs	150	20.50	3,075.00
	Paper labels, printed　Packs in 500 sheets	505	3.80	1,919.00

Total: CFR GENOVA　EUR100,284.00

Total: 110 Cartons
N/W: 2,137.27 kgs
G/W: 2,351.00 kgs

ZAIMU TRADING Co., Ltd.
(Signature) ____________________

別紙2

輸出申告事項登録（大額）

共通部 繰返部

申告等番号

大額・少額識別 L　申告等種別 E　申告先種別　貨物識別　あて先官署　あて先部門

申告予定年月日

輸出者 ZAIMU TRADING CO., LTD.

住所 TOKYO TO CHIYODA KU KASUMIGASEKI 3-1-1

電話

申告予定者

蔵置場所

貨物個数 110 CT　貨物重量 2351 KGM　貨物容積

貨物の記号等

最終仕向地 ITGOA -　船（機）籍符号

積出港 JPTYO　貿易形態別符号

積載予定船舶 - NIHON MARU　出港予定年月日 20XX0418

インボイス番号 A - ZTC-3511 - 20XX0411

インボイス価格 CFR - - - A

輸出申告事項登録(大額)

共通部 | **繰返部**

〈1欄〉 統計品目番号 (a) 品名
数量(1) 数量(2)
BPR按分係数 BPR通貨コード
他法令 (1) (2) (3) (4) (5)
輸出貿易管理令別表コード 外為法第48条コード 関税減免戻税コード
内国消費税免税コード 内国消費税免税識別

〈2欄〉 統計品目番号 (b) 品名
数量(1) 数量(2)
BPR按分係数 BPR通貨コード
他法令 (1) (2) (3) (4) (5)
輸出貿易管理令別表コード 外為法第48条コード 関税減免戻税コード
内国消費税免税コード 内国消費税免税識別

〈3欄〉 統計品目番号 (c) 品名
数量(1) 数量(2)
BPR按分係数 BPR通貨コード
他法令 (1) (2) (3) (4) (5)
輸出貿易管理令別表コード 外為法第48条コード 関税減免戻税コード
内国消費税免税コード 内国消費税免税識別

〈4欄〉 統計品目番号 (d) 品名
数量(1) 数量(2)
BPR按分係数 BPR通貨コード
他法令 (1) (2) (3) (4) (5)
輸出貿易管理令別表コード 外為法第48条コード 関税減免戻税コード
内国消費税免税コード 内国消費税免税識別

〈5欄〉 統計品目番号 (e) 品名
数量(1) 数量(2)
BPR按分係数 BPR通貨コード
他法令 (1) (2) (3) (4) (5)
輸出貿易管理令別表コード 外為法第48条コード 関税減免戻税コード
内国消費税免税コード 内国消費税免税識別

別冊　　輸出統計品目表（抜粋）

第48類　紙及び板紙並びに製紙用パルプ、紙又は板紙の製品

注

1　（省略）

2　この類には、次の物品を含まない。

(a)　第30類の物品

(b)　第32.12項のスタンプ用のはく

(c)　香紙及び化粧料を染み込ませ又は塗布した紙（第33類参照）

(d)　せつけん又は洗浄剤を染み込ませ、塗布し又は被覆した紙及びセルロースウォッディング（第34.01項参照）並びに磨き料、クリームその他これらに類する調製品を染み込ませ、塗布し又は被覆した紙及びセルロースウォッディング（第34.05項参照）

(e)　第37.01項から第37.04項までの感光性の紙及び板紙

(f)　診断用又は理化学用の試薬を染み込ませた紙（第38.22項参照）

(g)　一層のプラスチックを塗布し又は被覆した一枚の紙及び板紙で、プラスチックの層の厚さが全体の半分を超えるもの並びに紙又は板紙により補強した積層プラスチックのシート並びにこれらの製品（第39類参照。第48.14項の壁面被覆材を除く。）

(h)　第42.02項の製品（例えば、旅行用具）

(ij)　第46類の製品（組物材料の製品）

(k)　紙糸及びその織物製品（第11部参照）

(l)　第64類又は第65類の物品

(m)　研磨紙及び研磨板紙（第68.05項参照）並びに紙又は板紙を裏張りした雲母（第68.14項参照）。ただし、雲母粉を塗布した紙及び板紙は、この類に属する。

(n)　紙又は板紙を裏張りした金属のはく（主として第14部又は第15部に属する。）

(o)　第92.09項の物品

(p)　第95類の物品（例えば、玩具、遊戯用具及び運動用具）

(q)　第96類の物品（例えば、ボタン、生理用のナプキン（パッド）及びタンポン並びにおむつ及びおむつ中敷き）

Chapter 48　Paper and paperboard; articles of paper pulp, of paper or of paperboard

Notes.

1.- （省略）

2.- This Chapter does not cover:

(a) Articles of Chapter 30;

(b) Stamping foils of heading 32.12;

(c) Perfumed papers or papers impregnated or coated with cosmetics (Chapter 33);

(d) Paper or cellulose wadding impregnated, coated or covered with soap or detergent (heading 34.01), or with polishes, creams or similar preparations (heading 34.05);

(e) Sensitised paper or paperboard of headings 37.01 to 37.04;

(f) Paper impregnated with diagnostic or laboratory reagents (heading 38.22);

(g) Paper-reinforced stratified sheeting of plastics, or one layer of paper or paperboard coated or covered with a layer of plastics, the latter constituting more than half the total thickness, or articles of such materials, other than wall coverings of heading 48.14 (Chapter 39);

(h) Articles of heading 42.02 (for example, travel goods);

(ij) Articles of Chapter 46 (manufactures of plaiting material);

(k) Paper yarn or textile articles of paper yarn (Section XI);

(l) Articles of Chapter 64 or Chapter 65;

(m) Abrasive paper or paperboard (heading 68.05) or paper- or paperboard-backed mica (heading 68.14) (paper and paperboard coated with mica powder are, however, to be classified in this Chapter);

(n) Metal foil backed with paper or paperboard (generally Section XIV or XV);

(o) Articles of heading 92.09;

(p) Articles of Chapter 95 (for example, toys, games, sports requisites); or

(q) Articles of Chapter 96 (for example, buttons, sanitary towels (pads) and tampons, napkins (diapers) and napkin liners).

3～4 （省略）

5 第48.02項において「筆記用、印刷用その他のグラフィック用に供する種類の紙及び板紙」及び「せん孔カード用紙及びせん孔テープ用紙」には、主にさらしパルプ又は機械パルプ若しくはケミグランドパルプから製造した紙及び板紙で、次のいずれかの要件を満たすもののみを含む。

(A) 重量が1平方メートルにつき150グラム以下の紙及び板紙
 (a) 機械パルプとケミグランドパルプを合わせたものの含有量が10%以上であり、かつ、次のいずれかの要件を満たすこと。
  1 重量が1平方メートルにつき80グラム以下であること。
  2 全体を着色してあること。
 (b) 灰分の含有量が8%を超え、かつ、次のいずれかの要件を満たすこと。
  1 重量が1平方メートルにつき80グラム以下であること。
  2 全体を着色してあること。
 (c) 灰分の含有量が3%を超え、かつ、白色度が60%以上であること。
 (d) 灰分の含有量が3%を超え8%以下であつて、白色度が60%未満であり、かつ、比破裂強さが1グラム毎平方メートルの紙につき2.5キロパスカル以下であること。
 (e) 灰分の含有量が3%以下であつて、白色度が60%以上であり、かつ、比破裂強さが1グラム毎平方メートルの紙につき2.5キロパスカル以下であること。
(B) 重量が1平方メートルにつき150グラムを超える紙及び板紙
 (a) 全体を着色してあること。
 (b) 白色度が60%以上であり、かつ、次のいずれかの要件を満たすこと。
  1 厚さが225マイクロメートル(ミクロン)以下であること。
  2 厚さが225マイクロメートル(ミクロン)を超え508マイクロメートル(ミクロン)以下であり、かつ、灰分の含有量が3%を超えること。
 (c) 白色度が60%未満であつて、厚さが254マイクロメートル(ミクロン)以下であり、かつ、灰分の含有量が8%を超えること。

ただし、第48.02項には、フィルターペーパー及びフィルターペーパーボード(ティーバッグペーパーを含む。)並びにフェルトペーパー及びフェルトペーパーボードを含まない。

6～7 （省略）

8 第48.03項から第48.09項までには、紙、板紙、セルロースウォッディング及びセルロース繊維のウェブのうち次のもののみを含む。
 (a) 幅が36センチメートルを超えるストリップ状又はロール状のもの
 (b) 折り畳んでない状態において一辺の長さが36センチメートルを超え、その他の辺の長さが15センチメートルを超える長方形(正方形を含む。)のシート状のもの

3.～4. (省略)

5.- For the purposes of heading 48.02, the expressions "paper and paperboard, of a kind used for writing, printing or other graphic purposes" and "non perforated punch-cards and punch tape paper" mean paper and paperboard made mainly from bleached pulp or from pulp obtained by a mechanical or chemi-mechanical process and satisfying any of the following criteria:

(A) For paper or paperboard weighing not more than 150 g/m²:
 (a) containing 10% or more of fibres obtained by a mechanical or chemi-mechanical process, and
  1. weighing not more than 80 g/m², or
  2. coloured throughout the mass; or
 (b) containing more than 8% ash, and
  1. weighing not more than 80 g/m², or
  2. coloured throughout the mass; or
 (c) containing more than 3% ash and having a brightness of 60% or more; or
 (d) containing more than 3% but not more than 8% ash, having a brightness less than 60%, and a burst index equal to or less than 2.5 kPa・m²/g; or
 (e) containing 3% ash or less, having a brightness of 60% or more and a burst index equal to or less than 2.5 kPa・m²/g.
(B) For paper or paperboard weighing more than 150 g/m²:
 (a) coloured throughout the mass; or
 (b) having a brightness of 60% or more, and
  1. a caliper of 225 micrometres (microns) or less, or
  2. a caliper of more than 225 micrometres (microns) but not more than 508 micrometres (microns) and an ash content of more than 3%; or
 (c) having a brightness of less than 60%, a caliper of 254 micrometres (microns) or less and an ash content of more than 8%.

Heading 48.02 does not, however, cover filter paper or paperboard (including tea-bag paper) or felt paper or paperboard.

6.～7. (省略)

8.- Headings 48.03 to 48.09 apply only to paper, paperboard, cellulose wadding and webs of cellulose fibres:
 (a) in strips or rolls of a width exceeding 36cm; or
 (b) in rectangular (including square) sheets with one side exceeding 36cm and the other side exceeding 15cm in the unfolded state.

番号 NO	細分番号 sub. no	NACCS用	品名	単位 UNIT I	単位 UNIT II	DESCRIPTION	参考
48.01							
4801.00	000	2	**新聞用紙(ロール状又はシート状のものに限る。)**		MT	Newsprint, in rolls or sheets	
48.02			**筆記用、印刷用その他のグラフィック用に供する種類の塗布してない紙及び板紙、せん孔カード用紙及びせん孔テープ用紙(ロール状又は長方形(正方形を含む。)のシート状のものに限るものとし、大きさを問わず、第48.01項又は第48.03項の紙を除く。)並びに手すきの紙及び板紙**			Uncoated paper and paperboard, of a kind used for writing, printing or other graphic purposes, and non perforated punch-cards and punch tape paper, in rolls or rectangular (including square) sheets, of any size, other than paper of heading 48.01 or 48.03; hand-made paper and paperboard:	
4802.10	000	4	－手すきの紙及び板紙		KG	－Hand-made paper and paperboard	
4802.20	000	1	－写真感光紙、感熱紙又は感電子紙の原紙に使用する種類の紙及び板紙		KG	－Paper and paperboard of a kind used as a base for photo-sensitive, heat-sensitive or electro-sensitive paper or paperboard	
4802.40	000	2	－壁紙原紙		KG	－Wallpaper base	
			－その他の紙及び板紙(機械パルプとケミグランドパルプを合わせたものの含有量が全繊維重量の10%以下のものに限る。)			－Other paper and paperboard, not containing fibres obtained by a mechanical or chemi-mechanical process or of which not more than 10 % by weight of the total fibre content consists of such fibres:	
4802.54	000	2	－－重量が1平方メートルにつき40グラム未満のもの		KG	－－Weighing less than 40 g/m^2	
4802.55			－－重量が1平方メートルにつき40グラム以上150グラム以下のもの(ロール状のものに限る。)			－－Weighing 40 g/m^2 or more but not more than 150 g/m^2, in rolls:	
			－－－印刷用紙及び筆記用紙			－－－Printing or writing paper:	
	110	6	－－－－色付きのもの		KG	－－－－Coloured	
	190	2	－－－－その他のもの		KG	－－－－Other	
	900	5	－－－その他のもの		KG	－－－Other	
4802.56			－－重量が1平方メートルにつき40グラム以上150グラム以下のもの(折り畳んでない状態において1辺の長さが435ミリメートル以下で、その他の辺の長さが297ミリメートル以下のシート状のものに限る。)			－－Weighing 40 g/m^2 or more but not more than 150 g/m^2, in sheets with one side not exceeding 435 mm and the other side not exceeding 297 mm in the unfolded state:	
			－－－印刷用紙及び筆記用紙			－－－Printing or writing paper:	
	110	5	－－－－色付きのもの		KG	－－－－Coloured	
	190	1	－－－－その他のもの		KG	－－－－Other	
	900	4	－－－その他のもの		KG	－－－Other	
4802.57			－－その他のもの(重量が1平方メートルにつき40グラム以上150グラム以下のものに限る。)			－－Other, weighing 40 g/m^2 or more but not more than 150 g/m^2:	
			－－－印刷用紙及び筆記用紙			－－－Printing or writing paper:	
	110	4	－－－－色付きのもの		KG	－－－－Coloured	
	190	0	－－－－その他のもの		KG	－－－－Other	
	900	3	－－－その他のもの		KG	－－－Other	

番号 NO	細分番号 sub. no	NACCS用	品　名	単位 UNIT I	単位 UNIT II	DESCRIPTION	参　考
4802.58			−−重量が１平方メートルにつき150グラムを超えるもの			−−Weighing more than 150 g/m^2:	
			−−−印刷用紙及び筆記用紙			−−−Printing or writing paper:	
	110	3	−−−−色付きのもの		KG	−−−−Coloured	
	190	6	−−−−その他のもの		KG	−−−−Other	
	900	2	−−−その他のもの		KG	−−−Other	
			−その他の紙及び板紙(機械パルプとケミグランドパルプを合わせたものの含有量が全繊維重量の10%を超えるものに限る。)			−Other paper and paperboard, of which more than 10 % by weight of the total fibre content consists of fibres obtained by a mechanical or chemi-mechanical process:	
4802.61	000	2	−−ロール状のもの		KG	−−In rolls	
4802.62	000	1	−−折り畳んでない状態において１辺の長さが435ミリメートル以下で、その他の辺の長さが297ミリメートル以下のシート状のもの		KG	−−In sheets with one side not exceeding 435 mm and the other side not exceeding 297 mm in the unfolded state	
4802.69	000	1	−−その他のもの		KG	−−Other	
48.03							
4803.00			**トイレットペーパー、化粧用ティッシュ、紙タオル、紙ナプキンその他これらに類する家庭用又は衛生用に供する種類の紙、セルロースウォッディング及びセルロース繊維のウェブ(ロール状又はシート状のものに限るものとし、ちりめん加工をし、しわ付けをし、型押しをし、せん孔し、表面に着色し若しくは装飾を施し又は印刷したものであるかないかを問わない。)**			**Toilet or facial tissue stock, towel or napkin stock and similar paper of a kind used for household or sanitary purposes, cellulose wadding and webs of cellulose fibres, whether or not creped, crinkled, embossed, perforated, surface-coloured, surface-decorated or printed, in rolls or sheets:**	
	100	0	−トイレットペーパー、化粧用ティッシュ、紙タオル、紙ナプキンその他これらに類する家庭用又は衛生用に供する種類の紙		KG	−Toilet or facial tissue stock, towel or napkin stock and similar paper of a kind used for household or sanitary purposes	
	200	2	−セルロースウォッディング及びセルロース繊維のウェブ		KG	−Cellulose wadding and webs of cellulose fibres	

番号 NO	細分番号 sub. no	NACCS用	品名	単位 UNIT I	単位 UNIT II	DESCRIPTION	参考
48.05			**その他の紙及び板紙(塗布してないものでロール状又はシート状のものに限るものとし、この類の注3に規定する加工のほかに更に加工をしたものを除く。)**			Other uncoated paper and paperboard, in rolls or sheets, not further worked or processed than as specified in Note 3 to this Chapter:	
			－段ボール用中芯原紙			－Fluting paper:	
4805.11	000	4	－－セミケミカルパルプ製の段ボール用中芯原紙		MT	－－Semi-chemical fluting paper	
4805.12	000	3	－－わらパルプ製の段ボール用中芯原紙		KG	－－Straw fluting paper	
4805.19	000	3	－－その他のもの		KG	－－Other	
			－テストライナー(再生ライナーボード)			－Testliner (recycled liner board):	
4805.24	000	5	－－重量が1平方メートルにつき150グラム以下のもの		KG	－－Weighing 150 g/m^2 or less	
4805.25	000	4	－－重量が1平方メートルにつき150グラムを超えるもの		KG	－－Weighing more than 150 g/m^2	
4805.30	000	6	－サルファイト包装紙		KG	－Sulphite wrapping paper	
4805.40	000	3	－フィルターペーパー及びフィルターペーパーボード		KG	－Filter paper and paperboard	
4805.50	000	0	－フェルトペーパー及びフェルトペーパーボード		KG	－Felt paper and paperboard	
			－その他のもの			－Other:	
4805.91	000	1	－－重量が1平方メートルにつき150グラム以下のもの		KG	－－Weighing 150 g/m^2 or less	
4805.92	000	0	－－重量が1平方メートルにつき150グラムを超え225グラム未満のもの		KG	－－Weighing more than 150 g/m^2 but less than 225 g/m^2	
4805.93	000	6	－－重量が1平方メートルにつき225グラム以上のもの		KG	－－Weighing 225 g/m^2 or more	

番号 NO	細分番号 sub. no	NACCS用	品名	単位 UNIT I	単位 UNIT II	DESCRIPTION	参考
48.10			**紙及び板紙(カオリンその他の無機物質を片面又は両面に塗布し(結合剤を使用してあるかないかを問わない。)、かつ、その他の物質を塗布してないもので、ロール状又は長方形(正方形を含む。)のシート状のものに限るものとし、大きさを問わず、表面に着色し若しくは装飾を施してあるかないか又は印刷してあるかないかを問わない。)**			**Paper and paperboard, coated on one or both sides with kaolin (China clay) or other inorganic substances, with or without a binder, and with no other coating, whether or not surface-coloured, surface-decorated or printed, in rolls or rectangular (including square) sheets, of any size:**	
			－筆記用、印刷用その他のグラフィック用に供する種類の紙及び板紙(機械パルプとケミグランドパルプを合わせたものの含有量が全繊維重量の10%以下のものに限る。)			－Paper and paperboard of a kind used for writing, printing or other graphic purposes, not containing fibres obtained by a mechanical or chemi-mechanical process or of which not more than 10 % by weight of the total fibre content consists of such fibres:	
4810.13	000	6	－－ロール状のもの		KG	－－In rolls	
4810.14	000	5	－－折り畳んでない状態において1辺の長さが435ミリメートル以下で、その他の辺の長さが297ミリメートル以下のシート状のもの		KG	－－In sheets with one side not exceeding 435 mm and the other side not exceeding 297 mm in the unfolded state	
4810.19	000	0	－－その他のもの		KG	－－Other	
			－筆記用、印刷用その他のグラフィック用に供する種類の紙及び板紙(機械パルプとケミグランドパルプを合わせたものの含有量が全繊維重量の10%を超えるものに限る。)			－Paper and paperboard of a kind used for writing, printing or other graphic purposes, of which more than 10 % by weight of the total fibre content consists of fibres obtained by a mechanical or chemi-mechanical process:	
4810.22	000	4	－－軽量コート紙		KG	－－Light-weight coated paper	
4810.29	000	4	－－その他のもの		KG	－－Other	
			－クラフト紙及びクラフト板紙(筆記用、印刷用その他のグラフィック用に供する種類のものを除く。)			－Kraft paper and paperboard, other than that of a kind used for writing, printing or other graphic purposes:	
4810.31	000	2	－－全体を均一にさらしたもので、化学木材パルプの含有量が全繊維重量の95%を超え、かつ、重量が1平方メートルにつき150グラム以下のもの		KG	－－Bleached uniformly throughout the mass and of which more than 95 % by weight of the total fibre content consists of wood fibres obtained by a chemical process, and weighing 150 g/m² or less	

番号 NO	細分番号 sub. no	NACCS用	品名	単位 UNIT I	単位 UNIT Ⅱ	DESCRIPTION	参考
4810.32	000	1	−−全体を均一にさらしたもので、化学木材パルプの含有量が全繊維重量の95%を超え、かつ、重量が1平方メートルにつき150グラムを超えるもの		KG	−−Bleached uniformly throughout the mass and of which more than 95 % by weight of the total fibre content consists of wood fibres obtained by a chemical process, and weighing more than 150 g/m²	
4810.39	000	1	−−その他のもの		KG	−−Other	
			−その他の紙及び板紙			−Other paper and paperboard:	
4810.92	000	4	−−多層ずきのもの		KG	−−Multi-ply	
4810.99	000	4	−−その他のもの		KG	−−Other	
48.18			**トイレットペーパーその他これに類する家庭用又は衛生用に供する種類の紙、セルロースウォッディング及びセルロース繊維のウェブ(幅が36センチメートル以下のロール状にし又は特定の大きさ若しくは形状に切つたものに限る。)並びに製紙用パルプ製、紙製、セルロースウォッディング製又はセルロース繊維のウェブ製のハンカチ、クレンジングティッシュ、タオル、テーブルクロス、ナプキン、ベッドシーツその他これらに類する家庭用品、衛生用品及び病院用品、衣類並びに衣類附属品**			Toilet paper and similar paper, cellulose wadding or webs of cellulose fibres, of a kind used for household or sanitary purposes, in rolls of a width not exceeding 36 cm, or cut to size or shape; handkerchiefs, cleansing tissues, towels, tablecloths, serviettes, bed sheets and similar household, sanitary or hospital articles, articles of apparel and clothing accessories, of paper pulp, paper, cellulose wadding or webs of cellulose fibres:	
4818.10	000	0	−トイレットペーパー		KG	−Toilet paper	
4818.20	000	4	−ハンカチ、クレンジングティッシュ、化粧用ティッシュ及びタオル		KG	−Handkerchiefs, cleansing or facial tissues and towels	
4818.30	000	1	−テーブルクロス及びナプキン		KG	−Tablecloths and serviettes	
4818.50	000	2	−衣類及び衣類附属品		KG	−Articles of apparel and clothing accessories	
4818.90	000	4	−その他のもの		KG	−Other	
48.21			**紙製又は板紙製のラベル(印刷してあるかないかを問わない。)**			Paper or paperboard labels of all kinds, whether or not printed:	
4821.10	000	1	−印刷したもの		KG	−Printed	
4821.90	000	5	−その他のもの		KG	−Other	

第96類 雑品

Chapter 96 Miscellaneous manufactured articles

番号 NO	細分番号 sub. no	NACCS用	品名	単位 UNIT I	単位 UNIT Ⅱ	DESCRIPTION	参考
96.19							
9619.00	000	5	**生理用のナプキン(パッド)及びタンポン、おむつ及びおむつ中敷きその他これらに類する物品(材料を問わない。)**	NO	KG	Sanitary towels (pads) and tampons, napkins (diapers), napkin liners and similar articles, of any material	

第14問 輸出申告（解答・P.386）

チェック欄

別紙１の仕入書及び下記事項により、装飾品等の輸出申告を輸出入・港湾関連情報処理システム（NACCS）を使用して行う場合について、別紙２の輸出申告事項登録画面の統計品目番号欄（（ａ）～（ｅ））に入力すべき統計品目番号を、輸出統計品目表の解釈に関する通則に従い、別冊の「輸出統計品目表」（抜粋）を参照して、下の選択肢から選び、その番号をマークしなさい。

記

1　別紙１の仕入書に記載されている品目に統計品目番号が同一であるものがある場合には、これらを一の統計品目番号にとりまとめる。

2　統計品目番号ごとの申告価格が20万円以下であるもの（上記１によりとりまとめたものを含む。）がある場合には、その統計品目番号が異なるものであっても、これらを一括して一欄にとりまとめる。

3　上記２による場合に輸出申告事項登録画面に入力すべき統計品目番号は、上記２によりとりまとめる前の統計品目番号ごとの申告価格（上記１によりとりまとめたものについては、その合計額）が最も大きいものの統計品目番号とし、10桁目は「X」とする。

4　輸出申告事項登録画面に入力する統計品目番号（（a）～（e））は、その統計品目番号ごとの申告価格（上記１及び２によりとりまとめたものについては、その合計額）が大きいものから順に入力するものとする。

5　別紙１の仕入書に記載されている米ドル建価格の本邦通貨への換算は、別紙３の「実勢外国為替相場の週間平均値」を参照して行う。

6　別紙１の仕入書に記載されているそれぞれの品目の価格（DPU価格）には、次の費用等の額が含まれており、当該DPU価格にそれらの費用等の額が占める割合は、次のとおり。

（1）輸出港における貨物の船積みに要する費用 ………… 5％

（2）目的地（輸入港）までの海上運賃及び保険料 ………… 10％

（3）輸入港における貨物の荷卸しの費用 ………… 1％

7　別紙１の仕入書に記載されている「Sets of personal adornments」は、小売用のセットとして包装されており、一体として（同時に）身体に装着して使われるようにデザインされている。

8　別紙１の仕入書に記載されている「deposited」とは、蒸着による表面処理を施すことをいう。

9　申告年月日は、令和XX年9月15日とする。

① 4202.39-0006	② 4202.99-0002	③ 7113.11-0001	④ 7113.20-0006
⑤ 7113.20-000X	⑥ 7114.11-0006	⑦ 7114.19-0005	⑧ 7115.90-0002
⑨ 7116.10-0003	⑩ 7116.10-000X	⑪ 7116.20-0000	⑫ 7116.20-000X
⑬ 7117.19-0006	⑭ 7117.19-000X	⑮ 7117.90-0005	

別紙３

実勢外国為替相場の週間平均値
（１米ドルに対する円相場）

期　間	週間平均値
令和XX. 8.20 ～ 令和XX. 8.26	￥114.00
令和XX. 8.27 ～ 令和XX. 9. 2	￥115.00
令和XX. 9. 3 ～ 令和XX. 9. 9	￥116.00
令和XX. 9.10 ～ 令和XX. 9.16	￥117.00
令和XX. 9.17 ～ 令和XX. 9.23	￥120.00

別紙1

INVOICE

Seller
ZAIMU TRADING Co., Ltd.
1- 1, 3- Chome, Kasumigaseki
Chiyoda-ku, Tokyo, Japan

Invoice No. and Date
ZTC-4821 Sep. 12th, 20XX

Reference No. NJ-8756

Buyer NEW JEWELLERY Corp. 700 Central Avenue Suite 10 NEW YORK NY. 549239, U.S.A.	**Country of Origin**： JAPAN **L/C No.** 06-LC-8112 **Date** Jul. 7th, 20XX
Vessel NIHON MARU **On or About** Sep. 18th, 20XX **From** Tokyo, Japan **Via** **To** New York, U.S.A.	**Issuing Bank** New York International Bank

Marks and Nos.	Description of Goods	Quantity Unit	Unit Price per Unit	Amount DPU US$
NJC NEW YORK MADE IN JAPAN	Tie-pins of brass clad with gold	25	78.00	1,950.00
	Necklaces of imitation pearls (glass ball)	210	13.20	2,772.00
	Bracelets of iron plated with silver, incorporating natural pearl	70	44.00	3,080.00
	Rings of imitation ruby, made of plastics	68	35.00	2,380.00
	Sets of personal adornments : consisting of a pearl necklace (50pieces of natural pearls,47cm length) and a pair of pearl earrings (pierce type, one natural pearl with claps of brass plated with gold each.), packed in retail sale	20	1,314.50	26,290.00
	Powder boxes of silver plated with gold	3	385.00	1,155.00
	Purses of vulcanised fibres deposited with silver	25	127.00	3,175.00
	Paper knives of silver alloys clad with gold (Alloys containing 2% of silver & 98% of brass, by weight)	120	130.00	15,600.00

Total : DPU New York US$56,402.00

Total : 8 Cartons
N/W : 64.31 kgs
G/W : 166.00 kgs

ZAIMU TRADING Co., Ltd.
(Signature)

輸出申告

別紙2

輸出申告事項登録(大額)

共通部　繰返部

申告等番号

大額・少額識別 L　申告等種別 E　申告先種別　貨物識別　あて先官署　あて先部門

申告予定年月日

輸出者　　ZAIMU TRADING CO., LTD.

住所　TOKYO TO CHIYODA KU KASUMIGASEKI 3-1-1

電話

申告予定者

蔵置場所

貨物個数 8　CT　貨物重量 166　KGM　貨物容積

貨物の記号等

最終仕向地 USNYC -　　船(機)籍符号

積出港 JPTYO　　貿易形態別符号

積載予定船舶 - NIHON MARU　　出港予定年月日 20XX0918

インボイス番号 A - ZTC-4821 - 20XX0912

インボイス価格 DPU - - - A

輸出申告事項登録（大額）

共通部　**繰返部**

〈1欄〉 統計品目番号 （a）　品名
数量（1）　数量（2）
BPR按分係数　BPR通貨コード
他法令 （1） （2） （3） （4） （5）
輸出貿易管理令別表コード　外為法第48条コード　関税減免戻税コード
内国消費税免税コード　内国消費税免税識別

〈2欄〉 統計品目番号 （b）　品名
数量（1）　数量（2）
BPR按分係数　BPR通貨コード
他法令 （1） （2） （3） （4） （5）
輸出貿易管理令別表コード　外為法第48条コード　関税減免戻税コード
内国消費税免税コード　内国消費税免税識別

〈3欄〉 統計品目番号 （c）　品名
数量（1）　数量（2）
BPR按分係数　BPR通貨コード
他法令 （1） （2） （3） （4） （5）
輸出貿易管理令別表コード　外為法第48条コード　関税減免戻税コード
内国消費税免税コード　内国消費税免税識別

〈4欄〉 統計品目番号 （d）　品名
数量（1）　数量（2）
BPR按分係数　BPR通貨コード
他法令 （1） （2） （3） （4） （5）
輸出貿易管理令別表コード　外為法第48条コード　関税減免戻税コード
内国消費税免税コード　内国消費税免税識別

〈5欄〉 統計品目番号 （e）　品名
数量（1）　数量（2）
BPR按分係数　BPR通貨コード
他法令 （1） （2） （3） （4） （5）
輸出貿易管理令別表コード　外為法第48条コード　関税減免戻税コード
内国消費税免税コード　内国消費税免税識別

別冊　輸出統計品目表（抜粋）

第42類　革製品及び動物用装着具並びに旅行用具、ハンドバッグその他これらに類する容器並びに腸の製品

注

1　（省略）

2　この類には、次の物品を含まない。

(a)　外科用のカットガットその他これに類する縫合材(殺菌したものに限る。第30.06項参照)

(b)　毛皮又は人造毛皮を裏張りし又は外側に付けた衣類及び衣類附属品(第43.03項及び第43.04項参照。毛皮又は人造毛皮を単にトリミングとして使用したもの並びに手袋、ミトン及びミットを除く。)

(c)　網地から製造した製品(第56.08項参照)

(d)　第64類の物品

(e)　第65類の帽子及びその部分品

(f)　第66.02項のむちその他の製品

(g)　カフスボタン、腕輪その他の身辺用模造細貨類(第71.17項参照)

(h)　あぶみ、くつわ、真ちゆう製動物用装飾具、留金その他の動物用装着具の取付具及びトリミング(個別に提示するものに限る。主として第15部に属する。)

(ij)　ドラムその他これに類する楽器の革、弦その他の楽器の部分品(第92.09項参照)

(k)　第94類の物品(例えば、家具及び照明器具)

(l)　第95類の物品(例えば、玩具、遊戯用具及び運動用具)

(m)　第96.06項のボタン、プレスファスナー、スナップファスナー及びプレススタッド並びにこれらの部分品(ボタンモールドを含む。)並びにボタンのブランク

3(A)　第42.02項には、2の規定により除かれる物品のほか、次の物品を含まない。

(a)　取手付きのプラスチックシート製の袋(印刷してあるかないかを問わないものとし、長期間の使用を目的としないものに限る。第39.23項参照)

(b)　組物材料の製品(第46.02項参照)

(B)　第42.02項又は第42.03項の製品には、取付具又は装飾物を構成する部分品として貴金属若しくは貴金属を張った金属、天然若しくは養殖の真珠又は天然、合成若しくは再生の貴石若しくは半貴石を使用したもの(当該部分品が当該製品に重要な特性を与えていないものに限る。)を含む。当該部分品が当該製品に重要な特性を与えている場合には、当該製品は、第71類に属する。

4　（省略）

Chapter 42　Articles of leather; saddlery and harness; travel goods, handbags and similar containers; articles of animal gut (other than silk-worm gut)

Notes.

1.-（省略）

2.- This Chapter does not cover:

(a) Sterile surgical catgut or similar sterile suture materials (heading 30.06);

(b) Articles of apparel or clothing accessories (except gloves, mittens and mitts), lined with furskin or artificial fur or to which furskin or artificial fur is attached on the outside except as mere trimming (heading 43.03 or 43.04);

(c) Made up articles of netting (heading 56.08);

(d) Articles of Chapter 64;

(e) Headgear or parts thereof of Chapter 65;

(f) Whips, riding-crops or other articles of heading 66.02;

(g) Cuff-links, bracelets or other imitation jewellery (heading 71.17);

(h) Fittings or trimmings for harness, such as stirrups, bits, horse brasses and buckles, separately presented (generally Section XV);

(ij) Strings, skins for drums or the like, or other parts of musical instruments (heading 92.09);

(k) Articles of Chapter 94 (for example, furniture, luminaires and lighting fittings);

(l) Articles of Chapter 95 (for example, toys, games, sports requisites); or

(m) Buttons, press-fasteners, snap-fasteners, press-studs, button moulds or other parts of these articles, button blanks, of heading 96.06.

3.-(A) In addition to the provisions of Note 2 above, heading 42.02 does not cover:

(a) Bags made of sheeting of plastics, whether or not printed, with handles, not designed for prolonged use (heading 39.23);

(b) Articles of plaiting materials (heading 46.02).

(B) Articles of headings 42.02 and 42.03 which have parts of precious metal or metal clad with precious metal, of natural or cultured pearls, of precious or semi-precious stones (natural, synthetic or reconstructed) remain classified in those headings even if such parts constitute more than minor fittings or minor ornamentation, provided that these parts do not give the articles their essential character. If, on the other hand, the parts give the articles their essential character, the articles are to be classified in Chapter 71.

4.-（省略）

番号 NO	細分番号 sub. no	NACCS用	品　名	単位 UNIT I	II	DESCRIPTION	参考
42.02			旅行用バッグ、断熱加工された飲食料用バッグ、化粧用バッグ、リュックサック、ハンドバッグ、買物袋、財布、マップケース、シガレットケース、たばこ入れ、工具袋、スポーツバッグ、瓶用ケース、宝石入れ、おしろい入れ、刃物用ケースその他これらに類する容器（革、コンポジションレザー、プラスチックシート、紡織用繊維、バルカナイズドファイバー若しくは板紙から製造し又は全部若しくは大部分をこれらの材料若しくは紙で被覆したものに限る。）及びトランク、スーツケース、携帯用化粧道具入れ、エグゼクティブケース、書類かばん、通学用かばん、眼鏡用ケース、双眼鏡用ケース、写真機用ケース、楽器用ケース、銃用ケース、けん銃用のホルスターその他これらに類する容器			Trunks, suit-cases, vanity-cases, executive-cases, brief-cases, school satchels, spectacle cases, binocular cases, camera cases, musical instrument cases, gun cases, holsters and similar containers; travelling-bags, insulated food or beverages bags, toilet bags, rucksacks, handbags, shopping-bags, wallets, purses, map-cases, cigarette-cases, tobacco-pouches, tool bags, sports bags, bottle-cases, jewellery boxes, powder-boxes, cutlery cases and similar containers, of leather or of composition leather, of sheeting of plastics, of textile materials, of vulcanised fibre or of paperboard, or wholly or mainly covered with such materials or with paper:	
			－トランク、スーツケース、携帯用化粧道具入れ、エグゼクティブケース、書類かばん、通学用かばんその他これらに類する容器			－Trunks, suit-cases, vanity-cases, executive-cases, brief-cases, school satchels and similar containers:	
4202.11	000	6	－－外面が革製又はコンポジションレザー製のもの	NO	KG	－－With outer surface of leather or of composition leather	
4202.12	000	5	－－外面がプラスチック製又は紡織用繊維製のもの	NO	KG	－－With outer surface of plastics or of textile materials	
4202.19	000	5	－－その他のもの	NO	KG	－－Other	
			－ハンドバッグ（取手が付いていないものを含むものとし、肩ひもが付いているかいないかを問わない。）			－Handbags, whether or not with shoulder strap, including those without handle:	
4202.21	000	3	－－外面が革製又はコンポジションレザー製のもの	NO	KG	－－With outer surface of leather or of composition leather	
4202.22	000	2	－－外面がプラスチックシート製又は紡織用繊維製のもの	NO	KG	－－With outer surface of plastic sheeting or of textile materials	
4202.29	000	2	－－その他のもの	NO	KG	－－Other	
			－ポケット又はハンドバッグに通常入れて携帯する製品			－Articles of a kind normally carried in the pocket or in the handbag:	
4202.31	000	0	－－外面が革製又はコンポジションレザー製のもの	DZ	KG	－－With outer surface of leather or of composition leather	
4202.32	000	6	－－外面がプラスチックシート製又は紡織用繊維製のもの	DZ	KG	－－With outer surface of plastic sheeting or of textile materials	
4202.39	000	6	－－その他のもの	DZ	KG	－－Other	
			－その他のもの			－Other:	
4202.91	000	3	－－外面が革製又はコンポジションレザー製のもの	DZ	KG	－－With outer surface of leather or of composition leather	
4202.92	000	2	－－外面がプラスチックシート製又は紡織用繊維製のもの	DZ	KG	－－With outer surface of plastic sheeting or of textile materials	
4202.99	000	2	－－その他のもの	DZ	KG	－－Other	

第71類　天然又は養殖の真珠、貴石、半貴石、貴金属及び貴金属を張つた金属並びにこれらの製品、身辺用模造細貨類並びに貨幣

Chapter 71 Natural or cultured pearls, precious or semi-precious stones, precious metals, metals clad with precious metal, and articles thereof; imitation jewellery; coin

注

1　全部又は一部が次の材料から成る製品は、第６部の注１(A)及びこの類の他の注において別段の定めがある場合を除くほか、すべてこの類に属する。

(a)　天然若しくは養殖の真珠又は天然、合成若しくは再生の貴石若しくは半貴石

(b)　貴金属又は貴金属を張つた金属

2(A)　第71.13項から第71.15項までには、貴金属又は貴金属を張つた金属をさ細な取付具、装飾物その他の部分(例えば、頭文字、はめ輪及び縁金)のみに使用した物品を含まない。

(B)　第71.16項には、貴金属又は貴金属を張つた金属を使用した製品(これらをさ細な部分に使用したものを除く。)を含まない。

3　この類には、次の物品を含まない。

(a)　貴金属のアマルガム及びコロイド状貴金属(第28.43項参照)

(b)　第30類の殺菌した外科用縫合材、歯科用充てん料その他の物品

(c)　第32類の物品(例えば、液状ラスター)

(d)　担体付き触媒(第38.15項参照)

(e)　第42類の注３(B)に該当する第42.02項又は第42.03項の製品

(f)　第43.03項又は第43.04項の製品

(g)　第11部の物品(紡織用繊維及びその製品)

(h)　第64類又は第65類の履物、帽子その他の物品

(ij)　第66類の傘、つえその他の物品

(k)　第68.04項、第68.05項又は第82類の研磨用品で天然又は合成の貴石又は半貴石のダスト又は粉を使用したもの、第82類の物品で作用する部分が天然、合成又は再生の貴石又は半貴石であるもの並びに第16部の機械類、電気機器及びこれらの部分品。ただし、第16部の物品で全部が天然、合成又は再生の貴石又は半貴石であるものは、針用に加工したサファイヤ及びダイヤモンド(取り付けられていないものに限る。第85.22項参照)を除くほか、この類に属する。

(l)　第90類から第92類までの物品(精密機器、時計及び楽器)

(m)　武器及びその部分品(第93類参照)

(n)　第95類の注２の物品

(o)　第96類の注４の規定により同類に属する物品

Notes.

1.- Subject to Note 1 (A) to Section VI and except as provided below, all articles consisting wholly or partly:

(a) Of natural or cultured pearls or of precious or semi-precious stones (natural, synthetic or reconstructed), or

(b) Of precious metal or of metal clad with precious metal, are to be classified in this Chapter.

2.-(A) Headings 71.13, 71.14 and 71.15 do not cover articles in which precious metal or metal clad with precious metal is present as minor constituents only, such as minor fittings or minor ornamentation (for example, monograms, ferrules and rims).

(B) Heading 71.16 does not cover articles containing precious metal or metal clad with precious metal (other than as minor constituents).

3.- This Chapter does not cover:

(a) Amalgams of precious metal, or colloidal precious metal (heading 28.43);

(b) Sterile surgical suture materials, dental fillings or other goods of Chapter 30;

(c) Goods of Chapter 32 (for example, lustres);

(d) Supported catalysts (heading 38.15);

(e) Articles of heading 42.02 or 42.03 referred to in Note 3 (B) to Chapter 42;

(f) Articles of heading 43.03 or 43.04;

(g) Goods of Section XI (textiles and textile articles);

(h) Footwear, headgear or other articles of Chapter 64 or 65;

(ij) Umbrellas, walking-sticks or other articles of Chapter 66;

(k) Abrasive goods of heading 68.04 or 68.05 or Chapter 82, containing dust or powder of precious or semi-precious stones (natural or synthetic); articles of Chapter 82 with a working part of precious or semi-precious stones (natural, synthetic or reconstructed); machinery, mechanical appliances or electrical goods, or parts thereof, of Section XVI. However, articles and parts thereof, wholly of precious or semi-precious stones (natural, synthetic or reconstructed) remain classified in this Chapter, except unmounted worked sapphires and diamonds for styli (heading 85.22);

(l) Articles of Chapter 90, 91 or 92 (scientific instruments, clocks and watches, musical instruments);

(m) Arms or parts thereof (Chapter 93);

(n) Articles covered by Note 2 to Chapter 95;

(o) Articles classified in Chapter 96 by virtue of Note 4 to that Chapter; or

(p) 彫刻、塑像、鋳像その他これらに類する物品(第97.03項参照)、収集品(第97.05項参照)及び製作後100年を超えたこつとう(第97.06項参照)。ただし、天然又は養殖の真珠、貴石及び半貴石を除く。

(p) Original sculptures or statuary (heading 97.03), collectors' pieces (heading 97.05) or antiques of an age exceeding one hundred years (heading 97.06), other than natural or cultured pearls or precious or semi-precious stones.

4(A) 「貴金属」とは、銀、金及び白金をいう。

(B) 「白金」とは、白金、イリジウム、オスミウム、パラジウム、ロジウム及びルテニウムをいう。

(C) 貴石又は半貴石には、第96類の注2(b)の物品を含まない。

4.-(A) The expression "precious metal" means silver, gold and platinum.

(B) The expression "platinum" means platinum, iridium, osmium, palladium, rhodium and ruthenium.

(C) The expression "precious or semi-precious stones" does not include any of the substances specified in Note 2 (b) to Chapter 96.

5 この類において貴金属を含有する合金(焼結したもの及び金属間化合物を含む。)のうち、貴金属のいずれか一の含有量が全重量の2%以上であるものは、貴金属の合金として取り扱う。この場合において、貴金属の合金については、次に定めるところによる。

(a) 白金の含有量が全重量の2%以上のものは、白金の合金として取り扱う。

(b) 金の含有量が全重量の2%以上で、白金の含有量が全重量の2%未満のものは、金の合金として取り扱う。

(c) その他の合金で、銀の含有量が全重量の2%以上のものは、銀の合金として取り扱う。

5.- For the purposes of this Chapter, any alloy (including a sintered mixture and an inter-metallic compound) containing precious metal is to be treated as an alloy of precious metal if any one precious metal constitutes as much as 2%, by weight, of the alloy. Alloys of precious metal are to be classified according to the following rules:

(a) An alloy containing 2% or more, by weight, of platinum is to be treated as an alloy of platinum;

(b) An alloy containing 2% or more, by weight, of gold but no platinum, or less than 2%, by weight, of platinum, is to be treated as an alloy of gold;

(c) Other alloys containing 2% or more, by weight, of silver are to be treated as alloys of silver.

6 この表において貴金属には、文脈により別に解釈される場合を除くほか、5の規定により貴金属の合金として取り扱われる合金を含むものとし、貴金属を張つた金属及び貴金属を卑金属又は非金属にめつきした物品を含まない。

6.- Except where the context otherwise requires, any reference in the Nomenclature to precious metal or to any particular precious metal includes a reference to alloys treated as alloys of precious metal or of the particular metal in accordance with the rules in Note 5 above, but not to metal clad with precious metal or to base metal or non-metals plated with precious metal.

7～8 (省略)

7.～8. (省略)

9 第71.13項において「身辺用細貨類」とは、次の物品をいう。

(a) 小形の身辺用装飾品(例えば、指輪、腕輪、首飾り、ブローチ、イヤリング、時計用鎖、ペンダント、ネクタイピン、カフスボタン、衣服用飾りボタン、メダル及び記章)

(b) 通常、ポケット若しくはハンドバッグに入れて携帯し又は身辺に付けて使用する身辺用品(例えば、シガーケース、シガレットケース、嗅ぎたばこ入れ、口中香剤入れ、錠剤入れ、おしろい入れ、鎖入れ及び数珠)

これらの物品は、組み合わせてあるかセットであるかを問わない(例えば、天然又は養殖の真珠、貴石、半貴石、合成若しくは再生した貴石又は半貴石、べっ甲、真珠層、象牙、天然又は再生させたこはく、黒玉及びさんご)。

9.- For the purposes of heading 71.13, the expression "articles of jewellery" means:

(a) Any small objects of personal adornment (for example, rings, bracelets, necklaces, brooches, earrings, watch-chains, fobs, pendants, tie-pins, cufflinks, dress-studs, religious or other medals and insignia); and

(b) Articles of personal use of a kind normally carried in the pocket, in the handbag or on the person (for example, cigar or cigarette cases, snuff boxes, cachou or pill boxes, powder boxes, chain purses or prayer beads).

These articles may be combined or set, for example, with natural or cultured pearls, precious or semi-precious stones, synthetic or reconstructed precious or semi-precious stones, tortoise shell, mother-of-pearl, ivory, natural or reconstituted amber, jet or coral.

10 第71.14項において細工品には、装飾品、食卓用品、化粧用品、喫煙用具その他家庭用、事務用又は宗教用の製品を含む。

10.- For the purposes of heading 71.14, the expression "articles of goldsmiths' or silversmiths' wares" includes such articles as ornaments, tableware, toilet-ware, smokers' requisites and other articles of household, office or religious use.

11　第71.17項において「身辺用模造細貨類」とは、9(a)の身辺用細貨類(第96.06項のボタンその他の物品並びに第96.15項のくし、ヘアスライドその他これらに類する物品及びヘアピンを除く。)で、天然若しくは養殖の真珠、天然、合成若しくは再生の貴石若しくは半貴石又は貴金属若しくは貴金属を張つた金属を使用してないものをいう。これらの物品で、貴金属をめつきしたもの及び貴金属又は貴金属を張つた金属をさ細な部分に使用したものは、身辺用模造細貨類に含まれる。

11.- For the purposes of heading 71.17, the expression “imitation jewellery” means articles of jewellery within the meaning of paragraph (a) of Note 9 above (but not including buttons or other articles of heading 96.06, or dress-combs, hair-slides or the like, or hairpins, of heading 96.15), not incorporating natural or cultured pearls, precious or semi-precious stones (natural, synthetic or reconstructed) nor (except as plating or as minor constituents) precious metal or metal clad with precious metal.

番号 NO	細分 番号 sub. no	NACCS用	品　名	単位 UNIT I	単位 UNIT II	DESCRIPTION	参　考
71.13			**身辺用細貨類及びその部分品(貴金属製又は貴金属を張つた金属製のものに限る。)**			**Articles of jewellery and parts thereof, of precious metal or of metal clad with precious metal:**	
			－貴金属製のもの(貴金属をめつきしてあるかないか又は張つてあるかないかを問わない。)			－Of precious metal whether or not plated or clad with precious metal:	
7113.11	000	1	－－銀製のもの(その他の貴金属をめつきしてあるかないか又は張つてあるかないかを問わない。)		GR	－－Of silver, whether or not plated or clad with other precious metal	
7113.19			－－その他の貴金属製のもの(貴金属をめつきしてあるかないか又は張つてあるかないかを問わない。)			－－Of other precious metal, whether or not plated or clad with precious metal:	
	100	2	－－－金製のもの		GR	－－－Of gold	
	900	4	－－－その他のもの		GR	－－－Other	
7113.20	000	6	－貴金属を張つた卑金属製のもの		GR	－Of base metal clad with precious metal	
71.14			**細工品及びその部分品(貴金属製又は貴金属を張つた金属製のものに限る。)**			**Articles of goldsmiths' or silversmiths' wares and parts thereof, of precious metal or of metal clad with precious metal:**	
			－貴金属製のもの(貴金属をめつきしてあるかないか又は張つてあるかないかを問わない。)			－Of precious metal whether or not plated or clad with precious metal:	
7114.11	000	6	－－銀製のもの(その他の貴金属をめつきしてあるかないか又は張つてあるかないかを問わない。)		KG	－－Of silver, whether or not plated or clad with other precious metal	
7114.19	000	5	－－その他の貴金属製のもの(貴金属をめつきしてあるかないか又は張つてあるかないかを問わない。)		KG	－－Of other precious metal, whether or not plated or clad with precious metal	
7114.20	000	4	－貴金属を張つた卑金属製のもの		KG	－Of base metal clad with precious metal	

番号 NO	細分番号 sub. no	NACCS用	品　　名	単位 UNIT I	単位 UNIT II	DESCRIPTION	参 考
71.15			**その他の製品(貴金属製又は貴金属を張つた金属製のものに限る。)**			**Other articles of precious metal or of metal clad with precious metal:**	
7115.10	000	5	－触媒(白金をワイヤクロス状又はワイヤグリル状にしたものに限る。)		KG	－Catalysts in the form of wire cloth or grill, of platinum	
7115.90	000	2	－その他のもの		KG	－Other	
71.16			**天然若しくは養殖の真珠又は天然、合成若しくは再生の貴石若しくは半貴石の製品**			**Articles of natural or cultured pearls, precious or semi-precious stones (natural, synthetic or reconstructed):**	
7116.10	000	3	－天然又は養殖の真珠製のもの		GR	－Of natural or cultured pearls	
7116.20	000	0	－天然、合成又は再生の貴石製又は半貴石製のもの		KG	－Of precious or semi-precious stones (natural, synthetic or reconstructed)	
71.17			**身辺用模造細貨類**			**Imitation jewellery:**	
			－卑金属製のもの(貴金属をめつきしてあるかないかを問わない。)			－Of base metal, whether or not plated with precious metal:	
7117.11	000	0	－－カフスボタン及び飾りボタン	DZ	KG	－－Cuff-links and studs	
7117.19	000	6	－－その他のもの		KG	－－Other	
7117.90	000	5	－その他のもの		KG	－Other	

第15問 輸出申告(解答・P.389)

チェック欄		

別紙1の仕入書及び下記事項により、衣類脱水機等の輸出申告を輸出入・港湾関連情報処理システム(NACCS)を使用して行う場合について、別紙2の輸出申告事項登録画面の統計品目番号欄((a)～(e))に入力すべき統計品目番号を、輸出統計品目表の解釈に関する通則に従い、別冊の「輸出統計品目表」(抜粋)を参照して、下の選択肢から選び、その番号をマークしなさい。

記

1 別紙1の仕入書に記載されている品目に統計品目番号が同一であるものがある場合には、これらを一の統計品目番号にとりまとめる。
2 統計品目番号ごとの申告価格が20万円以下であるもの(上記1によりとりまとめたものを含む。)がある場合には、その統計品目番号が異なるものであっても、これらを一括して一欄にとりまとめる。
 なお、この場合に入力すべき統計品目番号は、これらの品目のうち申告価格が最も大きいものの統計品目番号とし、10桁目は「X」とする。
3 輸出申告事項登録は、申告価格(上記1によりとりまとめられたものについては、その合計額)の大きいものから順に入力するものとし、上記2により一括して一欄にとりまとめたものについては、最後の欄に入力するものとする。
4 別紙1の仕入書に記載されているそれぞれの品目の価格には、次の額が含まれている。
 イ 売手の工場から輸出港までの運賃…………………… 55,000円
 ロ 本邦において輸出通関を依頼した通関業者に支払う通関手数料等の費用………… 30,000円
 ハ 輸出港から輸入港までの運賃及び保険料…………………… 350,000円
5 別紙1の仕入書に記載されているそれぞれの品目の価格に加算し、又は減算すべき費用がある場合の当該費用の申告価格への振り分けは総重量(G/W:kgs)按分とする。
6 別紙1の仕入書に記載されているシンガポール・ドル(SGD)建価格の本邦通貨への換算は、別紙3の「実勢外国為替相場の週間平均値」を参照して行う。
7 申告年月日は、令和XX年8月1日とする。

① 8418.30-0004	② 8418.30-000X	③ 8419.11-0000	④ 8419.19-0006
⑤ 8421.12-0002	⑥ 8421.12-000X	⑦ 8422.11-0001	⑧ 8422.11-000X
⑨ 8423.10-0000	⑩ 8423.10-000X	⑪ 8508.11-0004	⑫ 8508.19-0003
⑬ 8508.60-0004	⑭ 8509.80-0003	⑮ 8509.80-000X	

別紙3

実勢外国為替相場の週間平均値
(1シンガポール・ドル(SGD)に対する円相場)

期間			週間平均値
令和XX. 7. 9	～	令和XX. 7.15	¥71.00
令和XX. 7.16	～	令和XX. 7.22	¥70.00
令和XX. 7.23	～	令和XX. 7.29	¥69.00
令和XX. 7.30	～	令和XX. 8. 5	¥68.50
令和XX. 8. 6	～	令和XX. 8.12	¥67.00

別紙1

INVOICE

Seller
ZAIMU TRADING Co., Ltd.
1- 1, 3- Chome, Kasumigaseki
Chiyoda-ku, Tokyo, Japan

Invoice No. and Date
ZTC-3611 Jul. 28th, 20XX

Reference No. SJM-3001

Buyer S-J MACHINARY COMPANY 70 Collyer Quay No.01-1 Clifford Pier Singapore 049239	**Country of Origin**：JAPAN
	L/C No. 06-LC-7109 **Date** Jul. 7th, 20XX
Vessel NIPPON MARU **On or About** Aug. 4th, 20XX	**Issuing Bank** Singapore International Bank
From Tokyo, Japan **Via**	
To Singapore, Singapore	

Marks and Nos.	Description of Goods	Quantity PC	Unit Price per PC	Amount CIP SGD
	Clothes-dryers (centrifugal)	3 (G/W 45kgs)	2,140.00	6,420.00
	Dish washing machines of the household type	6 (G/W 90kgs)	523.00	3,138.00
	Floor polishers, with self-contained electric motor, for domestic use	5 (G/W 105kgs)	619.40	3,097.00
SJM SINGAPORE MADE IN JAPAN	Storage water heaters, gas combustion type	58 (G/W 493kgs)	425.00	24,650.00
	Personal weighing machines, of digital type	11 (G/W 33kgs)	265.00	2,915.00
	Electric kitchen waste disposers of the household type, with self-contained electric motor	12 (G/W 54kgs)	212.00	2,544.00
	Freezers of the chest type, 400 ℓ capacity	2 (G/W 68kgs)	1,549.00	3,098.00
	Vacuum cleaners, with self-contained electric motor, of a power 10kw	64 (G/W 512kgs)	560.00	35,840.00

Total : CIP SINGAPORE SGD81,702.00

Total : 30 Cartons
N/W : 1,070.00 kgs
G/W : 1,400.00 kgs

ZAIMU TRADING Co., Ltd.
(Signature)

別紙2

輸出申告事項登録（大額）

共通部　繰返部

申告等番号

大額・少額識別 L　申告等種別 E　申告先種別　貨物識別　あて先官署　あて先部門

申告予定年月日

輸出者	ZAIMU TRADING CO., LTD.
住所	TOKYO TO CHIYODA KU KASUMIGASEKI 3-1-1
電話	
申告予定者	
蔵置場所	

貨物個数	30	CT	貨物重量	1,400	KGM
貨物容積					
貨物の記号等					
最終仕向地	SGSIN -		船（機）籍符号		
積出港	JPTYO		貿易形態別符号		
積載予定船舶	- NIPPON MARU		出港予定年月日	20XX0804	

インボイス番号	A - ZTC-3611 - 20XX0728
インボイス価格	CIP - - - A

輸出申告事項登録（大額）

共通部　**繰返部**

〈1欄〉
統計品目番号 （a）　品名
数量（1）　数量（2）
BPR按分係数　BPR通貨コード
他法令 （1） （2） （3） （4） （5）
輸出貿易管理令別表コード　外為法第48条コード　関税減免戻税コード
内国消費税免税コード　内国消費税免税識別

〈2欄〉
統計品目番号 （b）　品名
数量（1）　数量（2）
BPR按分係数　BPR通貨コード
他法令 （1） （2） （3） （4） （5）
輸出貿易管理令別表コード　外為法第48条コード　関税減免戻税コード
内国消費税免税コード　内国消費税免税識別

〈3欄〉
統計品目番号 （c）　品名
数量（1）　数量（2）
BPR按分係数　BPR通貨コード
他法令 （1） （2） （3） （4） （5）
輸出貿易管理令別表コード　外為法第48条コード　関税減免戻税コード
内国消費税免税コード　内国消費税免税識別

〈4欄〉
統計品目番号 （d）　品名
数量（1）　数量（2）
BPR按分係数　BPR通貨コード
他法令 （1） （2） （3） （4） （5）
輸出貿易管理令別表コード　外為法第48条コード　関税減免戻税コード
内国消費税免税コード　内国消費税免税識別

〈5欄〉
統計品目番号 （e）　品名
数量（1）　数量（2）
BPR按分係数　BPR通貨コード
他法令 （1） （2） （3） （4） （5）
輸出貿易管理令別表コード　外為法第48条コード　関税減免戻税コード
内国消費税免税コード　内国消費税免税識別

別冊　　輸出統計品目表（抜粋）

第84類　原子炉、ボイラー及び機械類並びにこれらの部分品

Chapter 84 Nuclear reactors, boilers, machinery and mechanical appliances; parts thereof

注

1　この類には、次の物品を含まない。

(a)　第68類のミルストーン、グラインドストーンその他の物品

(b)　陶器製のポンプその他の機械類及び機械類（材料を問わない。）の陶磁器の部分品（第69類参照）

(c)　理化学用ガラス製品（第70.17項参照）並びに技術的用途に供する機械類及びその部分品（ガラス製のものに限る。第70.19項及び第70.20項参照）

(d)　第73.21項又は第73.22項の物品及びこれに類する物品で鉄鋼以外の卑金属製のもの（第74類から第76類まで及び第78類から第81類まで参照）

(e)　第85.08項の真空式掃除機

(f)　第85.09項の家庭用電気機器及び第85.25項のデジタルカメラ

(g)　第17部の物品用のラジエーター

(h)　動力駆動式でない手動床掃除機（第96.03項参照）

Notes.

1.- This Chapter does not cover:

(a) Millstones, grindstones or other articles of Chapter 68;

(b) Machinery or appliances (for example, pumps) of ceramic material and ceramic parts of machinery or appliances of any material (Chapter 69);

(c) Laboratory glassware (heading 70.17); machinery, appliances or other articles for technical uses or parts thereof, of glass (heading 70.19 or 70.20);

(d) Articles of heading 73.21 or 73.22 or similar articles of other base metals (Chapters 74 to 76 or 78 to 81);

(e) Vacuum cleaners of heading 85.08;

(f) Electro-mechanical domestic appliances of heading 85.09; digital cameras of heading 85.25;

(g) Radiators for the articles of Section XVII; or

(h) Hand-operated mechanical floor sweepers, not motorised (heading 96.03).

番号 NO	細分番号 sub. no	NACCS用	品名	単位 UNIT I	単位 UNIT II	DESCRIPTION	参考
84.18			**冷蔵庫、冷凍庫その他の冷蔵用又は冷凍用の機器（電気式であるかないかを問わない。）及びヒートポンプ（第84.15項のエアコンディショナーを除く。）**			**Refrigerators, freezers and other refrigerating or freezing equipment, electric or other; heat pumps other than air conditioning machines of heading 84.15:**	
8418.10			－冷凍冷蔵庫（それぞれ独立した外部扉若しくは引出し又はこれらを組み合わせたものを有するものに限る。）			－Combined refrigerator-freezers, fitted with separate external doors or drawers, or combinations thereof:	
	100	5	－－小売用の包装にしたもの（使用されたものを除く。）	NO	KG	－－Put up in packings for retail sale, not used	
	900	0	－－その他のもの	NO	KG	－－Other	
			－家庭用冷蔵庫			－Refrigerators, household type:	
8418.21			－－圧縮式のもの			－－Compression-type:	
	100	1	－－－小売用の包装にしたもの（使用されたものを除く。）	NO	KG	－－－Put up in packings for retail sale, not used	
	900	3	－－－その他のもの	NO	KG	－－－Other	
8418.29	000	5	－－その他のもの	NO	KG	－－Other	

番号 NO	細分番号 sub. no	NACCS用	品名	単位 UNIT I	単位 UNIT II	DESCRIPTION	参考
8418.30	000	4	－横置き型冷凍庫(容量が800リットル以下のものに限る。)	NO	KG	－Freezers of the chest type, not exceeding 800 l capacity	
8418.40	000	1	－直立型冷凍庫(容量が900リットル以下のものに限る。)	NO	KG	－Freezers of the upright type, not exceeding 900 l capacity	
8418.50	000	5	－貯蔵及び展示用のその他の備付品(チェスト、キャビネット、展示用のカウンター、ショーケースその他これらに類するもので、冷蔵用又は冷凍用の機器を自蔵するものに限る。)	NO	KG	－Other furniture (chests, cabinets, display counters, show-cases and the like) for storage and display, incorporating refrigerating or freezing equipment	
			－その他の冷蔵用又は冷凍用の機器及びヒートポンプ			－Other refrigerating or freezing equipment; heat pumps:	
8418.61			－－ヒートポンプ(第84.15項のエアコンディショナーを除く。)			－－Heat pumps other than air conditioning machines of heading 84.15:	
			－－－冷凍機			－－－Freezing machines:	
	110	6	－－－－エアコンディショナー用コンデンシングユニット	NO	KG	－－－－Condensing units for air conditioning machines	
	190	2	－－－－その他のもの	NO	KG	－－－－Other	
	300	0	－－－リキッドチリングユニット	NO	KG	－－－Liquid chilling units	
	900	5	－－－その他のもの	NO	KG	－－－Other	
8418.69			－－その他のもの			－－Other:	
	100	2	－－－リキッドチリングユニット	NO	KG	－－－Liquid chilling units	
	900	4	－－－その他のもの	NO	KG	－－－Other	
			－部分品			－Parts:	
8418.91	000	6	－－冷蔵用又は冷凍用の装置を収納するために設計した容器		KG	－－Furniture designed to receive refrigerating or freezing equipment	
8418.99			－－その他のもの			－－Other:	
	100	0	－－－冷凍冷蔵庫又は家庭用冷蔵庫のもの		KG	－－－Of combined refrigerator-freezers or refrigerators, house hold type	
	900	2	－－－その他のもの		KG	－－－Other	
84.19			**加熱、調理、ばい焼、蒸留、精留、滅菌、殺菌、蒸気加熱、乾燥、蒸発、凝縮、冷却その他の温度変化による方法により材料を処理する機器(理化学用のものを含み、電気加熱式のもの(第85.14項の電気炉及びその他の機器を除く。)であるかないかを問わないものとし、家庭用のものを除く。)並びに瞬間湯沸器及び貯蔵式湯沸器(電気式のものを除く。)**			**Machinery, plant or laboratory equipment, whether or not electrically heated (excluding furnaces, ovens and other equipment of heading 85.14), for the treatment of materials by a process involving a change of temperature such as heating, cooking, roasting, distilling, rectifying, sterilising, pasteurising, steaming, drying, evaporating, vaporising, condensing or cooling, other than machinery or plant of a kind used for domestic purposes; instanta-**	

番号 NO	細分番号 sub. no	NACCS用	品　　名	単位 UNIT I	II	DESCRIPTION	参　考
(84.19)						neous or storage water heaters, non-electric:	
			−瞬間湯沸器及び貯蔵式湯沸器(電気式のものを除く。)			−Instantaneous or storage water heaters, non-electric:	
8419.11	000	0	−−瞬間ガス湯沸器	NO	KG	−−Instantaneous gas water heaters	
8419.12	000	6	−−太陽熱温水器	NO	KG	−−Solar water heaters	
8419.19	000	6	−−その他のもの	NO	KG	−−Other	
8419.20	000	5	−医療用又は理化学用の滅菌器	NO	KG	−Medical, surgical or laboratory sterilisers	
			−乾燥機			−Dryers:	
8419.33	000	6	−−凍結乾燥器、凍結乾燥ユニット及び噴霧乾燥器	NO	KG	−−Lyophilisation apparatus, freeze drying units and spray dryers	
8419.34	000	5	−−その他のもの(農産物用のものに限る。)	NO	KG	−−Other, for agricultural products	
8419.35	000	4	−−その他のもの(木材用、紙パルプ用、紙用又は板紙用のものに限る。)	NO	KG	−−Other, for wood, paper pulp, paper or paperboard	
8419.39	000	0	−−その他のもの	NO	KG	−−Other	
8419.40	000	6	−蒸留用又は精留用の機器	NO	KG	−Distilling or rectifying plant	
8419.50	000	3	−熱交換装置	NO	KG	−Heat exchange units	
8419.60	000	0	−気体液化装置	NO	KG	−Machinery for liquefying air or other gases	
			−その他の機器			−Other machinery, plant and equipment:	
8419.81	000	0	−−ホットドリンク製造用又は食品の調理用若しくは加熱用の機器	NO	KG	−−For making hot drinks or for cooking or heating food	
8419.89	000	6	−−その他のもの	NO	KG	−−Other	
8419.90	000	5	−部分品		KG	−Parts	

番号 NO	細分番号 sub. no	NACCS用	品　名	単位 UNIT I	単位 UNIT II	DESCRIPTION	参考
84.21			**遠心分離機(遠心式脱水機を含む。)並びに液体又は気体のろ過機及び清浄機**			**Centrifuges, including centrifugal dryers; filtering or purifying machinery and apparatus, for liquids or gases:**	
			－遠心分離機(遠心式脱水機を含む。)			－Centrifuges, including centrifugal dryers:	
8421.11	000	3	－－クリーム分離機	NO	KG	－－Cream separators	
8421.12	000	2	－－衣類脱水機	NO	KG	－－Clothes-dryers	
8421.19	000	2	－－その他のもの	NO	KG	－－Other	
			－液体のろ過機及び清浄機			－Filtering or purifying machinery and apparatus for liquids:	
8421.21	000	0	－－水のろ過用又は清浄用のもの	NO	KG	－－For filtering or purifying water	
8421.22	000	6	－－飲料(水を除く。)のろ過用又は清浄用のもの	NO	KG	－－For filtering or purifying beverages other than water	
8421.23	000	5	－－内燃機関の潤滑油又は燃料油のろ過機	NO	KG	－－Oil or petrol-filters for internal combustion engines	
8421.29	000	6	－－その他のもの	NO	KG	－－Other	
			－気体のろ過機及び清浄機			－Filtering or purifying machinery and apparatus for gases:	
8421.31	000	4	－－内燃機関の吸気用のろ過機	NO	KG	－－Intake air filters for internal combustion engines	
8421.32	000	3	－－内燃機関から排出された気体の清浄若しくはろ過用の触媒コンバーター又は微粒子捕集フィルター(結合してあるかないかを問わない。)	NO	KG	－－Catalytic converters or particulate filters, whether or not combined, for purifying or filtering exhaust gases from internal combustion engines	
8421.39	000	3	－－その他のもの	NO	KG	－－Other	
			－部分品			－Parts:	
8421.91	000	0	－－遠心分離機(遠心式脱水機を含む。)のもの		KG	－－Of centrifuges, including centrifugal dryers	
8421.99	000	6	－－その他のもの		KG	－－Other	
84.22			**皿洗機、清浄用又は乾燥用の機械(瓶その他の容器に使用するものに限る。)、充てん用、封口用、封止用又はラベル張付け用の機械(瓶、缶、箱、袋その他の容器に使用するものに限る。)、瓶、ジャー、チューブその他これらに類する容器の口金取付け用の機械その他の包装機械(熱収縮包装用機械を含む。)及び飲料用の炭酸ガス注入機**			**Dish washing machines; machinery for cleaning or drying bottles or other containers; machinery for filling, closing, sealing or labelling bottles, cans, boxes, bags or other containers; machinery for capsuling bottles, jars, tubes and similar containers; other packing or wrapping machinery (including heat-shrink wrapping machinery); machinery for aerating beverages:**	

番号 NO	細分番号 sub. no	NACCS用	品　　名	単位 UNIT I	II	DESCRIPTION	参　考
			－皿洗機			－Dish washing machines:	
8422.11	000	1	－－家庭用のもの	NO	KG	－－Of the household type	
8422.19	000	0	－－その他のもの	NO	KG	－－Other	
8422.20	000	6	－清浄用又は乾燥用の機械(瓶その他の容器に使用するものに限る。)	NO	KG	－Machinery for cleaning or drying bottles or other containers	
8422.30			－充てん用、封口用、封止用又はラベル張付け用の機械(瓶、缶、箱、袋その他の容器に使用するものに限る。)、瓶、ジャー、チューブその他これらに類する容器の口金取付け用の機械及び飲料用の炭酸ガス注入機			－Machinery for filling, closing, sealing, or labelling bottles, cans, boxes, bags or other containers; machinery for capsuling bottles, jars, tubes and similar containers; machinery for aerating beverages:	
	100	5	－－製袋充てん機	NO	KG	－－Pouch packaging machines	
	900	0	－－その他のもの	NO	KG	－－Other	
8422.40			－その他の包装機械(熱収縮包装用機械を含む。)			－Other packing or wrapping machinery (including heat-shrink wrapping machinery):	
	100	2	－－オートマチックラッピングマシン	NO	KG	－－Automatic wrapping machines	
	200	4	－－バンドかけ機	NO	KG	－－Baling and banding machines	
	900	4	－－その他のもの	NO	KG	－－Other	
8422.90	000	6	－部分品		KG	－Parts	
84.23			**重量測定機器(重量測定式の計数機及び検査機を含むものとし、感量が50ミリグラム以内のはかりを除く。)及び分銅**			**Weighing machinery (excluding balances of a sensitivity of 5 cg or better), including weight operated counting or checking machines; weighing machine weights of all kinds:**	
8423.10	000	0	－体重測定機器(乳児用はかりを含む。)及び家庭用はかり	NO	KG	－Personal weighing machines, including baby scales; household scales	
8423.20	000	4	－コンベヤ上の物品を連続的に計量するはかり	NO	KG	－Scales for continuous weighing of goods on conveyors	
8423.30	000	1	－定量はかり及び袋又は容器の中へあらかじめ決めた重さの材料を送り出すためのはかり(ホッパースケールを含む。)	NO	KG	－Constant weight scales and scales for discharging a predetermined weight of material into a bag or container, including hopper scales	
			－その他の重量測定機器			－Other weighing machinery:	
8423.81	000	6	－－最大ひよう量が30キログラム以下のもの	NO	KG	－－Having a maximum weighing capacity not exceeding 30 kg	
8423.82	000	5	－－最大ひよう量が30キログラムを超え5,000キログラム以下のもの	NO	KG	－－Having a maximum weighing capacity exceeding 30 kg but not exceeding 5,000 kg	
8423.89	000	5	－－その他のもの	NO	KG	－－Other	
8423.90	000	4	－分銅及び重量測定機器の部分品		KG	－Weighing machine weights of all kinds; parts of weighing machinery	

第85類　電気機器及びその部分品並びに録音機、音声再生機並びにテレビジョンの映像及び音声の記録用又は再生用の機器並びにこれらの部分品及び附属品

注

1〜3　(省略)

4　第85.09項には、通常家庭で使用する種類の次の電気機械式機器のみを含む。

(a)　床磨き機、食物用グラインダー、食物用ミキサー及び果汁又は野菜ジュースの搾り機(重量を問わない。)

(b)　その他の機器で重量が20キログラム以下のもの

ただし、ファン及びファンを自蔵する換気用又は循環用のフード(フィルターを取り付けてあるかないかを問わない。第84.14項参照)、遠心式衣類脱水機(第84.21項参照)、皿洗機(第84.22項参照)、家庭用洗濯機(第84.50項参照)、ロール機その他のアイロンがけ用機械(第84.20項及び第84.51項参照)、ミシン(第84.52項参照)、電気ばさみ(第84.67項参照)並びに電熱機器(第85.16項参照)を除く。

Chapter 85　Electrical machinery and equipment and parts thereof; sound recorders and reproducers, television image and sound recorders and reproducers, and parts and accessories of such articles

Notes.

1. 〜3. (省略)

4.- Heading 85.09 covers only the following electro-mechanical machines of the kind commonly used for domestic purposes:

(a) Floor polishers, food grinders and mixers, and fruit or vegetable juice extractors, of any weight;

(b) Other machines provided the weight of such machines does not exceed 20kg.

The heading does not, however, apply to fans or ventilating or recycling hoods incorporating a fan, whether or not fitted with filters (heading 84.14), centrifugal clothes-dryers (heading 84.21), dish washing machines (heading 84.22), household washing machines (heading 84.50), roller or other ironing machines (heading 84.20 or 84.51), sewing machines (heading 84.52), electric scissors (heading 84.67) or to electro-thermic appliances (heading 85.16).

番号 NO	細分番号 sub. no	NACCS用	品名	単位 UNIT I	単位 UNIT II	DESCRIPTION	参考
85.08			**真空式掃除機**			**Vacuum cleaners:**	
			−電動装置を自蔵するもの			−With self-contained electric motor:	
8508.11	000	4	−−出力が1,500ワット以下のもの(ダストバッグ又はその他の容器(20リットル以下のもの)を有するものに限る。)		NO	−−Of a power not exceeding 1,500 W and having a dust bag or other receptacle capacity not exceeding 20 l	
8508.19	000	3	−−その他のもの		NO	−−Other	
8508.60	000	4	−その他のもの		NO	−Other vacuum cleaners	
8508.70	000	1	−部分品		KG	−Parts	
85.09			**家庭用電気機器(電動装置を自蔵するものに限るものとし、第85.08項の真空式掃除機を除く。)**			**Electro-mechanical domestic appliances, with self-contained electric motor, other than vacuum cleaners of heading 85.08:**	
8509.40	000	1	−食物用グラインダー、食物用ミキサー及び果汁又は野菜ジュースの搾り機		NO	−Food grinders and mixers; fruit or vegetable juice extractors	
8509.80	000	3	−その他の機器		NO	−Other appliances	
8509.90	000	0	−部分品		KG	−Parts	

輸入(納税)申告

Ⅰ．基本事項

輸入(納税)申告の問題は、配付される問題書類に基づいて、①仕入書に記載された品目(6～8程度)が別冊の「実行関税率表」のどの品目番号に分類されるかを探し出し、その品目番号があらかじめ与えられた15個の選択肢のどの番号に合致するかを解答すること及び②5品目に集約された品目の申告価格を円単位まで求め解答することである。

試験で配付される問題書類には、次のようなものがある。

問題文

品目番号、申告価格等の申告事項を入力する上でのポイントとなる「注意事項」が「記」に記載されている。この内容を把握して解答するのが絶対条件である。

別紙１　仕入書(INVOICE)

輸入する貨物の明細が英語で記載されている。輸入貨物の品名、性状、個数・重量、契約条件や価格等をここで確認する。

別紙２　輸入申告事項登録画面

NACCSで輸入(納税)申告をする場合の「輸入(納税)申告書」に相当し、その作成用の入力画面である。なお、「繰返部」に解答すべき品目番号欄((a)～(e))及び課税価格の右欄((f)～(j))の場所が示されているが、解答は答案用マークシートへ行うことになる。

別紙３　実勢外国為替相場の週間平均値

輸入(納税)申告の日に適用すべき為替相場(適用為替レート)を決定するための表である。ここに記載されている為替相場適用期間から、輸入(納税)申告の日(問題文に記載されている申告年月日)の属する週の前々週の為替相場を適用する。

別紙４　その他必要な書類(NACCS用品目コード等)

別冊　実行関税率表(抜粋)

この表に基づき、仕入書に記載されている輸入貨物を分類し、品目番号(及び適用税率)を決定する。また、この表の各ページ欄外の(注)書きにより、他法令の該非を判断する。

なお、通関士試験では、計算用紙及びメモ用紙等は配付されないので、別紙1の仕入書を、輸入申告事項登録画面へ入力するための計算用紙及びメモ用紙として有効に活用し、仕入書に記載された貨物ごとに仕入書の余白に、輸入申告事項登録画面への入力に必要な事項の書き込み(メモ)をすることが重要で、そのように仕入書を有効に活用することが正しい解答に直結することになる。

次の作成例題により、配付書類の使い方、解答の手順等輸出申告の基本事項(基礎知識)を習得する。

作成例題 輸入(納税)申告

別紙1の仕入書及び下記事項により、イタリアから衣類を輸入する場合の輸入(納税)申告を輸出入・港湾関連情報処理システム(NACCS)を使用して行う場合について、以下の問いに答えなさい。

(1) 別紙2の輸入申告事項登録画面の品目番号欄((a)～(e))に入力すべき品目番号を、関税率表の解釈に関する通則に従い、別冊の「実行関税率表」(抜粋)を参照して、下の選択肢から選び、その番号をマークしなさい。

(2) 別紙2の輸入申告事項登録画面の課税価格の右欄((f)～(j))に入力すべき申告価格(関税定率法第4条から第4条の9まで(課税価格の計算方法)の規定により計算される課税価格に相当する価格)の額をマークしなさい。

記

1　別紙1の仕入書に記載されている品目に品目番号が同一であるものがある場合には、これらを一の品目番号にとりまとめる。

2　品目番号ごとの申告価格が20万円以下であるもの(上記1によりとりまとめたものを含む。)がある場合には、その品目番号が異なるものであっても、それぞれの申告価格が20万円以下である場合は、これらを一括して一欄にまとめる。

　なお、この場合に入力すべき品目番号は、これらの品目のうち申告価格が最も大きいものの品目番号とし、10桁目は「X」とする。

3　輸入申告事項登録画面に入力する品目番号((a)～(e))は、その品目番号ごとの申告価格(上記1及び2によりとりまとめたものについては、その合計額)が大きいものから順に入力するものとする。

4　輸入申告事項登録画面の課税価格の右欄((f)～(j))には、別紙1の仕入書に記載された欧州統一通貨・ユーロ建価格を本邦通貨へ換算した後の額を入力することとする。なお、1円未満の端数がある場合は、これを切り捨てる。

5　別紙1の仕入書に記載されている欧州統一通貨・ユーロ建価格の本邦通貨への換算は、別紙3の「実勢外国為替相場の週間平均値」を参照して行う。

6　別紙1の仕入書に記載されている衣類の商品説明は次のとおりである。

① 仕入書の品名に記載されている％表示は、それぞれの品目に占める構成材料の重量の割合を示す。

② 仕入書に記載されている衣類は、すべて織物のものである。

③ 女子用のズボン及び半ズボンは、毛皮付きのものではない。

④ アクリル及びポリエステルは合成繊維である。

7　申告年月日は、令和XX年7月10日とする。

① 6204.61-1000	② 6204.61-2002	③ 6204.62-1006	④ 6204.62-2001
⑤ 6204.63-1005	⑥ 6204.63-2000	⑦ 6204.69-1006	⑧ 6204.69-2001
⑨ 6205.20-0002	⑩ 6205.30-000†	⑪ 6205.30-000X	⑫ 6205.90-0105
⑬ 6205.90-010X	⑭ 6205.90-0901	⑮ 6205.90-090X	

別紙3

実勢外国為替相場の週間平均値
（1 欧州統一通貨・ユーロに対する円相場）

期　　　間	週間平均値
令和XX. 6. 10　～　令和XX. 6. 16	¥115.00
令和XX. 6. 17　～　令和XX. 6. 23	¥114.00
令和XX. 6. 24　～　令和XX. 6. 30	¥113.00
令和XX. 7. 1　～　令和XX. 7. 7	¥113.50
令和XX. 7. 8　～　令和XX. 7. 14	¥114.50

注．通関士試験問題と本書の掲載箇所の相違点
　次の書類の掲載箇所が異なるので留意すること。以下「Ⅲ．練習問題」において同じである。
1．別紙3の「実勢外国為替相場の週間平均値」
　本書では選択肢の後に掲載している場合が多いが、通関士試験では、別紙2の「輸入申告事項登録画面」の後に掲載されている。
2．別冊の「実行関税率表」（抜粋）
　本書では別紙2の「輸入申告事項登録画面」の後に続けて掲載しているが、通関士試験では、別の冊子に掲載されている。

別紙1

INVOICE

Seller MILAN MARRIOTT SRL PIAZZA DELLA REPUBBLICA 17 MILAN, ITALY	**Invoice No. and Date** MM-3751 May 31st, 20XX **Reference No.** ZT-2525
Buyer ZAIMU TRADING Co., Ltd. 1-1, 3-Chome, Kasumigaseki Chiyoda-ku, Tokyo, Japan	**Country of Origin** ： ITALY
	L/C No. **Date**
Vessel TOKYO BAY **On or About** Jun. 3rd, 20XX	**Issuing Bank**
From Genova, Italy **Via**	
To Tokyo, Japan	**Payment Terms : T/T**

Marks and Nos.	Description of Goods	Quantity Unit	Unit Price per Unit	Amount CIF EUR
	Women's trousers of wool 100%	500	30.50	15,250.00
ZTC	Women's trousers of wool 40% and polyesters 60% mixed	1,000	27.50	27,500.00
TOKYO MADE IN ITALY	Women's trousers of flax 60%, cotton 30% and polyesters 10% mixed	250	28.50	7,125.00
	Men's shirts of silk 100%	250	31.50	7,875.00
	Men's shirts of cotton 80%, acrylic 10% and polyesters 10% mixed	50	26.50	1,325.00
	Men's shirts of wool 50%, cotton 30% and acrylic 20% mixed	50	28.50	1,425.00
	Women's breeches of wool 55% and cotton 45% mixed	305	25.00	7,625.00

Total CIF TOKYO EUR68,125.00

Total : 47 CARTONS
N/W : 1,340 kgs
G/W : 1,600 kgs

MILAN MARRIOTT SRL
(Signature)

別紙2

輸入申告事項登録（輸入申告）

共通部 | 繰返部

申告番号

大額／少額 L　申告等種別 C　申告先種別　貨物識別　識別符号

あて先官署　あて先部門　申告等予定年月日

輸入者　ZAIMU TRADING CO.,LTD.

住所　TOKYO TO CHIYODA KU KASUMIGASEKI 3-1-1

電話

蔵置場所　一括申告　申告等予定者

B/L番号 1　2　3　4　5

貨物個数 47 CT　貨物重量（グロス） 1600 KGM

貨物の記号等 AS PER ATTACHED SHEET

積載船（機） － TOKYO BAY　入港年月日

船（取）卸港 JPTYO　積出地 ITGOA －　貿易形態別符号　コンテナ本数

仕入書識別　電子仕入書受付番号　仕入書番号 MM-3751

仕入書価格 A － CIF － －

輸入申告事項登録（輸入申告）

共通部 | **繰返部**

〈01欄〉 品目番号 （a）　品名　原産地 IT －

数量1 －　数量2 －　輸入令別表　蔵置種別等

BPR係数　運賃按分　課税価格 － （f）

関税減免税コード　関税減税額

内消税等種別　減免税コード　内消税減税額　内消税等種別　減免税コード　内消税減税額

1　2

3　4

5　6

〈02欄〉 品目番号 (b) 品名 原産地 IT －
数量1 － 数量2 － 輸入令別表 蔵置種別等
BPR係数 運賃按分 課税価格 － (g)
関税減免税コード 関税減額税額

内消税等種別	減免税コード	内消税減税額	内消税等種別	減免税コード	内消税減税額
1			2		
3			4		
5			6		

〈03欄〉 品目番号 (c) 品名 原産地 IT －
数量1 － 数量2 － 輸入令別表 蔵置種別等
BPR係数 運賃按分 課税価格 － (h)
関税減免税コード 関税減税額

内消税等種別	減免税コード	内消税減税額	内消税等種別	減免税コード	内消税減税額
1			2		
3			4		
5			6		

〈04欄〉 品目番号 (d) 品名 原産地 IT －
数量1 － 数量2 － 輸入令別表 蔵置種別等
BPR係数 運賃按分 課税価格 － (i)
関税減免税コード 関税減税額

内消税等種別	減免税コード	内消税減税額	内消税等種別	減免税コード	内消税減税額
1			2		
3			4		
5			6		

〈05欄〉 品目番号 (e) 品名 原産地 IT －
数量1 － 数量2 － 輸入令別表 蔵置種別等
BPR係数 運賃按分 課税価格 － (j)
関税減免税コード 関税減税額

内消税等種別	減免税コード	内消税減税額	内消税等種別	減免税コード	内消税減税額
1			2		
3			4		
5			6		

別冊　　実行関税率表（抜粋）

第62類　衣類及び衣類附属品（メリヤス編み又はクロセ編みのものを除く。）

Chapter 62 Articles of apparel and clothing accessories, not knitted or crocheted

番号 No.	統計細分 Stat. Code No.	NACCS用	品名	税率 Rate of Duty 基本 General	協定 WTO	特恵 Preferential	暫定 Temporary	単位 Unit	Description
62.04			女子用のスーツ、アンサンブル、ジャケット、ブレザー、ドレス、スカート、キュロットスカート、ズボン、胸当てズボン、半ズボン及びショーツ（水着を除く。）						Women's or girls' suits, ensembles, jackets, blazers, dresses, skirts, divided skirts, trousers, bib and brace overalls, breeches and shorts (other than swimwear):
			ズボン、胸当てズボン、半ズボン及びショーツ						Trousers, bib and brace overalls, breeches and shorts:
6204.61			羊毛製又は繊獣毛製のもの						Of wool or fine animal hair:
	100	0	1 毛皮付きのもの	16%	10%	×無税 Free		NO KG	1 Containing furskin
	200	2	2 その他のもの	11.2%	9.1%	×無税 Free		NO KG	2 Other
6204.62			綿製のもの						Of cotton:
	100	6	1 毛皮付きのもの	16%	10%	×無税 Free		NO KG	1 Containing furskin
	200	1	2 その他のもの	11.2%	9.1%	×無税 Free		NO KG	2 Other
6204.63			合成繊維製のもの						Of synthetic fibres:
	100	5	1 毛皮付きのもの	16%	10%	×無税 Free		NO KG	1 Containing furskin
	200	0	2 その他のもの	11.2%	9.1%	×無税 Free		NO KG	2 Other
6204.69			その他の紡織用繊維製のもの						Of other textile materials:
	100	6	1 毛皮付きのもの	16%	10%	×無税 Free		NO KG	1 Containing furskin
	200	1	2 その他のもの	11.2%	9.1%	×無税 Free		NO KG	2 Other
62.05			男子用のシャツ						Men's or boys' shirts:
6205.20	000	2	綿製のもの	9%	7.4%	×無税 Free		NO KG	Of cotton
6205.30	000	†	人造繊維製のもの	9%	7.4%	×無税 Free		NO KG	Of man-made fibres
6205.90			その他の紡織用繊維製のもの	9%		×無税 Free			Of other textile materials:
	010	5	－羊毛製又は繊獣毛製のもの		7.4%			NO KG	Of wool or fine animal hair
	090	1	－その他のもの		(9%)			NO KG	Other

解答のフローチャート

輸入(納税)申告は、次のStepの順番に従って処理していくと、スムーズに、かつ、比較的短時間に解答することができる。

問題によって、個々のStepの内容に若干の差はあるものの、解答のための考え方は基本的に変わらないので、Step1からStep7まで手順を覚える必要がある。

Step 1　各輸入貨物の品目分類(同一品目番号のとりまとめ)

↓

Step 2　大額貨物/少額貨物の判断

↓

Step 3　少額貨物の合算

↓

Step 4　NACCS用コードの決定

↓

Step 5　各品目の申告価格の算出

↓

Step 6　申告欄の決定

↓

Step 7　選択肢番号の選択及び申告価格の記入

解答のポイント

解答する際には、次のポイントに注意しておくと、その問題の要点が把握しやすくなる。

① 輸入貨物は何か。(仕入書からだけではなく、問題文の「記」で確実に確認する。)

② 同一となる品目番号はあるか。

③ 少額貨物はあるか。

④ 仕入書価格の建値はCIF価格か(関税法施行令第59条の2第2項後段参照)。

⑤ 仕入書価格が上記④以外のインコタームズに定める取引条件であった場合に、輸入申告価格(課税価格)の決定において、算入又は控除すべき費用があるか。(インコタームズにおける業務分野と費用負担額については、(付録2)参照。)

⑥ 輸入者が仕入書に記載された貨物を輸入する場合において、仕入書価格のほかに別途支払をする費用があるか。別途支払をする費用があった場合には、その費用は、仕入書価格に加算すべき費用か。

実行関税率表による輸入貨物の他法令の確認 ➡ 外為法の該非

実行関税率表の各ページの下部欄外には、参考として、他法令に基づく許可、承認等を必要とする品目に対応する「項」の番号等のうち、主要なものを(注)書きとして表している。

この(注)書きを参考として、外国為替及び外国貿易法(外為法)に基づく「輸入割当て」等の該非を判断する。

【例：第51回(水産物等)】

番号 No.	統計細分 Stat. Code No.	NACCS用	品名	税率 Rate of Duty 基本 General	協定 WTO	特恵 Preferential	暫定 Temporary	単位 Unit	Description
03.07			**軟体動物(生きているもの、生鮮のもの及び冷蔵し、冷凍し、乾燥し、塩蔵し又は塩水漬けしたものに限るものとし、殻を除いてあるかないかを問わない。)及びくん製した軟体動物(殻を除いてあるかないか又はくん製する前に若しくはくん製する際に加熱による調理をしてあるかないかを問わない。)**						Molluscs, whether in shell or not, live, fresh, chilled, frozen, dried, salted or in brine; smoked molluscs, whether in shell or not, whether or not cooked before or during the smoking process:
			いか						Cuttle fish and squid:
0307.42			生きているもの、生鮮のもの及び冷蔵したもの	10%					Live, fresh or chilled:
	010	†	－もんごういか		3.5%	×無税 Free		KG	Mongo ika
	090	1	－その他のもの		5%			KG	Other
0307.43			冷凍したもの	10%					Frozen:
	010	4	－もんごういか		3.5%	×無税 Free		KG	Mongo ika
	020	0	－あかいか（オムマストリフェス・バルトラミ）		(5%)		3.5%	KG	Neon flying squid (*Ommastrephes bartramii*)
	030	†	－するめいか（トダロデス・パキフィクス)、アメリカおおあかいか（ドシディクス・ギガス)、じんどういか（ロリオルス属のもの)、まついか（イルレクス属のもの）及びほたるいか（ワタセニア・スキンティルランス）		5%			KG	Japanese flying squid (*Todarodes pacificus*), jumbo flying squid (*Dosidicus gigas*), japanese squid (*Loliolus spp.*), shortfin squid (*Illex spp.*) and sparkling enope squid (*Watasenia scintillans*)
	090	†	－その他のもの		(5%)		3.5%	KG	Other
0307.49			その他のもの						Other:
	500	5	1 くん製したもの	9.6%	6.7%	×無税 Free		KG	1 Smoked
			2 その他のもの	15%					2 Other:
	210	†	－もんごういか			×無税 Free		KG	Mongo ika
	290	†	－その他のもの					KG	Other

(注) 03.07　食品衛生法
特定外来生物による生態系等に係る被害の防止に関する法律

03.07のうち　帆立貝、貝柱及びいか（もんごういかを除く。)（生きているもの、生鮮のもの及び冷蔵し、冷凍し、乾燥し、塩蔵し又は塩水漬けしたものに限る。） IQ
水棲動物（本邦の区域に属さない海面を船積地域とするもの） 二号承認

(Note) 03.07　Food Sanitation Law
Enforcement of Invasive Alien Species Act

ex 03.07　Scallops, adductors of shellfish, cuttle fish and squid other than Mongo ika, live, fresh, chilled, frozen, dried, salted or in brine: IQ
Of aquatic animals, shipped from outside of Japanese water : Item 2 Approval

Step 1　各輸入貨物の品目分類(同一品目番号のとりまとめ)

配付された問題用紙の内容を一通り確認したならば、まずは、仕入書(INVOICE)中段の品目欄について、品目順に番号を付した上で、品目間に横線を引き、次に記載されている各輸入貨物の品目番号及び適用税率を決定していく。品目番号及び適用税率は、問題文の記載内容及び仕入書に記載されている品名から、別冊の「実行関税率表」(抜粋)を参照して決定する。

Point

【品目分類】

品目番号を決定するには、実行関税率表の記載に沿って、貨物を分類する。そのため、仕入書に記載されている品名及び問題文記を基に次のように決定していく。

① どの「項」(4桁)に所属するかを決定する。
② その「項」(4桁)の中で品名欄の左側の区分線から1字空き(一段落ち)で記載されている品名を確認し、当該貨物がいずれの品目に所属するかを決定する。
③ ②と同様に2字空き(二段落ち)、3字空き(三段落ち)、…についても1字空きの数の順に該当する統計細分番号が振られているところまで繰り返し品名を確認し、9桁の番号を決定する。
④ NACCS用コードを10桁目に付加する。

なお、同一となる品目番号があった場合は、一欄にとりまとめる。

【適用税率】

適用する税率の適用順位は次のようになる。(後記P. 182「**ワンポイントアドバイス：適用税率の決定**」参照)

(第1順位) 特恵税率：特恵受益国を原産地とする貨物に限り適用
(第2順位) 協定税率：暫定税率又は基本税率よりも低い場合に限り適用
(第3順位) 暫定税率：常に基本税率に優先して適用
(第4順位) 基本税率：最も劣後して適用

作成例題

(後記P.182「ワンポイントアドバイス：注意が必要な衣類の品目分類」も参照。)

(1)仕入書第1項：Women's trousers of wool 100% ➡ 6204.61-2002(協定9.1%)

貨物は「羊毛が100%の女子用のズボン」であるので、第62.04項の中の「ズボン、胸当てズボン、半ズボン及びショーツ」に該当し、第6204.61号の「羊毛製又は繊獣毛製のもの」に分類する。

番号	統計細分	NACCS用	品名	DESCRIPTION
① → 62.04			女子用のスーツ、… ズボン、…	Women's or girls' suits, … trousers, … :
			② (省略)	
			→ ズボン、胸当てズボン、半ズボン及びショーツ	Trousers, bib and brace overalls, breeches and shorts:
6204.61			→ 羊毛製又は繊獣毛製のもの	Of wool or fine animal hair:
6204.62			綿製のもの	Of cotton:
6204.63			合成繊維製のもの	Of synthetic fibres:
6204.69			その他の紡織用繊維性のもの ③	Of other textile materials:
→ 62.05				

次に、第6204.61号のうち、問題文記6-②により、この女子用のズボンは毛皮付きのものではないので「2 その他のもの」に分類し、統計細分番号は「200」、NACCS用コードは「2」となる。

6204.61			羊毛製又は繊獣毛製のもの	Of wool or fine animal hair:
	100	0	1 毛皮付きのもの	1 Containing furskin
	200	2	→2 その他のもの	2 Other

（2）仕入書第2項：Women's trousers of wool 40% and polyesters 60% mixed
➡ 6204.63-2000（協定9.1%）

貨物は「ポリエステルが最大の重量を占める女子用のズボン」であるので、第62.04項の中の「ズボン、胸当てズボン、半ズボン及びショーツ」に該当し、問題文記6-③により、第6204.63号の「合成繊維製のもの」に分類する。この号のうち、問題文記6-②により、この女子用のズボンは毛皮付きのものではないので「2 その他のもの」に分類し、統計細分番号は「200」、NACCS用コードは「0」となる。

（3）仕入書第3項：Women's trousers of flax 60%, cotton 30% and polyesters 10% mixed
➡ 6204.69-2001（協定9.1%）

貨物は「亜麻（flax）が最大の重量を占める女子用のズボン」であるので、第62.04項の中の「ズボン、胸当てズボン、半ズボン及びショーツ」に該当し、品名欄に記載がないので第6204.69号の「その他の紡織用繊維製のもの」に分類する。この号のうち、問題文記6-②により、この女子用のズボンは毛皮付きのものではないで「2 その他のもの」に分類し、統計細分番号は「200」、NACCS用コードは「1」となる。

（4）仕入書第4項：Men's shirts of silk 100% ➡ 6205.90-0901（基本9%）

貨物は「絹（silk）が100％の男子用のシャツ」であるので、第62.05項に該当し、品名欄に記載がないので第6205.90号の「その他の紡織用繊維製のもの」に分類する。この号のうち、「絹製のもの」という記載が品名欄にはないので、「－その他のもの」に分類し、統計細分番号は「090」、NACCS用コードは「1」となる。

（5）仕入書第5項：Men's shirts of cotton 80%, acrylic 10% and polyesters 10% mixed
➡ 6205.20-0002（協定7.4%）

貨物は「綿が最大の重量を占める男子用のシャツ」であるので、第62.05項に該当し、第6205.20号の「綿製のもの」に分類し、統計細分番号は「000」、NACCS用コードは「2」となる。

（6）仕入書第6項：Men's shirts of wool 50%, cotton 30% and acrylic 20% mixed
➡ 6205.90-0105（協定7.4%）

貨物は「羊毛が最大の重量を占める男子用のシャツ」であるので、第62.05項に該当し、品名欄に記載がないので第6205.90号の「その他の紡織用繊維製のもの」に分類する。この号のうち、「－羊毛製又は繊獣毛製のもの」に分類し、統計細分番号は「010」、NACCS用コードは「5」となる。

（7）仕入書第7項：Women's breeches of wool 55% and cotton 45% mixed
➡ 6204.61-2002（協定9.1%）

貨物は「羊毛が最大の重量を占める女子用半ズボン」であるので、第62.04項の中の「ズボン、胸当てズボン、半ズボン及びショーツ」に該当し、第6204.61号の「羊毛製又は繊獣毛性のもの」に分類する。この号のうち、問題文記6-②により、この女子用の半ズボンは毛皮付きのものではないので「2 その他のもの」に分類し、統計細分番号は「200」、NACCS用コードは「2」となる。

なお、仕入書第1項と第7項の貨物は、統計品目番号が同一となるため、一欄にとりまとめる。

ワンポイントアドバイス：注意が必要な衣類の品目分類

1．衣類は、まず、男子用のものであるか女子用のものであるかによって分類する。したがって、仕入書に記載された衣類が、男子用衣類か女子用衣類であるかを把握する。

　なお、男子用衣類か女子用衣類であるかを判別することができない衣類については、女子用衣類に分類する。

2．次に、男子用の衣類及び女子用の衣類ごとに、それがどのような材質(紡織用繊維(羊毛、繊獣毛、綿、合成繊維等))から成るかによって分類する。

　なお、その衣類が二以上の紡織用繊維から成るものである場合には、構成する紡織用繊維のうち最大の重量を占めるもののみから成る衣類とみなして分類する。その衣類を構成する紡織用繊維のうち最大の数量を占めるものが二以上ある場合には、数字上の配列において最後となる項に属するもののみから成る衣類として分類する。

3．また、人造繊維の場合には第54類と第55類とは他の繊維と比較する場合一の類として取り扱う。

(「乳幼児用の衣類及び衣類附属品」について)

身長が86cm以下の乳幼児用のものをいう。

ワンポイントアドバイス：適用税率の決定

関税率は、次の順位により適用する。

(第1順位)特恵税率

開発途上国(後発開発途上国を含む。)である特恵受益国を原産地とする貨物に適用する。原則として、特恵原産地証明書の提出がない場合には適用されない。

(第2順位)協定税率(便益関税を含む。)[WTO、EPA]

暫定税率又は基本税率よりも低い場合に限り適用する。

協定税率 ＜ 暫定税率(基本税率)　➡　協定税率
協定税率 ＝ 暫定税率(基本税率)　➡　暫定税率(基本税率)
協定税率 ＞ 暫定税率(基本税率)　➡　暫定税率(基本税率)
WTO協定税率 ＞ EPA税率　➡　EPA税率

(第3順位)暫定税率

常に、基本税率に優先して適用する。

したがって、暫定税率が基本税率よりも高率であっても、暫定税率を優先して適用する。

(第4順位)基本税率

最も劣後して適用する。

暫定税率が設定されている場合は、基本税率は適用されない。

（仕入書の有効活用例）

Marks and Nos.	Description of Goods	Quantity Unit	Unit Price per Unit	Amount CIF EUR
	1. Women's trousers of wool 100% **6204.61-2002（協：9.1%）**	500	30.50	15,250.00
				22,875.00 ←
	2. Women's trousers of wool 40%, acrylic 30% and polyesters 30% mixed **6204.63-2000（協：9.1%）**	1,000	27.50	27,500.00
	3. Women's trousers of flax 60%, cotton 30% and polyesters 10% mixed **6204.69-2001（協：9.1%）**	250	28.50	7,125.00
	4. Men's shirts of silk 100% **6205.90-0901（基：9%）**	250	31.50	7,875.00
	5. Men's shirts of cotton 80%, acrylic 10% and polyesters 10% mixed **6205.20-0002（協：7.4%）**	50	26.50	1,325.00
	6. Men's shirts of wool 50%, cotton 30% and acrylic 20% mixed **6205.90-0105（協：7.4%）**	50	28.50	1,425.00
	7. Women's breeches of wool 55% and cotton 45% mixed **6204.61-2002（協：9.1%）**	305	25.00	7,625.00

CIF EUR68,125.00

Step 2　大額貨物／少額貨物の判断

各輸入貨物の品目番号を決定して同一の品目番号のものをとりまとめたならば、次に、品目番号ごとに申告価格が20万円以下のもの(以下「少額貨物」(注)という。)になるかどうかを判断する。

(注)外国貿易等に関する統計基本通達21-2(1)(普通貿易統計計上除外貨物)

Point

仕入書価格が外国通貨で記載されている場合、少額貨物かどうかを判断するためには、その外国通貨がいくらであれば申告価格が20万円以下のものに該当するかの基準となる価格(以下「少額判断基準価格」という。)を求めておくと便利である。

1．仕入書価格がCIF価格(注1)である場合の少額判断基準価格は、20万円を適用為替レート(注2)で除したものとなる。

2．仕入書価格がCIF価格以外の場合等、仕入書価格に何らかの調整をして申告価格とする場合の少額判断基準価格の算出方法については、後記「**Ⅱ．応用事項－Check1　少額貨物の判断**」を参照のこと。

(注1)輸入申告における申告価格は、当該輸入貨物の関税定率法第4条から第4条の9まで(課税価格の計算方法)の規定により計算される課税価格に相当する価格とされている(関税法施行令第59条の2第2項後段)。

(注2)適用為替レートは、後記「**ワンポイントアドバイス：本邦通貨への換算(輸入)**」を参照

作成例題

仕入書価格が外国通貨で表示されているCIF価格であり、別途加算費用等もないため、20万円を適用為替レートで除することで少額判断基準価格を求めることができる。

適用為替レート　：113.00円/EUR(令和XX. 6.24 ～令和XX. 6.30)
少額判断基準価格：200,000円　÷　113.00円/EUR　＝　EUR1,769.91

したがって、仕入書価格が**EUR1,769.91**以下であれば、少額貨物と判断することができる。
この作成例題では、「6205.20-0002」(仕入書第5項：EUR1,325.00)及び
「6205.90-0105」(仕入書第6項：EUR1,425.00)
が少額貨物となる。

（仕入書の有効活用例）

適用為替レート：¥113.00/EUR

Marks and Nos.	Description of Goods	Quantity Unit	Unit Price per Unit	Amount CIF EUR
	1. Women's trousers of wool 100% 6204.61-2002（協：9.1％）	500	30.50	15,250.00
			22,875.00	
	2. Women's trousers of wool 40%, acrylic 30% and polyesters 30% mixed MIXED 6204.63-2000（協：9.1％）	1,000	27.50	27,500.00
	3. Women's trousers of flax 60%, cotton 30% and polyesters 10% mixed MIXED 6204.69-2001（協：9.1％）	250	28.50	7,125.00
	4. Men's shirts of silk 100% 6205.90-0901（基：9％）	250	31.50	7,875.00
	5. Men's shirts of cotton 80%, acrylic 10% and polyesters 10% mixed 6205.20-0002（協：7.4％）	50	26.50	1,325.00
	6. Men's shirts of wool 50%, cotton 30% and acrylic 20% mixed 6205.90-0105（協：7.4％）	50	28.50	1,425.00
	7. Women's breeches of wool 55% and cotton 45% mixed 6204.61-2002（協：9.1％）	305	25.00	7,625.00

CIF EUR68,125.00

少額判断基準価格　EUR1,769.91

ワンポイントアドバイス：本邦通貨への換算（輸入）

輸入（納税）申告では、申告価格は本邦の通貨「円」で申告する。

そのため、仕入書価格が外国通貨で表示されていた場合は、輸入申告の日の属する週の前々週における実勢外国為替相場の当該週間の平均値として税関長が公示した相場（以下「適用為替レート」という。）により本邦の通貨へ換算する（関税定率法第4条の7、関税定率法施行規則第1条）。

通関士試験では、問題文記に記載されている申告年月日から、別紙3の「実勢外国為替相場の週間平均値」に記載されている期間を特定し、適用為替レートを決定する。

作成例題

申告年月日が「令和XX年7月10日」であるので、別紙3の「実勢外国為替相場の週間平均値」における適用為替レートは、「令和XX年7月10日」の属する週「令和XX. 7. 8～令和XX. 7.14」の前々週「令和XX. 6.24～令和XX. 6.30」に記載されている週間平均値「**¥113.00**」となる。

Step 3　少額貨物の合算

少額貨物が二以上ある場合には、それらを一括して一欄にとりまとめて申告する。

Point

少額貨物の二以上を一括して一欄にとりまとめる方法として、次の三つの方法がある。

① 20万円以下となる全品目を、関税率が最も高い品目の属する品目番号に一括する。

② 同一の関税率のものごとに、申告価格が最も高い品目が属する品目番号に一括する。

③ 二以上の少額貨物のうち、同一関税率が適用される品目の申告価格の合計額のいずれかが、当該少額貨物全体の申告価格の合計額の50％を超える場合には、少額貨物のすべてを、当該50％を超えることとなる申告価格の合計額を構成する品目のうち、申告価格が最も高い品目の属する品目番号に一括する。

通常、問題文記に、少額貨物のとりまとめ方についての指示があるので、それに従ってとりまとめる。(問題文記における少額貨物のとりまとめ方の指示については、後記「**Ⅱ．応用事項－Check2　少額貨物の特別な処理－Case1　少額貨物を一括して一欄にとりまとめる場合(少額合算申告)**」内の**ワンポイントアドバイス**参照)

作成例題

仕入書価格が少額判断基準価格(EUR1,769,91)以下で少額貨物となるものは、次のとおりである。

仕入書の品名	品目番号	税率	仕入書価格
5. Men's shirts of cotton 80%, acrylic 10% and polyesters 10% mixed	6205.20-0002	協定 7.4％	EUR1,325.00
6. Men's shirts of wool 50%, cotton 30% and acrylic 20% mixed	6205.90-0105	協定 7.4％	EUR1,425.00

問題文記2より、品目番号は、申告価格が大きい「6205.90-0105」にとりまとめ、他の番号を「~~6205.20-0002~~」とする。

合算後の品目番号及び仕入書価格は次のようになる。

仕入書の品名	品目番号	税率	仕入書価格
5. Men's shirts of cotton 80%, acrylic 10% and polyesters 10% mixed	~~**6205.20-0002**~~	協定 7.4％	**EUR2,750.00**
6. Men's shirts of wool 50%, cotton 30% and acrylic 20% mixed	**6205.90-0105**		

（仕入書の有効活用例）

Marks and Nos.	Description of Goods	Quantity Unit	Unit Price per Unit	Amount CIF EUR
適用為替レート：¥113.00/EUR				
	1. Women's trousers of wool 100% 6204.61-2002（協：9.1%）	500	30.50	15,250.00
				22,875.00
	2. Women's trousers of wool 40%, acrylic 30% and polyesters 30% mixed 6204.63-2000（協：9.1%）	1,000	27.50	27,500.00
	3. Women's trousers of flax 60%, cotton 30% and polyesters 10% mixed 6204.69-2001（協：9.1%）	250	28.50	7,125.00
	4. Men's shirts of silk 100% 6205.90-0901（基：9%）	250	31.50	7,875.00
	5. Men's shirts of cotton 80%, acrylic 10% and polyesters 10% mixed ~~6205.20-0002（協：7.4%）~~	50	26.50	1,325.00
	6. Men's shirts of wool 50%, cotton 30% and acrylic 20% mixed ▶ **6205.90-0105（協：7.4%）**	50	28.50	1,425.00
				2,750.00
	7. Women's breeches of wool 55% and cotton 45% mixed 6204.61-2002（協：9.1%）	305	25.00	7,625.00

CIF EUR68,125.00
少額判断基準価格 EUR1,769.91

ワンポイントアドバイス：
有税品と無税品と両方ある場合の少額合算

少額貨物となったものが二以上あり、有税品と無税品と両方ある場合には、有税品と無税品を別々に少額合算しなければならない。

【例：A～Eまですべて少額貨物。有税品は最も高い関税率のものに合算。無税品は申告価格が最も大きいものに合算。】

A（18万円）：7007.11-0902（協：3.5%）→ 7007.11-090X（協3.5%）
B（ 5万円）：7007.21-0103（基：無税）
C（14万円）：7013.10-0006（協：3.1%）
D（10万円）：7013.28-0002（協：3.1%）
E（17万円）：7014.00-0000（基：無税）→ 7014.00-000X（基：無税）

Step 4　NACCS用コードの決定

品目番号の整理(少額合算)を終えたならば、問題文記2によりNACCS用コードを確定させる。少額貨物をとりまとめた後の品目番号の10桁目を「X」とする。

Point

NACCS用コードとは、輸出入・港湾関連情報処理システム(NACCS)を使用して輸入申告をする場合に、品目番号9桁の後に10桁目として設けられているチェックデジットである。通常は、実行関税率表のNACCS用欄に記載されている数字をそのまま選択すればよいが、次の場合には変更が必要である。

(1)普通貿易統計に計上する必要がない貨物に該当する場合

普通貿易統計に計上する必要がない貨物とは、具体的には、申告価格が20万円以下のもの(少額貨物)をいう。

① 少額貨物を一品目のみ単独で申告する場合
10桁目を「E」とする。

② 二以上の少額貨物を一括して一欄にとりまとめて申告するとき
申告する品目番号は、一欄にとりまとめた品目のうち申告価格が最も大きいものの品目番号(設問によっては、一欄にとりまとめた品目のうち関税率が最も高いものの品目番号)とし、10桁目を「X」とする。

(2)NACCS用欄に「†」印がある場合

別紙として提示される「NACCS用品目コード表(抜粋)」を参照して決定する。

(3)国産品の「再輸入品」を申告する場合

10桁目を「Y」とする。(ただし、品目番号7108.20-000(マネタリーゴールド)及び7118.90-010(金貨)に該当する貨物を除く。)

作成例題

少額貨物の二品目(仕入書第5項及び第6項)を申告価格の大きい品目番号「6205.90-0105」に一括して一欄にとりまとめて申告するので、この品目番号のNACCS用コードを「5」から「X」に変更する。

6205.90-0105 ➡ 6205.90-010X

その他の品目(仕入書第1項から第4項まで)については、各品目ごとに申告価格が20万円を超えるので、NACCS用コードを変更する必要はない。

（仕入書の有効活用例）

Marks and Nos.	Description of Goods	Quantity Unit	Unit Price per Unit	Amount CIF EUR
適用為替レート：¥113.00/EUR				
	1. Women's trousers of wool 100% 6204.61-2002（協：9.1%）	500	30.50	15,250.00 22,875.00
	2. Women's trousers of wool 40%, acrylic 30% and polyesters 30% mixed 6204.63-2000（協：9.1%）	1,000	27.50	27,500.00
	3. Women's trousers of flax 60%, cotton 30% and polyesters 10% mixed 6204.69-2001（協：9.1%）	250	28.50	7,125.00
	4. Men's shirts of silk 100% 6205.90-0901（基：9%）	250	31.50	7,875.00
	5. Men's shirts of cotton 80%, acrylic 10% and polyesters 10% mixed ~~6205.20-0002（協：7.4%）~~	50	26.50	1,325.00
	6. Men's shirts of wool 50%, cotton 30% and acrylic 20% mixed ~~6205.90-0105~~（協：7.4%） **6205.90-010X**	50	28.50	1,425.00 2,750.00
	7. Women's breeches of wool 55% and cotton 45% mixed 6204.61-2002（協：9.1%）	305	25.00	7,625.00

CIF EUR68,125.00
少額判断基準価格 EUR1,769.91

ワンポイントアドバイス：
NACCS用欄が「†」であり、かつ、少額貨物の場合

NACCS用欄が「†」であるものを、別紙として提示される「NACCS用品目コード（輸入）」（抜粋）により、NACCS用品目コード番号に変換して品目番号を決定した場合、実行関税率表に記載されている統計細分番号とNACCS用品目コード番号の統計細分番号とが異なる場合がある。

（後記「**Ⅱ．応用事項－Check4 NACCS用欄に「†」があった場合のNACCS用品目コード番号の決定**」参照）

このため、この品目が少額貨物である場合には、「NACCS用品目コード（輸入）」（抜粋）により、NACCS用品目コード番号に変換してから、その番号の10桁目を「E」又は「X」とする。

この場合、実行関税率表に記載されている品目番号の「†」を「E」又は「X」とするだけではないことに注意する。

（例）12月1日に輸入申告をするブラジル産の生鮮のバナナが少額貨物の場合

実行関税率表の品目分類：0803.90-100$†_2$　➡　× 0803.90-100E
　↓NACCS用品目コード（輸入）による変換
NACCS用品目コード番号：0803.90-0020　➡　○ **0803.90-002E**

Step 5　各品目の申告価格の算出

次に、各品目の申告価格を算出する。

Point

輸入(納税)申告における申告価格は、当該輸入貨物の関税定率法第4条から第4条の9まで(課税価格の計算方法)の規定により計算される課税価格に相当する価格である(関税法施行令第59条の2第2項後段)。

そのため、問題で提示されている仕入書貨物について別途加算費用等(運賃、保険料及び手数料等)があった場合には、仕入書価格にそれぞれ所要の調整をして申告価格を算出しなければならない。(後記「**Ⅱ．応用事項－Check3　申告価格の決定**」参照)

調整をして算出した申告価格に、適用為替レートを乗じて本邦通貨に換算し、小数点以下の端数が出た場合は、1円未満の端数を切り捨てる。(「適用為替レート」については、前記Step2内の**ワンポイントアドバイス**参照)

作成例題

仕入書価格の契約条件がCIF価格であり、別途加算費用等がないので、調整をする必要はない。仕入書価格に適用為替レート(113.00円/EUR)を乗じて本邦の通貨に換算する。

なお、この作成例題の適用為替レートについては、前記Step2内の**ワンポイントアドバイス**を参照のこと。

(1)6204.61-0002(仕入書第1項及び第7項)
CIF EUR22,875.00　×　113.00円/EUR　＝　**2,584,875円**

(2)6204.63-2000(仕入書第2項)
CIF EUR27,500.00　×　113.00円/EUR　＝　**3,107,500円**

(3)6204.69-2001(仕入書第3項)
CIF EUR7,125.00　×　113.00円/EUR　＝　**805,125円**

(4)6205.90-0901(仕入書第4項)
CIF EUR7,875.00　×　113.00円/EUR　＝　**889,875円**

(5)6205.90-010X(少額合算：仕入書第6項及び第5項)
CIF EUR2,750.00　×　113.00円/EUR　＝　**310,750円**

（仕入書の有効活用例）

Marks and Nos.	Description of Goods	Quantity Unit	Unit Price per Unit	Amount CIF EUR
適用為替レート：¥113.00/EUR				
	1. Women's trousers of wool 100% 6204.61-2002（協：9.1%）	500	30.50	15,250.00
			¥2,584,875	22,875.00
	2. Women's trousers of wool 40%, acrylic 30% and polyesters 30% mixed 6204.63-2000（協：9.1%）	1,000	27.50	27,500.00 ¥3,107,500
	3. Women's trousers of flax 60%, cotton 30% and polyesters 10% mixed 6204.69-2001（協：9.1%）	250	28.50	7,125.00 ¥805,125
	4. Men's shirts of silk 100% 6205.90-0901（基：9%）	250	31.50	7,875.00 ¥889,875
	5. Men's shirts of cotton 80%, acrylic 10% and polyesters 10% mixed ~~6205.20-0002（協：7.4%）~~	50	26.50	1,325.00
	6. Men's shirts of wool 50%, cotton 30% and acrylic 20% mixed ~~6205.90-0105~~（協：7.4%） →6205.90-010X	50	28.50	1,425.00
			¥310,750	2,750.00
	7. Women's breeches of wool 55% and cotton 45% mixed 6204.61-2002（協：9.1%）	305	25.00	7,625.00

CIF EUR68,125.00

少額判断基準価格　EUR1,769.91

ワンポイントアドバイス：

少額合算をした後に本邦通貨へ換算する理由

外国通貨で表示された仕入書価格を本邦の通貨に換算した場合に1円未満の端数が生じたときは、これを切り捨てることとなっているので、本邦の通貨に換算してから少額合算を行うと1円単位の誤差が生じる可能性があり、正しい解答をマークすることができない。（申告価格は1円でも間違うと不正解となる。）

このため、本邦の通貨への換算は最後に行うようにし、少額貨物かどうかの判断は、できる限り仕入書に記載されている外国通貨で行うようにすることが望ましい。

Step 6　申告欄の決定

次に、決定した品目番号をどの欄に入力するかを決定する。

Point

申告欄の記入順番については、問題文の記の記述に従う。

参考：通関士試験の問題文の指示

① **平成29年、30年、令和元年、2年、3年、4年、5年**

品目番号ごとの申告価格(同一品目番号のものをとりまとめたものはその合計額、少額貨物を合算したものはその合計額)が大きいものから順に入力する。

② **平成26年、28年**

申告価格(同一品目のものをとりまとめたものはその合計額)の大きいものから順に入力し、少額貨物を合算したものは最後の欄に入力する。

③ **平成27年**

申告価格(同一品目のものをとりまとめたものはその合計額)の大きいものから順に入力し、少額貨物を合算したものは、これら以外のものを入力した後に入力するものとし、当該とりまとめたものが2個以上となる場合には、そのとりまとめたものの合計が大きいものから順に入力する。

作成例題

問題文記3により、申告価格の大きいものから順に並び替えると次のようになる。

仕入書の品名	品目番号	申告価格	申告欄
2. Women's trousers of wool 40%, acrylic 30% and polyesters 30% mixed	6204.63-2000	3,107,500円	第1欄
1. Women's trousers of wool 100% 7. Women's breeches of wool 55% and cotton 45% mixed	6204.61-2002	2,584,875円	第2欄
4. Men's shirts of silk 100%	6205.90-0901	889,875円	第3欄
3. Women's trousers of flax 60%, cotton 30% and polyesters 10% mixed	6204.69-2001	805,125円	第4欄
5. Men's shirts of cotton 80%, acrylic 10% and polyesters 10% mixed 6. Men's shirts of wool 50%, cotton 30% and acrylic 20% mixed	6205.90-010X	310,750円	第5欄

したがって、申告欄は上の表の右端の「申告欄」の列に記載されているとおりの順番となる。

ワンポイントアドバイス：申告欄の決定

品目番号の決定及び申告価格の算出を正しく行ったとしても、申告欄の選択を誤り、解答欄を誤ってしまうと得点することができないので、十分に注意すること。

これは輸出申告でも同じである。

（仕入書の有効活用例）

Marks and Nos.	Description of Goods	Quantity Unit	Unit Price per Unit	Amount CIF EUR
適用為替レート：¥113.00/EUR				
	1. Women's trousers of wool 100% 6204.61-2002（協：9.1%）《2》	500 ¥2,584,875	30.50 22,875.00	15,250.00
	2. Women's trousers of wool 40%, acrylic 30% and polyesters 30% mixed 6204.63-2000（協：9.1%）《1》	1,000	27.50 ¥3,107,500	27,500.00
	3. Women's trousers of flax 60%, cotton 30% and polyesters 10% mixed 6204.69-2001（協：9.1%）《4》	250	28.50 ¥805,125	7,125.00
	4. Men's shirts of silk 100% 6205.90-0901（基：9%）《3》	250	31.50 ¥889,875	7,875.00
	5. Men's shirts of cotton 80%, acrylic 10% and polyesters 10% mixed ~~6205.20-0002（協：7.4%）~~	50	26.50	1,325.00
	6. Men's shirts of wool 50%, cotton 30% and acrylic 20% mixed ~~6205.90-0105~~（協：7.4%） → 6205.90-010X《5》	50 ¥310,750	28.50 2,750.00	1,425.00
	7. Women's breeches of wool 55% and cotton 45% mixed 6204.61-2002（協：9.1%）	305	25.00	7,625.00

CIF EUR68,125.00

少額判断基準価格　EUR1,769.91

Step 7　選択肢番号の選択及び申告価格の記入

申告欄を決定したならば、問題文の下段に記載の選択肢の中からそれぞれの申告欄に入力すべき品目番号に該当する選択肢番号を選び、答案用紙にマークする。

また、その選択肢番号を選んだ欄に申告する申告価格の数字をマークする。

Point

選択肢は品目番号が規則的に並べられていない場合があること及び9桁まで同じ品目番号でも10桁目が異なるものがあることに注意する必要がある。問題文に記載されている選択肢の品目番号を見誤って異なる選択肢を選択してしまう可能性もあるので、自分で4桁、6桁、9桁の箇所で線を引いて区切るのもよいと思われる。

【例】①　6204.61-1000　➡　①　6204.|61-|100|0

作成例題

Step 6までの作業を基に品目番号欄に入力する品目番号の選択肢番号を決定すると次のようになる。

(a):第1欄に入力する品目番号	6204.63-2000 (6204632000)	➡	⑥
(b):第2欄に入力する品目番号	6204.61-2002 (6204612002)	➡	②
(c):第3欄に入力する品目番号	6205.90-0901 (6205900901)	➡	⑭
(d):第4欄に入力する品目番号	6204.69-2001 (6204692001)	➡	⑧
(e):第5欄に入力する品目番号	6205.90-010X (620590010X)	➡	⑬

したがって、課税価格の右欄に入力する申告価格は次のようになる。

(f):第1欄に入力する申告価格	3,107,500円	➡	3107500	
(g):第2欄に入力する申告価格	2,584,875円	➡	2584875	
(h):第3欄に入力する申告価格	889,875円	➡	889875	下記の注意点に留意
(i):第4欄に入力する申告価格	805,125円	➡	805125	
(j):第5欄に入力する申告価格	310,750円	➡	310750	

ワンポイントアドバイス:申告価格の記入の注意点

正しい計算をしても、その額のマークシートへの記入を誤ると、採点者(コンピューター)は、正解として読み取らないので、十分に注意する必要がある。

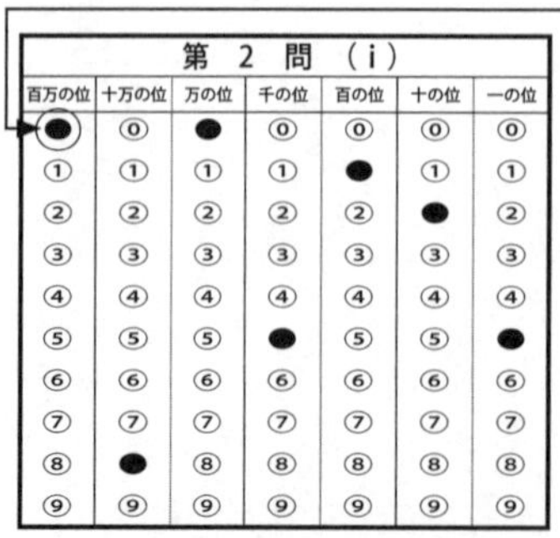

記入例:申告価格 805,125円
(作成例題の(i)の解答欄)

計算した申告価格が、「百万の位」に満たない場合には、

①まず、計算した申告価格の前に「百万の位」に達するまで「0」を付ける。

805125 円
⬇
0805125 円

② 次に、「百万の位」に達するまで「0」を付けた申告価格を解答用紙にマークする。

（仕入書の有効活用例）

適用為替レート：¥113.00/EUR

Marks and Nos.	Description of Goods	Quantit Unit	Unit Price per Unit	Amount CIF EUR
	1. Women's trousers of wool 100%			
	②6204.61-2002（協：9.1%）《2》	500	30.50	15,250.00
		¥2,584,875		22,875.00
	2. Women's trousers of wool 40%, acrylic 30% and polyesters 30% mixed	1,000	27.50	27,500.00
	⑥6204.63-2000（協：9.1%）《1》		¥3,107,500	
	3. Women's trousers of flax 60%, cotton 30% and polyesters 10% mixed	250	28.50	7,125.00
	⑧6204.69-2001（協：9.1%）《4》		¥805,125	
	4. Men's shirts of silk 100%			
	⑭6205.90-0901（基：9%）《3》	250	31.50	7,875.00
			¥889,875	
	5. Men's shirts of cotton 80%, acrylic 10% and polyesters 10% mixed	50	26.50	1,325.00
	~~6205.20-0002~~（協：7.4%）			
	6. Men's shirts of wool 50%, cotton 30% and acrylic 20% mixed	50	28.50	1,425.00
	~~6205.90-0105~~（協：7.4%）			
	→ ⑬ 6205.90-010X《5》	¥310,750		2,750.00
	7. Women's breeches of wool 55% and cotton 45% mixed			
	6204.61-2002（協：9.1%）	305	25.00	7,625.00

CIF EUR68,125.00

少額判断基準価格　EUR1,769.91

このように仕入書に記入（メモ）していきながら解答をしていくことで、見直しもしやすくなる。

【作成例題の解答】

（a）⑥	（b）②	（c）⑭	（d）⑧	（e）⑬
（f）3107500	（g）2584875	（h）889875	（i）805125	（j）310750

Ⅱ．応用事項

Check 1　少額貨物の判断

仕入書に記載された各輸入貨物について実行関税率表(抜粋)により品目番号を決定した場合において、同一となる品目番号の貨物をとりまとめた結果、その品目番号に係る貨物の申告価格が20万円以下となったものは、前記「**Ⅰ．基本事項**」の「**Step 2　大額貨物／少額貨物の判断**」及び「**Step 3　少額貨物の合算**」で解説したように少額貨物として処理をしなければならない。

少額貨物の判断は、仕入書に記載された各貨物の申告価格が20万円以下になるかどうかを、出題された作成問題において前提とされた条件に基づいて、少額貨物分岐点価格である20万円に相当する外国通貨建価格(少額判断基準価格)を算出して、この算出した少額判断基準価格と仕入書価格を比較して行う。

Case 1　仕入書価格に加算する別払い費用等がない場合

この場合の少額判断基準価格は、「少額貨物分岐点価格20万円」を輸入申告日の適用為替レートで除して得た外国通貨額建のCIF価格である。(前記「**Ⅰ．基本事項－Step2　大額貨物／少額貨物の判断**」において解説しているので、そちらを参照のこと。)

例：第52回(紡織用繊維から成る衣類等)

INVOICE

(適用為替レート　110.00 円 /US$)

Marks and Nos.	Description of Goods	Quantity Unit	Unit Price per Unit	Amount CIF US$
	Unisex Pajamas set (top and bottom), M size (textile fabric (not knitted), of wool 40%, polyester 30% and nylon 30%)	1,000	7.00	7,000.00

Total : CIF TOKYO　　CIF US$ 49,510.00

(1)少額判断基準価格の算出

少額貨物分岐点価格		適用為替レート		少額判断基準価格
200,000円	÷	110. 00円/US$	=	US$1,818.18

(2)少額貨物であるかどうかの判断

仕入書に記載されているすべての貨物について、その仕入書価格(同一となる品目番号があった場合には、それらをとりまとめた後の価格)と少額判断基準価格とを比較して、少額貨物となるかどうかを確認する。

この例の貨物の場合、仕入書価格が少額判断基準価格より大きいので、少額貨物ではない。

CIF US$7,000.00　＞　少額判断基準価格　US$1,818.18

Case 2　仕入書価格に加算する別払い費用等がある場合

Pattern 1　「仕入書価格のχ％」のみの場合

この場合の少額判断基準価格は、「少額貨物分岐点価格20万円÷(1＋χ％)」により算出した額を輸入申告日の適用為替レートで除して得た額が20万円相当の外国通貨建の仕入書価格である。

関係式：申告価格＝仕入書価格×(1＋χ％)　→　仕入書価格＝申告価格÷(1＋χ％)

∴少額判断基準価格(外貨建て)＝20万円÷(1＋χ％)÷適用為替レート

例：第43回(亜鉛及びその製品)

記

6　輸入者(買手)は、別紙1の仕入書価格の他に、その仕入書価格の1％の仲介料を支払っている。なお、仲介料はこの輸入取引を成立させるための仲介業務を行った者に対して輸入者が支払うものである。

INVOICE

(適用為替レート　97.00円/US$)

Marks and Nos.	Description of Goods	Quantity kgs	Unit Price per kgs	Amount CIF US$
	Zinc scrap	5,000	0.80	4,000.00
			Total : CIF TOKYO	US$ 91,450.00

(1)少額判断基準価格の算出

この場合は、χ％＝1％である。

1＋χ％ ＝ 1＋1％ ＝ 1＋0.01 ＝ 1.01

(少額貨物分岐点価格 200,000円 ÷1.01)　÷　適用為替レート 97.00円/US$　＝　少額判断基準価格 US$2,041.44

(2)少額貨物であるかどうかの判断

仕入書に記載されているすべての貨物について、その仕入書価格(同一となる品目番号があった場合には、それらをとりまとめた後の価格)と少額判断基準価格とを比較して、少額貨物となるかどうかを確認する。

この例の貨物の場合、仕入書価格が少額判断基準価格より大きいので、少額貨物ではない。

CIF US$4,000.00　＞　少額判断基準価格　US$2,041.44

Pattern 2　費用等を価格按分する場合

この場合には、次のように、段階的に計算して各輸入貨物の少額判断基準価格を算出する。

まず、問題文記において加算すべきものとされている《輸入者(買手)が仕入書価格とは別に支払う現実支払価格構成費用等又は加算要素の費用等》の額を算出する。

次に、仕入書価格総額に、この算出した費用等の額を加算して輸入申告価格総額を算出する。

最後に、少額貨物分岐点価格20万円に、仕入書価格総額を輸入申告価格総額で除した額を乗じ、この乗じて得た額を適用為替レートで除して、少額判断基準価格を算出する。

関係式：少額判断基準価格（外貨建て）＝20万円× $\frac{\text{仕入書価格総額}}{\text{申告価格総額}}$ ÷適用為替レート

例：第40回（男子用編物製衣類）

記

7　本邦到着までの運賃及び保険料は、G/W1kgにつき1.20米ドルが本邦で支払われる。また、輸入者は、今回購入した物品に付された商標権の使用対価として、FOB価格の合計の3％のロイヤルティを商標権者である輸出者の親会社へ直接支払う義務がある。

8　上記7の運賃、保険料及びロイヤルティの申告価格への振り分けは価格按分とし、上記2により一欄にとりまとめる場合は、合算した後の仕入書価格により按分する。

INVOICE

（適用為替レート　108.00 円 /US$）

Marks and Nos.	Description of Goods	Quantity set	Unit Price per set	Amount FOB US$
	100% Cotton figured Jackets	100	95.00	9,500.00

Total：70 cartons　　473 sets　　FOB US$70,359.00
N/W：950 kgs.
G/W：2,010 kgs.

（1）少額判断基準価格の算出

運賃及び保険料　G/W 2,010kgs × US$1.20 ＝ US$2,412.00
ロイヤルティ　FOB US$70,359.00 × 3% ＝ US$2,110.77

輸入申告価格総額　US$70,359.00 (FOB) ＋ US$2,412.00 (運賃及び保険料) ＋ US$2,110.77 (ロイヤルティ)
＝ US$74,881.77

少額判断基準価格 ＝ 200,000円 × $\frac{\text{仕入書価格総額}}{\text{申告価格総額}}$ ÷ 適用為替レート

$$\left[= \frac{\text{仕入書価格総額}}{\text{申告価格総額}} \times \frac{200{,}000\text{円}}{\text{適用為替レート}} \right]$$

$$= 200{,}000\text{円} \times \frac{\text{US\$}70{,}359.00}{\text{US\$}74{,}881.77} \div 108.00\text{円/US\$}$$

＝ US$1,740.00

（2）少額貨物であるかどうかの判断

仕入書に記載されているすべての貨物について、その仕入書価格（同一となる品目番号があった場合には、それらをとりまとめた後の価格）と少額判断基準価格とを比較して、少額貨物となるかどうかを確認する。

この例の貨物の場合、仕入書価格が少額判断基準価格より大きいので、少額貨物ではない。

FOB US$9,500.00 ＞ 少額判断基準価格 US$1,740.00

Pattern 3　費用等を価格按分しない場合

問題文記において輸入貨物に加算するとされた加算要素の費用等が仕入書価格で按分するとされていない場合（仕入書価格に比例していない場合）には、前記の**Pattern 1**又は**Pattern 2**において解説したような方法によって少額判断基準価格を算出し、この算出した少額判断基準価格と仕入書価格とを比較して、当該貨物の申告価格が20万円以下であるかどうかを判断することはできない。

この場合には、仕入書価格を調整し、その調整した仕入書価格と少額貨物分岐点価格である20万円を適用為替レートで除した額とを比較して、少額貨物であるかどうかの判断を行う。

（1）仕入書価格の調整

仕入書に記載されている各貨物に対する加算要素の費用等の額を算出する。この算出した費用等の額を仕入書価格に加算して、各貨物の外国通貨建の申告価格（調整した仕入書価格）を算出する。

（2）少額貨物であるかどうかの判断

次に、上記（1）によって算出した外国通貨建の申告価格（調整した仕入書価格）と少額貨物分岐点価格である20万円を適用為替レートで除した額とを比較する。

この比較の結果、算出した外国通貨建の申告価格（調整した仕入書価格）が少額貨物分岐点価格である20万円を適用為替レートで除した額よりも小さい場合には、当該貨物の申告価格は20万円以下となって、少額貨物であると判断することができる。

例：出題予想（調製食料品）

記

6　本邦到着までの運賃及び保険料は、G/W1kgにつき2米ドルが本邦で支払われる。この運賃及び保険料は、仕入書に記載された各貨物の総重量に応じて申告価格に算入する。

INVOICE

（適用為替レート　95.00円/US$）

Marks and Nos.	Description of Goods	Quantity pack	Unit Price per pack	Amount FOB US$
	Instant coffee(G/W 100kgs)	100	1.90	1,900.00

Total：400 cartons　　FOB San Francisco　US$ 83,256.00
N/W：2,950 kgs.
G/W：3,245 kgs.

（1）申告価格の算出

運賃及び保険料　G/W100kgs× US$2.00/kg ＝US$200.00

申告価格（調整した仕入書価格）＝ US$1,900.00＋US$200.00 ＝US$2,100.00

（2）少額貨物であるかどうかの判断

仕入書に記載されているすべての貨物について、その申告価格（調整した仕入書価格）（同一となる品目番号があった場合には、それらをとりまとめた後の価格）と少額貨物分岐点価格である20万円を適用為替レートで除した額とを比較して、少額貨物となるかどうかを確認する。

この例の貨物の場合、申告価格（調整した仕入書価格）が少額貨物分岐点価格である20万円を適用為替レートで除した額より小さいので、少額貨物となる。

CIF US$2,100.00　＜　20万円を適用為替レートで除した額　US$2,105.26

（4）検証

US$2,100.00　×　95.00円/US$　＝　199,500円　＜　200,000円

ワンポイントアドバイス：仕入書価格と加算要素に該当する費用等とで通貨が異なる場合

仕入書価格の通貨と加算要素に該当する費用等の通貨が異なる場合（例：仕入書価格が米ドル「US$」で、加算要素に該当する費用等は本邦の通貨「円」で表示されている場合）は、次のように処理する。

1．重量、容量又は個数に応じて申告価格に算入する場合

まず、各貨物の仕入書価格を本邦の通貨に換算し、これに加算要素に該当する費用等を加算して「申告価格」を算出する。そのため、少額判断基準価格を算出することなく、当該申告価格と少額貨物分岐点価格である20万円を比較して、少額貨物かどうかの判断をする。（後記「**Check 3 申告価格の決定－Case 3 仕入書価格に加算する別払い費用等がある場合－Pattern 3 費用等を価格按分しない場合－例2**」参照）

2．仕入書価格で按分して申告価格に算入する場合

仕入書価格総額を本邦の通貨に換算して申告価格総額を算出し、少額判断基準価格を求める。

Check 2　少額貨物の特別な処理

仕入書記載の各輸入貨物について品目番号を決定した場合において、品目番号が異なり、それぞれの申告価格が少額貨物分岐点価格20万円以下となるもの(以下「**少額貨物**」という。)については、その品目番号及び申告価格について次の二つのいずれかの処理を行う。

Case 1　少額貨物を一括して一欄にとりまとめる場合（少額合算申告）

前記「**Check 1　少額貨物の判断**」により少額貨物となる品目番号が二以上あった場合には、それらのうちのいずれかの品目番号を代表品目番号として、これに他のものの申告価格を一括して一欄にとりまとめて申告をしなければならない。これを**少額合算申告**という。

この少額合算をした場合には、代表品目番号の10桁目は「X」としなければならない。

通関士試験の輸入(納税)申告においては、問題文記で指示されている少額合算の方法に従って合算しなければならない。

しかし、通関士試験の輸入(納税)申告において指示されている少額合算の方法については、次のように必ずしも統一されていないことに留意する必要がある。

Pattern 1　申告価格が最も大きいものの品目番号に一括する方法

少額合算の方法について、『品目番号が異なるものであっても、それぞれの申告価格が20万円以下である場合には、これらを一括して一欄にとりまとめる。なお、この場合に入力すべき品目番号は、これらの品目のうち申告価格が最も大きいものの品目番号とし、…。』とされている場合である(第43回(平成21年)等)。

このような場合には、「申告価格の最も大きいもの」との指示により、次の例のように、適用する関税率を考慮することなく、少額貨物のうち申告価格の最も大きいものの品目番号に一括する。

例：第43回（亜鉛及びその製品）

INVOICE

（少額判断基準価格　US$2,041.44）

Marks and Nos.	Description of Goods	Quantity kgs	Unit Price per kgs	Amount CIF US$
	1. Zinc bars ~~7904.00-0005~~ → 7904.00-000X	800	2.50	2,000.00
				3,200.00
	6. Zinc elbows ~~7907.00-1001~~	200	6.00	1,200.00

Pattern 2　具体的な合算方法が指示されておらず、関税法基本通達 67-4-17(1)に規定する方法により一括する方法

少額合算の方法について、『品目番号が異なるものであっても、それぞれの申告価格が20万円以下である場合には、これらを一括して一欄にまとめ、…』のみの記載で、具体的な方法が指示されていない場合がある(例：第48回(平成26年)等)。

このような場合には、関税法基本通達に定める方法に従うことになり、下記「**ワンポイントアド**

バイス：関税法基本通達に規定する少額合算方法」の①の方法により、次の例のように適用する関税率の最も高い品目番号に一括する。

例：第44回(大豆等)

INVOICE

(少額判断基準価格　US$1,923.07)

Marks and Nos.	Description of Goods	Quantity kgs	Unit Price per kgs	Amount CIF US$
	4. Dried rosemary ~~1211.90-9904(協：2.5%~~)	200	7.50	1,500.00
	6. Dried job's tears ~~1211.90-9204(協：3%~~)	100	17.00	1,700.00
	7. Powders of driedginseng roots ~~1211.20-0001~~(協：4.3%) → 1211.20-000X	300	6.00	1,800.00
				5,000.00

(備考)品目番号等は出題当時のものである。

ワンポイントアドバイス：関税法基本通達に規定する少額合算方法

輸入貨物には、関税が課されるので、各少額貨物に適用すべき関税率に留意して、次の方法のいずれかにより、少額合算を行わなければならない(関税法基本通達67-4-17(1))。

なお、実際の輸入(納税)申告においては、②の方法が採られていることが多い。

① 20万円以下となる全品目を､関税率が最も高い品目の属する品目番号に一括する｡

② 同一の関税率のものごとに、課税価格が最も高い品目が属する品目番号に一括する。

③ 二以上の少額貨物のうち、同一関税率が適用される品目の課税価格の合計額のいずれかが、当該少額貨物全体の課税価格の合計額の50%を超える場合には、少額貨物の全てを、当該50%を超えることとなる課税価格の合計額を構成する品目のうち、課税価格が最も高い品目の属する品目番号に一括する。

Pattern 3　輸入貨物を有税品と無税品とに区分した上でそれぞれを一括する方法

少額合算の方法について、次のように指示されている場合である(第53回(令和元年)等)。

品目番号が異なるものであっても、それぞれの申告価格が20万円以下である場合には、これらを関税が有税である品目と無税である品目に分けて、それらを一括して一欄にまとめる。

なお、この場合に入力すべき品目番号は、以下のとおりとする。

(1)有税である品目については、一欄にまとめた品目のうち関税率が最も高いものの品目番号とし、10桁目は「X」とする。

(2)無税である品目については、一欄にまとめた品目のうち申告価格が最も大きいものの品目番号とし、10桁目は「X」とする。

例：第42回（ランプその他の照明器具）

INVOICE

（少額判断基準価格　US$1,475.03）

Marks and Nos.	Description of Goods	Quantity pcs	Unit Price per pc	Amount FOB US$
	2. Non-electric table lamps of plastics	40	35.00	1,400.00
	~~9405.50-0904~~（基：無税） → 9405.50-090X			**2,775.00**
	5. Parts for lighting fitting of plastics	1 lot		1,275.00
	~~9405.92-0005（協：3.9%~~）			
	6. Parts for lighting fitting of glass	1 lot		1,375.00
	~~9405.91-0006（基：無税~~）			
	7. Illuminated signs of plastics	20	68.00	1,360.00
	~~9405.60-0400~~（協：4.8%） → 9405.60-040X			**2,635.00**

（備考）品目番号等は出題当時のものである。

Case 2　少額貨物を単独で申告する場合

前記**Case 1**に該当しない場合（少額貨物が一つしかない場合、少額合算申告をしない場合）には、この少額貨物のみ単独で、申告欄を一欄で申告する（これを「**少額単独申告**」という。）。

なお、この場合には、この少額貨物の品目番号の10桁目は「E」とする。

例：第51回（水産物等）

INVOICE

（少額判断基準価格　US$1,818.18）

Marks and Nos.	Description of Goods	Quantity kgs	Unit Price per kgs	Amount CIF US$
	5. Empty Carton Box (Corrugated Paper or Paperboard)	270	1.00	270.00
	~~4819.10-0005~~（協：無税） → 4819.10-000E			

Check 3　申告価格の決定

輸入貨物には関税が課されるので、輸入(納税)申告では、関税額の決定の基礎となる課税価格の決定は重要な意義を有する。

こうしたことから、通関士試験においても、輸入(納税)申告では、仕入書記載の各輸入貨物について正しい申告価格を決定して、解答することが要求されている。

このため、通関士試験の輸入(納税)申告では、次のような輸入貨物について申告価格を正しく決定することができるかどうか試されるので、正しい申告価格を決定することができるように習熟しなければならない。

Case 1　仕入書価格に加算する別払い費用等がない場合

仕入書価格に加算する別払い費用等がない場合には、次の算式により申告価格(課税価格)を計算する。

申告価格(課税価格)　＝　仕入書価格　×　適用為替レート

例：第40回(その他の玩具類)

INVOICE

(適用為替レート　110.50 円 /US$)

Marks and Nos.	Description of Goods	Quantity DZ	Unit Price per DZ	Amount CIF US$
	Toy musical instrument(trumpet) of base metal	120	110.00	13,200.00
		407DZ		CIF US$ 48,195.00

(1)申告価格の算出

仕入書価格		適用為替レート		申告価格
US$13,200.00	×	110.50円/US$	＝	1,458,600円

Case 2　仕入書に記載された数量と実際に通関する数量が異なる場合

仕入書に記載された数量と実際に通関する数量が異なる場合には、仕入書に記載された貨物の数量及び価格を実際に通関する数量及び価格に修正して、その修正した価格に適用為替レートを乗じて申告価格を算出しなければならない。

申告価格(課税価格)　＝　修正後仕入書価格　×　適用為替レート

例：出題予想(生鮮果実)

記

6　別紙1の仕入書第1項に記載されているバナナは、仕入書記載の数量よりも100カートン不足していた。

輸入者が輸出者に問い合わせたところ、これは輸出者における出荷ミスであり、不足分については、同一単価で契約済みであった次回分とともに送付するとの連絡があった。このため、実際に保税蔵置場に搬入された数量により、輸入(納税)申告をすることとなった。

INVOICE

(適用為替レート　82.85 円 /US$)

Marks and Nos.	Description of Goods	Quantity CTN	Unit Price per CTN	Amount CIF US$
	Fresh banana, with certificate of origin-FORM A	~~5,000~~ **4,900**	4.50	~~22,500.00~~ **22,050.00**

CIF TOKYO　US$ 47,718.00

(1)申告価格の算出

仕入書第1項の貨物(数量及び価格を実際に通関する数量及び価格に修正する。)

~~5,000CTN~~ × US$4.50 = ~~US$ 22,500.00~~

4,900CTN × US$4.50 = US$ 22,050.00

US$ 22,050.00 × 82.85円/US$ ＝ 1,826,842円

Case 3　仕入書価格に加算する別払い費用等がある場合

Pattern 1　「仕入書価格のχ%」のみの場合

この場合には、仕入書に記載された各貨物の価格のχ%の加算要素の費用等を別払いするとされているので、次の算式により申告価格(課税価格)を計算する。

申告価格(課税価格)　＝　(仕入書価格＋仕入書価格×χ%)　×　適用為替レート
　　　　　　　　　　＝　仕入書価格　×　(1＋χ%)　×　適用為替レート

例：第43回(亜鉛及びその製品)

記

6　輸入者(買手)は、別紙1の仕入書価格の他に、その仕入書価格の1%の仲介料を支払っている。なお、仲介料はこの輸入取引を成立させるための仲介業務を行った者に対して輸入者が支払うものである。

INVOICE

(適用為替レート　97.00 円 /US$)

Marks and Nos.	Description of Goods	Quantity kgs	Unit Price per kgs	Amount CIF US$
	Zinc scrap	5,000	0.80	4,000.00

Total : CIF TOKYO　　US$ 91,450.00

(1)申告価格の算出

この場合は、χ%＝1%である。

1＋χ% ＝ 1＋1% ＝ 1＋0.01 ＝ 1.01

(US$4,000.00 ×1.01)〔仕入書価格〕 × 97.00円/US$〔適用為替レート〕 ＝ 391,880円〔申告価格〕

Pattern 2　費用等を価格按分する場合

この場合には、次のように、段階的に計算して各輸入貨物の申告価格を算出する。

まず、問題文記において加算すべきものとされている《輸入者(買手)が仕入書価格とは別に支払う現実支払価格構成費用等又は加算要素の費用等》の額を算出する。

次に、仕入書価格総額に、この算出した費用等の額を加算して申告価格総額を算出する。

最後に、各輸入貨物の仕入書価格に、申告価格総額を仕入書価格総額で除した額を乗じ、この乗じて得た額に適用為替レートを乗じて、申告価格を算出する。

$$\text{申告価格(課税価格)} = \text{仕入書価格} \times \frac{\text{申告価格総額}}{\text{仕入書価格総額}} \times \text{適用為替レート}$$

例：第40回(男子用編物製衣類)

記

7　本邦到着までの運賃及び保険料は、G/W1kgにつき1.20米ドルが本邦で支払われる。また、輸入者は、今回購入した物品に付された商標権の使用対価として、FOB価格の合計の3%のロイヤルティを商標権者である輸出者の親会社へ直接支払う義務がある。

8　上記7の運賃、保険料及びロイヤルティの申告価格への振り分けは価格按分とし、上記2により一欄にまとめる場合は、合算した後の仕入書価格により按分する。

INVOICE

(適用為替レート　108.00円/US$)

Marks and Nos.	Description of Goods	Quantity set	Unit Price per set	Amount FOB US$
	100% Cotton figured Jackets	100	95.00	9,500.00
Total : 70 cartons N/W : 950kgs. G/W : 2,010kgs.		473 sets		FOB US$ 70,359.00

(1)申告価格の算出

運賃及び保険料　G/W 2,010kgs × US\$1.20 ＝ US\$2,412.00

ロイヤルティ　FOB US\$70,359.00 × 3% ＝ US\$2,110.77

申告価格総額　US\$70,359.00 (FOB) ＋ US\$2,412.00 (運賃及び保険料) ＋ US\$2,110.77 (ロイヤルティ)
＝ US\$74,881.77

$$\text{申告価格} = \text{仕入書価格} \times \frac{\text{申告価格総額}}{\text{仕入書価格総額}} \times \text{適用為替レート}$$

$$= \text{US\$9,500.00} \times \frac{\text{US\$74,881.77}}{\text{US\$70,359.00}} \times \text{108.00円/US\$}$$

$$= \text{1,091,952円}$$

Pattern 3 費用等を価格按分しない場合

この場合には、買手が仕入書価格の他に別払いする加算要素の費用等を、仕入書に記載された各貨物の総重量（G/W : Gross Weight）又は容積で按分することとされている（以下この項では、重量按分される場合を前提として解説する。）ので、この別払いする費用等が合計額で表示されているときには、まず次の算式により各貨物に加算すべき費用等の額を計算する。

$$\text{各貨物に加算すべき費用等の額} = \text{別払いする費用等の合計額} \times \frac{\text{各貨物の総重量}}{\text{仕入書記載貨物の総重量の合計}}$$

なお、別払いする費用等が単価で表示されており、その単価の単位が按分する単位と同じである場合には、次の算式により加算すべき費用等の額を計算する。

各貨物に加算すべき費用等の額　＝　各貨物の総重量　×　加算すべき費用等の単価

次に、上記により算出した各貨物の費用等を各貨物の仕入書記載価格に加算して、次の算式により申告価格（課税価格）を算出する。

申告価格（課税価格）　＝　（仕入書価格＋加算すべき費用等の額）　×　適用為替レート

例１：出題予想（生鮮果実）

記

6　輸入者は、「生鮮果実」の本邦の輸入港到着までの運賃として、2,420米ドルを本邦において支払う。

なお、この本邦の輸入港到着までの運賃2,420米ドルの仕入書に記載された各貨物の価格への振り分けは、G/Wによる按分とする。

INVOICE

（適用為替レート　81.00円/US$）

Marks and Nos.	Description of Goods	Quantity CTN	Unit Price per CTN	Amount FOB US$
	Fresh avocados	2,700 (N/W 54,000 kgs) (G/W 59,400 kgs)	6.50	17,550.00

Total: 5,500 cartons　　FOB TOKYO　　US$ 37,510.00
G/W : 121,000 kgs

（1）申告価格の算出

$$\text{当該貨物の運賃} = \text{US\$2,420.00} \times \frac{\text{G/W 59,400kgs}}{\text{G/W 121,000kgs}} = \text{US\$1,188.00}$$

申告価格 ＝（US$17,550.00 ＋ US$1,188.00）× 81.00円/US$ ＝ 1,517,778円

例２：第46回（ジュース等）

記

6　ポートワインの容器については、輸入者が自己と特殊関係にない本邦のメーカーA社から米国までの運賃込みで6,060個を181,800円で購入し、売手に無償で提供したものであり、このうち60個は生産ロスを見込んだものである。また、当該容器の生産にはB社が本邦で開発した意匠が使用されており、輸入者はB社に対して使用料として30,300円を支払う。
7　輸入者は輸出国の倉庫会社と業務委託契約を締結し、FCA条件（輸出国の指定倉庫渡し条件）に従って売手から輸入貨物の引渡しを受けた後、本邦への輸出に先立ち、当該輸入貨物の保管及び本邦への輸出業務を委託する。その際、輸入者は保管料として105,500円、輸出業務の対価として42,200円を当該倉庫会社に支払う。輸入者は、本邦の市場の状況を考慮し、当該倉庫会社に本邦への輸出を指示する。
8　輸入者は指定倉庫から輸入港までの運賃として211,000円を支払う。
9　上記７及び８の費用を申告価格に算入する場合の申告価格への振り分けは容量（L）按分とする。

INVOICE

（適用為替レート　90.00円/US$）

〜〜〜

Marks and Nos.	Description of Goods	Quantity bottle	Unit Price per bottle	Amount FCA US$
	Port wine:750ml x 12 x 500C/T (4,500L)	6,000	5.50	33,000.00

〜〜〜

Total : FCA NEW YORK　　US$ 94,100.00

※輸入申告する貨物の容量（L）の合計は、21,100Lである。

（１）仕入書価格とは別に支払う費用の申告価格への算入・不算入の判断

①記６の費用：すべての額（212,100円）をポートワインのみに算入する。
②記７の費用：保管料（105,500円）は算入しない。輸出業務の対価（42,200円）は按分してすべての貨物に算入する。
③記８の費用：運賃（211,000円）を按分してすべての貨物に算入する。

（２）申告価格の算出

まず、按分する費用の額の合計を算出し、按分率を算出する。

輸出業務の対価　42,200円
運賃及び保険料　211,000円
按分する加算要素の額の合計　42,200円＋211,000円＝253,200円
按分率　253,200円÷21,100L＝12.00円/L

次に、ポートワインの申告価格にのみ算入する費用の額を算出する。

ポートワインの容器の費用　181,800円＋30,300円＝212,100円

最後に、仕入書価格を日本円に換算し、費用の額を算入して申告価格を算出する。

申告価格＝US$33,000.00×90.00円/US$＋4,500L×12.00円/L＋212,100円
＝3,236,100円

（注）このように仕入書価格や加算要素の額の通貨が同一でない場合には、日本円の申告価格を算出してから、少額貨物かどうかの判断を行うこととなる。この例の貨物の場合、申告価格3,236,100円は少額貨物分岐点価格20万円より大きいので、少額貨物ではないと判断する。

ワンポイントアドバイス：仕入書価格に加算すべき別払い費用等

輸入(納税)申告の問題において、輸入者(買手)が仕入書価格の他に次のような費用等を別払いすることになっている場合には、当該費用等が関税定率法第4条第1項本文に規定する現実支払価格を構成する費用等であるかどうか及び同項各号に規定する加算要素の費用等であるかどうかを的確に判断した上で、輸入(納税)申告をしなければならない。

《仕入書価格に加算すべき費用等(加算費用等)》

1．現実支払価格を構成する費用等

① 売手に対する間接支払に該当するもの
 i 買手が売手のために支払う集荷手数料、出荷手数料、出荷奨励金等
 ii 買手が売手のために支払う輸入貨物の原材料の買付手数料
 iii 買手が売手のために行う売手が第三者に負っている債務の肩代り弁済等

② 割増金、契約料、保証費用

③ 価格調整条項(PRICE REVIEW CLAUSES)に基づき支払う価格調整金

④ 売手の貨物代金受取債権と売手の買手に対する支払債務返戻金、価格調整金、違約金、損害賠償金等と相殺した場合の相殺額

⑤ 買手が売手に販売する他の貨物の価格に依存して輸入貨物の取引価格が決定されている場合における当該依存している額(依存している額が明らかな場合)
(注)依存している額を仕入書価格に加算して、関税定率法第4条第1項の規定により課税価格を計算する。

2．加算要素の費用等

① 輸入貨物の輸入港までの運賃、保険料その他運送に関連する費用

② 買手により負担される輸入貨物の輸入のための仲介料、販売手数料その他の手数料

③ 買手により負担される輸入貨物の容器の費用又は輸入貨物の包装に要する費用

④ 輸入貨物の生産、輸入のために、買手が無償で又は値引きをして提供する原材料、工具・鋳型等、外国で開発された技術・設計その他の役務の費用(買手が、輸入貨物の原材料を調達して売手に提供するために、その原材料の買付業務を他の者に委託した場合に支払う買付手数料は、無償で又は値引きをして提供した物品に要する費用に該当する。)

⑤ 買手が輸入貨物の取引条件として支払う特許権等の使用の対価

⑥ 買手が行う輸入貨物の処分又は使用による収益で輸出者に帰属するもの

《仕入書価格に加算してはならない費用等(不加算の費用等)》

① 取引価格がCFR価格又はCIF価格である場合において売手が負担する追加運賃
(注)輸入取引に係る契約がCFR契約又はCIF契約の場合には、輸入貨物の輸入港までの運賃を売手が負担することとされているので、当該運賃は現実支払価格に含まれているものとして取り扱い、当該輸入貨物を輸入港まで運送するために実際に要した運送費用の額を確認することは要しない。(売手が追加運賃を支払うことになっても、当該運賃は、課税価格に算入してはならない。)

② 買手が自己のために行う輸入貨物の広告宣伝活動費用又は買手が自己のために行い、買手が負担する輸入貨物の検査費用等

③ 買手が負担する輸入貨物が輸入港に到着した後の国内運送のための費用

④ 買手が自己に代わり外国において輸入貨物の買付けを行う買付代理人に対して支払う手数料(買付手数料)

⑤ 買手が無償で又は値引きをして提供した輸入貨物に表示するラベルであって、我が国の法律等の規定に基づき表示することが義務付けられている事項のみが表示されているラベルの費用

⑥ 買手が無償で又は値引きをして提供した輸入貨物の生産のために使用する技術・設計その他の役務であって、本邦で開発されたものの費用

⑦ 輸入貨物を本邦において複製する権利(複製権の使用の対価)

Check 4　NACCS用欄に「†」があった場合のNACCS用品目コード番号の決定

仕入書記載の各輸入貨物について、別冊の「実行関税率表」（抜粋）を参照して、品目番号を決定する際に、実行関税率表のNACCS用欄に「†」、「†$_{1}$」又は「†$_{2}$」等がある場合には、品目番号の末尾の1桁をそのまま「†」等とすることなく、別紙として提示される「NACCS用品目コード（輸入）」（抜粋）により「†」等をNACCS用品目コード番号に変換して、品目番号を決定する。

Case 1　生鮮のバナナ（プランテイン）の輸入（納税）申告をする場合

【例】エクアドルを原産地とする生鮮のプランテインを輸入することになり、令和XX年10月18日に輸入申告をする。

実行関税率表（抜粋）

番号 No.	統計細分 Stat. Code No.	NACCS用	品名	税率 Rate of Duty 基本 General	協定 WTO	特恵 Preferential	暫定 Temporary	単位 Unit
08.03			**バナナ（プランテインを含むものとし、生鮮のもの及び乾燥したものに限る。）**					
0803.10			**プランテイン**					
			1 生鮮のもの					
	100	†$_{1}$	(1) 毎年4月1日から同年9月30日までに輸入されるもの	40%	20%	10% ×無税 Free		KG
	100	†$_{2}$	(2) 毎年10月1日から翌年3月31日までに輸入されるもの	50%	25%	20% ×無税 Free		KG
	200	5	2 乾燥したもの	6%	3%	無税 Free		KG

↓

「NACCS用品目コード（輸入）」（抜粋）により、NACCS用品目コード番号10桁を決定する。

NACCS用品目コード(輸入)(抜粋)

実行関税率表			NACCS 用品目コード			備　考
番号	細分	NACCS用	番号	細分	NACCS用	
080310	100	$\dagger_1$	080310	100	3	毎年4月1日から同年9月30日までに輸入されるもの
			080310	001	2	毎年4月1日から同年9月30日までに輸入されるもの(経済連携協定対象国の関税割当証明書のあるもの、又はフィリピン協定に基づく特定種のバナナであるとフィリピン政府により証明されているもの)
080310	100	$\dagger_2$	080310	002	3	毎年10月1日から翌年3月31日までに輸入されるもの
			080310	003	4	毎年10月1日から翌年3月31日までに輸入されるもの(経済連携協定対象国の関税割当証明書のあるもの、又はフィリピン協定に基づく特定種のバナナであるとフィリピン政府により証明されているもの)

《品目番号の決定》

①　実行関税率表による品目番号

i　令和XX年10月18日に輸入(納税)申告をする生鮮のプランテインは、実行関税率表の第0803.10号の「プランテイン」の「1 生鮮のもの」に該当する。

ii　この号の細分の「(2)毎年10月1日から翌年3月31日までに輸入されるもの」に分類するので、統計細分番号は「100」、NACCS用コードは「$\dagger_2$」となる。

②　NACCS用品目コード(輸入)による品目番号

実行関税率表上の「0803.10-100 $\dagger_2$」に分類するバナナについて、品目番号をこのままとすることはできないので、NACCS用品目コード(輸入)によりNACCS用品目コード番号に変換すると、品目番号は、「0803100023」となる。

なお、この品目が少額貨物である場合の品目番号は次のようになる。

i　他の少額貨物ととりまとめて一欄で申告する場合　➡　080310002X

ii　この少額貨物のみを一欄で申告する場合　➡　080310002E

ワンポイントアドバイス：実行関税率表の税率欄の注意事項

1．関税率に「(　)」が付されている場合

前頁の「別冊」中の「協定」欄で「(9%)」のように関税率に「(　)」が付されている場合には、当該関税率が設定されているが、実際の申告に当たっては他の関税率が適用されるため、当該関税率を適用しないことを示している。

2．特恵税率に「×」が付されている場合

前頁の「別冊」中の「特恵」欄で「×無税」のように特恵税率に「×」が付されている場合、当該特恵税率は特別特恵受益国のみに適用されることを示している。したがって、輸出国が特恵受益国であっても一般特恵受益国であって、特別特恵受益国でない一般特恵受益国である場合には、当該税率は適用できない。

(参考)協定税率又はEPA税率に「●」が付されている場合

「●6.7%～8%」のように協定税率又はEPA税率に「●」が付されている場合、「旧品目表に基づく協定税率が適用される一覧表」又は「旧品目表に基づくEPA税率が適用される一覧表」を参照して、従来の協定税率又はEPA税率を適用することになる。

Check 5　品目番号が同一であっても、一括して一欄にとりまとめて申告できない場合

仕入書記載の各輸入貨物について品目番号を決定した結果、品目番号が同一となるものがあった場合、これらを一括して一欄にとりまとめるのが原則である。

しかし、品目番号が同一となるものがあっても、これらを一括して一欄にとりまとめてはならず、申告欄を分けて一欄ごとに申告をしなければならない場合があるので、注意が必要である。

Case 1　適用する関税率が異なる場合

品目番号が同一となるものがあっても、**適用する関税率が異なる場合**には、これらを一括して一欄にとりまとめることはできない。

この場合には、**必ず適用する関税率ごとに申告欄を分けなければならない。**

仕入書第１項の「生鮮のアボカドー」については、特恵原産地証明書が発給されているので特恵税率の適用があるが、仕入書第２項の「生鮮のアボカドー」については、特恵原産地証明書が発給されていないので特恵税率の適用がなく、協定税率が適用される。

INVOICE

（適用為替レート　95.00 円 /US$）

Marks and Nos.	Description of Goods	Quantity CT	Unit Price Per CT	Amount CIF US$
	Fresh avocados, with certificate of origin FORM A			
	0804.40-0100（特：無税）	5,000	5.50	27,500.00
				2,612,500円
	Fresh avocados, without certificate of origin FORM A			
	0804.40-0100（協：3%）	2,000	5.50	11,000.00
				1,045,000円

品目番号が同じでもとりまとめてはいけない

Case 2　有税品と免税品がある場合

品目番号が同一となるものがある場合であっても、「一方の貨物は、通常どおり関税を納付して輸入する**有税品**」であり、「他方の貨物は、関税関係法令に規定する関税の免除の規定の適用を受けて輸入する**免税品**」である場合には、これらを一欄にとりまとめることはできない。

これらの場合には、**必ず有税品と免税品に区分し、申告欄を分けなければならない。**

なお、通関士試験では、第29回(平成7年)に「**ガラス製コップの輸入(納税)申告書**」の作成問題として出題されている。

仕入書第4項の「羊毛製(羊毛80%及び合成繊維のポリエステル20%であり、構成する紡織用繊維のうち羊毛が最大の重量を占めるので、羊毛製とみなされる。)男子用ブレザー」は、関税を納付して輸入し、仕入書第5項の「羊毛製(羊毛100%)の男子用ブレザー」は、関税定率法第17条第1項第7号(注文を取集めのための見本の再輸出免税)の規定により関税の免除を受けて輸入する。

INVOICE

(適用為替レート　95.00円/US$)

Marks and Nos.	Description of Goods	Quantity PC	Unit Price Per PC	Amount CIF US$
	Men's blazers of wool 80% and polyester 20% mixed	1,500	30.50	45,750.00
				4,346,250円
品目番号が同じでもとりまとめてはいけない	**6203.31-2006 (協：9.1%) (有税品)**			
	Men's blazers of wool 100% (for sample only)	66	35.50	2,343.00
				222,585円
	6203.31-2006 (協：9.1%) (免税品) → 関税定率法17①7, 輸徴法13①4			

Ⅲ．練習問題

「Ⅰ．基本事項」及び「Ⅱ．応用事項」を習得できたかどうかを、実際に練習問題に取り組むことで確認してください。

練習問題は、過去の出題例を基に様々なパターンのものを15問用意しています。繰り返し問題に取り組むことで、出題パターンを覚えることができ、本番での応用力も身につけることができます。各問題最初のページの右上部分にチェック欄を設けていますので、問題に取り組んだ日付や進捗状況等を記入しておくと便利です。

解けなかった問題については、解説を参考とし、ときには「Ⅰ．基本事項」及び「Ⅱ．応用事項」に立ち戻り、再度挑戦してください。

時間配分の目安としては、1問当たり25分で解答できるように取り組みましょう。

解答に当たり、まずはじめに仕入書(INVOICE)中段の品目欄について、品目順に番号を付した上で、その品目間に横線を引き、次に品目番号及び適用税率を品目の下にメモ書きすると、その後の処理が容易となります。

チェック欄		

第1問 輸入(納税)申告(解答・P.391)

別紙1の仕入書及び下記事項により、米国から紡織用繊維製の衣類を輸入する場合の輸入(納税)申告を輸出入・港湾関連情報処理システム(NACCS)を使用して行う場合について、以下の問いに答えなさい。

(1) 別紙2の輸入申告事項登録画面の品目番号欄((a)~(e))に入力すべき品目番号を、関税率表の解釈に関する通則に従い、別冊の「実行関税率表」(抜粋)を参照して、下の選択肢から選び、その番号をマークしなさい。

(2) 別紙2の輸入申告事項登録画面の課税価格の右欄((f)~(j))に入力すべき申告価格(関税定率法第4条から第4条の9まで(課税価格の計算方法)の規定により計算される課税価格に相当する価格)の額をマークしなさい。

記

1 別紙1の仕入書に記載されている品目に品目番号が同一であるものがある場合には、これらを一の品目番号にとりまとめる。

2 品目番号ごとの申告価格が20万円以下であるもの(上記1によりとりまとめたものを含む。)がある場合には、その品目番号が異なるものであっても、これらを一括して一欄にとりまとめる。
なお、この場合に輸入申告事項登録画面に入力すべき品目番号は、これらの品目のうち申告価格(上記1によりとりまとめたものについては、その合計額)が最も大きいものの品目番号とし、10桁目は「X」とする。

3 輸入申告事項登録画面に入力する品目番号((a)~(e))は、その品目番号ごとの申告価格(上記1及び2によりとりまとめたものについては、その合計額)が大きいものから順に入力するものとする。

4 輸入申告事項登録画面の課税価格の右欄((f)~(j))には、別紙1の仕入書に記載された価格に、下記6の費用が申告価格に算入すべきものである場合にはその費用を加算した額(本邦通貨に換算した後の額)を入力することとする。なお、1円未満の端数がある場合は、これを切り捨てる。

5 別紙1の仕入書に記載されている米ドル建価格の本邦通貨への換算は、別紙3の「実勢外国為替相場の週間平均値」を参照して行う。

6 輸入者は、今回輸入する衣類の輸入取引の成立のために輸入者と輸出者との仲介業務を行った者に対して、その報酬として仕入書価格の3%の仲介料を支払う。

7 別紙1の仕入書に記載されている男子用衣類の商品説明は次のとおりである。
① 仕入書の品名に記載されている%表示は、それぞれの品目に占める構成材料の重量の割合を示す。
② すべて毛皮付きのものではない。
③ acrylic、polyester及びnylonは合成繊維である。
④ unisex jacketは男子用の衣類か女子用の衣類かを判断することができないものとする。

8 申告年月日は、令和XX年8月15日とする。

① 6203.11-1003	② 6203.11-2005	③ 6203.19-2004	④ 6203.22-2001
⑤ 6203.22-200X	⑥ 6203.23-2000	⑦ 6203.23-200X	⑧ 6203.29-2001
⑨ 6203.31-1004	⑩ 6203.31-2006	⑪ 6203.32-2005	⑫ 6203.33-2004
⑬ 6203.39-2005	⑭ 6203.39-200X	⑮ 6204.33-2002	

別紙 1

INVOICE

Seller
New York Trading Corp.
850 West Avenue
Suite 1 New York NY63900, U. S. A.

Invoice No. and Date
NYT 10037　　Jul. 1st, 20XX

Reference No. ZT-7993

Buyer ZAIMU TRADING Co., Ltd. 1-1, 3-Chome, Kasumigaseki Chiyoda-ku, Tokyo, Japan	**Country of Origin** : U. S. A.
	L/C No.　　**Date**
Vessel　　**On or About** KAZUSA MARU　　Jul. 15th, 20XX	**Issuing Bank**
From　　**Via** New York, U. S. A.	
To Tokyo, Japan	**Payment Terms : T/T**

Marks and Nos.	Description of Goods	Quantity Unit	Unit Price per Unit	Amount CIF US$
	Men's suits of wool 80%, acrylic 10% and polyester 10% mixed	800	55.00	44,000.00
	Men's suits of wool 70%, acrylic 20% and polyester 10% mixed	700	50.00	35,000.00
	Men's ensembles of wool 30% and polyester 70% mixed	50	36.00	1,800.00
ZTC TOKYO MADE IN U. S. A.	Men's ensembles of cotton 100%	25	28.40	710.00
	Men's blazers of wool 80% and polyester 20% mixed	1,500	30.50	45,750.00
	Men's jackets of silk 80% and acrylic 20% mixed	2,000	34.50	69,000.00
	Unisex jackets M size of wool 40%, polyester 30% and nylon 30% mixed	2,000	21.62	43,240.00

Total : CIF Tokyo US$239,500.00

Total : 253 CARTONS
N/W : 5,909.0 kgs
G/W : 6,500.0 kgs

New York Trading Corp.
(Signature)

別紙2

輸入申告事項登録(輸入申告)

共通部 | 繰返部

申告番号 [ ]

大額/少額 [L]　申告等種別 [C]　申告先種別 [ ]　貨物識別 [ ]　識別符号 [ ]

あて先官署 [ ]　あて先部門 [ ]　申告等予定年月日 [ ]

輸入者 [ ] [ZAIMU TRADING CO.,LTD.]

住所 [TOKYO TO CHIYODA KU KASUMIGASEKI 3-1-1]

電話 [ ]

蔵置場所 [ ]　一括申告 [ ]　申告等予定者 [ ]

B/L番号 1 [ ]　2 [ ]
3 [ ]　4 [ ]
5 [ ]

貨物個数 [253] [CT]　貨物重量(グロス) [6500] [KGM]

貨物の記号等 [AS PER ATTACHED SHEET]

積載船(機) [ ]－[KAZUSA MARU]　入港年月日 [ ]

船(取)卸港 [JPTYO]　積出地 [USNYC]－[ ]　貿易形態別符号 [ ]　コンテナ本数 [ ]

仕入書識別 [ ]　電子仕入書受付番号 [ ]　仕入書番号 [NYT 10037]

仕入書価格 [A]－[CIF]－[ ]－[ ]

輸入申告事項登録(輸入申告)

共通部 | 繰返部

〈01欄〉 品目番号 [(a)]　品名 [ ]　原産地 [US]－[ ]

数量1 [ ]－[ ]　数量2 [ ]－[ ]　輸入令別表 [ ]　蔵置種別等 [ ]

BPR係数 [ ]　運賃按分 [ ]　課税価格 [ ]－[(f)]

関税減免税コード [ ]　関税減税額 [ ]

	内消税等種別	減免税コード	内消税減税額		内消税等種別	減免税コード	内消税減税額
1				2			
3				4			
5				6			

〈02欄〉 品目番号 (b)　品名　原産地 US －
数量1 －　数量2 －　輸入令別表　蔵置種別等
BPR係数　運賃按分　課税価格 － (g)
関税減免税コード　関税減税額

内消税等種別	減免税コード	内消税減税額	内消税等種別	減免税コード	内消税減税額
1			2		
3			4		
5			6		

〈03欄〉 品目番号 (c)　品名　原産地 US －
数量1 －　数量2 －　輸入令別表　蔵置種別等
BPR係数　運賃按分　課税価格 － (h)
関税減免税コード　関税減税額

内消税等種別	減免税コード	内消税減税額	内消税等種別	減免税コード	内消税減税額
1			2		
3			4		
5			6		

〈04欄〉 品目番号 (d)　品名　原産地 US －
数量1 －　数量2 －　輸入令別表　蔵置種別等
BPR係数　運賃按分　課税価格 － (i)
関税減免税コード　関税減税額

内消税等種別	減免税コード	内消税減税額	内消税等種別	減免税コード	内消税減税額
1			2		
3			4		
5			6		

〈05欄〉 品目番号 (e)　品名　原産地 US －
数量1 －　数量2 －　輸入令別表　蔵置種別等
BPR係数　運賃按分　課税価格 － (j)
関税減免税コード　関税減税額

内消税等種別	減免税コード	内消税減税額	内消税等種別	減免税コード	内消税減税額
1			2		
3			4		
5			6		

別冊　　実行関税率表（抜粋）

第11部

紡織用繊維及びその製品

Section XI

Textiles and textile articles

注

1　(省略)

2(A)　第50類から第55類まで、第58.09項又は第59.02項のいずれかに属するとみられる物品で二以上の紡織用繊維から成るものは、構成する紡織用繊維のうち最大の重量を占めるもののみから成る物品とみなしてその所属を決定する。構成する紡織用繊維のうち最大の重量を占めるものがない場合には、当該物品は等しく考慮に値する項のうち数字上の配列において最後となる項に属するもののみから成る物品とみなしてその所属を決定する。

(B)　(A)の規定の適用については、次に定めるところによる。

(a)～(b)(省略)

(c)　第54類及び第55類の両類を他の類とともに考慮する必要がある場合には、第54類及び第55類は、一の類として取り扱う。

(d)　異なる紡織用繊維が一の類又は項に含まれる場合には、これらは、単一の紡織用繊維とみなす。

Notes.

1.- (省略)

2.-(A) Goods classifiable in Chapters 50 to 55 or in heading 58.09 or 59.02 and of a mixture of two or more textile materials are to be classified as if consisting wholly of that one textile material which predominates by weight over any other single textile material.

When no one textile material predominates by weight, the goods are to be classified as if consisting wholly of that one textile material which is covered by the heading which occurs last in numerical order among those which equally merit consideration.

(B) For the purposes of the above rule:

(a)～(b)(省略)

(c) When both Chapters 54 and 55 are involved with any other Chapter, Chapters 54 and 55 are to be treated as a single Chapter;

(d) Where a Chapter or a heading refers to goods of different textile materials, such materials are to be treated as a single textile material

号注

1　(省略)

2(A)　第56類から第63類までの物品で二以上の紡織用繊維から成るものは、第50類から第55類までの物品及び第58.09項の物品で当該二以上の紡織用繊維から成るものの所属の決定に際してこの部の注2の規定に従い選択される紡織用繊維のみから成る物品とみなす。

Subheading Notes.

1.- (省略)

2.-(A) Products of Chapters 56 to 63 containing two or more textile materials are to be regarded as consisting wholly of that textile material which would be selected under Note 2 to this Section for the classification of a product of Chapters 50 to 55 or of heading 58.09 consisting of the same textile materials.

第62類　衣類及び衣類附属品(メリヤス編み又はクロセ編みのものを除く。)

Chapter 62　Articles of apparel and clothing accessories, not knitted or crocheted

注

1　この類の物品は、紡織用繊維の織物類(ウォッディングを除く。)を製品にしたものに限るものとし、メリヤス編み又はクロセ編みの物品(第62.12項のものを除く。)を含まない。

2～8　(省略)

9　この類の衣類で、正面で左を右の上にして閉じるものは男子用の衣類とみなし、正面で右を左の上にして閉じるものは女子用の衣類とみなす。この注8の規定は、衣類の裁断により男子用の衣類であるか女子用の衣類であるかを明らかに判別することができるものについては、適用しない。

男子用の衣類であるか女子用の衣類であるかを判別することができないものは、女子用の衣類が属する項に属する。

Notes.

1.- This Chapter applies only to made up articles of any textile fabric other than wadding, excluding knitted or crocheted articles (other than those of heading 62.12).

2.～8.　(省略)

9.- Garments of this Chapter designed for left over right closure at the front shall be regarded as men's or boys' garments, and those designed for right over left closure at the front as women's or girls' garments. These provisions do not apply where the cut of the garment clearly indicates that it is designed for one or other of the sexes.

Garments which cannot be identified as either men's or boys' garments or as women's or girls' garments are to be classified in the headings covering women's or girls' garments.

番号 No.	統計細分 Stat. Code No.	NACCS用	品名	税率 Rate of Duty 基本 General	協定 WTO	特恵 Preferential	暫定 Temporary	単位 Unit	Description
62.03			男子用のスーツ、アンサンブル、ジャケット、ブレザー、ズボン、胸当てズボン、半ズボン及びショーツ(水着を除く。)						Men's or boys' suits, ensembles, jackets, blazers, trousers, bib and brace overalls, breeches and shorts (other than swimwear):
			スーツ						Suits:
6203.11			羊毛製又は繊獣毛製のもの						Of wool or fine animal hair:
	100	3	1 毛皮付きのもの	16%	12.8%	×無税 Free		NO KG	1 Containing furskin
	200	5	2 その他のもの	11.2%	9.1%	×無税 Free		NO KG	2 Other

番号 No.	統計細分 Stat. Code No.	NACCS用	品名	税率 Rate of Duty 基本 General	協定 WTO	特恵 Preferential	暫定 Temporary	単位 Unit	Description
6203.12			**合成繊維製のもの**						**Of synthetic fibres:**
	100	2	1 毛皮付きのもの	16%	10%	×無税 Free		NO KG	1 Containing furskin
	200	4	2 その他のもの	11.2%	9.1%	×無税 Free		NO KG	2 Other
6203.19			**その他の紡織用繊維製のもの**						**Of other textile materials:**
	100	2	1 毛皮付きのもの	16%	10%	×無税 Free		NO KG	1 Containing furskin
	200	4	2 その他のもの	11.2%	9.1%	×無税 Free		NO KG	2 Other
			アンサンブル						**Ensembles:**
6203.22			**綿製のもの**						**Of cotton:**
	100	6	1 毛皮付きのもの	16%	10%	×無税 Free		NO KG	1 Containing furskin
	200	1	2 その他のもの	11.2%	9.1%	×無税 Free		NO KG	2 Other
6203.23			**合成繊維製のもの**						**Of synthetic fibres:**
	100	5	1 毛皮付きのもの	16%	10%	×無税 Free		NO KG	1 Containing furskin
	200	0	2 その他のもの	11.2%	9.1%	×無税 Free		NO KG	2 Other
6203.29			**その他の紡織用繊維製のもの**						**Of other textile materials:**
	100	6	1 毛皮付きのもの	16%	10%	×無税 Free		NO KG	1 Containing furskin
	200	1	2 その他のもの	11.2%	9.1%	×無税 Free		NO KG	2 Other
			ジャケット及びブレザー						**Jackets and blazers:**
6203.31			**羊毛製又は繊獣毛製のもの**						**Of wool or fine animal hair:**
	100	4	1 毛皮付きのもの	16%	12.8%	×無税 Free		NO KG	1 Containing furskin
	200	6	2 その他のもの	11.2%	9.1%	×無税 Free		NO KG	2 Other
6203.32			**綿製のもの**						**Of cotton:**
	100	3	1 毛皮付きのもの	16%	12.8%	×無税 Free		NO KG	1 Containing furskin
	200	5	2 その他のもの	11.2%	9.1%	×無税 Free		NO KG	2 Other
6203.33			**合成繊維製のもの**						**Of synthetic fibres:**
	100	2	1 毛皮付きのもの	16%	12.8%	×無税 Free		NO KG	1 Containing furskin
	200	4	2 その他のもの	11.2%	9.1%	×無税 Free		NO KG	2 Other
6203.39			**その他の紡織用繊維製のもの**						**Of other textile materials:**
	100	3	1 毛皮付きのもの	16%	12.8%	×無税 Free		NO KG	1 Containing furskin
	200	5	2 その他のもの	11.2%	9.1%	×無税 Free		NO KG	2 Other

番号 No.	統計細分 Stat. Code No.	NACCS用	品名	税率 Rate of Duty 基本 General	協定 WTO	特恵 Preferential	暫定 Temporary	単位 Unit	Description
62.04			**女子用のスーツ、アンサンブル、ジャケット、ブレザー、ドレス、スカート、キュロットスカート、ズボン、胸当てズボン、半ズボン及びショーツ(水着を除く。)**						Women's or girls' suits, ensembles, jackets, blazers, dresses, skirts, divided skirts, trousers, bib and brace overalls, breeches and shorts (other than swimwear):
			ジャケット及びブレザー						Jackets and blazers:
6204.31			**羊毛製又は繊獣毛製のもの**						Of wool or fine animal hair:
	100	2	1 毛皮付きのもの	16%	12.8%	×無税 Free		NO KG	1 Containing furskin
	200	4	2 その他のもの	11.2%	9.1%	×無税 Free		NO KG	2 Other
6204.32			**綿製のもの**						Of cotton:
	100	1	1 毛皮付きのもの	16%	12.8%	×無税 Free		NO KG	1 Containing furskin
	200	3	2 その他のもの	11.2%	9.1%	×無税 Free		NO KG	2 Other
6204.33			**合成繊維製のもの**						Of synthetic fibres:
	100	0	1 毛皮付きのもの	16%	12.8%	×無税 Free		NO KG	1 Containing furskin
	200	2	2 その他のもの	11.2%	9.1%	×無税 Free		NO KG	2 Other
6204.39			**その他の紡織用繊維製のもの**						Of other textile materials:
	100	1	1 毛皮付きのもの	16%	12.8%	×無税 Free		NO KG	1 Containing furskin
	200	3	2 その他のもの	11.2%	9.1%	×無税 Free		NO KG	2 Other

別紙3

実勢外国為替相場の週間平均値
(1米ドルに対する円相場)

期間			週間平均値
令和XX. 7. 9	～	令和XX. 7.15	¥103.50
令和XX. 7.16	～	令和XX. 7.22	¥103.80
令和XX. 7.23	～	令和XX. 7.29	¥104.35
令和XX. 7.30	～	令和XX. 8. 5	¥105.50
令和XX. 8. 6	～	令和XX. 8.12	¥106.70

チェック欄		

第２問　輸入(納税)申告(解答・P.393)

別紙１の仕入書及び下記事項により、中国からスポーツ用品等を輸入する場合の輸入(納税)申告を輸出入・港湾関連情報処理システム(NACCS)を使用して行う場合について、以下の問いに答えなさい。

(1) 別紙２の輸入申告事項登録画面の品目番号欄((ａ)～(ｅ))に入力すべき品目の番号を、関税率表の解釈に関する通則に従い、別冊の実行関税率表(抜粋)を参照し、下の選択肢から選び、その番号をマークしなさい。

(2) 別紙２の輸入申告事項登録画面の課税価格の右欄((ｆ)～(ｊ))に入力すべき申告価格(関税定率法第４条から第４条の９まで(課税価格の計算方法)の規定により計算される課税価格に相当する価格)の額をマークしなさい。

記

1　品目番号が同一であるものがある場合には、これらを一欄にとりまとめる。

2　品目番号が異なるものであっても、それぞれの申告価格が20万円以下である場合には、これらを関税が有税である品目と無税である品目に分けて、それらを一括して一欄にとりまとめる。
　なお、この場合に入力すべき品目番号は、次のとおりとする。
　(１)有税である品目については、一欄にまとめた品目のうち関税率が最も高いものの品目番号とし、10桁目は「X」とする。
　(２)無税である品目については、一欄にまとめた品目のうち申告価格が最も大きいものの品目番号とし、10桁目は「X」とする。

3　品目番号((ａ)～(ｅ))には、申告価格(上記１及び２によりとりまとめたものについては、その合計額)が大きいものから順に入力するものとする。

4　課税価格の右欄((ｆ)～(ｊ))には、別紙１の仕入書に記載された価格に、下記6及び7の費用が申告価格に算入すべきものである場合には、その額を加算した額(本邦通貨に換算した後の額)を入力することとする。なお、１円未満の端数がある場合は、これを切り捨てる。

5　米ドル建価格の本邦通貨への換算は、別紙３の「実勢外国為替相場の週間平均値」を参照して行う。

6　輸入貨物に係る輸入取引に関連して、輸入者(買手)と輸出者(売手)のために、当該輸入貨物の受注、発注、交渉等、当該輸入取引の成立のための業務を行うＡ社に対して、その業務の対価として輸入者(買手)及び輸出者(売手)の双方がそれぞれ仕入書価格の10%の手数料を支払う。

7　輸入者は、今回輸入する貨物の輸出港から本邦到着までの海上運賃及び保険料としてUS$3,520.00を本邦において支払う。

8　上記６及び７の費用を申告価格に算入する場合の申告価格への振り分けは、仕入書価格按分とする。

9　別紙１の仕入書に記載された「Ski-boots」は、甲及び底をリベット締めにより固定したものである。

10　申告年月日は、令和XX年９月26日とする。

① 4203.21-2101	② 4203.21-210X	③ 6401.10-0101	④ 6401.92-0103
⑤ 6402.12-0104	⑥ 6403.12-0905	⑦ 6403.19-0905	⑧ 9504.90-0204
⑨ 9504.90-020X	⑩ 9506.11-0003	⑪ 9506.32-0003	⑫ 9506.32-000X
⑬ 9506.51-0101	⑭ 9506.61-0002	⑮ 9506.70-0000	

別紙 1

INVOICE

Seller
AB COMPANY
24, Chang Shou,
Shanghai, China

Invoice No. and Date
AB-2103 Sep. 1st, 20XX

Reference No. ZTC-3318

Buyer ZAIMU TRADING Co.,Ltd. 1-1, 3-Chome, Kasumigaseki Chiyoda-ku, Tokyo, JAPAN	**Country of Origin** : China **L/C No.** **Date**
Vessel NIPPON MARU **On or About** Sep. 9th, 20XX **From** Shanghai, China **Via**	**Issuing Bank**
To Tokyo, JAPAN	**Payment Terms: T/T**

Marks and Nos.	Description of Goods	Quantity Unit	Unit Price per Unit	Amount FOB US$
	Ski-boots with outer soles and uppers of plastics	300	52.00	15,600.00
(ZTC)	Skating boots with ice skates attached, with outer soles and uppers of leather	280	63.00	17,640.00
Tokyo Made in China	Baseball gloves of leather	330	10.50	3,465.00
	Lawn-tennis rackets, strung	300	15.00	4,500.00
	Golf balls(12 balls in a box)	100	9.50	950.00
	Bowling balls (weight, 14 pounds)	30	50.50	1,515.00

Total : FOB Shanghai US$ 43,670.00

Total : 250 Cartons
N/W : 4,650.00 kgs
G/W : 5,100.00 kgs

AB COMPANY
(Signature)

別紙２

輸入申告事項登録（輸入申告）

共通部 | 繰返部

申告番号 ＿＿

大額／少額 L　申告等種別 C　申告先種別 ＿　貨物識別 ＿　識別符号 ＿

あて先官署 ＿　あて先部門 ＿　申告等予定年月日 ＿＿

輸入者 ＿＿ ZAIMU TRADING CO.,LTD.

住所 TOKYO TO CHIYODA KU KASUMIGASEKI 3-1-1

電話 ＿＿

蔵置場所 ＿＿ 一括申告 ＿　申告等予定者 ＿＿

B/L番号 1 ＿＿ 2 ＿＿
3 ＿＿ 4 ＿＿
5 ＿＿

貨物個数 250 CT　貨物重量（グロス） 5100 KGM

貨物の記号等 AS PER ATTACHED SHEET

積載船（機） ＿＿ − NIPPON MARU　入港年月日 ＿＿

船（取）卸港 JPTYO　積出地 CNSHA − ＿＿　貿易形態別符号 ＿　コンテナ本数 ＿

仕入書識別 ＿　電子仕入書受付番号 ＿＿　仕入書番号 AB-2103

仕入書価格 A − FOB − ＿＿ − ＿＿

輸入申告事項登録（輸入申告）

共通部 | **繰返部**

〈01欄〉 品目番号 （a）　品名 ＿＿　原産地 CN − ＿

数量1 ＿＿ − ＿　数量2 ＿＿ − ＿　輸入令別表 ＿　蔵置種別等 ＿

BPR係数 ＿＿　運賃按分 ＿　課税価格 ＿ − （f）

関税減免税コード ＿＿　関税減税額 ＿＿

	内消税等種別	減免税コード	内消税減税額		内消税等種別	減免税コード	内消税減税額
1				2			
3				4			
5				6			

〈02欄〉 品目番号 （b） 品名 原産地 CN －
数量1 － 数量2 － 輸入令別表 蔵置種別等
BPR係数 運賃按分 課税価格 － （g）
関税減免税コード 関税減税額

内消税等種別	減免税コード	内消税減税額	内消税等種別	減免税コード	内消税減税額
1			2		
3			4		
5			6		

〈03欄〉 品目番号 （c） 品名 原産地 CN －
数量1 － 数量2 － 輸入令別表 蔵置種別等
BPR係数 運賃按分 課税価格 － （h）
関税減免税コード 関税減税額

内消税等種別	減免税コード	内消税減税額	内消税等種別	減免税コード	内消税減税額
1			2		
3			4		
5			6		

〈04欄〉 品目番号 （d） 品名 原産地 CN －
数量1 － 数量2 － 輸入令別表 蔵置種別等
BPR係数 運賃按分 課税価格 － （i）
関税減免税コード 関税減税額

内消税等種別	減免税コード	内消税減税額	内消税等種別	減免税コード	内消税減税額
1			2		
3			4		
5			6		

〈05欄〉 品目番号 （e） 品名 原産地 CN －
数量1 － 数量2 － 輸入令別表 蔵置種別等
BPR係数 運賃按分 課税価格 － （j）
関税減免税コード 関税減税額

内消税等種別	減免税コード	内消税減税額	内消税等種別	減免税コード	内消税減税額
1			2		
3			4		
5			6		

別紙３

実勢外国為替相場の週間平均値
（1米ドルに対する円相場）

期　　間			週間平均値
令和XX. 8.28	～	令和XX. 9. 3	¥105.00
令和XX. 9. 4	～	令和XX. 9.10	¥105.20
令和XX. 9.11	～	令和XX. 9.17	¥105.40
令和XX. 9.18	～	令和XX. 9.24	¥106.00
令和XX. 9.25	～	令和XX.10. 1	¥106.20

第42類　革製品及び動物用装着具並びに旅行用具、ハンドバッグその他これらに類する容器並びに腸の製品

Chapter 42　Articles of leather; saddlery and harness; travel goods, handbags and similar containers; articles of animal gut (other than silk-worm gut)

注

1　(省略)

2　この類には、次の物品を含まない。

(d)　第64類の物品

4　第42.03項において衣類及び衣類附属品には、手袋、ミトン及びミット(運動用又は保護用のものを含む。)、エプロンその他の保護衣類、ズボンつり、ベルト、負い革並びに腕輪(時計用のものを除く。第91.13項参照)を含む。

Notes.

1.- (省略)

2.- This Chapter does not cover:

(d) Articles of Chapter 64;

4.- For the purposes of heading 42.03, the expression "articles of apparel and clothing accessories" applies, *inter alia*, to gloves, mittens and mitts (including those for sport or for protection), aprons and other protective clothing, braces, belts, bandoliers and wrist straps, but excluding watch straps (heading 91.13).

番号 No.	統計細分 Stat. Code No.	NACCS用	品名	税率 Rate of Duty 基本 General	協定 WTO	特恵 Preferential	暫定 Temporary	単位 Unit	Description
42.03			**衣類及び衣類附属品(革製又はコンポジションレザー製のものに限る。)**						**Articles of apparel and clothing accessories, of leather or of composition leather:**
4203.10			**衣類**						**Articles of apparel:**
	100	0	1 毛皮をトリミングとして使用したもの及び貴金属、これを張り若しくはめつきした金属、貴石、半貴石、真珠、さんご、ぞうげ又はべつこうを使用したもの	40%	16%			DZ KG	1 Trimmed with furskin or combined or trimmed with precious metal, metal clad with precious metal, metal plated with precious metal, precious stones, semi-precious stones, pearls, coral, elephants' tusks or Bekko
	200	2	2 その他のもの	12.5%	10%			DZ KG	2 Other
			手袋、ミトン及びミット						**Gloves, mittens and mitts:**
4203.21			**特に運動用に製造したもの**						**Specially designed for use in sports:**
	100	3	1 毛皮付きのもの及び貴金属、これを張り若しくはめつきした金属、貴石、半貴石、真珠、さんご、ぞうげ又はべつこうを使用したもの	40%	16%			DZ KG	1 Containing furskin or combined or trimmed with precious metal, metal clad with precious metal, metal plated with precious metal, precious stones, semi-precious stones, pearls, coral, elephants' tusks or Bekko
			2 その他のもの	12.5%	(12.5%)				2 Other:
	210	1	ー野球用のもの					DZ KG	In baseball
	290	4	ーその他のもの					DZ KG	Other
4203.29			**その他のもの**						**Other:**
			1 毛皮付きのもの及び貴金属、これを張り若しくはめつきした金属、貴石、半貴石、真珠、さんご、ぞうげ又はべつこうを使用したもの	40%					1 Containing furskin or combined or trimmed with precious metal, metal clad with precious metal, metal plated with precious metal, precious stones, semi-precious stones, pearls, coral, elephants' tusks or Bekko:
	110	5	ー革製のもの		14%			DZ KG	Of leather
	190	1	ーコンポジションレザー製のもの		16%			DZ KG	Of composition leather
	200	4	2 その他のもの	10%	(10%)			DZ KG	2 Other

第64類　履物及びゲートルその他これに類する物品並びにこれらの部分品

Chapter 64　Footwear, gaiters and the like; parts of such articles

注

1　この類には、次の物品を含まない。

(f)　がん具の靴及びアイススケート又はローラースケートを取り付けたスケート靴並びにすね当てその他これに類する保護用スポーツウエア（第95類参照）

Notes.

1.- This Chapter does not cover:

(f) Toy footwear or skating boots with ice or roller skates attached; shin-guards or similar protective sportswear (Chapter 95).

号注

1　第6402.12号、第6402.19号、第6403.12号、第6403.19号及び第6404.11号においてスポーツ用の履物は、次の物品に限る。

(a)（省略）

(b)　スケート靴、スキー靴（クロスカントリー用のものを含む。）、スノーボードブーツ、レスリングシューズ、ボクシングシューズ及びサイクリングシューズ

Subheading Note.

1.- For the purposes of subheadings 6402.12, 6402.19, 6403.12, 6403.19 and 6404.11, the expression "sports footwear" applies only to:

(a)（省略）

(b) skating boots, ski-boots and cross-country ski footwear, snow-board boots, wrestling boots, boxing boots and cycling shoes.

番号 No.	統計細分 Stat. Code No.	NACCS用	品名	税率 Rate of Duty 基本 General	協定 WTO	特恵 Preferential	暫定 Temporary	単位 Unit	Description
64.01			**防水性の履物（本底及び甲がゴム製又はプラスチック製のものに限るものとし、縫合、リベット締め、くぎ打ち、ねじ締め、プラグ止めその他これらに類する方法により甲を底に固定し又は組み立てたものを除く。）**						Waterproof footwear with outer soles and uppers of rubber or of plastics, the uppers of which are neither fixed to the sole nor assembled by stitching, riveting, nailing, screwing, plugging or similar processes:
6401.10			**履物（保護用の金属製トーキャップを有するものに限る。）**						Footwear incorporating a protective metal toe-cap:
	010	1	1 スキー靴	27%	(27%)			PR KG	1 Ski-boots
	090	4	2 その他のもの	20%	6.7%			PR KG	2 Other
			その他の履物						Other footwear:
6401.92			**くるぶしを覆うもの（ひざを覆うものを除く。）**						Covering the ankle but not covering the knee:
	010	3	1 スキー靴	27%	(27%)			PR KG	1 Ski-boots
	090	6	2 その他のもの	20%	6.7%			PR KG	2 Other
6401.99	000	†	**その他のもの**	20%	•6.7% ～8%			PR KG	Other
64.02			**その他の履物（本底及び甲がゴム製又はプラスチック製のものに限る。）**						Other footwear with outer soles and uppers of rubber or plastics:
			スポーツ用の履物						Sports footwear:
6402.12			**スキー靴（クロスカントリー用のものを含む。）及びスノーボードブーツ**						Ski-boots, cross-country ski footwear and snowboard boots:
	010	4	1 スキー靴	27%	(27%)			PR KG	1 Ski-boots
	090	0	2 スノーボードブーツ	20%	8%			PR KG	2 Snowboard boots
6402.19	000	1	**その他のもの**	20%	6.7%			PR KG	Other

番号 No.	統計細分 Stat. Code No.	NACCS用	品名	税率 Rate of Duty 基本 General	協定 WTO	特恵 Preferential	暫定 Temporary	単位 Unit	Description
6402.20	000	0	**履物(甲の部分のストラップ又はひもを底にプラグ止めしたものに限る。)**	20%	6.7%			PR KG	Footwear with upper straps or thongs assembled to the sole by means of plugs
			その他の履物						Other footwear:
6402.91	000	†	**くるぶしを覆うもの**	20%	•6.7% ～8%			PR KG	Covering the ankle
6402.99			**その他のもの**	20%					Other:
	010	†	－短靴		•6.7% ～8%			PR KG	Shoes
			－サンダル		•6.7% ～10%				Sandals:
	021	†	－－かかとを覆わないもの					PR KG	Not covering the heels
	029	†	－－その他のもの					PR KG	Other
	090	†	－その他のもの		•6.7% ～10%			PR KG	Other
64.03			**履物(本底がゴム製、プラスチック製、革製又はコンポジションレザー製で、甲が革製のものに限る。)**						Footwear with outer soles of rubber, plastics, leather or composition leather and uppers of leather:
			スポーツ用の履物						Sports footwear:
6403.12			**スキー靴(クロスカントリー用のものを含む。)及びスノーボードブーツ**						Ski-boots, cross-country ski footwear and snowboard boots:
	010	2	1 本底がゴム製、革製又はコンポジションレザー製のもの	27%	(27%)	×無税 Free		PR KG	1 With outer soles of rubber, leather or composition leather
	090	5	2 その他のもの	30%	(30%)	×無税 Free		PR KG	2 Other
6403.19			**その他のもの**						Other:
	010	2	1 本底がゴム製、革製又はコンポジションレザー製のもの	27%	(27%)	×無税 Free		PR KG	1 With outer soles of rubber, leather or composition leather
	090	5	2 その他のもの	30%	(30%)	×無税 Free		PR KG	2 Other

第95類 玩具、遊戯用具及び運動用具並びにこれらの部分品及び附属品

Chapter 95 Toys, games and sports requisites; parts and accessories thereof

注
1 この類には、次の物品を含まない。

Notes.
1.- This Chapter does not cover:

(g) 第64類のスポーツ用の履物（アイススケート又はローラースケートを取り付けたスケート靴を除く。）及び第65類の運動用帽子

(g) Sports footwear (other than skating boots with ice or roller skates attached) of Chapter 64, or sports headgear of Chapter 65;

(w) ラケット用ガット、テントその他のキャンプ用品並びに手袋、ミトン及びミット（構成する材料により該当する項に属する。）

(w) Racket strings, tents or other camping goods, or gloves, mittens and mitts (classified according to their constituent material); or

番号 No.	統計細分 Stat. Code No.	NACCS用	品名	税率 Rate of Duty 基本 General	協定 WTO	特恵 Preferential	暫定 Temporary	単位 Unit	Description
95.04			**ビデオゲーム用のコンソール及び機器、テーブルゲーム用又は室内遊戯用の物品（ピンテーブル、ビリヤード台、カジノ用に特に製造したテーブル及びボーリングアレー用自動装置を含む。）並びに硬貨、銀行券、バンクカード、トークンその他の支払手段により作動する娯楽用の機械**						Video game consoles and machines, table or parlour games, including pintables, billiards, special tables for casino games and automatic bowling equipment, amusement machines operated by coins, banknotes, bank cards, tokens or by any other means of payment:
9504.20	000	5	**ビリヤード用の物品及び附属品**	無税 Free	(無税) (Free)			KG	Articles and accessories for billiards of all kinds
9504.30	000	2	**その他のゲーム用のもの（硬貨、銀行券、バンクカード、トークンその他の支払手段により作動するものに限るものとし、ボーリングアレー用自動装置を除く。）**	無税 Free	(無税) (Free)			NO KG	Other games, operated by coins, banknotes, bank cards, tokens or by any other means of payment, other than automatic bowling alley equipment
9504.40	000	6	**遊戯用カード**	3.8%	3.2%	無税 Free		ST KG	Playing cards
9504.50	000	3	**ビデオゲーム用のコンソール又は機器（第9504.30号の物品を除く。）**	無税 Free	(無税) (Free)			KG	Video game consoles and machines, other than those of subheading 9504.30
9504.90			**その他のもの**						Other:
	020	4	1 ボーリングボール	4.6%	無税 Free	無税 Free		NO KG	1 Bowling balls
	010	1	2 チェスその他のテーブルゲーム用具並びにその部分品及び附属品	3.8%	無税 Free	無税 Free		NO KG	2 Articles for chess or other table games and parts and accessories thereof
	090	4	3 その他のもの	無税 Free	(無税) (Free)			NO KG	3 Other

番号 No.	統計細分 Stat. Code No.	NACCS用	品名	税率 Rate of Duty 基本 General	協定 WTO	特恵 Preferential	暫定 Temporary	単位 Unit	Description
95.06			身体トレーニング、体操、競技その他の運動(卓球を含む。)又は戸外遊戯に使用する物品(この類の他の項に該当するものを除く。)及び水泳用又は水遊び用のプール						Articles and equipment for general physical exercise, gymnastics, athletics, other sports (including table-tennis) or outdoor games, not specified or included elsewhere in this Chapter; swimming pools and paddling pools:
			スキーその他のスキー用具						Snow-skis and other snow-ski equipment:
9506.11	000	3	スキー	無税 Free	(無税) (Free)			PR KG	Skis
9506.12	000	2	スキーの締め具	無税 Free	(無税) (Free)			KG	Ski-fastenings (ski-bindings)
9506.19	000	2	その他のもの	無税 Free	(無税) (Free)			KG	Other
			水上スキー、サーフボード、セールボードその他の水上運動用具						Water-skis, surf-boards, sailboards and other water-sport equipment:
9506.21	000	0	セールボード	無税 Free	(無税) (Free)			NO KG	Sailboards
9506.29	000	6	その他のもの	無税 Free	(無税) (Free)			NO KG	Other
			ゴルフクラブその他のゴルフ用具						Golf clubs and other golf equipment:
9506.31	000	4	クラブ(完成品に限る。)	無税 Free	(無税) (Free)			NO KG	Clubs, complete
9506.32	000	3	ボール	無税 Free	(無税) (Free)			NO	Balls
9506.39	000	3	その他のもの	無税 Free	(無税) (Free)			KG	Other
9506.40	000	2	卓球用具	無税 Free	(無税) (Free)			KG	Articles and equipment for table-tennis
			テニスラケット、バドミントンラケットその他これらに類するラケット(ガットを張つてあるかないかを問わない。)						Tennis, badminton or similar rackets, whether or not strung:
9506.51			テニスラケット(ガットを張つてあるかないかを問わない。)	無税 Free	(無税) (Free)				Lawn-tennis rackets, whether or not strung:
	010	1	－テニスラケット(部分品及び附属品を除く。)					NO	Lawn-tennis rackets, excluding parts and accessories
	090	4	－その他のもの					NO KG	Other
9506.59	000	4	その他のもの	無税 Free	(無税) (Free)			NO KG	Other
			ボール(ゴルフ用又は卓球用のボールを除く。)						Balls, other than golf balls and table-tennis balls:
9506.61	000	2	テニスボール	3.8%	3.2%	無税 Free		NO KG	Lawn-tennis balls
9506.62	000	1	空気入れ式のもの	3.8%	3.2%	無税 Free		NO KG	Inflatable
9506.69	000	1	その他のもの	3.8%	3.2%	無税 Free		NO KG	Other
9506.70	000	0	アイススケート及びローラースケート(これらを取り付けたスケート靴を含む。)	無税 Free	(無税) (Free)			PR KG	Ice skates and roller skates, including skating boots with skates attached
			その他のもの						Other:
9506.91	000	0	身体トレーニング用具、体操用具及び競技用具	無税 Free	(無税) (Free)			KG	Articles and equipment for general physical exercise, gymnastics or athletics
9506.99	000	6	その他のもの	無税 Free	(無税) (Free)			NO KG	Other

チェック欄		

第3問　輸入（納税）申告（解答・P.395）

別紙１の仕入書及び下記事項により、米国から万年筆等を輸入する場合の輸入（納税）申告を輸出入・港湾関連情報処理システム（NACCS）を使用して行う場合について、以下の問いに答えなさい。

(1) 別紙２の輸入申告事項登録画面の品目番号欄（（ａ）～（ｅ））に入力すべき品目番号を、関税率表の解釈に関する通則に従い、別冊の「実行関税率表」（抜粋）を参照して、下の選択肢から選び、その番号をマークしなさい。

(2) 別紙２の輸入申告事項登録画面の課税価格の右欄（（ｆ）～（ｊ））に入力すべき申告価格（関税定率法第４条から第４条の９まで（課税価格の計算方法）の規定により計算される課税価格に相当する価格）の額をマークしなさい。

記

1　品目番号が同一であるものがある場合は、これらを一欄にとりまとめる。

2　品目番号が異なるものの申告価格が20万円以下のもの（下記3において「少額貨物」という。）については、これらを関税が有税である品目と無税である品目とに分けて、それぞれを一括して一欄にとりまとめる。

　なお、この場合に輸入申告事項登録画面に入力すべき品目番号は、以下のとおりとする。

(1) 有税である品目については、一欄にとりまとめた品目のうち関税率が最も高いものの品目番号とし、10桁目は「X」とする。

(2) 無税である品目については、一欄にとりまとめた品目のうち申告価格が最も大きいものの品目番号とし、10桁目は「X」とする。

3　品目番号欄（（ａ）～（ｅ））には、少額貨物以外のものについて、申告価格（上記１によりとりまとめたものについては、その合計額。）の大きいものから順に入力するものとする。

　なお、上記2によりとりまとめた少額貨物については、少額貨物以外のものを入力した後に入力するものとし、当該少額貨物が二欄以上となる場合には、そのとりまとめたものの合計額の大きいものから順に入力するものとする。

4　課税価格の右欄（（ｆ）～（ｊ））には、別紙１の仕入書に記載された価格に下記6から8までの費用のうち申告価格に算入すべきものを加算した額を本邦通貨に換算した後の額を入力することとする。なお、１円未満の端数がある場合は、これを切り捨てる。

5　米ドル建価格の本邦通貨への換算は、別紙3の「実勢外国為替相場の週間平均値」を参照して行う。

6　輸入者（買手）が今回輸入する万年筆等の仕入書価格は、輸入者が輸出者（売手）の委任を受けて輸出者の日本事務所の事務所経費を負担したことに伴い、輸出者から当該費用である7,000米ドルが相殺された後の価格となっている。

7　輸入者は、今回輸入する万年筆等の本邦到着までの運賃及び保険料としてG/W1kgにつき1.30米ドルを本邦において支払う。

8　輸入者は、輸出者との取決めにより万年筆等の商標権者に対して商標権の使用に伴う対価として仕入書価格の５％のロイヤルティを支払うことになっている。

9　上記6から8までの費用を申告価格に算入する場合の申告価格への振り分けは価格按分とする。

10　申告年月日は、令和XX年７月24日とする。

① 9608.10-0106	② 9608.20-0000	③ 9608.20-000X	④ 9608.30-1006
⑤ 9608.40-0104	⑥ 9608.91-0006	⑦ 9608.91-000X	⑧ 9608.99-0101
⑨ 9608.99-010X	⑩ 9608.99-0904	⑪ 9608.99-090X	⑫ 9609.10-0104
⑬ 9609.10-0900	⑭ 9609.10-090X	⑮ 9609.90-0005	

別紙1

INVOICE

Seller
VICTORIA TRADING Corp.
650 Central Avenue
Suite 11 New York, NY
549238 U. S. A.

Invoice No. and Date
VTC-10037 Jun. 3rd, 20XX

Reference No. ZT-8193

Buyer ZAIMU TRADING Co., Ltd. 1-1, 3-Chome, Kasumigaseki Chiyoda-ku, Tokyo, Japan	**Country of Origin** : U. S. A. **L/C No.** **Date**
Vessel Echigo Maru / **On or About** Jun. 17th, 20XX **From** New York, U. S. A. / **Via**	**Issuing Bank**
To Tokyo, Japan	**Payment Terms: T/T**

Marks and Nos.	Description of Goods	Quantity DZ	Unit Price per DZ	Amount FOB US$
	Fountain pens, with holders & caps, made of precious metal	70	250.00	17,500.00
	Pen nibs for dip pens	30	55.50	1,665.00
ZTC	Ball point pens, with holders, made of precious metal	100	180.50	18,050.00
TOKYO Made in U. S. A.	Felt tipped pens, of pencil-type	50	37.50	1,875.00
	Crayons, with green leads encased in a sheath	10	191.00	1,910.00
	Propelling pencils, with holders, made of precious metal	100	210.50	21,050.00
	Parts for propelling pencils	50	38.00	1,900.00

Total : FOB New York US$63,950.00

Total : 60 CARTONS
N/W : 900 kgs
G/W : 1,100 kgs

VICTORIA TRADING Corp.
(Signature)

別紙２

輸入申告事項登録（輸入申告）

共通部 | 繰返部

申告番号

大額／少額 L　申告等種別 C　申告先種別　貨物識別　識別符号

あて先官署　あて先部門　申告等予定年月日

輸入者　ZAIMU TRADING CO.,LTD.

住所　TOKYO TO CHIYODA KU KASUMIGASEKI 3-1-1

電話

蔵置場所　一括申告　申告等予定者

B/L番号 1　2

3　4

5

貨物個数 60　CT　貨物重量（グロス） 1100　KGM

貨物の記号等 AS PER ATTACHED SHEET

積載船（機） －ECHIGO MARU　入港年月日

船（取）卸港 JPTYO　積出地 USNYC －　貿易形態別符号　コンテナ本数

仕入書識別　電子仕入書受付番号　仕入書番号 VTC-10037

仕入書価格 A－FOB－－

輸入申告事項登録（輸入申告）

共通部 | **繰返部**

〈01欄〉 品目番号 （a）　品名　原産地 US－

数量1 －　数量2 －　輸入令別表　蔵置種別等

BPR係数　運賃按分　課税価格 －（f）

関税減免税コード　関税減税額

内消税等種別	減免税コード	内消税減税額	内消税等種別	減免税コード	内消税減税額
1			2		
3			4		
5			6		

〈02欄〉 品目番号 (b) 品名 原産地 US －
数量1 － 数量2 － 輸入令別表 蔵置種別等
BPR係数 運賃按分 課税価格 － (g)
関税減免税コード 関税減税額

内消税等種別	減免税コード	内消税減税額	内消税等種別	減免税コード	内消税減税額
1			2		
3			4		
5			6		

〈03欄〉 品目番号 (c) 品名 原産地 US －
数量1 － 数量2 － 輸入令別表 蔵置種別等
BPR係数 運賃按分 課税価格 － (h)
関税減免税コード 関税減税額

内消税等種別	減免税コード	内消税減税額	内消税等種別	減免税コード	内消税減税額
1			2		
3			4		
5			6		

〈04欄〉 品目番号 (d) 品名 原産地 US －
数量1 － 数量2 － 輸入令別表 蔵置種別等
BPR係数 運賃按分 課税価格 － (i)
関税減免税コード 関税減税額

内消税等種別	減免税コード	内消税減税額	内消税等種別	減免税コード	内消税減税額
1			2		
3			4		
5			6		

〈05欄〉 品目番号 (e) 品名 原産地 US －
数量1 － 数量2 － 輸入令別表 蔵置種別等
BPR係数 運賃按分 課税価格 － (j)
関税減免税コード 関税減税額

内消税等種別	減免税コード	内消税減税額	内消税等種別	減免税コード	内消税減税額
1			2		
3			4		
5			6		

別冊　実行関税率表（抜粋）

第96類　雑品　　**Chapter 96　Miscellaneous manufactured articles**

番号 No.	統計細分 Stat. Code No.	NACCS用	品名	税率 Rate of Duty 基本 General	協定 WTO	特恵 Preferential	暫定 Temporary	単位 Unit	Description
96.08			**ボールペン、フェルトペンその他の浸透性のペン先を有するペン及びマーカー、万年筆その他のペン、鉄筆、シャープペンシル並びにペン軸、ペンシルホルダーその他これらに類するホルダー並びにこれらの部分品（キャップ及びクリップを含むものとし、第96.09項の物品を除く。）**						**Ball point pens; felt tipped and other porous-tipped pens and markers; fountain pens, stylograph pens and other pens; duplicating stylos; propelling or sliding pencils; pen-holders, pencil-holders and similar holders; parts (including caps and clips) of the foregoing articles, other than those of heading 96.09:**
9608.10			**ボールペン**						**Ball point pens:**
	010	6	1 軸又はキャップに貴金属、これを張り若しくはめっきした金属、貴石、半貴石、真珠、さんご、ぞうげ又はべっこうを使用したもの	無税 Free	(無税) (Free)			NO	1 With holders or caps, made of, or combined with, precious metal, metal clad with precious metal, metal plated with precious metal, precious or semi-precious stones, pearls, coral, elephants' tusks or Bekko
	090	2	2 その他のもの	6%又は1.51円/本のうちいずれか高い税率 6% or 1.51yen/piece, whichever is the greater	5%又は1.25円/本のうちいずれか高い税率 5% or 1.25yen/piece, whichever is the greater	無税 Free		NO	2 Other
9608.20	000	0	**フェルトペンその他の浸透性のペン先を有するペン及びマーカー**	4.6%	3.9%	無税 Free		NO	**Felt tipped and other porous-tipped pens and markers**
9608.30			**万年筆その他のペン**						**Fountain pens, stylograph pens and other pens:**
	100	6	1 軸又はキャップに貴金属、これを貼り若しくはめっきした金属、貴石、半貴石、真珠、さんご、象牙又はべっこうを使用したもの	無税 Free	(無税) (Free)			NO	1 With holders or caps, made of, or combined with, precious metal, metal clad with precious metal, metal plated with precious metal, precious or semi-precious stones, pearls, coral, elephants' tusks or Bekko
	200	1	2 その他のもの	6.6%	5.4%	無税 Free		NO	2 Other
9608.40			**シャープペンシル**						**Propelling or sliding pencils:**
	010	4	1 軸又はキャップに貴金属、これを張り若しくはめっきした金属、貴石、半貴石、真珠、さんご、ぞうげ又はべっこうを使用したもの	無税 Free	(無税) (Free)			NO	1 With holders or caps, made of, or combined with, precious metal, metal clad with precious metal, metal plated with precious metal, precious or semi-precious stones, pearls, coral, elephants' tusks or Bekko
	090	0	2 その他のもの	6.6%	5.4%	無税 Free		NO	2 Other
9608.50	000	5	**第9608.10号から第9608.40号までの二以上の号の物品をセットにしたもの**	6%	5%	無税 Free		NO	**Sets of articles from two or more of the foregoing subheadings**
9608.60	000	2	**ボールペン用中しん(ポイント及びインク貯蔵部から成るものに限る。)**	6%又は0.60円/本のうちいずれか高い税率 6% or 0.60yen/piece, whichever is the greater	5%又は0.50円/本のうちいずれか高い税率 5% or 0.50yen/piece, whichever is the greater	無税 Free		NO	**Refills for ball point pens, comprising the ball point and ink-reservoir**
			その他のもの						**Other:**

番号 No.	統計細分 Stat. Code No.	NACCS用	品名	税率 Rate of Duty 基本 General	協定 WTO	特恵 Preferential	暫定 Temporary	単位 Unit	Description
9608.91	000	6	**ペン先及びニブポイント**	無税 Free	(無税) (Free)			TH	Pen nibs and nib points
9608.99			**その他のもの**	4.1%	3.4%	無税 Free			Other:
	010	1	－ボールペン又はシャープペンシルの部分品及び附属品(ボールペン用中しんを除く。)					KG	Parts and accessories of ball point pens or of propelling or sliding pencils, other than refills for ball point pens
	090	4	－その他のもの					KG	Other
96.09			**鉛筆(第96.08項のシャープペンシルを除く。)、クレヨン、鉛筆の芯、パステル、図画用木炭、テーラースチョーク及び筆記用又は図画用のチョーク**						Pencils (other than pencils of heading 96.08), crayons, pencil leads, pastels, drawing charcoals, writing or drawing chalks and tailors' chalks:
9609.10			**鉛筆及びクレヨン(さやの中に芯を入れたものに限る。)**	無税 Free	(無税) (Free)				Pencils and crayons, with leads encased in a sheath:
	010	4	－黒芯のもの					KG	With black leads
	090	0	－その他のもの					KG	Other
9609.20	000	5	**鉛筆の芯(色を問わない。)**	無税 Free	(無税) (Free)			KG	Pencil leads, black or coloured
9609.90	000	5	**その他のもの**	無税 Free	(無税) (Free)			KG	Other

別紙3

実勢外国為替相場の週間平均値
(1米ドルに対する円相場)

期間	週間平均値
令和XX. 6.14 ～ 令和XX. 6.20	¥79.28
令和XX. 6.21 ～ 令和XX. 6.27	¥79.35
令和XX. 6.28 ～ 令和XX. 7. 4	¥79.51
令和XX. 7. 5 ～ 令和XX. 7.11	¥79.70
令和XX. 7.12 ～ 令和XX. 7.18	¥80.03

チェック欄

第４問 輸入（納税）申告（解答・P.397）

別紙１の仕入書及び下記事項により、米国から銅及びその製品を輸入する場合の輸入（納税）申告を輸出入・港湾関連情報処理システム（NACCS）を使用して行う場合について、以下の問いに答えなさい。

（1）別紙２の輸入申告事項登録画面の品目番号欄（（ａ）～（ｅ））に入力すべき品目番号を、関税率表の解釈に関する通則に従い、別冊の「実行関税率表」（抜粋）及び「関税率表解説」（抜粋）を参照して、下の選択肢から選び、その番号をマークしなさい。

（2）別紙２の輸入申告事項登録画面の課税価格の右欄（（ｆ）～（ｊ））に入力すべき申告価格（関税定率法第４条から第４条の９まで（課税価格の計算方法）の規定により計算される課税価格に相当する価格）の額をマークしなさい。

記

1　別紙１の仕入書に記載されている品目に品目番号が同一であるものがある場合には、これらを一の品目番号にとりまとめる。

2　品目番号ごとの申告価格が20万円以下であるもの（上記１によりとりまとめたものを含む。下記４において「少額貨物」という。）がある場合には、その品目番号が異なるものであっても、これらを関税が有税である品目と無税である品目に分けて、それぞれを一括して一欄にとりまとめる。

3　上記２による場合に輸入申告事項登録画面に入力すべき品目番号は、次のとおりとする。

（1）有税である品目については、上記２によりとりまとめる前の品目のうち関税率が最も高いもの（同一の関税率が適用される場合は申告価格（上記１によりとりまとめたものについては、その合計額）が最も大きいもの）の品目番号とし、10桁目は「X」とする。

（2）無税である品目については、上記２によりとりまとめる前の品目のうち申告価格（上記１によりとりまとめたものについては、その合計額）が最も大きいものの品目番号とし、10桁目は「X」とする。

4　輸入申告事項登録画面に入力する品目番号（（ａ）～（ｅ））は、少額貨物以外のものについて、その品目番号ごとの申告価格（上記１によりとりまとめたものについては、その合計額）の大きいものから順に入力するものとする。

なお、上記２及び３によりとりまとめた少額貨物については、少額貨物以外のものを入力した後に入力するものとし、当該少額貨物が二欄以上となる場合には、そのとりまとめたものの合計額の大きいものから順に入力するものとする。

5　輸入申告事項登録画面の課税価格の右欄（（ｆ）～（ｊ））には、別紙１の仕入書に記載されている価格に、下記８の費用が申告価格に算入すべきものである場合にはその額を加算した額（本邦通貨に換算した後の額を入力するものとする。なお、１円未満の端数がある場合は、これを切り捨てる。

6　米ドル建価格の本邦通貨への換算は、別紙３の「実勢外国為替相場の週間平均値」を参照して行う。

7　別紙１の仕入書に記載されている銅及びその製品の商品説明は、次のとおりである。

①　金メッキなどの表面処理をしていないものである。

②　「Coffee pots of copper」は、加熱源を有していない。

8　輸入者（買手）は、輸出者（売手）との取決めにより、本邦の輸入港までの運賃及び保険料としてG/W1kg当たり1.10米ドルを本邦において支払う。また、輸入者は、輸出者との取決めにより、今回輸入する銅及びその製品の輸入取引の成立のために輸入者と輸出者との仲介業務を行った者に対して、その報酬として仕入書価格の10％の仲介料を支払う。

9　上記８の費用を申告価格に算入する場合の申告価格への振り分けは価格按分とする。

10　申告年月日は、令和XX年９月18日とする。

輸入（納税）申告

① 7403.19-021†	② 7403.21-000X	③ 7403.22-010X	④ 7403.29-0101
⑤ 7403.29-0204	⑥ 7403.29-0300	⑦ 7409.40-000X	⑧ 7409.90-0002
⑨ 7418.10-0001	⑩ 7418.20-0005	⑪ 7419.80-0006	⑫ 8306.21-0006
⑬ 8306.29-0005	⑭ 8310.00-0005	⑮ 8310.00-000X	

別紙３

実勢外国為替相場の週間平均値
（1米ドルに対する円相場）

期　　間	週間平均値
令和XX. 8.26 ～ 令和XX. 9. 1	¥80.30
令和XX. 9. 2 ～ 令和XX. 9. 8	¥80.00
令和XX. 9. 9 ～ 令和XX. 9.15	¥79.95
令和XX. 9.16 ～ 令和XX. 9.22	¥79.75
令和XX. 9.23 ～ 令和XX. 9.29	¥79.90

別紙１

INVOICE

Seller
NY Metal Corp.
282 Park Avenue, Bronx
New York, U.S.A. 10451

Invoice No. and Date
NMC-7721 Aug. 16th, 20XX

Reference No. ZTC-5996

Buyer ZAIMU TRADING Co.,Ltd. 1-1, 3-Chome, Kasumigaseki Chiyoda-ku, Tokyo, JAPAN	**Country of Origin** : U.S.A.
	L/C No. **Date**
Vessel NYW Vessel **On or About** Aug. 27th, 20XX	**Issuing Bank**
From New York, U.S.A. **Via**	
To Tokyo, JAPAN	**Payment Terms: T/T**

Marks and Nos.	Description of Goods	Quantity	Unit Price per kg, pc or sheet	Amount FOB US$
NYC Tokyo Made in U.S.A.	Copper alloys(unwrought), containing Copper 91%, Zinc 4%, Nickel 3% & Tin 2%	360 kgs	5.50	1,980.00
	Copper alloys(unwrought), containing Copper 78%, Nickel 18%, Tin 2% & Zinc 2%	8,510 kgs	10.00	85,100.00
	Copper alloys(unwrought), containing Copper 85%, Zinc 9%, Tin 5% & Nickel 1%	400 kgs	5.20	2,080.00
	Bronze statuettes, miniature replica of "Statue of Liberty"	24 pcs	4,375.00	105,000.00
	Sheets of copper-nickel base alloys, of a thickness 0.5mm, not coiled Square : 500mm × 500mm	190 sheets	11.00	2,090.00
	Coffee pots of copper, capacity of 700ml	230 pcs	62.50	14,375.00
	Brass door-plates (name-plates for houses)	98 pcs	22.00	2,156.00

Total : FOB New York US$ 212,781.00

Total : 150 Bandles & 35 Cases
N/W : 9,950.00 kgs
G/W : 10,612.50 kgs

NY Metal Corp.
(Signature)

別紙2

輸入申告事項登録(輸入申告)

共通部 繰返部

申告番号

大額/少額 L　申告等種別 C　申告先種別　貨物識別　識別符号

あて先官署　あて先部門　申告等予定年月日

輸入者　ZAIMU TRADING CO.,LTD.

住所　TOKYO TO CHIYODA KU KASUMIGASEKI 3-1-1

電話

蔵置場所　一括申告　申告等予定者

B/L番号 1　2

3　4

5

貨物個数 185　PK　貨物重量(グロス) 10612.5　KGM

貨物の記号等 AS PER ATTACHED SHEET

積載船(機) － NYW VESSEL　入港年月日

船(取)卸港 JPTYO　積出地 USNYC －　貿易形態別符号　コンテナ本数

仕入書識別　電子仕入書受付番号　仕入書番号 NMC-7721

仕入書価格 A － FOB － －

輸入申告事項登録(輸入申告)

共通部 **繰返部**

〈01欄〉 品目番号 (a)　品名　原産地 US －

数量1 －　数量2 －　輸入令別表　蔵置種別等

BPR係数　運賃按分　課税価格 － (f)

関税減免税コード　関税減免税額

内消税等種別	減免税コード	内消税減税額	内消税等種別	減免税コード	内消税減税額
1			2		
3			4		
5			6		

〈02欄〉 品目番号 （b） 品名 原産地 US －
数量1 － 数量2 － 輸入令別表 蔵置種別等
BPR係数 運賃按分 課税価格 － （g）
関税減免税コード 関税減税額

内消税等種別	減免税コード	内消税減税額	内消税等種別	減免税コード	内消税減税額
1			2		
3			4		
5			6		

〈03欄〉 品目番号 （c） 品名 原産地 US －
数量1 － 数量2 － 輸入令別表 蔵置種別等
BPR係数 運賃按分 課税価格 － （h）
関税減免税コード 関税減税額

内消税等種別	減免税コード	内消税減税額	内消税等種別	減免税コード	内消税減税額
1			2		
3			4		
5			6		

〈04欄〉 品目番号 （d） 品名 原産地 US －
数量1 － 数量2 － 輸入令別表 蔵置種別等
BPR係数 運賃按分 課税価格 － （i）
関税減免税コード 関税減税額

内消税等種別	減免税コード	内消税減税額	内消税等種別	減免税コード	内消税減税額
1			2		
3			4		
5			6		

〈05欄〉 品目番号 （e） 品名 原産地 US －
数量1 － 数量2 － 輸入令別表 蔵置種別等
BPR係数 運賃按分 課税価格 － （j）
関税減免税コード 関税減税額

内消税等種別	減免税コード	内消税減税額	内消税等種別	減免税コード	内消税減税額
1			2		
3			4		
5			6		

別冊　　実行関税率表（抜粋）

第15部

卑金属及びその製品

注

1　(省略)

2　この表において「汎用性の部分品」とは、次の物品をいう。

(a)　第73.07項、第73.12項、第73.15項、第73.17項又は第73.18項の物品及び非鉄卑金属製のこれらに類する物品(内科用、外科用、歯科用又は獣医科用の物品で専らインプラントに使用するために特に設計されたもの(第90.21項参照)を除く。)

(b)　卑金属製のばね及びばね板(時計用ばね(第91.14項参照)を除く。)

(c)　第83.01項、第83.02項、第83.08項又は第83.10項の製品並びに第83.06項の卑金属製の縁及び鏡

第73類から第76類まで及び第78類から第82類まで(第73.15項を除く。)において部分品には、(a)から(c)までに定める汎用性の部分品を含まない。

第二文及び第83類の注1の規定に従うことを条件として、第72類から第76類まで及び第78類から第81類までの物品には、第82類又は第83類の物品を含まない。

3～5　(省略)

6　この表において卑金属には、文脈により別に解釈される場合を除くほか、5の規定によりそれぞれの卑金属の合金とされるものを含む。

7～8　(省略)

9　第74類から第76類まで及び第78類から第81類までにおいて次の用語の意義は、それぞれ次に定めるところによる。

(a)～(c)　(省略)

(d)　「板」、「シート」、「ストリップ」及び「はく」とは、均一な厚さを有し、かつ、中空でない平板状の製品(巻いてあるかないかを問わないものとし、塊を除く。)で、横断面が長方形(角を丸めてあるかないかを問わないものとし、横断面の一の相対する辺が凸の円弧で、他の相対する辺が長さの等しい平行な直線から成る変形した長方形を含み、正方形を除く。)のもののうち次のものをいう。

長方形(正方形を含む。)のもので厚さが幅の10分の1以下のもの

長方形(正方形を含む。)以外のもの(大きさを問わない。)で他の項の物品の特性を有しないもの

板、シート、ストリップ及びはくには、模様(例えば、溝、リブ、市松、滴、ボタン及びひし形)を有し、穴をあけ、波形にし、研磨し又は被覆したもので、他の項の物品の特性を有しないものを含む。

Section XV

Base metals and articles of base metal

Notes.

1.- (省略)

2.- Throughout the Nomenclature, the expression "parts of general use" means:

(a) Articles of heading 73.07, 73.12, 73.15, 73.17 or 73.18 and similar articles of other base metal, other than articles specially designed for use exclusively in implants in medical, surgical, dental or veterinary sciences (heading 90.21);

(b) Springs and leaves for springs, of base metal, other than clock or watch springs (heading 91.14); and

(c) Articles of headings 83.01, 83.02, 83.08, 83.10 and frames and mirrors, of base metal, of heading 83.06.

In Chapters 73 to 76 and 78 to 82 (but not in heading 73.15) references to parts of goods do not include references to parts of general use as defined above.

Subject to the preceding paragraph and to Note 1 to Chapter 83, the articles of Chapter 82 or 83 are excluded from Chapters 72 to 76 and 78 to 81.

3.～5.　(省略)

6.- Unless the context otherwise requires, any reference in the Nomenclature to a base metal includes a reference to alloys which, by virtue of Note 5 above, are to be classified as alloys of that metal.

7.～8.　(省略)

9.- For the purposes of Chapters 74 to 76 and 78 to 81, the following expressions have the meanings hereby assigned to them:

(a)～(c)　(省略)

(d) Plates, sheets, strip and foil

Flat-surfaced products (other than the unwrought products), coiled or not, of solid rectangular (other than square) cross-section with or without rounded corners (including "modified rectangles" of which two opposite sides are convex arcs, the other two sides being straight, of equal length and parallel) of a uniform thickness, which are:

- of rectangular (including square) shape with a thickness not exceeding one-tenth of the width;
- of a shape other than rectangular or square, of any size, provided that they do not assume the character of articles or products of other headings.

Headings for plates, sheets, strip, and foil apply, *inter alia*, to plates, sheets, strip, and foil with patterns (for example, grooves, ribs, chequers, tears, buttons, lozenges) and to such products which have been perforated, corrugated, polished or coated, provided that they do not thereby assume the character of articles or products of other headings.

第74類　銅及びその製品

注
1　この類において次の用語の意義は、それぞれ次に定めるところによる。
(a)「精製銅」とは、銅の含有量が全重量の99.85％以上である金属及び銅の含有量が全重量の97.5％以上であり、かつ、銅以外の元素の含有量が全重量に対してそれぞれ次の表に掲げる限度を超えない金属をいう。

元　　素	全重量に対する限度（％）
銀（Ag）	0.25
砒素（As）	0.5
カドミウム（Cd）	1.3
クロム（Cr）	1.4
マグネシウム（Mg）	0.8
鉛（Pb）	1.5
硫黄（S）	0.7
すず（Sn）	0.8
テルル（Te）	0.8
亜鉛（Zn）	1
ジルコニウム（Zr）	0.3
その他の各元素（＊）	0.3

＊　その他の各元素とは、例えば、アルミニウム、ベリリウム、コバルト、鉄、マンガン、ニッケル及びけい素をいう。

(b)「銅合金」とは、含有する元素のうち銅の重量が最大の金属（粗銅を除く。）で次のいずれかのものをいう。
(i)　銅以外の元素の少なくとも一の含有量が全重量に対してそれぞれ(a)の表に掲げる限度を超えるもの
(ii)　銅以外の元素の含有量の合計が全重量の2.5％を超えるもの
(c)「マスターアロイ」とは、銅と他の元素の合金（銅の含有量が全重量の10％を超えるものに限る。）で、実用上圧延及び鍛造のいずれにも適せず、かつ、通常その他の合金の製造の際の添加用又は非鉄金属の冶金の際の脱酸用、脱硫用その他これらに類する用途に供するものをいう。ただし、りんの含有量が全重量の15％を超えるりん銅は、第28.53項に属する。

号注
1　この類において次の用語の意義は、それぞれ次に定めるところによる。
(a)「銅・亜鉛合金（黄銅）」とは、銅と亜鉛の合金（銅及び亜鉛以外の元素を含有するかしないかを問わない。）をいうものとし、銅及び亜鉛以外の元素を含有する場合には、次のすべての要件を満たすものをいう。
銅以外の含有する元素のうち亜鉛の重量が最大であること。
ニッケルの含有量が全重量の5％未満であること（銅・ニッケル・亜鉛合金（洋白）参照）。
すずの含有量が全重量の3％未満であること（銅・すず合金（青銅）参照）。
(b)「銅・すず合金（青銅）」とは、銅とすずの合金（銅及びすず以外の元素を含有するかしないかを問わない。）をいうものとし、銅及びすず以外の元素を含有する場合には、銅以外の含有する元素のうちすずの重量が最大であるものをいう。ただし、すずの含有量が全重量の3％以上であり、かつ、亜鉛の含有量が全重量の10％未満である場合には、含有する亜鉛の重量がすずの重量を超えるものも含む。
(c)「銅・ニッケル・亜鉛合金（洋白）」とは、銅とニッケルと亜鉛の合金（銅、ニッケル及び亜鉛以外の元素を含有するかしないかを問わない。）で、ニッケルの含有量が全重量の5％以上のものをいう（銅・亜鉛合金（黄銅）参照）。

Chapter 74　Copper and articles thereof

Note.
1.- In this Chapter the following expressions have the meanings hereby assigned to them:
(a) Refined copper
Metal containing at least 99.85% by weight of copper; or
Metal containing at least 97.5% by weight of copper, provided that the content by weight of any other element does not exceed the limit specified in the following table:

TABLE - Other elements

Element		Limiting content % by weight
Ag	Silver	0.25
As	Arsenic	0.5
Cd	Cadmium	1.3
Cr	Chromium	1.4
Mg	Magnesium	0.8
Pb	Lead	1.5
S	Sulphur	0.7
Sn	Tin	0.8
Te	Tellurium	0.8
Zn	Zinc	1
Zr	Zirconium	0.3
Other elements*, each		0.3

* Other elements are, for example, Al, Be, Co, Fe, Mn, Ni, Si.

(b) Copper alloys
Metallic substances other than unrefined copper in which copper predominates by weight over each of the other elements, provided that:
(i) the content by weight of at least one of the other elements is greater than the limit specified in the foregoing table; or
(ii) the total content by weight of such other elements exceeds 2.5%.
(c) Master alloys
Alloys containing with other elements more than 10% by weight of copper, not usefully malleable and commonly used as an additive in the manufacture of other alloys or as de-oxidants, de-sulphurising agents or for similar uses in the metallurgy of non-ferrous metals. However, copper phosphide (phosphor copper) containing more than 15% by weight of phosphorus falls in heading 28.53.

Subheading Note.
1.- In this Chapter the following expressions have the meanings hereby assigned to them:
(a) Copper-zinc base alloys (brasses)
Alloys of copper and zinc, with or without other elements. When other elements are present:
- zinc predominates by weight over each of such other elements;
- any nickel content by weight is less than 5% (see copper-nickel-zinc alloys (nickel silvers)); and
- any tin content by weight is less than 3% (see copper-tin alloys (bronzes)).

(b) Copper-tin base alloys (bronzes)
Alloys of copper and tin, with or without other elements. When other elements are present, tin predominates by weight over each of such other elements, except that when the tin content is 3% or more the zinc content by weight may exceed that of tin but must be less than 10%.

(c) Copper-nickel-zinc base alloys (nickel silvers)
Alloys of copper, nickel and zinc, with or without other elements. The nickel content is 5% or more by weight (see copper-zinc alloys (brasses)).

(d) 「銅・ニッケル合金」とは、銅とニッケルの合金(銅及びニッケル以外の元素を含有するかしないかを問わないものとし、亜鉛の含有量が全重量の1%以下のものに限る。)をいうものとし、銅及びニッケル以外の元素を含有する場合には、銅以外の元素のうちニッケルの重量が最大であるものをいう。

(d) Copper-nickel base alloys
Alloys of copper and nickel, with or without other elements but in any case containing by weight not more than 1% of zinc. When other elements are present, nickel predominates by weight over each of such other elements.

番号 No.	統計細分 Stat. Code No.	NACCS用	品名	税率 Rate of Duty 基本 General	協定 WTO	特恵 Preferential	暫定 Temporary	単位 Unit	Description
74.03			**精製銅又は銅合金の塊**						Refined copper and copper alloys, unwrought:
			精製銅						Refined copper:
7403.11			**陰極銅及びその切断片**						Cathodes and sections of cathodes:
	010	†	1 課税価格が1キログラムにつき485円以下のもの	15円 (yen)/kg	3%	2.4% ×無税 Free		KG	1 Not more than 485 yen/kg in value for customs duty
	020	†	2 課税価格が1キログラムにつき485円を超え500円以下のもの	(500円－課税価格)/kg (500yen－the value for customs duty)/kg	3%	2.4%又は((500円－課税価格)×0.8)/kgのうちいずれか低い税率 2.4% or ((500yen－the value for customs duty)×0.8)/kg, whichever is the less ×無税 Free		KG	2 More than 485 yen/kg but not more than 500 yen/kg in value for customs duty
	030	4	3 課税価格が1キログラムにつき500円を超えるもの	無税 Free	(無税) (Free)			KG	3 More than 500 yen/kg in value for customs duty
7403.12			**ワイヤバー**						Wire-bars:
	010	†	1 課税価格が1キログラムにつき485円以下のもの	15円 (yen)/kg	3%	2.4% ×無税 Free		KG	1 Not more than 485 yen/kg in value for customs duty
	020	†	2 課税価格が1キログラムにつき485円を超え500円以下のもの	(500円－課税価格)/kg (500yen－the value for customs duty)/kg	3%	2.4%又は((500円－課税価格)×0.8)/kgのうちいずれか低い税率 2.4% or ((500yen－the value for customs duty)×0.8)/kg, whichever is the less ×無税 Free		KG	2 More than 485 yen/kg but not more than 500 yen/kg in value for customs duty
	030	3	3 課税価格が1キログラムにつき500円を超えるもの	無税 Free	(無税) (Free)			KG	3 More than 500 yen/kg in value for customs duty

番号 No.	統計細分 Stat. Code No.	NACCS用	品名	税率 Rate of Duty 基本 General	協定 WTO	特恵 Preferential	暫定 Temporary	単位 Unit	Description
7403.13			**ビレット**						**Billets:**
	010	†	1 課税価格が１キログラムにつき485円以下のもの	15円 (yen)/kg	3%	2.4% ×無税 Free		KG	1 Not more than 485 yen/kg in value for customs duty
	020	†	2 課税価格が１キログラムにつき485円を超え500円以下のもの	(500円－課税価格)/kg (500 yen－the value for customs duty)/kg	3%	2.4%又は((500円－課税価格)×0.8)/kgのうちいずれか低い税率 2.4% or ((500 yen－the value for customs duty)×0.8)/kg, whichever is the less ×無税 Free		KG	2 More than 485 yen/kg but not more than 500 yen/kg in value for customs duty
	030	2	3 課税価格が１キログラムにつき500円を超えるもの	無税 Free	(無税) (Free)			KG	3 More than 500 yen/kg in value for customs duty
7403.19			**その他のもの**						**Other:**
			1 課税価格が１キログラムにつき485円以下のもの	15円 (yen)/kg	3%				1 Not more than 485 yen/kg in value for customs duty:
	011	†	－精錬用のもの(銅の含有量が全重量の99.8%以下のものに限る。)			無税 Free		KG	Containing not more than 99.8 % by weight of copper and used for smelting or refining
	019	†	－その他のもの			2.4% ×無税 Free		KG	Other
			2 課税価格が１キログラムにつき485円を超え500円以下のもの	(500円－課税価格)/kg (500 yen－the value for customs duty)/kg	3%				2 More than 485 yen/kg but not more than 500 yen/kg in value for customs duty:
	021	†	－精錬用のもの(銅の含有量が全重量の99.8%以下のものに限る。)			無税 Free		KG	Containing not more than 99.8 % by weight of copper and used for smelting or refining
	029	†	－その他のもの			2.4%又は((500円－課税価格)×0.8)/kgのうちいずれか低い税率 2.4% or ((500 yen－the value for customs duty)×0.8)/kg, whichever is the less ×無税 Free		KG	Other
	030	3	3 課税価格が１キログラムにつき500円を超えるもの	無税 Free	(無税) (Free)			KG	3 More than 500 yen/kg in value for customs duty
			銅合金						**Copper alloys:**

番号 No.	統計細分 Stat. Code No.	NACCS用	品名	税率 Rate of Duty 基本 General	協定 WTO	特恵 Preferential	暫定 Temporary	単位 Unit	Description
7403.21	000	6	**銅・亜鉛合金(黄銅)**	無税 Free	(無税) (Free)			KG	**Copper-zinc base alloys (brass)**
7403.22			**銅・すず合金(青銅)**						**Copper-tin base alloys (bronze):**
	010	1	1 課税価格が1キログラムにつき485円以下のもの	15円 (yen)/kg	3%	無税 Free		KG	1 Not more than 485 yen/kg in value for customs duty
	020	4	2 課税価格が1キログラムにつき485円を超え500円以下のもの	(500円－課税価格)/kg (500 yen－the value for customs duty)/kg	3%	無税 Free		KG	2 More than 485 yen/kg but not more than 500 yen/kg in value for customs duty
	030	0	3 課税価格が1キログラムにつき500円を超えるもの	無税 Free	(無税) (Free)			KG	3 More than 500 yen/kg in value for customs duty
7403.29			**その他の銅合金(第74.05項のマスターアロイを除く。)**						**Other copper alloys (other than master alloys of heading 74.05):**
	010	1	1 課税価格が1キログラムにつき485円以下のもの	15円 (yen)/kg	3%	無税 Free		KG	1 Not more than 485 yen/kg in value for customs duty:
	020	4	2 課税価格が1キログラムにつき485円を超え500円以下のもの	(500円－課税価格)/kg (500 yen－the value for customs duty)/kg	3%	無税 Free		KG	2 More than 485 yen/kg but not more than 500 yen/kg in value for customs duty:
	030	0	3 課税価格が1キログラムにつき500円を超えるもの	無税 Free	(無税) (Free)			KG	3 More than 500 yen/kg in value for customs duty

番号 No.	統計細分 Stat. Code No.	NACCS用	品名	税率 Rate of Duty 基本 General	協定 WTO	特恵 Preferential	暫定 Temporary	単位 Unit	Description
74.09			銅の板、シート及びストリップ（厚さが0.15ミリメートルを超えるものに限る。）						Copper plates, sheets and strip, of a thickness exceeding 0.15 mm:
			精製銅のもの						Of refined copper:
7409.11	000	4	巻いたもの	5.2%	3%	1.8% ×無税 Free		KG	In coils
7409.19	000	3	その他のもの	5.2%	3%	1.8% ×無税 Free		KG	Other
			銅・亜鉛合金（黄銅）のもの						Of copper-zinc base alloys (brass):
7409.21	000	1	巻いたもの	4.8%	3%	無税 Free		KG	In coils
7409.29	000	0	その他のもの	4.8%	3%	無税 Free		KG	Other
			銅・すず合金（青銅）のもの						Of copper-tin base alloys (bronze):
7409.31	000	5	巻いたもの	4.8%	3%	無税 Free		KG	In coils
7409.39	000	4	その他のもの	4.8%	3%	無税 Free		KG	Other
7409.40	000	3	銅・ニッケル合金（白銅）又は銅・ニッケル・亜鉛合金（洋白）のもの	4.6%	3%	1.8% ×無税 Free		KG	Of copper-nickel base alloys (cupro-nickel) or copper-nickel-zinc base alloys (nickel silver)
7409.90	000	2	その他の銅合金のもの	4.8%	3%	1.8% ×無税 Free		KG	Of other copper alloys
74.18			食卓用品、台所用品その他の家庭用品及びその部分品（銅製のものに限る。）、銅製の瓶洗い、ポリッシングパッド、ポリッシンググラブその他これらに類する製品並びに衛生用品及びその部分品（銅製のものに限る。）						Table, kitchen or other household articles and parts thereof, of copper; pot scourers and scouring or polishing pads, gloves and the like, of copper; sanitary ware and parts thereof, of copper:
7418.10	000	1	食卓用品、台所用品その他の家庭用品及びその部分品並びに瓶洗い、ポリッシングパッド、ポリッシンググラブその他これらに類する製品	無税 Free	(無税) (Free)			KG	Table, kitchen or other household articles and parts thereof; pot scourers and scouring or polishing pads, gloves and the like
7418.20	000	5	衛生用品及びその部分品	無税 Free	(無税) (Free)			KG	Sanitary ware and parts thereof
74.19			その他の銅製品						Other articles of copper:
7419.20	000	3	鋳造、型打ち又は鍛造をしたもの（更に加工したものを除く。）	無税 Free	(無税) (Free)			KG	Cast, moulded, stamped or forged, but not further worked
7419.80	000	6	その他のもの	無税 Free	(無税) (Free)			KG	Other

第83類　各種の卑金属製品

注
1　この類において卑金属製の部分品は、本体が属する項に属する。ただし、第73.12項、第73.15項、第73.17項、第73.18項又は第73.20項の鉄鋼製品及びこれに類する物品で鉄鋼以外の卑金属製のもの(第74類から第76類まで又は第78類から第81類までのものに限る。)は、この類の物品の部分品とはしない。
2　(省略)

Chapter 83　Miscellaneous articles of base metal

Notes.
1.- For the purposes of this Chapter, parts of base metal are to be classified with their parent articles. However, articles of iron or steel of heading 73.12, 73.15, 73.17, 73.18 or 73.20, or similar articles of other base metal (Chapters 74 to 76 and 78 to 81) are not to be taken as parts of articles of this Chapter.
2.- (省略)

番号 No.	統計細分 Stat. Code No.	NACCS用	品名	税率 Rate of Duty 基本 General	協定 WTO	特恵 Preferential	暫定 Temporary	単位 Unit	Description
83.06			卑金属製のベル、ゴングその他これらに類する物品(電気式のものを除く。)、小像その他の装飾品、額縁その他これに類するフレーム及び鏡						Bells, gongs and the like, non-electric, of base metal; statuettes and other ornaments, of base metal; photograph, picture or similar frames, of base metal; mirrors of base metal:
8306.10	000	3	ベル、ゴングその他これらに類する物品	無税 Free	(無税) (Free)			KG	Bells, gongs and the like
			小像その他の装飾品						Statuettes and other ornaments:
8306.21	000	6	貴金属をめつきしたもの	4.6%	3.1%	無税 Free		KG	Plated with precious metal
8306.29	000	5	その他のもの	4.6%	3.1%	無税 Free		KG	Other
8306.30	000	4	額縁その他これに類するフレーム及び鏡	4.6%	3.1%	無税 Free		KG	Photograph, picture or similar frames; mirrors
83.10									
8310.00	000	5	卑金属製のサインプレート、ネームプレート、アドレスプレートその他これらに類するプレート及び数字、文字その他の標章(第94.05項のものを除く。)	無税 Free	(無税) (Free)			KG	Sign-plates, name-plates, address-plates and similar plates, numbers, letters and other symbols, of base metal, excluding those of heading 94.05

関税率表解説(抜粋)

第73類
鉄鋼製品

73.23　食卓用品、台所用品その他の家庭用品及びその部分品(鉄鋼製のものに限る。)、鉄鋼のウール並びに鉄鋼製の瓶洗い、ポリッシングパッド、ポリッシンググラブその他これらに類する製品

(省略)

(Ａ)食卓用品、台所用品その他の家庭用品及びその部分品

これらには、この表の他の項においてより特殊な限定をして記載されている物品を除き、台所用、食卓用その他の家庭用に供する広範囲の鉄鋼製品を含む。これらは、ホテル、レストラン、下宿屋、病院、酒保、兵営等で使用される同様な物品を含む。これらは、鋳鉄又は鉄鋼のシート、板、帯、ストリップ、線、ワイヤグリル、ワイヤクロス等から、鋳込み、鍛造、打抜き等の各種の方法で製造される。また、他の材料製のふた、取手その他の部分品及び附属品を有するものであっても、鉄鋼製品としての特性を有するものは、この項に属する。

このグループには、次の物品を含む。

(１)台所用品

ソースパン、蒸し器、圧力がま、保存用なべ、シチューなべ、キャセロール、魚なべ、たらい、フライパン、ロースト用又はベーカリー用の皿及びプレート、鉄格子及びオーブン(加熱部分を結合するように作ってないもの)、やかん、うらごし器、フライ用のかご、ゼリー又はペーストリー用の型、水さし、家庭用ミルク入れ、台所用の貯蔵用缶及び容器類(パン入れ、茶入れ、砂糖入れ等)、サラダ洗浄具、台所用容量測定具、皿かけ、漏斗等

(２)食卓用品

盆、皿、プレート、スープ皿、野菜皿、ソース入れ、砂糖入れ、バター皿、ミルク又はクリーム入れ、オードブル用皿、コーヒーポット及びパーコレーター(加熱源を有する家庭用のものを除く。73.21)、ティーポット、カップ、マグ、タンブラー、卵入れ、フィンガーボウル、パン又は果物の皿及びかご、ティーポット用の台、茶こし、薬味入れ、ナイフ置き、ワイン冷却用のバケツ等、ワイン給仕用の台、ナプキンリング、テーブルクロスをはさむためのクリップ等

(３)その他の家庭用品

洗たく用の大がま及びボイラー(加熱器具を有しないもの)、ごみ箱及び移動式ごみ箱(戸外用のものを含む。)、バケツ、石炭入れ、水おけ、灰皿、熱湯用びん、びん用かご、移動式くつ拭き、アイロン台、洗たくかご、果物かご、野菜かご等、手紙入れ、洋服掛け、くつの保存型、弁当箱等

この項には、上記物品の鉄鋼製部分品(例えば、ふた、にぎり、柄、圧力がま用の部分品等)を含む。

第74類
銅及びその製品

74.18　食卓用品、台所用品その他の家庭用品及びその部分品(銅製のものに限る。)、銅製の瓶洗い、ポリッシングパッド、ポリッシンググラブその他これらに類する製品並びに衛生用品及びその部分品(銅製のものに限る。)

(省略)

73.21項、73.23項及び73.24項の解説は、この項において準用する。

この項には、銅製の加熱器具(調理用その他家庭用に供する種類のものに限る。)を含む。例えば、通常、旅行用、キャンプ用等、また、時には家庭用に供する小型の加熱器具(例えばガソリン、パラフィン、アルコール等を使用するストーブ)がある。また、この項には、73.22項の解説に記載された家庭用器具を含む。

チェック欄		

第５問 輸入（納税）申告（解答・P.400）

別紙１の仕入書及び下記事項により、米国から特殊織物等を輸入する場合の輸入（納税）申告を輸出入・港湾関連情報処理システム（NACCS）を使用して行う場合について、以下の問いに答えなさい。

(1)別紙２の輸入申告事項登録画面の品目番号欄（(ａ)～(ｅ)）に入力すべき品目番号を、関税率表の解釈の解釈に関する通則に従い、別冊の「実行関税率表」（抜粋）を参照して、下の選択肢から選び、その番号をマークしなさい。

(2)別紙２の輸入申告事項登録画面の課税価格の右欄（(ｆ)～(ｊ)）に入力すべき申告価格（関税定率法第４条から第４条の９まで（課税価格の計算方法）の規定により計算される課税価格に相当する価格）の額をマークしなさい。

記

1　品目番号が同一であるものがある場合は、これらを一欄にとりまとめる。

2　品目番号が異なるものであっても、それぞれの申告価格が20万円以下である場合には、これらを一括して一欄にとりまとめ、この場合に入力すべき品目番号の10桁目は「X」とする。

3　品目番号欄（(ａ)～(ｅ)）には、申告価格（上記１及び２によりとりまとめたものについては、その合計額）の大きいものから順に入力するものとする。

4　課税価格の右欄（(ｆ)～(ｊ)）には、別紙１の仕入書に記載された価格に下記７及び８の費用のうち申告価格に算入すべきものを加算した額を本邦通貨に換算した後の額を入力することとする。なお、１円未満の端数がある場合は、これを切り捨てる。

5　米ドル建価格の本邦通貨への換算は、別紙３の「実勢外国為替相場の週間平均値」を参照して行う。

6　別紙１の仕入書に記載されている特殊織物等の商品説明は、次のとおりである。

(1) メリヤス編み又はクロセ編みのものではない。

(2) 織物類でプラスチックを染み込ませたものは、第59類注２ (a)ただし書きに該当するものではない。なお、Gauzeは第58類注３に該当するものである。

7　輸入者（買手）は輸出者（売手）とのFAS条件（輸出国の指定港船側渡し条件）に従って輸出者から輸入貨物の引渡しを受けた後、輸出国の船会社と業務委託契約を締結し、本邦への輸出に際して本船への積込み及び輸入港までの運送業務を委託し、その費用としてUS$2,390.00を本邦において支払う。

8　輸入者は、輸出者との取決めにより、輸入する特殊織物等の意匠を開発した意匠権者に対し意匠権の使用の対価として、仕入書価格の合計額の２%に相当する額のロイヤルティを支払う。

9　上記７及び８の費用を申告価格に算入する場合の申告価格への振り分けは価格按分とする。

10　申告年月日は、令和XX年10月17日とする。

① 5801.21-0100	② 5801.22-0106	③ 5801.22-010X	④ 5801.22-0202
⑤ 5803.00-1105	⑥ 5803.00-1901	⑦ 5804.29-0225	⑧ 5804.29-022X
⑨ 5806.10-0005	⑩ 5806.10-000X	⑪ 5806.31-0005	⑫ 5901.10-0004
⑬ 5901.90-0001	⑭ 5903.10-0000	⑮ 5903.20-0004	

別紙 1

INVOICE

Seller
NY Corp.
161, River Avenue, Bronx
New York 10452, U. S. A.

Invoice No. and Date
NYP-1128 Aug. 16th, 20XX

Reference No. ZT-2854

Buyer ZAIMU TRADING Co.,Ltd. 1-1, 3-Chome, Kasumigaseki Chiyoda-ku, Tokyo, JAPAN	**Country of Origin** : U. S. A.
	L/C No. **Date**
Vessel Nippon Maru **On or About** Aug. 30th, 20XX	**Issuing Bank**
From New York, U. S. A. **Via**	
To Tokyo, JAPAN	**Payment Terms: T/T**

Marks and Nos.	Description of Goods	Quantity Roll	Unit Price per Roll	Amount FAS US$
	Gauze of cotton 85%, having the warp of acetate fibres 15%, provided with gummed selvedges on both edges Roll size: 30cm×9m	24	357.00	8,568.00
	Gauze of cotton 70%, having both the warp and the weft of viscose rayon and other threads containing of ramie Roll size: 45cm×10m	38	460.00	17,480.00
ZTC	Woven pile fabrics of cotton (cut corduroy), provided with woven selvedges on both edges Roll size: 20cm×8m	8	212.50	1,700.00
Tokyo Made in U. S. A.	Lace in the piece (in strips) of silk, mechanically made Roll size: 35cm×1m	10	188.00	1,880.00
	Tracing cloth of synthetic fibres Roll size: 55cm×11m	7	293.00	2,051.00
	Gauze of cotton, impregnated with polyurethane Roll size: 40cm×14m	5	310.00	1,550.00
	Woven pile fabrics of cotton (cut corduroy), impregnated with poly(vinyl chloride) Roll size: 44cm×9m	4	470.00	1,880.00
	Woven pile fabrics of cotton (cut corduroy), impregnated with polyurethane, bias binding with folded edges, of a width when unfolded 29cm Roll size: 29cm×15m	13	156.00	2,028.00

Total : FAS NEW YORK US$37,137.00

Total : 55 cartons
N/W : 2,172.72 kgs
G/W : 2,390.00 kgs

NY Corp.
(Signature)

別紙２

輸入申告事項登録（輸入申告）

共通部 繰返部

申告番号

大額／少額 L　申告等種別 C　申告先種別　貨物識別　識別符号

あて先官署　あて先部門　申告等予定年月日

輸入者　ZAIMU TRADING CO.,LTD.

住所　TOKYO TO CHIYODA KU KASUMIGASEKI 3-1-1

電話

蔵置場所　一括申告　申告等予定者

B/L番号 1　2

3　4

5

貨物個数 55 CT　貨物重量（グロス）2390 KGM

貨物の記号等 AS PER ATTACHED SHEET

積載船（機）－ NIPPON MARU　入港年月日

船（取）卸港 JPTYO　積出地 USNYC －　貿易形態別符号　コンテナ本数

仕入書識別　電子仕入書受付番号　仕入書番号 NYP-1128

仕入書価格 A － FAS － －

輸入申告事項登録（輸入申告）

共通部 **繰返部**

〈01欄〉 品目番号 （a）　品名　原産地 US －

数量１ －　数量２ －　輸入令別表　蔵置種別等

BPR係数　運賃按分　課税価格 － （f）

関税減免税コード　関税減税額

内消税等種別	減免税コード	内消税減税額	内消税等種別	減免税コード	内消税減税額
1			2		
3			4		
5			6		

〈02欄〉 品目番号 （b） 品名 原産地 US －
数量1 － 数量2 － 輸入令別表 蔵置種別等
BPR係数 運賃按分 課税価格 － （g）
関税減免税コード 関税減税額

内消税等種別	減免税コード	内消税減税額	内消税等種別	減免税コード	内消税減税額
1			2		
3			4		
5			6		

〈03欄〉 品目番号 （c） 品名 原産地 US －
数量1 － 数量2 － 輸入令別表 蔵置種別等
BPR係数 運賃按分 課税価格 － （h）
関税減免税コード 関税減税額

内消税等種別	減免税コード	内消税減税額	内消税等種別	減免税コード	内消税減税額
1			2		
3			4		
5			6		

〈04欄〉 品目番号 （d） 品名 原産地 US －
数量1 － 数量2 － 輸入令別表 蔵置種別等
BPR係数 運賃按分 課税価格 － （i）
関税減免税コード 関税減税額

内消税等種別	減免税コード	内消税減税額	内消税等種別	減免税コード	内消税減税額
1			2		
3			4		
5			6		

〈05欄〉 品目番号 （e） 品名 原産地 US －
数量1 － 数量2 － 輸入令別表 蔵置種別等
BPR係数 運賃按分 課税価格 － （j）
関税減免税コード 関税減税額

内消税等種別	減免税コード	内消税減税額	内消税等種別	減免税コード	内消税減税額
1			2		
3			4		
5			6		

別冊　実行関税率表（抜粋）

第54類　人造繊維の長繊維並びに人造繊維の織物及びストリップその他これに類する人造繊維製品

注

1　この表において「人造繊維」とは、次の繊維をいう。

(a)　有機単量体の重合により製造した短繊維及び長繊維（例えば、ポリアミド、ポリエステル、ポリオレフィン又はポリウレタンのもの）、又は、この工程により得た重合体を化学的に変性させることにより製造した短繊維及び長繊維（例えば、ポリ（酢酸ビニル）を加水分解することにより得たポリ（ビニルアルコール））

(b)　繊維素その他の天然有機重合体を溶解し若しくは化学的に処理することにより製造した短繊維及び長繊維（例えば、銅アンモニアレーヨン（キュプラ）及びビスコースレーヨン）、又は、繊維素、カゼイン及びその他のプロテイン、アルギン酸その他の天然有機重合体を化学的に変性させることにより製造した短繊維及び長繊維（例えば、アセテート及びアルギネート）

この場合において、「合成繊維」とは(a)の繊維をいうものとし、「再生繊維又は半合成繊維」又は場合により「再生繊維若しくは半合成繊維」とは(b)の繊維をいう。第54.04項又は第54.05項のストリップその他これに類する物品は、人造繊維とみなさない。

人造繊維、合成繊維及び再生繊維又は半合成繊維の各用語は、材料の語とともに使用する場合においてもそれぞれ前記の意味と同一の意味を有する。

Chapter 54　Man-made filaments; strip and the like of man-made textile materials

Notes.

1.- Throughout the Nomenclature, the term “man-made fibres” means staple fibres and filaments of organic polymers produced by manufacturing processes, either:

(a) By polymerisation of organic monomers to produce polymers such as polyamides, polyesters, polyolefins or polyurethanes, or by chemical modification of polymers produced by this process (for example, poly(vinyl alcohol) prepared by the hydrolysis of poly(vinyl acetate)); or

(b) By dissolution or chemical treatment of natural organic polymers (for example, cellulose) to produce polymers such as cuprammonium rayon (cupro) or viscose rayon, or by chemical modification of natural organic polymers (for example, cellulose, casein and other proteins, or alginic acid), to produce polymers such as cellulose acetate or alginates.

The terms “synthetic” and “artificial”, used in relation to fibres, mean: synthetic: fibres as defined at (a); artificial: fibres as defined at (b). Strip and the like of heading 54.04 or 54.05 are not considered to be man-made fibres.

The terms “man-made”, “synthetic” and “artificial” shall have the same meanings when used in relation to “textile materials”.

第58類　特殊織物、タフテッド織物類、レース、つづれ織物、トリミング及びししゆう布

注

1　この類には、第59類の注1の紡織用繊維の織物類で、染み込ませ、塗布し、被覆し又は積層したもの及び第59類のその他の物品を含まない。

2　第58.01項には、よこパイル織物で、その浮糸を切らず、起毛したパイルを有しないものを含む。

3　第58.03項において「もじり織物」とは、その組織の全部又は一部において地たて糸及びこれに絡まるもじりたて糸が1本以上のよこ糸ごとに一以上の絡み目を作つているものをいう。

4　第58.04項には、第56.08項のひも又は綱から製造した結び網地を含まない。

5　第58.06項において「細幅織物」とは、次のいずれかの物品をいう。

(a)　幅が30センチメートル以下の織物(切つて幅を30センチメートル以下にしたものを含むものとし、両側に織込み、のり付けその他の方法により作つた耳を有するものに限る。)

(b)　袋織物で平らにした幅が30センチメートル以下のもの

(c)　縁を折つたバイアステープで縁を広げた幅が30センチメートル以下のもの

織物自体の糸により縁に房を付けた細幅織物は、第58.08項に属する。

Chapter 58　Special woven fabrics; tufted textile fabrics; lace; tapestries; trimmings; embroidery

Notes.

1.- This Chapter does not apply to textile fabrics referred to in Note 1 to Chapter 59, impregnated, coated, covered or laminated, or to other goods of Chapter 59.

2.- Heading 58.01 also includes woven weft pile fabrics which have not yet had the floats cut, at which stage they have no pile standing up.

3.- For the purposes of heading 58.03, "gauze" means a fabric with a warp composed wholly or in part of standing or ground threads and crossing or doup threads which cross the standing or ground threads making a half turn, a complete turn or more to form loops through which weft threads pass.

4.- Heading 58.04 does not apply to knotted net fabrics of twine, cordage or rope, of heading 56.08.

5.- For the purposes of heading 58.06, the expression "narrow woven fabrics" means:

(a) Woven fabrics of a width not exceeding 30cm, whether woven as such or cut from wider pieces, provided with selvedges (woven, gummed or otherwise made) on both edges;

(b) Tubular woven fabrics of a flattened width not exceeding 30cm; and

(c) Bias binding with folded edges, of a width when unfolded not exceeding 30cm.

Narrow woven fabrics with woven fringes are to be classified in heading 58.08.

番号 No.	統計細分 Stat. Code No.	NACCS用	品名	税率 Rate of Duty 基本 General	協定 WTO	特恵 Preferential	暫定 Temporary	単位 Unit	Description
58.01			パイル織物及びシェニール織物(第58.02項又は第58.06項の織物類を除く。)						Woven pile fabrics and chenille fabrics, other than fabrics of heading 58.02 or 58.06:
5801.10			羊毛製又は繊獣毛製のもの	6.4%					Of wool or fine animal hair:
	010	4	－絹の重量が全重量の10%を超えるもの		(6.4%)	無税 Free		SM KG	Containing more than 10 % by weight of silk
	090	0	－その他のもの		5.3%	無税 Free		SM KG	Other
			綿製のもの						Of cotton:
5801.21			よこパイル織物(パイルを切つてないものに限る。)						Uncut weft pile fabrics:
	010	0	1 プラスチック、ゴムその他の物質を染み込ませ、塗布し、被覆し又は積層したもの	4.2%	3.5%	無税 Free		SM KG	1 Impregnated, coated, covered or laminated with plastics, rubber or other substances
			2 その他のもの	5.6%		×無税 Free			2 Other:
	110	2	－経緯糸のうちいずれか一方が亜麻、ラミー、合成繊維又はアセテート繊維のもの		(5.6%)			SM KG	Having either the warp or the weft of flax, ramie, synthetic fibres or acetate fibres
	120	5	－合成繊維若しくはアセテート繊維又はこれらの繊維を合わせたものの重量が全重量の10%を超えるもの(経緯糸のうちいずれか一方が亜麻、ラミー、合成繊維又はアセテート繊維のものを除く。)		(5.6%)			SM KG	Containing more than 10 % by weight, separately or together, of synthetic fibres or acetate fibres (excluding those having either the warp or the weft of flax, ramie, synthetic fibres or acetate fibres)
	150	0	－その他のもの		3.7%			SM KG	Other

番号 No.	統計細分 Stat. Code No.	NACCS用	品名	税率 Rate of Duty 基本 General	協定 WTO	特恵 Preferential	暫定 Temporary	単位 Unit	Description
5801.22			**コール天(パイルを切つたものに限る。)**						**Cut corduroy:**
	010	6	1 プラスチック、ゴムその他の物質を染み込ませ、塗布し、被覆し又は積層したもの	4.2%	(4.2%)	無税 Free		SM KG	1 Impregnated, coated, covered or laminated with plastics, rubber or other substances
	020	2	2 その他のもの	4.5%	(4.5%)	×無税 Free		SM KG	2 Other
5801.23			**その他のよこパイル織物**						**Other weft pile fabrics:**
	010	5	1 プラスチック、ゴムその他の物質を染み込ませ、塗布し、被覆し又は積層したもの	4.2%	(4.2%)	無税 Free		SM KG	1 Impregnated, coated, covered or laminated with plastics, rubber or other substances
	020	1	2 その他のもの	4.5%	(4.5%)	×無税 Free		SM KG	2 Other
58.02			**テリータオル地その他のテリー織物(第58.06項の細幅織物類を除く。)及びタフテッド織物類(第57.03項の物品を除く。)**						**Terry towelling and similar woven terry fabrics, other than narrow fabrics of heading 58.06; tufted textile fabrics, other than products of heading 57.03:**
58.03									
5803.00			**もじり織物(第58.06項の細幅織物類を除く。)**						**Gauze, other than narrow fabrics of heading 58.06:**
			1 綿製のもの						1 Of cotton:
	110	5	(1) 経緯糸のうちいずれか一方が合成繊維又はアセテート繊維のもの	9%	7.4%	5.92% ×無税 Free		SM KG	(1) Having either the warp or the weft of synthetic fibres or acetate fibres
	120	1	(2) 合成繊維若しくはアセテート繊維又はこれらの繊維を合わせたものの重量が全重量の10%を超えるもの(経緯糸のうちいずれか一方が合成繊維又はアセテート繊維のものを除く。)	6.7%	5.6%	4.48% ×無税 Free		SM KG	(2) Containing more than 10 % by weight of synthetic fibres, of acetate fibres or of synthetic fibres and acetate fibres taken together (excluding those having either the warp or the weft of synthetic fibres or acetate fibres)
	190	1	(3) その他のもの	4.5%	3.7%	2.96% ×無税 Free		SM KG	(3) Other
			2 絹製のもの						2 Of silk:
			(1) 絹ノイル製のもの						(1) Of silk noil:
	211	1	A 経緯糸のうちいずれか一方が合成繊維又はアセテート繊維のもの	10%	8.2%	無税 Free		SM KG	A Having either the warp or the weft of synthetic fibres or acetate fibres
	219	2	B その他のもの	8%	6.6%	無税 Free		SM KG	B Other
			(2) その他のもの						(2) Other:
	291	4	A 経緯糸のうちいずれか一方が合成繊維又はアセテート繊維のもの	12.5%	8.2%	×無税 Free		SM KG	A Having either the warp or the weft of synthetic fibres or acetate fibres
	299	5	B その他のもの	10%	(10%)	×無税 Free		SM KG	B Other
	900	4	3 その他のもの	8%	6.6%	無税 Free		SM KG	3 Other

番号 No.	統計細分 Stat. Code No.	NACCS用	品名	基本 General	協定 WTO	特恵 Preferential	暫定 Temporary	単位 Unit	Description
				税率 Rate of Duty					
58.04			**チュールその他の網地(織つたもの及びメリヤス編み又はクロセ編みのものを除く。)及びレース(レース地及びモチーフに限るものとし、第60.02項から第60.06項までの編物を除く。)**						**Tulles and other net fabrics, not including woven, knitted or crocheted fabrics; lace in the piece, in strips or in motifs, other than fabrics of headings 60.02 to 60.06:**
5804.10			**チュールその他の網地**						**Tulles and other net fabrics:**
	010	5	1 プラスチック、ゴムその他の物質を染み込ませ、塗布し、被覆し又は積層したもの	4.2%	3.5%	無税 Free		KG	1 Impregnated, coated, covered or laminated with plastics, rubber or other substances
	020	1	2 その他のもの	8%	6.6%	無税 Free		KG	2 Other
			機械製のレース						**Mechanically made lace:**
5804.21			**人造繊維製のもの**						**Of man-made fibres:**
	010	1	1 プラスチック、ゴムその他の物質を染み込ませ、塗布し、被覆し又は積層したもの	4.2%	3.5%	無税 Free		KG	1 Impregnated, coated, covered or laminated with plastics, rubber or other substances
			2 その他のもの		9.1%				2 Other:
			(1) 合成繊維製のもの						(1) Of synthetic fibres:
	022	6	A リバーレース	無税 Free				KG	A Leaver lace
	023	0	B その他のもの	11.2%		無税 Free		KG	B Other
	029	6	(2) その他のもの	11.2%		無税 Free		KG	(2) Other
5804.29			**その他の紡織用繊維製のもの**						**Of other textile materials:**
	010	0	1 プラスチック、ゴムその他の物質を染み込ませ、塗布し、被覆し又は積層したもの	4.2%	3.5%	無税 Free		KG	1 Impregnated, coated, covered or laminated with plastics, rubber or other substances
			2 その他のもの						2 Other:
	021	4	(1) 綿製のもの	15.7%	12.6%	無税 Free		KG	(1) Of cotton
	022	5	(2) その他のもの	11.2%	9.1%	無税 Free		KG	(2) Other
5804.30			**手製のレース**						**Hand-made lace:**
	010	6	1 プラスチック、ゴムその他の物質を染み込ませ、塗布し、被覆し又は積層したもの	4.2%	3.5%	無税 Free		KG	1 Impregnated, coated, covered or laminated with plastics, rubber or other substances
			2 その他のもの						2 Other:
	021	3	(1) 綿製のもの	15.7%	12.6%	無税 Free		KG	(1) Of cotton
	022	4	(2) その他のもの	11.2%	9.1%	無税 Free		KG	(2) Other
58.05									
5805.00	000	3	**ゴブラン織り、フランダース織り、オービュソン織り、ボーベ織りその他これらに類する手織りのつづれ織物及びプチポワン、クロスステッチ等を使用して手針によりつづれ織り風にした織物(製品にしたものであるかないかを問わない。)**	8.4%	6.9%	無税 Free		SM KG	**Hand-woven tapestries of the type Gobelins, Flanders, Aubusson, Beauvais and the like, and needle-worked tapestries (for example, petit point, cross stitch), whether or not made up**

番号 No.	統計細分 Stat. Code No.	NACCS用	品名	税率 Rate of Duty 基本 General	協定 WTO	特恵 Preferential	暫定 Temporary	単位 Unit	Description
58.06			細幅織物(第58.07項の物品を除く。)及び接着剤により接着したたて糸のみから成る細幅織物類(ボルダック)						Narrow woven fabrics, other than goods of heading 58.07; narrow fabrics consisting of warp without weft assembled by means of an adhesive (bolducs):
5806.10	000	5	パイル織物(テリータオル地その他のテリー織物を含む。)及びシェニール織物	6.4%	5.3%	4.24% ×無税 Free		KG	Woven pile fabrics (including terry towelling and similar terry fabrics) and chenille fabrics
5806.20	000	2	その他の織物(弾性糸又はゴム糸の重量が全重量の5%以上のものに限る。)	4.8%	4%	無税 Free		KG	Other woven fabrics, containing by weight 5 % or more of elastomeric yarn or rubber thread
			その他の織物						Other woven fabrics:
5806.31	000	5	綿製のもの	9%	7.4%	5.92% ×無税 Free		KG	Of cotton
5806.32			人造繊維製のもの		5.3%				Of man-made fibres:
	010	0	1 政令で定める引張強さ及び難燃性を有するもの(幅が46ミリメートル以上のものに限る。)	無税 Free				KG	1 Having tenacity and nonflammability prescribed by a Cabinet Order, of a width of not less than 46 mm
	090	3	2 その他のもの	6.4%		4.24% ×無税 Free		KG	2 Other
5806.39	000	4	その他の紡織用繊維製のもの	6.4%	(6.4%)	5.12% ×無税 Free		KG	Of other textile materials
5806.40	000	3	接着剤により接着したたて糸のみから成る細幅織物類(ボルダック)	6.4%	5.3%	4.24% ×無税 Free		KG	Fabrics consisting of warp without weft assembled by means of an adhesive (bolducs)

第59類　染み込ませ、塗布し、被覆し又は積層した紡織用繊維の織物類及び工業用の紡織用繊維製品

Chapter 59 Impregnated, coated, covered or laminated textile fabrics; textile articles of a kind suitable for industrial use

注

1　文脈により別に解釈される場合を除くほか、この類において紡織用繊維の織物類は、第50類から第55類まで、第58.03項又は第58.06項の織物、第58.08項の組ひも及び装飾用トリミング並びに第60.02項から第60.06項までのメリヤス編物及びクロセ編物に限る。

2　第59.03項には、次の物品を含む。

(a)　紡織用繊維の織物類で、プラスチックを染み込ませ、塗布し、被覆し又は積層したもの(1平方メートルについての重量を問わず、また、当該プラスチックの性状が密又は多泡性であるものに限る。)。ただし、次の物品を除く。

(1)　染み込ませ、塗布し又は被覆したことを肉眼により判別することができない織物類(通常、第50類から第55類まで､第58類又は第60類に属する。)。この場合において、染み込ませ、塗布し又は被覆した結果生ずる色彩の変化を考慮しない。

(2)　温度15度から30度までにおいて直径が７ミリメートルの円筒に手で巻き付けたときに、き裂を生ずる物品(通常、第39類に属する。)

(3)　紡織用繊維の織物類をプラスチックの中に完全に埋め込んだ物品及び紡織用繊維の織物類の両面をすべてプラスチックで塗布し又は被覆した物品で、その結果生ずる色彩の変化を考慮することなく塗布し又は被覆したことが肉眼により判別することができるもの(第39類参照)

(4)　織物類にプラスチックを部分的に塗布し又は被覆することにより図案を表したもの(通常、第50類から第55類まで、第58類又は第60類に属する。)

(5)　紡織用繊維の織物類と多泡性のプラスチックの板、シート又はストリップとを結合したもので、当該紡織用繊維の織物類を単に補強の目的で使用したもの(第39類参照)

(6)　第58.11項の紡織用繊維の物品

(b)　第56.04項の糸、ストリップその他これらに類する物品(プラスチックを染み込ませ、塗布し又は被覆したものに限る。)から成る織物類

3～8　(省略)

Notes.

1.- Except where the context otherwise requires, for the purposes of this Chapter the expression "textile fabrics" applies only to the woven fabrics of Chapters 50 to 55 and headings 58.03 and 58.06, the braids and ornamental trimmings in the piece of heading 58.08 and the knitted or crocheted fabrics of headings 60.02 to 60.06.

2.- Heading 59.03 applies to:

(a) Textile fabrics, impregnated, coated, covered or laminated with plastics, whatever the weight per square metre and whatever the nature of the plastic material (compact or cellular), other than:

(1) Fabrics in which the impregnation, coating or covering cannot be seen with the naked eye (usually Chapters 50 to 55, 58 or 60); for the purpose of this provision, no account should be taken of any resulting change of colour;

(2) Products which cannot, without fracturing, be bent manually around a cylinder of a diameter of 7mm, at a temperature between 15℃ and 30℃ (usually Chapter 39);

(3) Products in which the textile fabric is either completely embedded in plastics or entirely coated or covered on both sides with such material, provided that such coating or covering can be seen with the naked eye with no account being taken of any resulting change of colour (Chapter 39);

(4) Fabrics partially coated or partially covered with plastics and bearing designs resulting from these treatments (usually Chapters 50 to 55, 58 or 60);

(5) Plates, sheets or strip of cellular plastics, combined with textile fabric, where the textile fabric is present merely for reinforcing purposes (Chapter 39); or

(6) Textile products of heading 58.11;

(b) Fabrics made from yarn, strip or the like, impregnated, coated, covered or sheathed with plastics, of heading 56.04.

3.～8. (省略)

番号 No.	統計細分 Stat. Code No.	NACCS用	品名	税率 Rate of Duty 基本 General	協定 WTO	特恵 Preferential	暫定 Temporary	単位 Unit	Description
59.01			書籍装丁用その他これに類する用途に供する種類の紡織用繊維の織物類でガム又はでん粉質の物質を塗布したもの、トレーシングクロス、画用カンバス及びハットファンデーション用バックラムその他これに類する硬化紡織用繊維の織物類						Textile fabrics coated with gum or amylaceous substances, of a kind used for the outer covers of books or the like; tracing cloth; prepared painting canvas; buckram and similar stiffened textile fabrics of a kind used for hat foundations:
5901.10	000	4	書籍装丁用その他これに類する用途に供する種類の紡織用繊維の織物類で、ガム又はでん粉質の物質を塗布したもの	3.9%	3.3%	無税 Free		KG	Textile fabrics coated with gum or amylaceous substances, of a kind used for the outer covers of books or the like
5901.90	000	1	その他のもの	4.8%	4%	無税 Free		KG	Other
59.02			タイヤコードファブリック(ナイロンその他のポリアミド、ポリエステル又はビスコースレーヨンの強力糸のものに限る。)						Tyre cord fabric of high tenacity yarn of nylon or other polyamides, polyesters or viscose rayon:

番号 No.	統計細分 Stat. Code No.	NACCS用	品名	税率 Rate of Duty 基本 General	協定 WTO	特恵 Preferential	暫定 Temporary	単位 Unit	Description
5902.10			**ナイロンその他のポリアミド製のもの**						**Of nylon or other polyamides:**
	010	5	1 プラスチック又はゴムを染み込ませ、塗布し、被覆し又は積層したもの	4.2%	3.5%	無税 Free		KG	1 Impregnated, coated, covered or laminated with plastics or rubber
			2 その他のもの						2 Other:
	021	2	(1) 特定合成繊維のみから成るもの並びに特定合成繊維及びアセテート繊維のみから成るもの	6.4%	5.8%	無税 Free		KG	(1) Fabrics consisting wholly of "the Specified Synthetic Fibres" or of "the Specified Synthetic Fibres" mixed with acetate fibres Note: "The Specified Synthetic Fibres" means nylon or other polyamide fibres, acrylic or modacrylic fibres, polyester fibres, polypropylene fibres, polyvinylidene chloride fibres and vinylon fibres
	022	3	(2) その他のもの	8%	6.6%	無税 Free		KG	(2) Other
5902.20			**ポリエステル製のもの**	4.2%	3.5%	無税 Free			**Of polyesters:**
	010	†	－プラスチック又はゴムを染み込ませ、塗布し、被覆し又は積層したもの					KG	Impregnated, coated, covered or laminated with plastics or rubber
	090	5	－その他のもの					KG	Other
5902.90	000	6	**その他のもの**	4.2%	3.5%	無税 Free		KG	**Other**
59.03			**紡織用繊維の織物類(プラスチックを染み込ませ、塗布し、被覆し又は積層したものに限るものとし、第59.02項のものを除く。)**						**Textile fabrics impregnated, coated, covered or laminated with plastics, other than those of heading 59.02:**
5903.10	000	0	**ポリ(塩化ビニル)を染み込ませ、塗布し、被覆し又は積層したもの**	4.2%	3.5%	無税 Free		KG	**With poly(vinyl chloride)**
5903.20	000	4	**ポリウレタンを染み込ませ、塗布し、被覆し又は積層したもの**	4.2%	3.5%	無税 Free		KG	**With polyurethane**

別紙3

実勢外国為替相場の週間平均値
(1米ドルに対する円相場)

期 間			週間平均値
令和XX. 9.23	～	令和XX. 9.29	¥98.20
令和XX. 9.30	～	令和XX. 10. 6	¥98.00
令和XX. 10. 7	～	令和XX. 10.13	¥98.65
令和XX. 10.14	～	令和XX. 10.20	¥98.55
令和XX. 10.21	～	令和XX. 10.27	¥98.60

チェック欄		

第6問 輸入(納税)申告(解答・P.403)

別紙1の仕入書及び下記事項により、米国から家庭用電気機器を輸入する場合の輸入(納税)申告を輸出入・港湾関連情報処理システム(NACCS)を使用して行う場合について、以下の問いに答えなさい。

(1) 別紙2の輸入申告事項登録画面の品目番号欄((a)～(e))に入力すべき品目番号を、関税率表の解釈に関する通則に従い、別冊の「実行関税率表」(抜粋)を参照して、下の選択肢から選び、その番号をマークしなさい。

(2) 別紙2の輸入申告事項登録画面の課税価格の右欄((f)～(j))に入力すべき申告価格(関税定率法第4条から第4条の9まで(課税価格の計算方法)の規定により計算される課税価格に相当する価格)の額をマークしなさい。

記

1　品目番号が同一であるものがある場合は、これらを一欄にとりまとめる。

2　品目番号を決定する場合において、実行関税率表のNACCS用欄に「†」の印がある場合の品目番号は、別紙3の「NACCS用品目コード(輸入)」(抜粋)に定めるNACCS用品目コード番号とする。

3　品目番号が異なるものであっても、それぞれの申告価格が20万円以下である場合には、これらを一括して一欄にとりまとめ、この場合に入力すべき品目番号の10桁目は「X」とする。

4　品目番号欄((a)～(e))には、申告価格(上記1及び2によりとりまとめたものについては、その合計額)の大きいものから順に入力するものとする。

5　課税価格の右欄((f)～(j))には、別紙1の仕入書に記載された価格に、下記の7から9まで費用のうち申告価格に算入すべきものを加算した額を本邦通貨に換算した後の額を入力することとする。なお、申告価格に1円未満の端数がある場合は、これを切り捨てる。

6　米ドル建価格の本邦通貨への換算は、別紙4の「実勢外国為替相場の週間平均値」を参照して行う。

7　輸入者(買手)は、輸出者(売手)との間の取決めにより、輸入貨物に施されているデザイン(意匠)の使用に伴う対価として、米国所在の意匠権者Wに3,750米ドルを支払う。

8　輸入者は、輸入港において船卸しされた貨物について、輸入の許可を得て引き取るまでの間、当該貨物を保税蔵置場に蔵置し、その保管料として当該蔵置場の倉庫業者に2,510米ドルを支払う。

9　輸入者は、輸入者の都合により輸入貨物の本邦における揚地を変更したため、運送人から割増料を請求され、1,185米ドルを支払う。なお、当該揚地変更に伴う費用の額は通常必要とする運賃の額を著しく超えるものではない。

10　上記7から9までの費用を申告価格に算入する場合の申告価格への振り分けは価格按分とする。

11　別紙1の仕入書に記載されている家庭用電気機器の性状等は、次のとおりである。

①　1個当たりの重量は、すべて20キログラム以下である。

②　別紙1の仕入書に記載されている「Kichen waste disposers」、「Food mixer」及び「Tooth brush」は、電動装置(モーター)を自蔵するものである。

③　仕入書に記載されているすべての家庭用電気機器には、消費税が課される。

12　申告年月日は、令和XX年7月22日とする。

① 8509.40-0001	② 8509.40-000X	③ 8509.80-000†	④ 8509.80-0003
⑤ 8509.80-0014	⑥ 8516.10-0003	⑦ 8516.21-0006	⑧ 8516.50-0101
⑨ 8516.50-0904	⑩ 8516.60-0002	⑪ 8516.60-000X	⑫ 8516.79-0026
⑬ 8516.79-090†	⑭ 8516.79-0903	⑮ 8516.80-0003	

別紙１

INVOICE

Seller
SFO ELECTRICAL MACHINERY Corp.
197 WEST GRAND AVE.
SAN FRANCISCO CA 60600 U.S.A.

Invoice No. and Date
SEM 37414 Jun. 13th, 20XX

Reference No. ZT-5431

Buyer ZAIMU TRADING Co., Ltd. 1-1, 3-Chome, Kasumigaseki Chiyoda-ku, Tokyo, JAPAN	**Country of Origin**：U. S. A. **L/C No.** **Date**
Vessel Hoya Maru / **On or About** Jun. 19th, 20XX	**Issuing Bank**
From San Francisco, U.S.A. / **Via**	
To Tokyo, JAPAN	**Payment Terms: T/T**

Marks and Nos.	Description of Goods	Quantity PC	Unit Price per PC	Amount CIF US$
	Kitchen waste disposers	50	425.00	21,250.00
	Food mixers	66	25.00	1,650.00
ZTC TOKYO Made in U.S.A.	Toothbrush sets (Brush-body-1, battery-1, spare brush-1, packed in paper box)	50	32.00	1,600.00
	Microwave ovens, without a heating function by use of other means than microwave	50	435.00	21,750.00
	Electro-thermic cooking plates	20	75.00	1,500.00
	Electric storage water heaters	50	560.00	28,000.00
	Electro-thermic humidifiers for household use	50	130.00	6,500.00

Total： CIF TOKYO US$82,250.00

Total: 50 Cartons
N/W 2,291.00 kgs
G/W 2,749.20 kgs

SFO ELECTRICAL MACHINERY Corp.
(Signature)

別紙2

輸入申告事項登録(輸入申告)

共通部 繰返部

申告番号

大額/少額 L　申告等種別 C　申告先種別　貨物識別　識別符号

あて先官署　あて先部門　申告等予定年月日

輸入者　ZAIMU TRADING CO.,LTD.

住所　TOKYO TO CHIYODA KU KASUMIGASEKI 3-1-1

電話

蔵置場所　一括申告　申告等予定者

B/L番号 1　2

3　4

5

貨物個数 50　CT　貨物重量(グロス) 2749.2　KGM

貨物の記号等 AS PER ATTACHED SHEET

積載船(機) − HOYA MARU　入港年月日

船(取)卸港 JPTYO　積出地 USSFO −　貿易形態別符号　コンテナ本数

仕入書識別　電子仕入書受付番号　仕入書番号 SEM 37414

仕入書価格 A − CIF − −

輸入申告事項登録(輸入申告)

共通部 繰返部

〈01欄〉 品目番号 (a)　品名　原産地 US −

数量1 −　数量2 −　輸入令別表　蔵置種別等

BPR係数　運賃按分　課税価格 − (f)

関税減免税コード　関税減税額

内消税等種別	減免税コード	内消税減税額	内消税等種別	減免税コード	内消税減税額
1			2		
3			4		
5			6		

〈02欄〉 品目番号 （b） 品名 原産地 US －
数量1 － 数量２ － 輸入令別表 蔵置種別等
BPR係数 運賃按分 課税価格 － （g）
関税減免税コード 関税減税額
内消税等種別 減免税コード 内消税減税額 内消税等種別 減免税コード 内消税減税額
1 2
3 4
5 6

〈03欄〉 品目番号 （c） 品名 原産地 US －
数量1 － 数量２ － 輸入令別表 蔵置種別等
BPR係数 運賃按分 課税価格 － （h）
関税減免税コード 関税減税額
内消税等種別 減免税コード 内消税減税額 内消税等種別 減免税コード 内消税減税額
1 2
3 4
5 6

〈04欄〉 品目番号 （d） 品名 原産地 US －
数量1 － 数量２ － 輸入令別表 蔵置種別等
BPR係数 運賃按分 課税価格 － （i）
関税減免税コード 関税減税額
内消税等種別 減免税コード 内消税減税額 内消税等種別 減免税コード 内消税減税額
1 2
3 4
5 6

〈05欄〉 品目番号 （e） 品名 原産地 US －
数量1 － 数量２ － 輸入令別表 蔵置種別等
BPR係数 運賃按分 課税価格 － （j）
関税減免税コード 関税減税額
内消税等種別 減免税コード 内消税減税額 内消税等種別 減免税コード 内消税減税額
1 2
3 4
5 6

別紙3

NACCS用品目コード(輸入)(抜粋)

実行関税率表			NACCS用品目コード			備考
番号	細分	NACCS用	番号	細分	NACCS用	
850980	000	†	850980	000	3	消費税課税のもの
			850980	001	4	消費税非課税のもの
851679	010	†	851679	010	0	消費税課税のもの
			851679	001	5	消費税非課税のもの
851679	090	†	851679	090	3	消費税課税のもの
			851679	002	6	消費税非課税のもの

別紙4

実勢外国為替相場の週間平均値
(1米ドルに対する円相場)

期間	週間平均値
令和XX. 6. 15 ～ 令和XX. 6. 21	¥110.00
令和XX. 6. 22 ～ 令和XX. 6. 28	¥110.50
令和XX. 6. 29 ～ 令和XX. 7. 5	¥111.00
令和XX. 7. 6 ～ 令和XX. 7. 12	¥112.00
令和XX. 7. 13 ～ 令和XX. 7. 19	¥112.50

別冊　　実行関税率表（抜粋）

第85類　電気機器及びその部分品並びに録音機、音声再生機並びにテレビジョンの映像及び音声の記録用又は再生用の機器並びにこれらの部分品及び附属品

Chapter 85　Electrical machinery and equipment and parts thereof; sound recorders and reproducers, television image and sound recorders and reproducers, and parts and accessories of such articles

注

1～3　（省略）

4　第85.09項には、通常家庭で使用する種類の次の電気機械式機器のみを含む。

（a）　床磨き機、食物用グラインダー、食物用ミキサー及び果汁又は野菜ジュースの搾り機（重量を問わない。）
（b）　その他の機器で重量が20キログラム以下のもの

ただし、ファン及びファンを自蔵する換気用又は循環用のフード（フィルターを取り付けてあるかないかを問わない。第84.14項参照）、遠心式衣類脱水機（第84.21項参照）、皿洗機（第84.22項参照）、家庭用洗濯機（第84.50項参照）、ロール機その他のアイロンがけ用機械（第84.20項及び第84.51項参照）、ミシン（第84.52項参照）、電気ばさみ（第84.67項参照）並びに電熱機器（第85.16項参照）を除く。

Notes.

1.～3.　（省略）

4.- Heading 85.09 covers only the following electro-mechanical machines of the kind commonly used for domestic purposes:

(a) Floor polishers, food grinders and mixers, and fruit or vegetable juice extractors, of any weight;
(b) Other machines provided the weight of such machines does not exceed 20kg.

The heading does not, however, apply to fans or ventilating or recycling hoods incorporating a fan, whether or not fitted with filters (heading 84.14), centrifugal clothes-dryers (heading 84.21), dish washing machines (heading 84.22), household washing machines (heading 84.50), roller or other ironing machines (heading 84.20 or 84.51), sewing machines (heading 84.52), electric scissors (heading 84.67) or to electro-thermic appliances (heading 85.16).

番号 No.	統計細分 Stat. Code No.	NACCS用	品名	税率 Rate of Duty 基本 General	協定 WTO	特恵 Preferential	暫定 Temporary	単位 Unit	Description
85.09			家庭用電気機器（電動装置を自蔵するものに限るものとし、第85.08項の真空式掃除機を除く。）						Electro-mechanical domestic appliances, with self-contained electric motor, other than vacuum cleaners of heading 85.08:
8509.40	000	1	食物用グラインダー、食物用ミキサー及び果汁又は野菜ジュースの搾り機	無税 Free	（無税） (Free)			NO KG	Food grinders and mixers; fruit or vegetable juice extractors
8509.80	000	†	その他の機器	無税 Free	（無税） (Free)			NO KG	Other appliances
8509.90	000	0	部分品	無税 Free	（無税） (Free)			KG	Parts

番号 No.	統計細分 Stat. Code No.	NACCS用	品名	税率 Rate of Duty 基本 General	協定 WTO	特恵 Preferential	暫定 Temporary	単位 Unit	Description
85.16			電気式の瞬間湯沸器、貯蔵式湯沸器、浸せき式液体加熱器、暖房機器及び土壌加熱器、電熱式の調髪用機器(例えば、ヘアドライヤー、ヘアカーラー及びカール用こて)及び手用ドライヤー、電気アイロンその他の家庭において使用する種類の電熱機器並びに電熱用抵抗体(第85.45項のものを除く。)						Electric instantaneous or storage water heaters and immersion heaters; electric space heating apparatus and soil heating apparatus; electro-thermic hair-dressing apparatus (for example, hair dryers, hair curlers, curling tong heaters) and hand dryers; electric smoothing irons; other electro-thermic appliances of a kind used for domestic purposes; electric heating resistors, other than those of heading 85.45:
8516.10	000	3	電気式の瞬間湯沸器、貯蔵式湯沸器及び浸せき式液体加熱器	無税 Free	(無税) (Free)			NO KG	Electric instantaneous or storage water heaters and immersion heaters
			電気式の暖房機器及び土壌加熱器						Electric space heating apparatus and electric soil heating apparatus:
8516.21	000	6	蓄熱式ラジエーター	無税 Free	(無税) (Free)			NO KG	Storage heating radiators
8516.29	000	5	その他のもの	無税 Free	(無税) (Free)			NO KG	Other
			電熱式の調髪用機器及び手用ドライヤー						Electro-thermic hair-dressing or hand-drying apparatus:
8516.31	000	3	ヘアドライヤー	無税 Free	(無税) (Free)			NO KG	Hair dryers
8516.32	000	2	その他の調髪用機器	無税 Free	(無税) (Free)			NO KG	Other hair-dressing apparatus
8516.33	000	1	手用ドライヤー	無税 Free	(無税) (Free)			NO KG	Hand-drying apparatus
8516.40	000	1	電気アイロン	無税 Free	(無税) (Free)			NO KG	Electric smoothing irons
8516.50			マイクロ波オーブン	無税 Free	(無税) (Free)				Microwave ovens:
	010	1	－マイクロ波以外の方法による加熱機能を有しないもの					NO KG	Without a heating function by use of other means than microwave
	090	4	－その他のもの					NO KG	Other
8516.60	000	2	その他のオーブン並びにクッカー、加熱調理板、煮沸リング、グリル及びロースター	無税 Free	(無税) (Free)			NO KG	Other ovens ; cookers, cooking plates, boiling rings, grillers and roasters
			その他の電熱機器						Other electro-thermic appliances:
8516.71	000	5	コーヒーメーカー及びティーメーカー	無税 Free	(無税) (Free)			NO KG	Coffee or tea makers
8516.72	000	4	トースター	無税 Free	(無税) (Free)			NO KG	Toasters
8516.79			その他のもの	無税 Free	(無税) (Free)				Other:
	010	†	－電気がま					NO KG	Electric rice cookers
	090	†	－その他のもの					NO KG	Other
8516.80	000	3	電熱用抵抗体	無税 Free	(無税) (Free)			NO KG	Electric heating resistors Ⓐ
8516.90	000	0	部分品	無税 Free	(無税) (Free)			KG	Parts

チェック欄		

第７問　輸入（納税）申告（解答・P.406）

（解答・P.406）

別紙１の仕入書及び下記事項により、台湾からパスタを輸入する場合の輸入（納税）申告を輸出入・港湾関連情報処理システム（NACCS）を使用して行う場合について、以下の問いに答えなさい。

（1）別紙２の輸入申告事項登録画面の品目番号欄（（ａ）～（ｅ））に入力すべき品目番号を、関税率表の解釈に関する通則に従い、別冊の「実行関税率表」（抜粋）を参照して、下の選択肢から選び、その番号をマークしなさい。

（2）別紙２の輸入申告事項登録画面の課税価格の右欄（（ｆ）～（ｊ））に入力すべき申告価格（関税定率法第４条から第４条の９まで（課税価格の計算方法）の規定により計算される課税価格に相当する価格）の額をマークしなさい。

記

1　別紙１の仕入書に記載されている品目に品目番号が同一であるものがある場合には、これらを一の品目番号にとりまとめる。

2　品目番号ごとの申告価格が20万円以下であるもの（上記１によりとりまとめたものを含む。）がある場合には、その品目番号が異なるものであっても、これらを一括して一欄にとりまとめる。

　なお、この場合に輸入申告事項登録画面に入力すべき品目番号は、これらの品目のうち申告価格（上記１によりとりまとめたものについては、その合計額）が最も大きいものの品目番号とし、10桁目は「X」とする。

3　輸入申告事項登録画面に入力する品目番号（（ａ）～（ｅ））は、その品目番号ごとの申告価格（上記１及び２によりとりまとめたものについては、その合計額）の大きいものから順に入力するものとする。

4　輸入申告事項登録画面の課税価格の右欄（（ｆ）～（ｊ））には、別紙１の仕入書に記載されている価格に、下記７の費用が申告価格に算入すべきものである場合にはその額を加算した額（本邦通貨へ換算した後の額）を入力することとする。なお、１円未満の端数がある場合は、これを切り捨てる。

5　米ドル建価格の本邦通貨への換算は、別紙３の「実勢外国為替相場の週間平均値」を参照して行う。

6　別紙１の仕入書に記載されているパスタの性状等は、次のとおりである。

　①　保税蔵置場に搬入して内容点検をした結果、仕入書に記載されたとおりの数量であった。

　②　パスタは、いずれもデュラム小麦のセモリナ100％の生地で作られたものである。

　③　別紙１の仕入書に記載されている「spinach」はほうれん草、「dough」はラビオリ生地、「meat of bovine animals」は牛の肉である。

7　本邦到着までの運賃及び保険料は、US$16,500.00の額が本邦において支払われる。

8　上記７の運賃及び保険料の申告価格への振り分けは各貨物の容量（㎥）により按分するものとする。

9　申告年月日は、令和XX年10月５日とする。

① 1902.11-0000	② 1902.19-0102	③ 1902.19-0931	④ 1902.19-0942
⑤ 1902.19-094X	⑥ 1902.19-099X	⑦ 1902.20-1103	⑧ 1902.20-2105
⑨ 1902.20-210X	⑩ 1902.20-2201	⑪ 1902.20-220X	⑫ 1902.30-1004
⑬ 1902.30-2905	⑭ 1902.30-290X	⑮ 1902.40-0006	

別紙1

INVOICE

Seller TC FOODS Corp. 120 Songjiang Road, Zhongshan District, Taipei City, Taiwan	**Invoice No. and Date** TF 1236 Sep. 19th, 20XX **Reference No.** ZT-9494

Buyer ZAIMU TRADING COMPANY 1-1, 3-Chome, Kasumigaseki Chiyoda-ku, Tokyo, Japan		**Country of Origin** : TAIWAN **L/C No.** **Date**
Vessel Orient Ship	**On or About** Sep. 21st, 20XX	**Issuing Bank**
From Taipei, TAIWAN	**Via**	
To Tokyo, Japan		**Payment Terms: T/T**

Marks and Nos.	Description of Goods	Quantity	Unit Price per KG	Amount FOB US$
	Spaghetti (not containing eggs, not prepared) 250 m^3	N/W10,000 kgs	1.50	15,000.00
ZTC TOKYO MADE IN TAIWAN	Raviori, stuffed, not containing added sugar (containing meat of bovine animals 15%, shrimps 18% & spinach 17% /dough 50%) 100 m^3	N/W 4,000 kgs	1.70	6,800.00
	Biefun (not containing eggs, not prepared) 50 m^3	N/W 2,000 kgs	2.00	4,000.00
	Raviori, stuffed, not containing added sugar (containing meat of bovine animals 30% & vegetables 20% /dough 50%) 12.5 m^3	N/W 500 kgs	3.13	1,565.00
	Gnocchi, cooked, not stuffed, not containing added sugar 12.5 m^3	N/W 500 kgs	1.40	700.00
	Macaroni (not containing eggs, not prepared) 125 m^3	N/W5,000 kgs	2.00	10,000.00

Total : FOB Taipei US$38,065.00

Total : 4,400 Cartons
N/W : 22,000 kgs (550 m^3)
G/W : 23,980 kgs

TC FOODS Corp.
(Signature)

別紙２

輸入申告事項登録（輸入申告）

共通部 ｜ 繰返部

申告番号

大額／少額 L　申告等種別 C　申告先種別　貨物識別　識別符号

あて先官署　あて先部門　申告等予定年月日

輸入者　ZAIMU TRADING COMPANY

住所　TOKYO TO CHIYODA KU KASUMIGASEKI 3-1-1

電話

蔵置場所　一括申告　申告等予定者

B/L番号 1　2
3　4
5

貨物個数 4400 CT　貨物重量（グロス） 23980 KGM

貨物の記号等 AS PER ATTACHED SHEET

積載船（機） － ORIENT SHIP　入港年月日

船（取）卸港 JPTYO　積出地 TWTPE －　貿易形態別符号　コンテナ本数

仕入書識別　電子仕入書受付番号　仕入書番号 TF 1236

仕入書価格 A － FOB － －

輸入申告事項登録（輸入申告）

共通部 ｜ **繰返部**

〈01欄〉 品目番号 （a）　品名　原産地 TW －

数量1 －　数量2 －　輸入令別表　蔵置種別等

BPR係数　運賃按分　課税価格 － （f）

関税減免税コード　関税減免税額

内消税等種別	減免税コード	内消税減税額	内消税等種別	減免税コード	内消税減税額
1			2		
3			4		
5			6		

〈02欄〉 品目番号 （b） 品名 原産地 TW －
数量1 － 数量2 － 輸入令別表 蔵置種別等
BPR係数 運賃按分 課税価格 － （g）
関税減免税コード 関税減免税額

内消税等種別	減免税コード	内消税減税額	内消税等種別	減免税コード	内消税減税額
1			2		
3			4		
5			6		

〈03欄〉 品目番号 （c） 品名 原産地 TW －
数量1 － 数量2 － 輸入令別表 蔵置種別等
BPR係数 運賃按分 課税価格 － （h）
関税減免税コード 関税減免税額

内消税等種別	減免税コード	内消税減税額	内消税等種別	減免税コード	内消税減税額
1			2		
3			4		
5			6		

〈04欄〉 品目番号 （d） 品名 原産地 TW －
数量1 － 数量2 － 輸入令別表 蔵置種別等
BPR係数 運賃按分 課税価格 － （i）
関税減免税コード 関税減免税額

内消税等種別	減免税コード	内消税減税額	内消税等種別	減免税コード	内消税減税額
1			2		
3			4		
5			6		

〈05欄〉 品目番号 （e） 品名 原産地 TW －
数量1 － 数量2 － 輸入令別表 蔵置種別等
BPR係数 運賃按分 課税価格 － （j）
関税減免税コード 関税減免税額

内消税等種別	減免税コード	内消税減税額	内消税等種別	減免税コード	内消税減税額
1			2		
3			4		
5			6		

別冊

実行関税率表（抜粋）

第19類　穀物、穀粉、でん粉又はミルクの調製品及びベーカリー製品　Chapter 19　Preparations of cereals, flour, starch or milk; pastrycooks' products

番号 No.	統計細分 Stat. Code No.	NACCS用	品名	税率 Rate of Duty 基本 General	協定 WTO	特恵 Prefer-ential	暫定 Tempo-rary	単位 Unit	Description
19.02			**スパゲッティ、マカロニ、ヌードル、ラザーニヤ、ニョッキ、ラビオリ、カネローニその他のパスタ(加熱による調理をし、肉その他の材料を詰め又はその他の調製をしたものであるかないかを問わない。)及びクースクース(調製してあるかないかを問わない。)**						Pasta, whether or not cooked or stuffed (with meat or other substances) or otherwise prepared, such as spaghetti, macaroni, noodles, lasagne, gnocchi, ravioli, cannelloni; couscous, whether or not prepared:
			パスタ(加熱による調理をし、詰物をし又はその他の調製をしたものを除く。)						Uncooked pasta, not stuffed or otherwise prepared:
1902.11	000	0	**卵を含有するもの**	40円(yen)/kg	30円(yen)/kg	×無税 Free		KG	Containing eggs
1902.19			**その他のもの**						Other:
	010	2	1 ビーフン	32円(yen)/kg	27.20円(yen)/kg	×無税 Free		KG	1 Biefun
			2 その他のもの	40円(yen)/kg		×無税 Free			2 Other:
			−マカロニ及びスパゲッティ		30円(yen)/kg				Macaroni and spaghetti:
	093	1	−−スパゲッティ					KG	Spaghetti
	094	2	−−マカロニ					KG	Macaroni
			−その他のもの		34円(yen)/kg				Other:
	092	†	−−うどん、そうめん及びそば					KG	Udon, somen and soba
	099	†	−−その他のもの					KG	Other
1902.20			**パスタ(詰物をしたものに限るものとし、加熱による調理をしてあるかないか又はその他の調製をしてあるかないかを問わない。)**						Stuffed pasta, whether or not cooked or otherwise prepared:
			1 砂糖を加えたもの						1 Containing added sugar:
	110	3	(1) ソーセージ、肉、くず肉、血、昆虫類、魚又は甲殻類、軟体動物若しくはその他の水棲無脊椎動物の一以上を詰めたもので、これらの物品の含有量の合計が全重量の20%を超え、かつ、これらの物品のうちえびが最大の重量を占めるもの	6%	5.1%	×無税 Free		KG	(1) Containing more than 20 % by weight of sausage, meat, meat offal, blood, insects, fish or crustaceans, molluscs or other aquatic invertebrates, or any combination thereof, and also containing ebi predominating by weight over each of such other products
	190	6	(2) その他のもの	28%	23.8%	×無税 Free		KG	(2) Other
			2 その他のもの						2 Other:
	210	5	(1) ソーセージ、肉、くず肉、血、昆虫類、魚又は甲殻類、軟体動物若しくはその他の水棲無脊椎動物の一以上を詰めたもので、これらの物品の含有量の合計が全重量の20%を超え、かつ、これらの物品のうちえびが最大の重量を占めるもの	6%	5.1%	×無税 Free		KG	(1) Containing more than 20 % by weight of sausage, meat, meat offal, blood, insects, fish or crustaceans, molluscs or other aquatic invertebrates, or any combination thereof, and also containing ebi predominating by weight over each of such other products
	220	1	(2) その他のもの	25%	21.3%	×無税 Free		KG	(2) Other

輸入(納税)申告

番号 No.	統計細分 Stat. Code No.	NACCS用	品名	税率 Rate of Duty 基本 General	協定 WTO	特恵 Preferential	暫定 Temporary	単位 Unit	Description
1902.30			**その他のパスタ**						**Other pasta:**
	100	4	1 砂糖を加えたもの	28%	23.8%	×無税 Free		KG	1 Containing added sugar
			2 その他のもの	25%	21.3%	×無税 Free			2 Other:
	210	2	－インスタントラーメンその他の即席めん類					KG	Instant Ramen and other instant noodles
	290	5	－その他のもの					KG	Other
1902.40	000	6	**クースクース**	40円(yen)/kg	24円(yen)/kg	12円(yen)/kg ×無税 Free		KG	**Couscous**

別紙3

実勢外国為替相場の週間平均値
(1米ドルに対する円相場)

期間			週間平均値
令和XX. 8.26	～	令和XX. 9. 1	¥102.30
令和XX. 9. 2	～	令和XX. 9. 8	¥102.50
令和XX. 9. 9	～	令和XX. 9.15	¥102.80
令和XX. 9.16	～	令和XX. 9.22	¥103.00
令和XX. 9.23	～	令和XX. 9.29	¥103.60

チェック欄		

第８問 〉 輸入（納税）申告（解答・P.408）

別紙１の仕入書及び下記事項により、スリランカから食用の生鮮果実を輸入する場合の輸入（納税）申告を輸出入・港湾関連情報処理システム（NACCS）を使用して行う場合について、以下の問いに答えなさい。

(1) 別紙２の輸入申告事項登録画面の品目番号欄((ａ)～(ｅ))に入力すべき品目番号を、関税率表の解釈に関する通則に従い、別冊の「実行関税率表」（抜粋）及び別紙３の「NACCS用品目コード（輸入）（抜粋）」を参照して、下の選択肢から選び、その番号をマークしなさい。

(2) 別紙２の輸入申告事項登録画面の課税価格の右欄((ｆ)～(ｊ))に入力すべき申告価格（関税定率法第４条から第４条の９まで（課税価格の計算方法）の規定により計算される課税価格に相当する価格）の額をマークしなさい。

記

1　別紙１の仕入書に記載されている品目に品目番号が同一であるものがある場合には、これらを一の品目番号にとりまとめる。

2　品目番号ごとの申告価格が20万円以下であるもの（上記１によりとりまとめたものを含む。）がある場合には、その品目番号が異なるものであっても、これらを一括して一欄にとりまとめ、この場合に輸入申告事項登録画面に入力すべき品目番号の10桁目は「X」とする。

3　輸入申告事項登録画面に入力する品目番号((ａ)～(ｅ))は、その品目番号ごとの申告価格（上記１及び２によりとりまとめたものについては、その合計額）の大きいものから順に入力するものとする。

4　輸入申告事項登録画面の課税価格の右欄((ｆ)～(ｊ))には、別紙１の仕入書に記載された価格に、下記６から９までの費用が申告価格に算入すべきものである場合にはその額を加算した額を（本邦通貨に換算した後の額）を入力することとする。なお、１円未満の端数がある場合は、これを切り捨てる。

5　米ドル建価格の本邦通貨への換算は、別紙４の「実勢外国為替相場の週間平均値」を参照して行う。

6　輸入者（買手）は、今回輸入する食用の生鮮果実の本邦の輸入港までの運賃及び保険料としてG/W1kgにつき0.5米ドルを本邦において支払う。

7　輸入者は、今回輸入する食用の生鮮果実をコンテナーに詰めて本邦の輸入港まで運送することとし、輸入港到着日まで4,000米ドルでコンテナーリース会社から賃借する。

　また、輸入者は、当該コンテナー使用後に当該コンテナーをクリーニングした上で返却するが、当該クリーニング費用15,000円を別に負担する。

8　輸入者は、輸出者（売手）との売買契約によって、輸出者に対して今回輸入する食用の生鮮果実の出荷奨励金として、仕入書価格とは別に、仕入書価格の５％を支払う。

9　輸入者と輸出者との間の食用の生鮮果実の売買契約においては、輸出者が行う契約果実の摘果から洗浄、選別、保存、箱詰までの作業について、輸入者が委託会社を通して派遣する技術者のノウハウを受けて、品質の維持、管理等の確認を行うこととなっており、これに要する業務委託費用US$906.25を輸入者が負担している。

10　上記６から９までの費用を申告価格に算入する場合の申告価格への振り分けは価格按分とする。

11　別紙１の仕入書に記載されている食用の生鮮果実については、「Fresh papaws(papayas), with certificate of GSP-FORM A」を除き、特恵原産地証明書の発給を受けていない。

　なお、「Fresh papaws(papayas), with certificate of GSP-FORM A」が属することになる実行関税率表の品目については、申告日現在において特恵関税の適用は停止されていない。

12　申告年月日は、令和XX年12月13日とする。

輸入(納税)申告

① 0806.10-0002	② 0806.10-0013	③ 0807.11-0006	④ 0807.20-0004
⑤ 0808.10-0005	⑥ 0808.40-0003	⑦ 0809.40-0001	⑧ 0810.40-0006
⑨ 0810.50-0003	⑩ 0810.60-0000	⑪ 0810.60-000X	⑫ 0810.90-2105
⑬ 0810.90-210X	⑭ 0810.90-2901	⑮ 0810.90-290X	

別紙4

実勢外国為替相場の週間平均値
（1米ドルに対する円相場）

期　　　　間	週間平均値
令和XX. 11. 11　～　令和XX. 11. 17	¥107.00
令和XX. 11. 18　～　令和XX. 11. 24	¥106.00
令和XX. 11. 25　～　令和XX. 12. 1	¥105.00
令和XX. 12. 2　～　令和XX. 12. 8	¥105.50
令和XX. 12. 9　～　令和XX. 12. 15	¥104.50

別紙１

INVOICE

Seller EMPORIUM TRADING COMPANY York street Colombo SRI LANKA	**Invoice No. and Date** ET374 Nov. 20th, 20XX **Reference No.** ZT-7974
Buyer ZAIMU TRADING Co., Ltd. 1-1, 3-Chome, Kasumigaseki Chiyoda-ku, Tokyo, Japan	**Country of Origin :** SRI LANKA
	L/C No. **Date**
Vessel **On or About** SATSUMA MARU Nov. 25th, 20XX	**Issuing Bank**
From **Via** Colombo, Sri Lanka	
To Tokyo, Japan	**Payment Terms: T/T**

Marks and Nos.	Description of Goods	Quantity CTN	Unit Price per CTN	Amount FOB US$
	Fresh papaws (papayas), with certificate of GSP-FORM A	1,500	11.50	17,250.00
ZTC	Fresh papaws (papayas)	500	11.50	5,750.00
TOKYO PRODUCT IN Sri Lanka	Fresh kiwifruit	1,500	12.50	18,750.00
	Fresh durians	150	8.50	1,275.00
	Fresh rambutan	150	9.00	1,350.00
	Fresh grapes	500	13.00	6,500.00

Total : FOB COLOMBO US$50,875.00

Total : 4,300 Cartons
N/W : 21,200 kgs
G/W : 25,800 kgs

EMPORIUM TRADING COMPANY
(Signature)

別紙2

輸入申告事項登録(輸入申告)

共通部 | 繰返部

申告番号 [ ]

大額/少額 L　申告等種別 C　申告先種別 [ ]　貨物識別 [ ]　識別符号 [ ]

あて先官署 [ ]　あて先部門 [ ]　申告等予定年月日 [ ]

輸入者 [ ] ZAIMU TRADING CO.,LTD.

住所 TOKYO TO CHIYODA KU KASUMIGASEKI 3-1-1

電話 [ ]

蔵置場所 [ ]　一括申告 [ ]　申告等予定者 [ ]

B/L番号 1 [ ]　2 [ ]

3 [ ]　4 [ ]

5 [ ]

貨物個数 4300 CT　貨物重量(グロス) 25800 KGM

貨物の記号等 AS PER ATTACHED SHEET

積載船(機) [ ] − SATSUMA MARU　入港年月日 [ ]

船(取)卸港 JPTYO　積出地 LKCMB − [ ]　貿易形態別符号 [ ]　コンテナ本数 [ ]

仕入書識別 [ ]　電子仕入書受付番号 [ ]　仕入書番号 ET374

仕入書価格 A − FOB − [ ] − [ ]

輸入申告事項登録(輸入申告)

共通部 | 繰返部

〈01欄〉 品目番号 (a)　品名 [ ]　原産地 LK − [ ]

数量1 [ ] − [ ]　数量2 [ ] − [ ]　輸入令別表 [ ]　蔵置種別等 [ ]

BPR係数 [ ]　運賃按分 [ ]　課税価格 [ ] − (f)

関税減免税コード [ ]　関税減税額 [ ]

内消税等種別	減免税コード	内消税減税額	内消税等種別	減免税コード	内消税減税額
1 [ ]	[ ]	[ ]	2 [ ]	[ ]	[ ]
3 [ ]	[ ]	[ ]	4 [ ]	[ ]	[ ]
5 [ ]	[ ]	[ ]	6 [ ]	[ ]	[ ]

〈02欄〉 品目番号 （b） 品名 原産地 LK －
数量1 － 数量2 － 輸入令別表 蔵置種別等
BPR係数 運賃按分 課税価格 － （g）
関税減免税コード 関税減税額

内消税等種別	減免税コード	内消税減税額	内消税等種別	減免税コード	内消税減税額
1			2		
3			4		
5			6		

〈03欄〉 品目番号 （c） 品名 原産地 LK －
数量1 － 数量2 － 輸入令別表 蔵置種別等
BPR係数 運賃按分 課税価格 － （h）
関税減免税コード 関税減税額

内消税等種別	減免税コード	内消税減税額	内消税等種別	減免税コード	内消税減税額
1			2		
3			4		
5			6		

〈04欄〉 品目番号 （d） 品名 原産地 LK －
数量1 － 数量2 － 輸入令別表 蔵置種別等
BPR係数 運賃按分 課税価格 － （i）
関税減免税コード 関税減税額

内消税等種別	減免税コード	内消税減税額	内消税等種別	減免税コード	内消税減税額
1			2		
3			4		
5			6		

〈05欄〉 品目番号 （e） 品名 原産地 LK －
数量1 － 数量2 － 輸入令別表 蔵置種別等
BPR係数 運賃按分 課税価格 － （j）
関税減免税コード 関税減税額

内消税等種別	減免税コード	内消税減税額	内消税等種別	減免税コード	内消税減税額
1			2		
3			4		
5			6		

別冊　　実行関税率表(抜粋)

第8類　食用の果実及びナット、かんきつ類の果皮並びにメロンの皮　　**Chapter 8　Edible fruit and nuts; peel of citrus fruit or melons**

番号 No.	統計細分 Stat. Code No.	NACCS用	品名	税率 Rate of Duty 基本 General	協定 WTO	特恵 Preferential	暫定 Temporary	単位 Unit	Description
08.06			ぶどう(生鮮のもの及び乾燥したものに限る。)						Grapes, fresh or dried:
0806.10			生鮮のもの						Fresh:
	000	†2	1 毎年3月1日から同年10月31日までに輸入されるもの	20%	17%	×無税 Free		KG	1 If imported during the period from 1st March to 31st October
	000	†1	2 毎年11月1日から翌年2月末日までに輸入されるもの	13%	7.8%	×無税 Free		KG	2 If imported during the period from 1st November to the last day of February
0806.20	000	6	乾燥したもの	2%	1.2%	無税 Free		KG	Dried
08.07			パパイヤ及びメロン(すいかを含む。)(生鮮のものに限る。)						Melons (including watermelons) and papaws (papayas), fresh:
			メロン(すいかを含む。)						Melons (including watermelons):
0807.11	000	6	すいか	10%	6%	×無税 Free		KG	Watermelons
0807.19	000	5	その他のもの	10%	6%	×無税 Free		KG	Other
0807.20	000	4	パパイヤ	4%	2%	無税 Free		KG	Papaws (papayas)
08.08			りんご、梨及びマルメロ(生鮮のものに限る。)						Apples, pears and quinces, fresh:
0808.10	000	5	りんご	20%	17%	×無税 Free		KG	Apples
0808.30	000	6	梨	8%	4.8%	×無税 Free		KG	Pears
0808.40	000	3	マルメロ	8%	4.8%	×無税 Free		KG	Quinces
08.09			あんず、さくらんぼ、桃(ネクタリンを含む。)、プラム及びスロー(生鮮のものに限る。)						Apricots, cherries, peaches (including nectarines), plums and sloes, fresh:
0809.10	000	3	あんず	10%	6%	×無税 Free		KG	Apricots
			さくらんぼ						Cherries:
0809.21	000	†	サワーチェリー(プルヌス・ケラスス)	10%	8.5%	×無税 Free		KG	Sour cherries (*Prunus cerasus*)
0809.29	000	†	その他のもの	10%	8.5%	×無税 Free		KG	Other
0809.30	000	4	桃(ネクタリンを含む。)	10%	6%	×無税 Free		KG	Peaches, including nectarines
0809.40	000	1	プラム及びスロー	10%	6%	×無税 Free		KG	Plums and sloes

番号 No.	統計細分 Stat. Code No.	NACCS用	品名	税率 Rate of Duty 基本 General	協定 WTO	特恵 Preferential	暫定 Temporary	単位 Unit	Description
08.10			**その他の果実(生鮮のものに限る。)**						Other fruit, fresh:
0810.10	000	1	**ストロベリー**	10%	6%	×無税 Free		KG	Strawberries
0810.20	000	5	**ラズベリー、ブラックベリー、桑の実及びローガンベリー**	10%	6%	3% ×無税 Free		KG	Raspberries, blackberries, mulberries and loganberries
0810.30	000	2	**ブラックカーラント、ホワイトカーラント、レッドカーラント及びグーズベリー**	10%	6%	3% ×無税 Free		KG	Black, white or red currants and gooseberries
0810.40	000	6	**クランベリー、ビルベリーその他のヴァキニウム属の果実**	10%	6%	3% ×無税 Free		KG	Cranberries, bilberries and other fruits of the genus *Vaccinium*
0810.50	000	3	**キウイフルーツ**	8%	6.4%	×無税 Free		KG	Kiwifruit
0810.60	000	0	**ドリアン**	10%	5%	2.5% ×無税 Free		KG	Durians
0810.70	000	4	**柿**	10%	6%	×無税 Free		KG	Persimmons
0810.90			**その他のもの**	10%		×無税 Free			Other:
	210	5	－ランブータン、パッションフルーツ、レイシ及びごれんし		5%	2.5%		KG	Rambutan, passionfruit, litchi and carambola (star-fruit)
	290	1	－その他のもの		6%			KG	Other:

別紙３

NACCS用品目コード（輸入）（抜粋）

実行関税率表 番号	細分	NACCS用	NACCS用品目コード 番号	細分	NACCS用	備考
080610	000	†1	080610	001	3	毎年11月1日から翌年2月末日までに輸入されるもの
080610	000	†2	080610	000	2	毎年3月1日から同年10月31日までに輸入されるもの

チェック欄		

第9問 輸入(納税)申告(解答・P.411)

(解答・P.411)

別紙1の仕入書及び下記事項により、米国から衣類を輸入する場合の輸入(納税)申告を輸出入・港湾関連情報処理システム(NACCS)を使用して行う場合について、以下の問いに答えなさい。

(1) 別紙2の輸入申告事項登録画面の品目番号欄((a)～(e))に入力すべき品目番号を、関税率表の解釈に関する通則に従い、別冊の「実行関税率表」(抜粋)及び別紙3の「NACCS用品目コード(輸入)」(抜粋)を参照して、下の選択肢から選び、その番号をマークしなさい。

なお、「実行関税率表」の「協定税率」に「●」印を付したものは、別紙4の「旧品目表に基づく協定税率が適用される品目一覧表」(抜粋)を参照する。

(2) 別紙2の輸入申告事項登録画面の課税価格の右欄((f)～(j))に入力すべき申告価格(関税定率法第4条から第4条の9まで(課税価格の計算方法)の規定により計算される課税価格に相当する価格)の額をマークしなさい。

記

1　品目番号が同一であるものがある場合は、これらを一欄にとりまとめる。

2　品目番号が異なるものの申告価格が20万円以下のもの(下記3において「少額貨物」という。)については、これらを同一の関税率の品目ごとに分けて、それぞれを一括して一欄にとりまとめる。

なお、この場合に入力すべき品目番号は、一欄にとりまとめた品目のうち申告価格が最も大きいものの品目番号とし、10桁目は「X」とする。

3　品目番号欄((a)～(e))には、少額貨物以外のものについて、その品目番号ごとの申告価格(上記1によりとりまとめられたものについては、その合計額。)の大きいものから順に入力するものとする。

なお、上記2によりとりまとめた少額貨物については、少額貨物以外のものを入力した後に入力するものとし、当該少額貨物が二欄以上となる場合には、そのとりまとめたものの合計額の大きいものから順に入力するものとする。

4　課税価格の右欄((f)～(j))には、別紙1の仕入書に記載された価格に下記6及び7の費用のうち申告価格に算入すべきものを加算し、又は控除すべきものを減算した額を本邦通貨に換算した後の額を入力することとする。なお、1円未満の端数がある場合は、これを切り捨てる。

5　米ドル建価格の本邦通貨への換算は、別紙5の「実勢外国為替相場の週間平均値」を参照して行う。

6　輸出者は輸入者とのDPU(荷卸込持込渡し)契約に基づく価格設定で、輸入港の本船からの取卸しから指定仕向地の荷卸しまでの費用としてG/W1kg当たりUS$0.75の額の費用をそれぞれの品目の価格に含めている。

7　輸入者は、仕入書価格の他に、輸出者との取決めにより衣類の意匠権者に対して意匠権の使用の対価として仕入書価格の6%に相当する額のロイヤルティを支払うことになっている。

8　上記6及び7の費用を申告価格に算入し、又は控除する場合の申告価格への振り分けは価格按分とする。

9　別紙1の仕入書に記載されている衣類についての商品説明は次のとおりである。

① 仕入書に記載されている物品の原材料である紡織用繊維の構成割合は重量の割合である。

② すべてメリヤス編み又はクロセ編みのものではなく、sizeの表示は当該長さの身長を有する人が着用するのに適当であるように当該衣類が製造されていることを示す。

③ すべて毛皮付きのものではない。

④ acrylic及びpolyesterは合成繊維であり、cellulose acetate及びviscose rayonは再生繊維である。

10　申告年月日は、令和XX年8月26日とする。

① 6204.11-2003	② 6204.13-2001	③ 6204.22-2006	④ 6204.23-2005
⑤ 6204.23-200X	⑥ 6204.39-2003	⑦ 6204.41-2001	⑧ 6207.99-220†
⑨ 6207.99-0036	⑩ 6207.99-003X	⑪ 6209.20-1504	⑫ 6209.20-150X
⑬ 6209.30-1501	⑭ 6209.30-150X	⑮ 6209.90-2915	

別紙１

INVOICE

Seller
US APPAREL Corp.
710 Central Avenue
Suite11 New York 549280, U. S. A.

Invoice No. and Date
UAC-1274 Jul. 19th, 20XX

Reference No. ZTC-6955

Buyer ZAIMU TRADING Co., Ltd. 1-1, 3-Chome, Kasumigaseki Chiyoda-ku, Tokyo, Japan	**Country of Origin** : U. S. A.
	L/C No. **Date**
Vessel Aki Maru **On or About** Jul. 23rd, 20XX	**Issuing Bank**
From New York, U. S. A. **Via**	
To Tokyo, Japan	**Payment Terms: T/T**

Marks and Nos.	Description of Goods	Quantity Unit	Unit Price per Unit	Amount DPU US$
	Women's dresses, of wool 80%, acrylic 10% and polyester 10% mixed, size 155cm	300	56.50	16,950.00
	Women's ensembles, of wool 30% and polyester 70% mixed, size 155cm	50	24.00	1,200.00
ZTC	Men's bathrobes, of cellulose acetate fibres 60% and cotton 40% mixed, size 170cm	50	32.40	1,620.00
TOKYO MADE IN U. S. A.	Women's suits, of wool 70% and polyester 30% mixed, size 160cm	500	29.50	14,750.00
	Babies' tights, of cotton 70% and wool 30% mixed, size 75cm	300	5.00	1,500.00
	Babies' stockings, of cotton 40% and polyester 60% mixed, size 75cm	300	4.00	1,200.00
	Babies' blazers, of viscose rayon 80% and cotton 20% mixed, size 90cm	500	23.76	11,880.00

Total : DPU TOKYO US$ 49,100.00

Total : 58 Cartons
N/W : 1,254.00 kgs
G/W : 1,473.00 kgs

US APPAREL Corp.
(Signature)

別紙2

輸入申告事項登録(輸入申告)

共通部 | 繰返部

申告番号

大額／少額 L　申告等種別 C　申告先種別　貨物識別　識別符号

あて先官署　あて先部門　申告等予定年月日

輸入者　ZAIMU TRADING CO.,LTD.

住所　TOKYO TO CHIYODA KU KASUMIGASEKI 3-1-1

電話

蔵置場所　一括申告　申告等予定者

B/L番号 1　2　3　4　5

貨物個数 58 CT　貨物重量(グロス) 1473 KGM

貨物の記号等 AS PER ATTACHED SHEET

積載船(機) − AKI MARU　入港年月日

船(取)卸港 JPTYO　積出地 USNYC −　貿易形態別符号　コンテナ本数

仕入書識別　電子仕入書受付番号　仕入書番号 UAC-1274

仕入書価格 A − DPU − −

輸入申告事項登録(輸入申告)

共通部 | **繰返部**

〈01欄〉 品目番号 (a)　品名　原産地 US −

数量1 −　数量2 −　輸入令別表　蔵置種別等

BPR係数　運賃按分　課税価格 − (f)

関税減免税コード　関税減税額

内消税等種別	減免税コード	内消税減税額	内消税等種別	減免税コード	内消税減税額
1			2		
3			4		
5			6		

〈02欄〉 品目番号 （b） 品名 原産地 US －
数量1 － 数量2 － 輸入令別表 蔵置種別等
BPR係数 運賃按分 課税価格 － （g）
関税減免税コード 関税減免税額

内消税等種別	減免税コード	内消税減税額	内消税等種別	減免税コード	内消税減税額
1			2		
3			4		
5			6		

〈03欄〉 品目番号 （c） 品名 原産地 US －
数量1 － 数量2 － 輸入令別表 蔵置種別等
BPR係数 運賃按分 課税価格 － （h）
関税減免税コード 関税減免税額

内消税等種別	減免税コード	内消税減税額	内消税等種別	減免税コード	内消税減税額
1			2		
3			4		
5			6		

〈04欄〉 品目番号 （d） 品名 原産地 US －
数量1 － 数量2 － 輸入令別表 蔵置種別等
BPR係数 運賃按分 課税価格 － （i）
関税減免税コード 関税減免税額

内消税等種別	減免税コード	内消税減税額	内消税等種別	減免税コード	内消税減税額
1			2		
3			4		
5			6		

〈05欄〉 品目番号 （e） 品名 原産地 US －
数量1 － 数量2 － 輸入令別表 蔵置種別等
BPR係数 運賃按分 課税価格 － （j）
関税減免税コード 関税減免税額

内消税等種別	減免税コード	内消税減税額	内消税等種別	減免税コード	内消税減税額
1			2		
3			4		
5			6		

別紙3

NACCS用品目コード(輸入)(抜粋)

実行関税率表の「NACCS用」欄に†が記載されている品目は、この表の「NACCS用品目コード」欄を参照し、番号6桁、統計細分3桁に「NACCS用」欄1桁を含めた数字10桁で入力する。

実行関税率表			NACCS用品目コード			備考
番号	細分	NACCS用	番号	細分	NACCS用	
620799	210	†	620799	002	5	その他のもの
			620799	001	4	人造繊維製のもの
620799	220	†	620799	004	0	その他のもの
			620799	003	6	人造繊維製のもの

別紙4

旧品目表に基づく協定税率が適用される品目一覧表(抜粋)

●繊維・履物関係

2024年/2021年/2016年/2011年		2006年	品名	基本(2024年)	協定
6207.99-210†	6207.99-0014	6207.92-210	男子用のシングレットその他これに類する肌着、パンツ、ズボン下、ブリーフ、ナイトシャツ、パジャマ、バスローブ、ドレッシングガウンその他これらに類する製品 その他のもの 人造繊維製のもの その他のもの シングレットその他これに類する肌着	9%	7.4%
	6207.99-0025	6207.99-210	男子用のシングレットその他これに類する肌着、パンツ、ズボン下、ブリーフ、ナイトシャツ、パジャマ、バスローブ、ドレッシングガウンその他これらに類する製品 その他のもの その他の紡織用繊維製のもの その他のもの シングレットその他これに類する肌着		9% ※
6207.99-220†	6207.99-0036	6207.92-220	男子用のシングレットその他これに類する肌着、パンツ、ズボン下、ブリーフ、ナイトシャツ、パジャマ、バスローブ、ドレッシングガウンその他これらに類する製品 その他のもの 人造繊維製のもの その他のもの その他のもの	11.2%	9.1%
	6207.99-0040	6207.99-220	男子用のシングレットその他これに類する肌着、パンツ、ズボン下、ブリーフ、ナイトシャツ、パジャマ、バスローブ、ドレッシングガウンその他これらに類する製品 その他のもの その他の紡織用繊維製のもの その他のもの その他のもの		10%

※協定税率が基本税率と同じ若しくは高いため、協定税率は適用されない。

別冊　　実行関税率表（抜粋）

第11部

紡織用繊維及びその製品

注

1　（省略）

2(A)　第50類から第55類まで、第58.09項又は第59.02項のいずれかに属するとみられる物品で二以上の紡織用繊維から成るものは、構成する紡織用繊維のうち最大の重量を占めるもののみから成る物品とみなしてその所属を決定する。構成する紡織用繊維のうち最大の重量を占めるものがない場合には、当該物品は等しく考慮に値する項のうち数字上の配列において最後となる項に属するもののみから成る物品とみなしてその所属を決定する。

Section XI

Textiles and textile articles

Notes.

1.- （省略）

2.-(A) Goods classifiable in Chapters 50 to 55 or in heading 58.09 or 59.02 and of a mixture of two or more textile materials are to be classified as if consisting wholly of that one textile material which predominates by weight over any other single textile material.

When no one textile material predominates by weight, the goods are to be classified as if consisting wholly of that one textile material which is covered by the heading which occurs last in numerical order among those which equally merit consideration.

号注

1　（省略）

2(A)　第56類から第63類までの物品で二以上の紡織用繊維から成るものは、第50類から第55類までの物品及び第58.09項の物品で当該二以上の紡織用繊維から成るものの所属の決定に際してこの部の注２の規定に従い選択される紡織用繊維のみから成る物品とみなす。

S bheading Notes.

1.- （省略）

2.-(A) Products of Chapters 56 to 63 containing two or more textile materials are to be regarded as consisting wholly of that textile material which would be selected under Note 2 to this Section for the classification of a product of Chapters 50 to 55 or of heading 58.09 consisting of the same textile materials.

第54類　人造繊維の長繊維並びに人造繊維の織物及びストリップその他これに類する人造繊維製品

注

1　この表において「人造繊維」とは、次の繊維をいう。

(a)　有機単量体の重合により製造した短繊維及び長繊維（例えば、ポリアミド、ポリエステル、ポリオレフィン又はポリウレタンのもの）、又は、この工程により得た重合体を化学的に変性させることにより製造した短繊維及び長繊維（例えば、ポリ（酢酸ビニル）を加水分解することにより得たポリ（ビニルアルコール））

(b)　繊維素その他の天然有機重合体を溶解し若しくは化学的に処理することにより製造した短繊維及び長繊維（例えば、銅アンモニアレーヨン（キュプラ）及びビスコースレーヨン）、又は、繊維素、カゼイン及びその他のプロテイン、アルギン酸その他の天然有機重合体を化学的に変性させることにより製造した短繊維及び長繊維（例えば、アセテート及びアルギネート）

この場合において、「合成繊維」とは(a)の繊維をいうものとし、「再生繊維又は半合成繊維」又は場合により「再生繊維若しくは半合成繊維」とは(b)の繊維をいう。第54.04項又は第54.05項のストリップその他これに類する物品は、人造繊維とみなさない。

人造繊維、合成繊維及び再生繊維又は半合成繊維の各用語は、材料の語とともに使用する場合においてもそれぞれ前記の意味と同一の意味を有する。

Chapter 54　Man-made filaments; strip and the like of man-made textile materials

Notes.

1.- Throughout the Nomenclature, the term "man-made fibres" means staple fibres and filaments of organic polymers produced by manufacturing processes, either:

(a) By polymerisation of organic monomers to produce polymers such as polyamides, polyesters, polyolefins or polyurethanes, or by chemical modification of polymers produced by this process (for example, poly(vinyl alcohol) prepared by the hydrolysis of poly(vinyl acetate)); or

(b) By dissolution or chemical treatment of natural organic polymers (for example, cellulose) to produce polymers such as cuprammonium rayon (cupro) or viscose rayon, or by chemical modification of natural organic polymers (for example, cellulose, casein and other proteins, or alginic acid), to produce polymers such as cellulose acetate or alginates.

The terms "synthetic" and "artificial", used in relation to fibres, mean: synthetic: fibres as defined at (a); artificial: fibres as defined at (b). Strip and the like of heading 54.04 or 54.05 are not considered to be man-made fibres.

The terms "man-made", "synthetic" and "artificial" shall have the same meanings when used in relation to "textile materials".

第62類　衣類及び衣類附属品（メリヤス編み又はクロセ編みのものを除く。）

注

1～4（省略）

5　第62.09項については、次に定めるところによる。

(a)　「乳児用の衣類及び衣類附属品」とは、身長が86センチメートル以下の乳幼児用のものをいう。

(b)　第62.09項及びこの類の他の項に同時に属するとみられる物品は、第62.09項に属する。

6　第62.10項及びこの類の他の項（第62.09項を除く。）に同時に属するとみられる衣類は、第62.10項に属する。

Chapter 62　Articles of apparel and clothing accessories, not knitted or crocheted

Notes.

1.～4.（省略）

5.- For the purposes of heading 62.09:

(a) The expression "babies' garments and clothing accessories" means articles for young children of a body height not exceeding 86 cm;

(b) Articles which are, *prima facie*, classifiable both in heading 62.09 and in other headings of this Chapter are to be classified in heading 62.09.

6.- Garments which are, *prima facie*, classifiable both in heading 62.10 and in other headings of this Chapter, excluding heading 62.09, are to be classified in heading 62.10.

7～8 (省略)

9 この類の衣類で、正面で左を右の上にして閉じるものは男子用の衣類とみなし、正面で右を左の上にして閉じるものは女子用の衣類とみなす。この注9の規定は、衣類の裁断により男子用の衣類であるか女子用の衣類であるかを明らかに判別することができるものについては、適用しない。

男子用の衣類であるか女子用の衣類であるかを判別することができないものは、女子用の衣類が属する項に属する。

10 (省略)

7.～8. (省略)

9.- Garments of this Chapter designed for left over right closure at the front shall be regarded as men's or boys' garments, and those designed for right over left closure at the front as women's or girls' garments. These provisions do not apply where the cut of the garment clearly indicates that it is designed for one or other of the sexes.

Garments which cannot be identified as either men's or boys' garments or as women's or girls' garments are to be classified in the headings covering women's or girls' garments.

10.-(省略)

番号 No.	統計細分 Stat. Code No.	NACCS用	品名	税率 Rate of Duty 基本 General	協定 WTO	特恵 Preferential	暫定 Temporary	単位 Unit	Description
62.04			**女子用のスーツ、アンサンブル、ジャケット、ブレザー、ドレス、スカート、キュロットスカート、ズボン、胸当てズボン、半ズボン及びショーツ(水着を除く。)**						**Women's or girls' suits, ensembles, jackets, blazers, dresses, skirts, divided skirts, trousers, bib and brace overalls, breeches and shorts (other than swimwear):**
			スーツ						**Suits:**
6204.11			**羊毛製又は繊獣毛製のもの**						**Of wool or fine animal hair:**
	100	1	1 毛皮付きのもの	16%	12.8%	×無税 Free		NO KG	1 Containing furskin
	200	3	2 その他のもの	11.2%	9.1%	×無税 Free		NO KG	2 Other
6204.12			**綿製のもの**						**Of cotton:**
	100	0	1 毛皮付きのもの	16%	10%	×無税 Free		NO KG	1 Containing furskin
	200	2	2 その他のもの	11.2%	9.1%	×無税 Free		NO KG	2 Other
6204.13			**合成繊維製のもの**						**Of synthetic fibres:**
	100	6	1 毛皮付きのもの	16%	10%	×無税 Free		NO KG	1 Containing furskin
	200	1	2 その他のもの	11.2%	9.1%	×無税 Free		NO KG	2 Other
6204.19			**その他の紡織用繊維製のもの**						**Of other textile materials:**
	100	0	1 毛皮付きのもの	16%	10%	×無税 Free		NO KG	1 Containing furskin
	200	2	2 その他のもの	11.2%	9.1%	×無税 Free		NO KG	2 Other
			アンサンブル						**Ensembles:**
6204.21			**羊毛製又は繊獣毛製のもの**						**Of wool or fine animal hair:**
	100	5	1 毛皮付きのもの	16%	10%	×無税 Free		NO KG	1 Containing furskin
	200	0	2 その他のもの	11.2%	9.1%	×無税 Free		NO KG	2 Other
6204.22			**綿製のもの**						**Of cotton:**
	100	4	1 毛皮付きのもの	16%	10%	×無税 Free		NO KG	1 Containing furskin
	200	6	2 その他のもの	11.2%	9.1%	×無税 Free		NO KG	2 Other
6204.23			**合成繊維製のもの**						**Of synthetic fibres:**
	100	3	1 毛皮付きのもの	16%	10%	×無税 Free		NO KG	1 Containing furskin
	200	5	2 その他のもの	11.2%	9.1%	×無税 Free		NO KG	2 Other
6204.29			**その他の紡織用繊維製のもの**						**Of other textile materials:**

番号 No.	統計細分 Stat. Code No.	NACCS用	品名	税率 基本 General	協定 WTO	特恵 Preferential	暫定 Temporary	単位 Unit	Description
(6204.29)	100	4	1 毛皮付きのもの	16%	10%	×無税 Free		NO KG	1 Containing furskin
	200	6	2 その他のもの	11.2%	9.1%	×無税 Free		NO KG	2 Other
			ジャケット及びブレザー						**Jackets and blazers:**
6204.31			**羊毛製又は繊獣毛製のもの**						**Of wool or fine animal hair:**
	100	2	1 毛皮付きのもの	16%	12.8%	×無税 Free		NO KG	1 Containing furskin
	200	4	2 その他のもの	11.2%	9.1%	×無税 Free		NO KG	2 Other
6204.32			**綿製のもの**						**Of cotton:**
	100	1	1 毛皮付きのもの	16%	12.8%	×無税 Free		NO KG	1 Containing furskin
	200	3	2 その他のもの	11.2%	9.1%	×無税 Free		NO KG	2 Other
6204.33			**合成繊維製のもの**						**Of synthetic fibres:**
	100	0	1 毛皮付きのもの	16%	12.8%	×無税 Free		NO KG	1 Containing furskin
	200	2	2 その他のもの	11.2%	9.1%	×無税 Free		NO KG	2 Other
6204.39			**その他の紡織用繊維製のもの**						**Of other textile materials:**
	100	1	1 毛皮付きのもの	16%	12.8%	×無税 Free		NO KG	1 Containing furskin
	200	3	2 その他のもの	11.2%	9.1%	×無税 Free		NO KG	2 Other
			ドレス						**Dresses:**
6204.41			**羊毛製又は繊獣毛製のもの**						**Of wool or fine animal hair:**
	100	6	1 毛皮付きのもの	16%	10%	×無税 Free		NO KG	1 Containing furskin
	200	1	2 その他のもの	11.2%	9.1%	×無税 Free		NO KG	2 Other
6204.42			**綿製のもの**						**Of cotton:**
	100	5	1 毛皮付きのもの	16%	10%	×無税 Free		NO KG	1 Containing furskin
	200	0	2 その他のもの	11.2%	9.1%	×無税 Free		NO KG	2 Other
6204.43			**合成繊維製のもの**						**Of synthetic fibres:**
	100	4	1 毛皮付きのもの	16%	10%	×無税 Free		NO KG	1 Containing furskin
	200	6	2 その他のもの	11.2%	9.1%	×無税 Free		NO KG	2 Other
6204.44			**再生繊維又は半合成繊維製のもの**						**Of artificial fibres:**
	100	3	1 毛皮付きのもの	16%	10%	×無税 Free		NO KG	1 Containing furskin
	200	5	2 その他のもの	11.2%	9.1%	×無税 Free		NO KG	2 Other
6204.49			**その他の紡織用繊維製のもの**						**Of other textile materials:**
	100	5	1 毛皮付きのもの	16%	10%	×無税 Free		NO KG	1 Containing furskin
	200	0	2 その他のもの	11.2%	9.1%	×無税 Free		NO KG	2 Other

番号 No.	統計細分 Stat. Code No.	NACCS用	品名	税率 Rate of Duty 基本 General	協定 WTO	特恵 Preferential	暫定 Temporary	単位 Unit	Description
62.07			**男子用のシングレットその他これに類する肌着、パンツ、ズボン下、ブリーフ、ナイトシャツ、パジャマ、バスローブ、ドレッシングガウンその他これらに類する製品**						**Men's or boys' singlets and other vests, underpants, briefs, nightshirts, pyjamas, bathrobes, dressing gowns and similar articles:**
			パンツ、ズボン下及びブリーフ						**Underpants and briefs:**
6207.11	000	0	**綿製のもの**	9%	7.4%	×無税 Free		NO KG	**Of cotton**
6207.19	000	6	**その他の紡織用繊維製のもの**	9%	(9%)	×無税 Free		NO KG	**Of other textile materials**
			ナイトシャツ及びパジャマ						**Nightshirts and pyjamas:**
6207.21	000	4	**綿製のもの**	9%	7.4%	×無税 Free		NO KG	**Of cotton**
6207.22	000	3	**人造繊維製のもの**	9%	7.4%	×無税 Free		NO KG	**Of man-made fibres**
6207.29	000	3	**その他の紡織用繊維製のもの**	9%	(9%)	×無税 Free		NO KG	**Of other textile materials**
			その他のもの						**Other:**
6207.91			**綿製のもの**						**Of cotton:**
	100	6	1 毛皮付きのもの	16%	10%	×無税 Free		NO KG	1 Containing furskin
			2 その他のもの						2 Other:
	210	4	(1) シングレットその他これに類する肌着	9%	7.4%	×無税 Free		NO KG	(1) Singlets and other vests
	220	0	(2) その他のもの	11.2%	9.1%	×無税 Free		NO KG	(2) Other
6207.99			**その他の紡織用繊維製のもの**						**Of other textile materials:**
	100	5	1 毛皮付きのもの	16%	10%	×無税 Free		NO KG	1 Containing furskin
			2 その他のもの						2 Other:
	210	†	(1) シングレットその他これに類する肌着	9%	•7.4% ~(9%)	×無税 Free		NO KG	(1) Singlets and other vests
	220	†	(2) その他のもの	11.2%	•9.1% ~10%	×無税 Free		NO KG	(2) Other
62.09			**乳児用の衣類及び衣類附属品**						**Babies' garments and clothing accessories:**
6209.20			**綿製のもの**						**Of cotton:**
	150	4	1 手袋、ミトン及びミット並びにパンティストッキング、タイツ、ストッキング、ソックスその他の靴下類	7.8%	6.5%	5.2% ×無税 Free		PR KG	1 Gloves, mittens and mitts; panty hose, tights, stockings, socks and other hosiery
			2 その他のもの						2 Other:
	210	1	(1) 毛皮付きのもの	16%	10%	×無税 Free		NO KG	(1) Containing furskin
			(2) その他のもの						(2) Other:
	221	5	A 附属品	9%	7.4%	5.92% ×無税 Free		NO KG	A Accessories
	222	6	B その他のもの	11.2%	9.1%	×無税 Free		NO KG	B Other

番号 No.	統計細分 Stat. Code No.	NACCS用	品名	税率 Rate of Duty 基本 General	協定 WTO	特恵 Preferential	暫定 Temporary	単位 Unit	Description
6209.30			**合成繊維製のもの**						**Of synthetic fibres:**
	150	1	1 手袋、ミトン及びミット並びにパンティストッキング、タイツ、ストッキング、ソックスその他の靴下類	7.8%	6.5%	5.2% ×無税 Free		PR KG	1 Gloves, mittens and mitts; panty hose, tights, stockings, socks and other hosiery
			2 その他のもの						2 Other:
	210	5	(1) 毛皮付きのもの	16%	10%	×無税 Free		NO KG	(1) Containing furskin
			(2) その他のもの						(2) Other:
	221	2	A 附属品	9%	7.4%	5.92% ×無税 Free		NO KG	A Accessories
	222	3	B その他のもの	11.2%	9.1%	×無税 Free		NO KG	B Other
6209.90			**その他の紡織用繊維製のもの**						**Of other textile materials:**
	150	4	1 手袋、ミトン及びミット並びにパンティストッキング、タイツ、ストッキング、ソックスその他の靴下類	7.8%	6.5%	5.2% ×無税 Free		PR KG	1 Gloves, mittens and mitts; panty hose, tights, stockings, socks and other hosiery
			2 その他のもの						2 Other:
	210	1	(1) 毛皮付きのもの	16%	10%	×無税 Free		NO KG	(1) Containing furskin
			(2) その他のもの						(2) Other:
	221	5	A 附属品	9%	7.4%	5.92% ×無税 Free		NO KG	A Accessories
			B その他のもの						B Other:
	291	5	(a) 羊毛製又は繊獣毛製のもの	9%	7.4%	×無税 Free		NO KG	(a) Of wool or fine animal hair
	299	6	(b) その他のもの	11.2%	9.1%	×無税 Free		NO KG	(b) Other

別紙５

実勢外国為替相場の週間平均値
（１米ドルに対する円相場）

期間			週間平均値
令和XX. 7.19	～	令和XX. 7.25	¥101.60
令和XX. 7.26	～	令和XX. 8. 1	¥101.80
令和XX. 8. 2	～	令和XX. 8. 8	¥101.50
令和XX. 8. 9	～	令和XX. 8.15	¥102.00
令和XX. 8.16	～	令和XX. 8.22	¥102.10

第10問 輸入(納税)申告(解答・P.414)

チェック欄		

別紙1の仕入書及び下記事項により、ベトナムから水産物等を輸入する場合の輸入(納税)申告を輸出入・港湾関連情報処理システム(NACCS)を使用して行う場合について、以下の問いに答えなさい。

(1) 別紙2の輸入申告事項登録画面の品目番号欄((a)～(e))に入力すべき品目番号を、関税率表の解釈に関する通則に従い、別冊の「実行関税率表」(抜粋)及び「EPA等タリフデータ」(抜粋)並びに別紙3の「NACCS用品目コード(輸入)」(抜粋)を参照して、下の選択肢から選び、その番号をマークしなさい。

(2) 別紙2の輸入申告事項登録画面の課税価格の右欄((f)～(j))に入力すべき申告価格(関税定率法第4条から第4条の9まで(課税価格の計算方法)の規定により計算される課税価格に相当する価格)の額をマークしなさい。

記

1　別紙1の仕入書に記載されている品目に品目番号が同一であるものがある場合には、これらを一の品目番号にとりまとめる。

2　品目番号ごとの申告価格が20万円以下であるもの(上記1によりとりまとめたものを含む。)がある場合には、その品目番号が異なるものであっても、輸入割当品目に該当する物品以外のものについては、これらを関税が有税である品目と無税である品目に分けて、それらを一括して一欄にとりまとめる。

3　上記2による場合に輸入申告事項登録画面に入力すべき品目番号は、次のとおりとする。

(1)有税である品目については、上記2によりとりまとめる前の品目のうち関税率が最も高いもの(同一の関税率が適用される場合は申告価格(上記1によりとりまとめたものについては、その合計額)が最も大きいもの)の品目番号とし、10桁目は「X」とする。

(2)無税である品目については、上記2によりとりまとめる前の品目のうち申告価格(上記1によりとりまとめたものについては、その合計額)が最も大きいものの品目番号とし、10桁目は「X」とする。

4　一欄に一品目のみに係る品目番号を入力することとなる場合であって、当該一品目の申告価格が20万円以下であるときは、その品目番号の10桁目は「E」とする。

5　輸入申告事項登録画面に入力する品目番号欄((a)～(e))は、その品目番号ごとの申告価格(上記1及び2によりとりまとめたものについては、その合計額)が大きいものから順に入力するものとする。

6　輸入申告事項登録画面の課税価格の右欄((f)～(j))には、別紙1の仕入書に記載されている価格に、下記8から11までの費用が申告価格に算入すべきものである場合にはその額を加算した額(本邦通貨に換算した後の額)を入力することとする。なお、1円未満の端数がある場合は、これを切り捨てる。

7　米ドル建価格の本邦通貨への換算は、別紙4の「実勢外国為替相場の週間平均値」を参照して行う。

8　輸入者(買手)は、輸出者(売手)との間で締結したFCA条件(輸出国の指定倉庫渡し条件)の契約に従って、輸出者から輸入貨物の引渡しを受けた後、当該貨物の輸出港における本船への船積みまでに要する費用としてUS$1,800.00を支払う。また、本邦の輸入港までの海上運賃及び保険料として、US$3,100.00を支払う。

9　船積予定船の到着が遅延したため、輸出港のターミナルにおいて一時的保管をすることとし、輸入者は、港湾ターミナル会社に対してその費用US$265.00を支払う。

10　輸入者は、別紙1の仕入書に記載されている「Frozen Kakiage Tempura」及び「Frozen

prepared Ika-Fry」について、それらの小売用の包装に使用するプラスチック製の袋を輸出者に無償で提供した。当該無償提供に要した費用は、「Frozen Kakiage Tempura」に25,000円、「Frozen prepared Ika-Fry」に12,000円である。

11　輸入者は、仕入書に記載されている「Frozen Kakiage Tempura」について、貨物が国内販売規格に合致しているかどうかの検査を行うため、現地の検査機関に検査を依頼し、当該検査の費用として、US$970.00を負担した。当該検査は、輸入者が自己のために行うものである。

12　上記８及び９の費用を申告価格に算入する場合の申告価格への振り分けは、仕入書価格按分とする。

13　別紙１の仕入書に記載されている水産物等については、経済上の連携に関する日本国とベトナム社会主義共和国との間の協定の規定に基づき当該協定の締約国の原産品とされるEPA税率適用に必要な書類はすべて具備されており、申告に当たっては、当該税率を適用するものとする。

14　別紙１の仕入書に記載されている水産物等のうち、輸入割当品目に該当するものは、主務官庁による輸入割当証明書を取得しているものとする。

15　別紙１の仕入書に記載されている「Frozen Kakiage Tempura」は、野菜（玉ねぎ、にんじん）とシュリンプを混ぜて油で揚げたてんぷらで、シュリンプの重量は全重量の15％である。

16　別紙１の仕入書に記載されている「Frozen prepared Ika-Fry」は、スティック状のいかに小麦粉の衣とパン粉を付けたものであり、米を含有していない。

17　申告年月日は、令和XX年９月24日とする。

① 0306.14-030E	② 0307.19-290E	③ 0307.19-290X	④ 0307.43-0303
⑤ 0307.43-030E	⑥ 0307.43-030X	⑦ 0307.52-0006	⑧ 0307.59-2003
⑨ 1605.10-0103	⑩ 1605.10-010E	⑪ 1605.10-010X	⑫ 1605.21-0294
⑬ 1605.54-9190	⑭ 1605.54-9993	⑮ 2004.90-2992	

別紙 1

INVOICE

Seller
VIETNAM SEAFOODS COMPANY
32 Ben Thanh,
Ho Chi Minh City, VIETNAM

Invoice No. and Date
VSC-3528 Aug. 15th, 20XX
Reference No. ZTC-1276

Buyer ZAIMU TRADING CO., LTD. 1-1, 3-Chome, Kasumigaseki, Chiyoda-ku, Tokyo, Japan	**Country of Origin** : VIETNAM **L/C No.** **Date**
Vessel NIHON MARU **On or About** Aug. 20th, 20XX	**Issuing Bank**
From Ho Chi Minh, VIETNAM **Via**	
To Tokyo, Japan	**Other Payment Terms**

Marks and Nos.	Description of Goods	Quantity Unit	Unit Price per Unit	Amount FCA US$
	Swimming crabs (*Portunus spp.*), not in shell, simply boiled in water, in airtight container	50	27.00	1,350.00
	Frozen Octopus (*Octopus spp.*), not prepared	1,800	11.00	19,800.00
ZTC	Frozen "surumeika" (Japanese flying squid) (*Todarodes pacificus*), not prepared	100	14.00	1,400.00
TOKYO	Smoked Whole Oysters (shell off)	100	15.00	1,500.00
MADE IN Vietnam	Frozen Kakiage Tempura, containing onion, carrot, shrimp (15% by weight),battered and fried, not containing added sugar	4,000	3.50	14,000.00
	Frozen prepared Ika-Fry, containing squid 90% by weight, battered and breaded, not containing rice, not in airtight container	2,000	6.80	13,600.00

Total: 640 Cartons
N/W: 8,050.00 Kgs
G/W: 9,013.00 Kgs

Total : FCA US$51,650.00

VIETNAM SEAFOODS COMPANY
(Signature)

別紙2

輸入申告事項登録（輸入申告）

共通部 ｜ 繰返部

申告番号 [ ]

大額／少額 L　申告等種別 C　申告先種別 [ ]　貨物識別 [ ]　識別符号 [ ]

あて先官署 [ ]　あて先部門 [ ]　申告等予定年月日 [ ]

輸入者 [ ]　ZAIMU TRADING CO.,LTD.

住所 TOKYO TO CHIYODA KU KASUMIGASEKI 3-1-1

電話 [ ]

蔵置場所 [ ]　一括申告 [ ]　申告等予定者 [ ]

B/L番号 1 [ ]　2 [ ]
3 [ ]　4 [ ]
5 [ ]

貨物個数 640　CT　貨物重量（グロス） 9013　KGM

貨物の記号等 AS PER ATTACHED SHEET

積載船（機） [ ]－NIHON MARU　入港年月日 [ ]

船（取）卸港 JPTYO　積出地 VNSGN －[ ]　貿易形態別符号 [ ]　コンテナ本数 [ ]

仕入書識別 [ ]　電子仕入書受付番号 [ ]　仕入書番号 VSC-3528

仕入書価格 A－FCA －[ ]－[ ]

輸入申告事項登録（輸入申告）

共通部 ｜ **繰返部**

〈01欄〉 品目番号 （a）　品名 [ ]　原産地 VN －[ ]

数量1 [ ]－[ ]　数量2 [ ]－[ ]　輸入令別表 [ ]　蔵置種別等 [ ]

BPR係数 [ ]　運賃按分 [ ]　課税価格 [ ]－（f）

関税減免税コード [ ]　関税減税額 [ ]

	内消税等種別	減免税コード	内消税減税額		内消税等種別	減免税コード	内消税減税額
1	[ ]	[ ]	[ ]	2	[ ]	[ ]	[ ]
3	[ ]	[ ]	[ ]	4	[ ]	[ ]	[ ]
5	[ ]	[ ]	[ ]	6	[ ]	[ ]	[ ]

輸入(納税)申告

〈02欄〉 品目番号 (b)　品名　原産地 VN －
数量1 －　数量2 －　輸入令別表　蔵置種別等
BPR係数　運賃按分　課税価格 － (g)
関税減免税コード　関税減税額

内消税等種別	減免税コード	内消税減税額	内消税等種別	減免税コード	内消税減税額
1			2		
3			4		
5			6		

〈03欄〉 品目番号 (c)　品名　原産地 VN －
数量1 －　数量2 －　輸入令別表　蔵置種別等
BPR係数　運賃按分　課税価格 － (h)
関税減免税コード　関税減税額

内消税等種別	減免税コード	内消税減税額	内消税等種別	減免税コード	内消税減税額
1			2		
3			4		
5			6		

〈04欄〉 品目番号 (d)　品名　原産地 VN －
数量1 －　数量2 －　輸入令別表　蔵置種別等
BPR係数　運賃按分　課税価格 － (i)
関税減免税コード　関税減税額

内消税等種別	減免税コード	内消税減税額	内消税等種別	減免税コード	内消税減税額
1			2		
3			4		
5			6		

〈05欄〉 品目番号 (e)　品名　原産地 VN －
数量1 －　数量2 －　輸入令別表　蔵置種別等
BPR係数　運賃按分　課税価格 － (j)
関税減免税コード　関税減税額

内消税等種別	減免税コード	内消税減税額	内消税等種別	減免税コード	内消税減税額
1			2		
3			4		
5			6		

別冊

実行関税率表（抜粋）

第３類　魚並びに甲殻類、軟体動物及びその他の水棲無脊椎動物　　**Chapter 3　Fish and crustaceans, molluscs and other aquatic invertebrates**

番号 No.	統計細分 Stat. Code No.	NACCS用	品名	税率 Rate of Duty 基本 General	協定 WTO	特恵 Preferential	暫定 Temporary	単位 Unit	Description
03.06			甲殻類(生きているもの、生鮮のもの及び冷蔵し、冷凍し、乾燥し、塩蔵し又は塩水漬けしたものに限るものとし、殻を除いてあるかないかを問わない。)、くん製した甲殻類(殻を除いてあるかないか又はくん製する前に若しくはくん製する際に加熱による調理をしてあるかないかを問わない。)及び蒸気又は水煮による調理をした殻付きの甲殻類(冷蔵し、冷凍し、乾燥し、塩蔵し又は塩水漬けしたものであるかないかを問わない。)						Crustaceans, whether in shell or not, live, fresh, chilled, frozen, dried, salted or in brine; smoked crustaceans, whether in shell or not, whether or not cooked before or during the smoking process; crustaceans, in shell, cooked by steaming or by boiling in water, whether or not chilled, frozen, dried, salted or in brine:
			冷凍したもの						Frozen:
0306.11	000	0	いせえびその他のいせえび科のえび(パリヌルス属、パヌリルス属又はヤスス属のもの)	4%	1%	×無税 Free		KG	Rock lobster and other sea crawfish (*Palinurus spp., Panulirus spp., Jasus spp.*)
0306.12	000	6	ロブスター(ホマルス属のもの)	4%	1%	×無税 Free		KG	Lobsters (*Homarus spp.*)
0306.14			かに	6%	4%	×無税 Free			Crabs:
	010	0	－たらばがに					KG	King crabs (*Paralithodes spp.*)
	020	3	－ずわいがに					KG	Snow crabs (*Chionoecetes spp.*)
	030	6	－がざみ					KG	Swimming crabs (*Portunus spp.*)
	040	2	－けがに					KG	Horsehair crabs
	090	3	－その他のもの					KG	Other
03.07			軟体動物(生きているもの、生鮮のもの及び冷蔵し、冷凍し、乾燥し、塩蔵し又は塩水漬けしたものに限るものとし、殻を除いてあるかないかを問わない。)及びくん製した軟体動物(殻を除いてあるかないか又はくん製する前に若しくはくん製する際に加熱による調理をしてあるかないかを問わない。)						Molluscs, whether in shell or not, live, fresh, chilled, frozen, dried, salted or in brine; smoked molluscs, whether in shell or not, whether or not cooked before or during the smoking process:
			かき						Oysters:
0307.11	000	5	生きているもの、生鮮のもの及び冷蔵したもの	10%	7%	×無税 Free		KG	Live, fresh or chilled
0307.12	000	4	冷凍したもの	10%	7%	×無税 Free		KG	Frozen
0307.19			その他のもの						Other:
			1 くん製したもの	9.6%	6.7%	×無税 Free			1 Smoked:

(注) 03.07　食品衛生法
特定外来生物による生態系等に係る被害の防止に関する法律
03.07のうち　帆立貝、貝柱及びいか(もんごういかを除く。)(生きているもの、生鮮のもの及び冷蔵し、冷凍し、乾燥し、塩蔵し又は塩水漬けしたものに限る。) IQ
軟体動物(本邦の区域に属さない海面を船積地域とするもの)　二号承認

(Note) 03.07　Food Sanitation Law
Enforcement of Invasive Alien Species Act
ex 03.07　Scallops, adductors of shellfish, cuttle fish and squid other than Mongo ika, live, fresh, chilled, frozen, dried, salted or in brine: IQ
Molluscs, shipped from outside of Japanese water: Item 2 Approval

番号 No.	統計細分 Stat. Code No.	NACCS用	品名	税率 Rate of Duty 基本 General	協定 WTO	特恵 Preferential	暫定 Temporary	単位 Unit	Description
	210	4	－貝柱					KG	Adductors of shellfish
	290	0	－その他のもの			6.4%		KG	Other
	300	3	2 その他のもの	15%	10.5%	×無税 Free		KG	2 Other
			いか						**Cuttle fish and squid:**
0307.42			**生きているもの、生鮮のもの及び冷蔵したもの**	10%					**Live, fresh or chilled:**
	010	†	－もんごういか		3.5%	×無税 Free		KG	Mongo ika
	090	1	－その他のもの		5%			KG	Other
0307.43			**冷凍したもの**	10%					**Frozen:**
	010	†	－もんごういか		3.5%	×無税 Free		KG	Mongo ika
	020	0	－あかいか(オムマストリフェス・バルトラミ)		(5%)		3.5%	KG	Neon flying squid (*Ommastrephes bartramii*)
	030	†	－するめいか(トダロデス・パキフィクス)、アメリカおおあかいか(ドシディクス・ギガス)、じんどういか(ロリオルス属のもの)、まついか(イルレクス属のもの)及びほたるいか(ワタセニア・スキンティルランス)		5%			KG	Japanese flying squid (*Todarodes pacificus*), jumbo flying squid (*Dosidicus gigas*), japanese squid (*Loliolus spp.*), shortfin squid (*Illex spp.*) and sparkling enope squid (*Watasenia scintillans*)
	090	†	－その他のもの		(5%)		3.5%	KG	Other
0307.49			**その他のもの**						**Other:**
	500	†	1 くん製したもの	9.6%	6.7%	×無税 Free		KG	1 Smoked
			2 その他のもの	15%					2 Other:
	210	†	－もんごういか			×無税 Free		KG	Mongo ika
	290	†	－その他のもの					KG	Other
			たこ(オクトプス属のもの)						**Octopus (*Octopus spp.*):**
0307.51	000	0	**生きているもの、生鮮のもの及び冷蔵したもの**	10%	7%	5% ×無税 Free		KG	**Live, fresh or chilled**
0307.52	000	6	**冷凍したもの**	10%	7%	5% ×無税 Free		KG	**Frozen**
0307.59			**その他のもの**						**Other:**
	500	2	1 くん製したもの	9.6%	6.7%	6.4% ×無税 Free		KG	1 Smoked
	200	3	2 その他のもの	15%	10%	×無税 Free		KG	2 Other

第16類 肉、魚、甲殻類、軟体動物若しくはその他の水棲無脊椎動物又は昆虫類の調製品

注

1　この類には、第２類、第３類、第４類の注６又は第05.04項に定める方法により調製し又は保存に適する処理をした肉、くず肉、魚、甲殻類、軟体動物及びその他の水棲無脊椎動物並びに昆虫類を含まない。

2　ソーセージ、肉、くず肉、血、昆虫類、魚又は甲殻類、軟体動物若しくはその他の水棲無脊椎動物の一以上を含有する調製食料品で、これらの物品の含有量の合計が全重量の20%を超えるものは、この類に属する。この場合において、これらの物品の二以上を含有する調製食料品については、最大の重量を占める成分が属する項に属する。前段及び中段のいずれの規定も、第19.02項の詰物をした物品及び第21.03項又は第21.04項の調製品については、適用しない。

Chapter 16 Preparations of meat, of fish, of crustaceans, molluscs or other aquatic invertebrates, or of insects

Notes.

1.- This Chapter does not cover meat, meat offal, fish, crustaceans, molluscs or other aquatic invertebrates, as well as insects, prepared or preserved by the processes specified in Chapter 2 or 3, Note 6 to Chapter 4 or in heading 05.04.

2.- Food preparations fall in this Chapter provided that they contain more than 20% by weight of sausage, meat, meat offal, blood, insects, fish or crustaceans, molluscs or other aquatic invertebrates, or any combination thereof. In cases where the preparation contains two or more of the products mentioned above, it is classified in the heading of Chapter 16 corresponding to the component or components which predominate by weight. These provisions do not apply to the stuffed products of heading 19.02 or to the preparations of heading 21.03 or 21.04.

番号 No.	統計細分 Stat. Code No.	NACCS用	品名	税率 Rate of Duty 基本 General	協定 WTO	特恵 Preferential	暫定 Temporary	単位 Unit	Description
16.05			**甲殻類、軟体動物及びその他の水棲無脊椎動物(調製し又は保存に適する処理をしたものに限る。)**						**Crustaceans, molluscs and other aquatic invertebrates, prepared or preserved:**
1605.10			**かに**						**Crab:**
	010	3	1 気密容器入りのもの(くん製したものを除く。)	6.5%	5%	×無税 Free		KG	1 In airtight containers, other than smoked
			2 その他のもの	9.6%	(9.6%)	7.2% ×無税 Free			2 Other:
	021	0	－米を含むもの					KG	Containing rice
	029	1	－その他のもの					KG	Other
			シュリンプ及びプローン						**Shrimps and prawns:**
1605.21			**気密容器入りでないもの**						**Not in airtight container:**
			1 くん製したもの及び単に水若しくは塩水で煮又はその後に冷蔵し、冷凍し、塩蔵し、塩水漬けし若しくは乾燥したもの	4.8%	(4.8%) ～ (5.3%)	3.2% ×無税 Free			1 Smoked and simply boiled in water or in brine; chilled, frozen, salted, in brine or dried, after simply boiled in water or in brine:
	011	0	－単に水若しくは塩水で煮又はその後に冷蔵し又は冷凍したもの					KG	Simply boiled in water or in brine; chilled or frozen, after simply boiled in water or in brine
	019	†	－その他のもの					KG	Other
			2 その他のもの	6%	5.3%	×無税 Free			2 Other:
	021	3	－米を含むもの					KG	Containing rice
	029	4	－その他のもの					KG	Other
1605.29			**その他のもの**						**Other:**
	010	†	1 くん製したもの及び単に水若しくは塩水で煮又はその後に冷蔵し、冷凍し、塩蔵し、塩水漬けし若しくは乾燥したもの	4.8%	(4.8%) ～ (5.3%)	3.2% ×無税 Free		KG	1 Smoked and simply boiled in water or in brine; chilled, frozen, salted, in brine or dried, after simply boiled in water or in brine
			2 その他のもの	6%	5.3%	×無税 Free			2 Other:
	021	2	－米を含むもの					KG	Containing rice
	029	3	－その他のもの					KG	Other

(注) 16.05　食品衛生法
16.05のうち　水棲動物の調製品(本邦の区域に属さない海面を船積地域とするもの)　二号承認
1605.10のうち　ロシアを船積地域とするかに調製品(気密容器入りのもの又は米を含むものを除く。)　事前確認

(Note) 16.05 Food Sanitation Law
ex 16.05 Preparations of aquatic animals, shipped from outside of Japanese water: Item 2 Approval
ex 1605.10 Preparations of Crabs, excluding in airtight containers or containing rice, shipped from Russia: Prior Confirmation

番号 No.	統計細分 Stat. Code No.	NACCS用	品名	税率 Rate of Duty 基本 General	協定 WTO	特恵 Preferential	暫定 Temporary	単位 Unit	Description
			軟体動物						**Molluscs:**
1605.51			**かき**						**Oysters:**
			1 くん製したもの	6.7%	(9.6%)	×無税 Free			1 Smoked:
	110	†	－貝柱					KG	Adductors of shellfish
	190	†	－その他のもの			6.4%		KG	Other
			2 その他のもの	9.6%	(9.6%)	7.2% ×無税 Free			2 Other:
	910	1	－気密容器入りのもの					KG	In airtight containers
	990	4	－その他のもの					KG	Other
1605.52			**スキャロップ(いたや貝を含む。)**						**Scallops, including queen scallops:**
	200	4	1 くん製したもの	6.7%	(9.6%)	×無税 Free		KG	1 Smoked
	900	4	2 その他のもの	9.6%	(9.6%)	7.2% ×無税 Free		KG	2 Other
1605.53			**い貝**						**Mussels:**
			1 くん製したもの	6.7%	(9.6%)	×無税 Free			1 Smoked:
	110	†	－貝柱					KG	Adductors of shellfish
	190	†	－その他のもの			6.4%		KG	Other
			2 その他のもの	9.6%	(9.6%)	7.2% ×無税 Free			2 Other:
	910	6	－気密容器入りのもの					KG	In airtight containers
	990	2	－その他のもの					KG	Other
1605.54			**いか**						**Cuttle fish and squid:**
	100	†	1 くん製したもの	6.7%	(10.5%)	×無税 Free		KG	1 Smoked
			2 その他のもの	15%	10.5%	×無税 Free			2 Other:
			－気密容器入りのもの			9%			In airtight containers:
	911	6	－－米を含むもの					KG	Containing rice
	919	0	－－その他のもの					KG	Other
			－その他のもの						Other:
	991	2	－－米を含むもの					KG	Containing rice
	999	3	－－その他のもの					KG	Other

第20類　野菜、果実、ナットその他植物の部分の調製品

Chapter 20　Preparations of vegetables, fruit, nuts or other parts of plants

注
1　この類には、次の物品を含まない。
(a)～(b)（省略）
(c) ソーセージ、肉、くず肉、血、昆虫類、魚又は甲殻類、軟体動物若しくはその他の水棲無脊椎動物の一以上を含有する調製食料品で、これらの物品の含有量の合計が全重量の20%を超えるもの(第16類参照)

Notes.
1.- This Chapter does not cover:
(a)～(b)（省略）
(c) Food preparations containing more than 20% by weight of sausage, meat, meat offal, blood, insects, fish or crustaceans, molluscs or other aquatic invertebrates, or any combination thereof (Chapter 16);

番号 No.	統計細分 Stat. Code No.	NACCS用	品名	税率 Rate of Duty 基本 General	協定 WTO	特恵 Preferential	暫定 Temporary	単位 Unit	Description
20.04			**調製し又は保存に適する処理をしたその他の野菜(冷凍したものに限るものとし、食酢又は酢酸により調製し又は保存に適する処理をしたもの及び第20.06項の物品を除く。)**						**Other vegetables prepared or preserved otherwise than by vinegar or acetic acid, frozen, other than products of heading 20.06:**
2004.10			**ばれいしよ**						**Potatoes:**
	100	2	1 単に加熱による調理をしたもの	10%	8.5%	×無税 Free		KG	1 Cooked, not otherwise prepared
			2 その他のもの						2 Other:
	210	0	(1) マッシュポテト	16%	13.6%	×無税 Free		KG	(1) Mashed potatoes
	220	3	(2) その他のもの	9.6%	9%	×無税 Free		KG	(2) Other
2004.90			**その他の野菜及び野菜を混合したもの**						**Other vegetables and mixtures of vegetables:**
			1 砂糖を加えたもの						1 Containing added sugar:
	110	2	(1) スイートコーン	17.5%	10.5%	×無税 Free		KG	(1) Sweet corn
	120	5	(2) その他のもの	28%	23.8%	×無税 Free		KG	(2) Other
			2 その他のもの						2 Other:
			(1) アスパラガス及び豆	20%	17%	×無税 Free			(1) Asparagus and leguminous vegetables:
	211	5	－アスパラガス					KG	Asparagus
	212	†	－豆					KG	Leguminous vegetables
	220	0	(2) たけのこ	16%	13.6%	×無税 Free		KG	(2) Bamboo shoots
	230	3	(3) スイートコーン	12.5%	7.5%	×無税 Free		KG	(3) Sweet corn
			(4) ヤングコーンコブ	25%	15%	×無税 Free			(4) Young corncobs:
	240	6	－気密容器入りのもの			9%		KG	In airtight containers
	291	1	－その他のもの					KG	Other
	299	2	(5) その他のもの	9.6%	9%	×無税 Free		KG	(5) Other

(注) 20.04　食品衛生法

(Note) 20.04　Food Sanitation Law

附表　EPA等タリフデータ(抜粋)

本表の各欄の意味

「番号」：HS番号4桁の「項」、6桁の「号」又は「号」に3桁の「統計細分」を加えた9桁の統計品目番号が表記されています。

「ベトナム」：経済上の連携に関する日本国とベトナム社会主義共和国との間の協定に基づく協定税率が表記されています。

各税率欄

基本的には「項」(4桁の番号)ごとに税率を表記していますが、項以下で税率が分かれているものについては、「号」(6桁の番号)又は「号」に3桁の「統計細分」を加えた9桁の統計品目番号ごとに税率を表記しています。

各税率欄に記載されている記号等の意味は、次のとおりです。

－	その協定について、譲許されていない(協定税率の設定がない)ことを示します。

番　号	ベトナム
0306.14-030	無税
0307.19-290	無税
0307.43-030	－
0307.52	無税
0307.59-200	無税
1605.10-010	無税
1605.21-029	無税
1605.54-919	－
1605.54-999	5.5%
2004.90-299	無税

別紙3

NACCS用品目コード（輸入）（抜粋）

実行関税率表の「NACCS用」欄に † が記載されている品目は、この表の「NACCS用品目コード」欄を参照し、番号6桁、統計細分3桁に「NACCS用」欄1桁を含めた数字10桁で入力する。

実行関税率表			NACCS用品目コード			備考
番号	細分	NACCS用	番号	細分	NACCS用	
030743	030	†	030743	030	3	その他のもの
			030743	001	2	ペルー協定上の原産品のアメリカおおあかいか（ドシディクス・ギガス）（全形のもの及び断片状のもので、一個の重量が1kg以上のものに限るとし、粉状、ミール状又はペレット状のものを除く）で、品目証明書を付するもの

別紙4

実勢外国為替相場の週間平均値
（1米ドルに対する円相場）

期間	週間平均値
令和XX. 8.25 ～ 令和XX. 8.31	¥121.50
令和XX. 9. 1 ～ 令和XX. 9. 7	¥121.00
令和XX. 9. 8 ～ 令和XX. 9.14	¥120.00
令和XX. 9.15 ～ 令和XX. 9.21	¥119.50
令和XX. 9.22 ～ 令和XX. 9.28	¥119.00

第11問 輸入(納税)申告(解答・P.418)

チェック欄		

別紙1の仕入書及び下記事項により、イタリアから化粧品を輸入する場合の輸入(納税)申告を輸出入・港湾関連情報処理システム(NACCS)を使用して行う場合について、以下の問いに答えなさい。

(1) 別紙2の輸入申告事項登録画面の品目番号欄((a)～(e))に入力すべき品目番号を、関税率表の解釈に関する通則に従い、別冊の「実行関税率表」(抜粋)及び「関税率表解説」(抜粋)を参照して、下の選択肢から選び、その番号をマークしなさい。

(2) 別紙2の輸入申告事項登録画面の課税価格の右欄((f)～(j))に入力すべき申告価格(関税定率法第4条から第4条の9まで(課税価格の計算方法)の規定により計算される課税価格に相当する価格)の額をマークしなさい。

記

1　別紙1の仕入書に記載されている品目に品目番号が同一であるものがある場合には、これらを一の品目番号にとりまとめる。

2　品目番号ごとの申告価格が20万円以下であるもの(上記1によりとりまとめたものを含む。)がある場合には、その品目番号が異なるものであっても、これらを一括して一欄にとりまとめる。
　なお、この場合に輸入申告事項登録画面に入力すべき品目番号は、これらの品目のうち申告価格(上記1によりとりまとめたものについては、その合計額)が最も大きいものの品目番号とし、10桁目は「X」とする。

3　輸入申告事項登録画面に入力する品目番号((a)～(e))は、その品目番号ごとの申告価格(上記1及び2によりとりまとめたものについては、その合計額)の大きいものから順に入力するものとする。

4　輸入申告事項登録画面の課税価格の右欄((f)～(j))には、別紙1の仕入書に記載された価格に、下記6から8までの費用が申告価格に算入すべきものである場合にはその額を加算した額(本邦通貨に換算した後の額)を入力することとする。なお、1円未満の端数がある場合は、これを切り捨てる。

5　欧州統一通貨・ユーロ建価格の本邦通貨への換算は、別紙3の「実勢外国為替相場の週間平均値」を参照して行う。

6　輸入者(買手)は、輸出者(売手)との輸入取決めによって、今回輸入する化粧品の輸入取引交渉を輸出者に代わり(輸出者の管理の下に、輸出者の計算と危険負担により、輸出者の名において)化粧品の販売業務を行った販売代理人に対して、販売数量に基づき販売手数料としてEUR3,968.00を支払う。

7　輸入者は、今回輸入する化粧品について輸入通関前手続として医薬品、医療機器等の品質、有効性及び安全性の確保等に関する法律に規定する輸入通関前手続を行政書士に委任したことより、仕入書価格の2%を手続代行手数料として支払う。

8　輸入者が今回輸入する化粧品の小売用瓶詰の容器は本邦において調達し、輸出者宛に無償支給しており、その購入及び提供に係る費用はEUR27,856.00である。

9　上記6から8までの費用を申告価格に算入する場合の申告価格への振り分けは、上記6及び8の費用については容量(ℓ)按分とし、上記7の費用については価格按分とする。

10　申告年月日は、令和XX年7月17日とする。

① 3303.00-0002	② 3304.10-0004	③ 3304.20-0001	④ 3304.30-0005
⑤ 3304.91-0000	⑥ 3304.91-000X	⑦ 3304.99-0102	⑧ 3304.99-010X
⑨ 3304.99-0905	⑩ 3305.20-0006	⑪ 3305.20-000X	⑫ 3305.30-0003
⑬ 3305.30-000X	⑭ 3305.90-0006	⑮ 3305.90-000X	

別紙1

INVOICE

Seller
Lord byron COMPANY
piazza della trinita dei monti 6
Roma, ITALY

Invoice No. and Date
LBC-3251 Jun. 7th, 20XX

Reference No. ZT-3741

Buyer ZAIMU TRADING Co., Ltd. 1-1, 3-Chome, Kasumigaseki Chiyoda-ku, Tokyo, Japan	**Country of Origin** : ITALY **L/C No.** **Date**
Vessel SHINANO MARU **On or About** Jun. 11th, 20XX **From** Civitavecchia, ITALY **Via**	**Issuing Bank**
To Tokyo, Japan	**Payment Terms: T/T**

Marks and Nos.	Description of Goods	Quantity PC	Unit Price per PC	Amount CIF EUR
	Perfumes (content: 30 mℓ) 30mℓ×100×15C/T (45ℓ)	1,500 PCS	20.00	30,000.00
	Hair lacquers (content: 180 mℓ) 180mℓ×50×2C/T (18ℓ)	100 PCS	8.51	851.00
	Eye make-up preparations (content: 120 mℓ) 120mℓ×50×30C/T (180ℓ)	1,500 PCS	7.50	11,250.00
ZTC TOKYO Made in Italy	Foundation creams (content: 120 mℓ) 120mℓ×50×60C/T (360ℓ)	3,000 PCS	12.20	36,600.00
	Baby powders (content: 100 mℓ) 100mℓ×50×3C/T (15ℓ)	150 PCS	9.48	1,422.00
	Manicure preparations (content: 120 mℓ) 120mℓ×50×50C/T (300ℓ)	2,500 PCS	7.50	18,750.00
	Perfumed hair oil (content: 180 mℓ) 180mℓ×50×2C/T (18ℓ)	100 PCS	8.04	804.00

Total : CIF TOKYO EUR 99,677.00

Total : 162 Cartons (936ℓ)
N/W : 938 kgs
I.I/W : 1,407.5 kgs

Lord byron COMPANY
(Signature)

別紙2

輸入申告事項登録(輸入申告)

共通部 | 繰返部

申告番号

大額/少額 L　申告等種別 C　申告先種別　貨物識別　識別符号

あて先官署　あて先部門　申告等予定年月日

輸入者　ZAIMU TRADING CO.,LTD.

住所　TOKYO TO CHIYODA KU KASUMIGASEKI 3-1-1

電話

蔵置場所　一括申告　申告等予定者

B/L番号 1　2　3　4　5

貨物個数 162　CT　貨物重量(グロス) 1600　KGM

貨物の記号等 AS PER ATTACHED SHEET

積載船(機) － SHINANO MARU　入港年月日

船(取)卸港 JPTYO　積出地 ITCVV －　貿易形態別符号　コンテナ本数

仕入書識別　電子仕入書受付番号　仕入書番号 LBC-3251

仕入書価格 A － CIF － －

輸入申告事項登録(輸入申告)

共通部 | **繰返部**

〈01欄〉 品目番号 (a)　品名　原産地 IT －

数量1 －　数量2 －　輸入令別表　蔵置種別等

BPR係数　運賃按分　課税価格 － (f)

関税減免税コード　関税減税額

内消税等種別	減免税コード	内消税減税額	内消税等種別	減免税コード	内消税減税額
1			2		
3			4		
5			6		

〈02欄〉 品目番号 （b） 品名 原産地 IT －
数量1 － 数量2 － 輸入令別表 蔵置種別等
BPR係数 運賃按分 課税価格 － （g）
関税減免税コード 関税減税額

内消税等種別	減免税コード	内消税減税額	内消税等種別	減免税コード	内消税減税額
1			2		
3			4		
5			6		

〈03欄〉 品目番号 （c） 品名 原産地 IT －
数量1 － 数量2 － 輸入令別表 蔵置種別等
BPR係数 運賃按分 課税価格 － （h）
関税減免税コード 関税減税額

内消税等種別	減免税コード	内消税減税額	内消税等種別	減免税コード	内消税減税額
1			2		
3			4		
5			6		

〈04欄〉 品目番号 （d） 品名 原産地 IT －
数量1 － 数量2 － 輸入令別表 蔵置種別等
BPR係数 運賃按分 課税価格 － （i）
関税減免税コード 関税減税額

内消税等種別	減免税コード	内消税減税額	内消税等種別	減免税コード	内消税減税額
1			2		
3			4		
5			6		

〈05欄〉 品目番号 （e） 品名 原産地 IT －
数量1 － 数量2 － 輸入令別表 蔵置種別等
BPR係数 運賃按分 課税価格 － （j）
関税減免税コード 関税減税額

内消税等種別	減免税コード	内消税減税額	内消税等種別	減免税コード	内消税減税額
1			2		
3			4		
5			6		

別紙3

実勢外国為替相場の週間平均値
(1欧州統一通貨・ユーロに対する円相場)

期間	週間平均値
令和XX. 6.10 ～ 令和XX. 6.16	¥103.60
令和XX. 6.17 ～ 令和XX. 6.23	¥103.45
令和XX. 6.24 ～ 令和XX. 6.30	¥103.15
令和XX. 7. 1 ～ 令和XX. 7. 7	¥103.50
令和XX. 7. 8 ～ 令和XX. 7.14	¥103.70

別冊

実行関税率表（抜粋）

第33類　精油、レジノイド、調製香料及び化粧品類　　Chapter 33　Essential oils and resinoids; perfumery, cosmetic or toilet preparations

番号 No.	統計細分 Stat. Code No.	NACCS用	品名	税率 Rate of Duty 基本 General	協定 WTO	特恵 Preferential	暫定 Temporary	単位 Unit	Description
33.03									
3303.00	000	2	香水類及びオーデコロン類	5.3%	無税 Free	無税 Free		KG (I.I.)	Perfumes and toilet waters
33.04			美容用、メーキャップ用又は皮膚の手入れ用の調製品（日焼止め用又は日焼け用の調製品を含むものとし、医薬品を除く。）及びマニキュア用又はペディキュア用の調製品						Beauty or make-up preparations and preparations for the care of the skin (other than medicaments), including sunscreen or sun tan preparations; manicure or pedicure preparations:
3304.10	000	4	唇のメーキャップ用の調製品	5.8%	無税 Free	無税 Free		KG (I.I.)	Lip make-up preparations
3304.20	000	1	眼のメーキャップ用の調製品	5.8%	無税 Free	無税 Free		KG (I.I.)	Eye make-up preparations
3304.30	000	5	マニキュア用又はペディキュア用の調製品	6.6%	無税 Free	無税 Free		KG (I.I.)	Manicure or pedicure preparations
			その他のもの						Other:
3304.91	000	0	パウダー（固形にしたものを含む。）	5.8%	無税 Free	無税 Free		KG (I.I.)	Powders, whether or not compressed
3304.99			その他のもの	5.8%	無税 Free	無税 Free			Other:
	010	2	－クリームその他油、脂又はろうをもととした調製品					KG (I.I.)	Creams and other preparations with a basis of oil, fat or wax
	090	5	－その他のもの					KG (I.I.)	Other
33.05			頭髪用の調製品						Preparations for use on the hair:
3305.10	000	2	シャンプー	5.8%	無税 Free	無税 Free		KG (I.I.)	Shampoos
3305.20	000	6	パーマネント用の調製品	5.8%	無税 Free	無税 Free		KG (I.I.)	Preparations for permanent waving or straightening
3305.30	000	3	ヘアラッカー	5.8%	無税 Free	無税 Free		KG (I.I.)	Hair lacquers
3305.90	000	6	その他のもの	5.8%	無税 Free	無税 Free		KG (I.I.)	Other

関税率表解説（抜粋）

第33類
精油、レジノイド、調製香料及び化粧品類

33.04 美容用、メーキャップ用又は皮膚の手入れ用の調製品（日焼止め用又は日焼け用の調製品を含むものとし、医薬品を除く。）及びマニキュア用又はペディキュア用の調製品

（省略）

（A）美容用又はメーキャップ用の調製品及び皮膚の手入れ用の調製品
（日焼止め用又は日焼け用の調製品を含む。）

これらには、次の物品を含む。

（1）～（2）（省略）

（3）その他の美容用又はメーキャップ用の調製品及び皮膚の手入れ用の調製品（医薬品を除く。）。

例えば、おしろい（固形のものを含む。）、ベビーパウダー（混合しておらず、香りのないもので小売用に包装したタルカムパウダーを含む。）その他のパウダー及びグリースペイント（ドーラン）、ビューティクリーム、コールドクリーム、メーキャップクリーム、クレンジングクリーム、栄養クリーム（ロイヤルゼリーを含有するものを含む。）及びスキントニック又はボディローション、皮膚の手入れ用に供するため小売用の包装にしたペトロラタム、皮膚を保護するためのバリアクリーム、しわの除去と唇のはりを増すための皮下注射用ゲル（ヒアルロン酸を含有するものを含む。）、にきび防止用調製品（34.01項のせっけんを除く。）で皮膚を清潔にすることを主目的として作られたもので、にきびの治療又は予防効果を有する活性成分を充分に含んでいないもの並びに酢又は酢酸と香気のあるアルコールの混合物であるトイレットビネガー。日焼止め用又は日焼け用の調製品もここに含む。

チェック欄		

第12問 輸入（納税）申告（解答・P.421）

別紙１の仕入書及び下記事項により、中国から紡織用繊維製品を輸入する場合の輸入（納税）申告を輸出入・港湾関連情報処理システム（NACCS）を使用して行う場合について、以下の問いに答えなさい。

（1）別紙２の輸入申告事項登録画面の品目番号欄（（ａ）～（ｅ））に入力すべき品目番号を、関税率表の解釈に関する通則に従い、別冊の「実行関税率表」（抜粋）及び別紙３の「NACCS用品目コード（輸入）」（抜粋）を参照して、下の選択肢から選び、その番号をマークしなさい。

（2）別紙２の輸入申告事項登録画面の課税価格の右欄（（ｆ）～（ｊ））に入力すべき申告価格（関税定率法第４条から第４条の９まで（課税価格の計算方法）の規定により計算される課税価格に相当する価格）の額をマークしなさい。

記

1　品目番号が同一であるものがある場合は、これらを一欄にとりまとめる。

2　品目番号が異なるものであっても、それぞれの申告価格が20万円以下である場合には、これらを一括して一欄にとりまとめ、この場合に入力すべき品目番号は、一欄にとりまとめた品目のうち関税率が最も高いものの品目番号とし、10桁目は「X」とする。

3　品目番号欄（（ａ）～（ｅ））には、申告価格（上記１及び２によりとりまとめたものについては、その合計額）の大きいものから順に入力するものとする。

4　課税価格の右欄（（ｆ）～（ｊ））には、別紙１の仕入書に記載された価格に下記６から10までの費用のうち申告価格に算入すべきものを加算した額を本邦通貨に換算した後の額を入力することとする。なお、１円未満の端数がある場合は、これを切り捨てる。

5　米ドル建価格の本邦通貨への換算は、別紙３の「実勢外国為替相場の週間平均値」を参照して行う。

6　本邦の輸入者（買手）は、中国上海の縫製メーカー（加工業者）である輸出者（売手）との間で織物製品（紡織用繊維製品）に係る委託加工契約を結んでいる。当該委託加工に用いられる原材料である「織物」は、中国国内で織られたもので、香港の買付業者を通じて、輸入者が調達して、輸出者に無償提供している。

当該業務加工契約においては、織物の縫製費用及び縫製により得られた織物製品に係る縫製工場から輸出港までの運送等の関連費用を含む単価（織物製品の１個当たりの単価）が取り決められており、売手から買手への仕入書においては、それらの単価及び輸入される織物製品の個数が記載されている。

7　各々の織物製品を構成する原材料（織物）の１個当たり数量（㎡）並びにそのために提供される原材料の単価（輸出港の縫製工場までの運送に係る費用を含む。）及び歩留まり率（注）については、以下のとおりとする。

当該歩留まり率は、輸入者と輸出者との間で、織物製品ごとに取り決められた歩留まり率であり、織物製品に縫製されるため提供される原材料の織物の数量（㎡）は、当該歩留まり率を用いて算出するものとする。

	加工製品	原材料の織物	製品１個当たりの構成数量	１㎡当たり原材料単価	平均歩留まり率
1	毛布（起毛したもの）	羊毛織物（起毛したもの）	2.00㎡	US$23.50	80%
2	ひざ掛け	合成繊維の織物	1.50㎡	US$12.00	75%
3	テーブルリネン	綿織物（メリヤス編みのもの）	1.80㎡	US$8.00	80%

	加工製品	原材料の織物	製品1個当たりの構成数量	1㎡当たり原材料単価	平均歩留まり率
4	トイレットリネン	綿織物(テリータオル地のもの)	3.36㎡	US$5.00	84%
5	ベッドリネン	亜麻織物(なせんしたもの)	3.69㎡	US$10.00	82%
6	ベッドリネン	羊毛織物(クロセ編みのもので模様編みの組織を有するもの)	4.00㎡	US$15.00	80%

(注)歩留まり率とは、縫製に用いられる原材料(織物)の数量(㎡)に対する、縫製により得られる織物製品の数量(㎡)の割合をいう。

8　輸入者は、今回輸入する紡織用繊維製品の本邦の輸入港までの運賃及び保険料としてG/W1kgにつき2米ドルを本邦において支払う。

9　輸入者は、仕入書価格の他に、輸出者との輸入取決めによって、今回輸入する紡織用繊維製品の意匠権の使用の対価として、仕入書価格の10%のロイヤルティを意匠権者である輸出者の親会社へ支払う。

10　輸入者は、輸入貨物の原材料(織物)を調達して売手に提供するために、その原材料の買付業務を香港で行った者に対してUS＄539.80支払う。

11　別紙1の仕入書に記載されている紡織用繊維製品の商品説明は、次のとおりである。

(1) Blankets及びTravelling rugsは、電気式のものではなく、また、起毛したものである。

(2) knittedはメリヤス編み、crochetedはクロセ編み、figuredは模様編みを有するもの、printedはなせん(捺染)したものである。

12　上記8から10までの費用を申告価格に算入する場合の申告価格への振り分けは仕入書価格按分とする。

13　別紙1の仕入書に記載された紡織用繊維製品については、地域的な包括的経済連携(RCEP)協定に基づく原産品であることは確認できず、当該協定に基づく税率の適用に必要な条件は具備されていない。

14　申告年月日は、令和XX年10月5日とする。

① 6301.20-0102	② 6301.30-0106	③ 6301.40-0906	④ 6301.40-090X
⑤ 6301.90-0006	⑥ 6302.10-0000	⑦ 6302.22-0105	⑧ 6302.29-0105
⑨ 6302.29-010X	⑩ 6302.32-0102	⑪ 6302.40-0005	⑫ 6302.51-0001
⑬ 6302.60-0006	⑭ 6302.91-0003	⑮ 6304.11-0002	

別紙3

実勢外国為替相場の週間平均値
(1米ドルに対する円相場)

期間	週間平均値
令和XX. 9.12 ～ 令和XX. 9.18	￥100.50
令和XX. 9.19 ～ 令和XX. 9.25	￥100.00
令和XX. 9.26 ～ 令和XX.10. 2	￥102.00
令和XX.10. 3 ～ 令和XX.10. 9	￥102.50
令和XX.10.10 ～ 令和XX.10.16	￥103.00

別紙1

INVOICE
PROCESSING FEE

Seller Shanghai textile COMPANY 24, Chang Shou, Shanghai, China	**Invoice No. and Date** STC-189 Sep. 16th, 20XX **Reference No.** ZT-7411

Buyer ZAIMU TRADING Co., Ltd. 1-1, 3-Chome, Kasumigaseki Chiyoda-ku, Tokyo, Japan		**Country of Origin** : CHINA **L/C No.** **Date**
Vessel MINATO MARU	**On or About** Sep. 27th, 20XX	**Issuing Bank**
From Shanghai, China	**Via**	
To Tokyo, Japan	**Date**	**Payment Terms: T/T**

Marks and Nos.	Description of Goods	Quantity PC	Unit Price per PC	Amount FOB US$
	Blankets, of wool (raised textile production)	200	23.70	4,740.00
	Travelling rugs, of synthetic fibres	30	16.80	504.00
ZTC	Table linen, knitted, figured, of cotton	250	14.88	3,720.00
TOKYO Made in China	Toilet linen, of terry towelling, of cotton	400	8.81	3,524.00
	Bed linen, printed, of flax	20	16.80	336.00
	Bed linen, crocheted, figured, of wool	250	13.70	3,425.00

Total : FOB SHAGHAI US$16,249.00

Total: 108 cartons
N/W : 1,091.30 kgs
G/W : 1,355.00 kgs

Shanghai textile COMPANY
(Signature)

別紙2

輸入申告事項登録（輸入申告）

共通部 | 繰返部

申告番号

大額／少額 L　申告等種別 C　申告先種別　貨物識別　識別符号

あて先官署　あて先部門　申告等予定年月日

輸入者　ZAIMU TRADING CO.,LTD.

住所　TOKYO TO CHIYODA KU KASUMIGASEKI 3-1-1

電話

蔵置場所　一括申告　申告等予定者

B/L番号 1　2

3　4

5

貨物個数 108　CT　貨物重量（グロス） 1355　KGM

貨物の記号等 AS PER ATTACHED SHEET

積載船（機） － MINATO MARU　入港年月日

船（取）卸港 JPTYO　積出地 CNSHA －　貿易形態別符号　コンテナ本数

仕入書識別　電子仕入書受付番号　仕入書番号 STC-189

仕入書価格 A － FOB － －

輸入申告事項登録（輸入申告）

共通部 | **繰返部**

〈01欄〉 品目番号 （a）　品名　原産地 CN －

数量1 －　数量2 －　輸入令別表　蔵置種別等

BPR係数　運賃按分　課税価格 － （f）

関税減免税コード　関税減税額

内消税等種別	減免税コード	内消税減税額	内消税等種別	減免税コード	内消税減税額
1			2		
3			4		
5			6		

〈02欄〉 品目番号 （b） 品名 原産地 CN－

数量1 － 数量2 － 輸入令別表 蔵置種別等

BPR係数 運賃按分 課税価格 －（g）

関税減免税コード 関税減税額

内消税等種別	減免税コード	内消税減税額	内消税等種別	減免税コード	内消税減税額
1			2		
3			4		
5			6		

〈03欄〉 品目番号 （c） 品名 原産地 CN－

数量1 － 数量2 － 輸入令別表 蔵置種別等

BPR係数 運賃按分 課税価格 －（h）

関税減免税コード 関税減税額

内消税等種別	減免税コード	内消税減税額	内消税等種別	減免税コード	内消税減税額
1			2		
3			4		
5			6		

〈04欄〉 品目番号 （d） 品名 原産地 CN－

数量1 － 数量2 － 輸入令別表 蔵置種別等

BPR係数 運賃按分 課税価格 －（i）

関税減免税コード 関税減税額

内消税等種別	減免税コード	内消税減税額	内消税等種別	減免税コード	内消税減税額
1			2		
3			4		
5			6		

〈05欄〉 品目番号 （e） 品名 原産地 CN－

数量1 － 数量2 － 輸入令別表 蔵置種別等

BPR係数 運賃按分 課税価格 －（j）

関税減免税コード 関税減税額

内消税等種別	減免税コード	内消税減税額	内消税等種別	減免税コード	内消税減税額
1			2		
3			4		
5			6		

別冊　　実行関税率表（抜粋）

第63類　紡織用繊維のその他の製品、セット、中古の衣類、紡織用繊維の中古の物品及びぼろ　Chapter 63　Other made up textile articles; sets; worn clothing and worn textile articles; rags

番号 No.	統計細分 Stat. Code No.	NACCS用	品名	税率 Rate of Duty 基本 General	協定 WTO	特恵 Preferential	暫定 Temporary	単位 Unit	Description
			第1節　紡織用繊維のその他の製品						**I.- OTHER MADE UP TEXTILE ARTICLES**
63.01			**毛布及びひざ掛け**						**Blankets and travelling rugs:**
6301.10	000	2	**電気毛布**	6.4%	5.3%	無税 Free		NO KG	**Electric blankets**
6301.20			**ひざ掛け及び毛布(電気毛布を除く。)(羊毛製又は繊獣毛製のものに限る。)**	6.4%	5.3%	4.24% ×無税 Free			**Blankets (other than electric blankets) and travelling rugs, of wool or of fine animal hair:**
	010	2	－毛布(起毛したものに限る。)					NO KG	Blankets (raised textile production)
	090	5	－その他のもの					NO KG	Other
6301.30			**ひざ掛け及び毛布(電気毛布を除く。)(綿製のものに限る。)**	9%	(9%)	7.2% ×無税 Free			**Blankets (other than electric blankets) and travelling rugs, of cotton:**
	010	6	－毛布(起毛したものに限る。)					NO KG	Blankets (raised textile production)
	091	3	－テリータオル地その他のテリー織物のもの					NO KG	Terry towelling and similar woven terry fabrics
	099	4	－その他のもの					NO KG	Other
6301.40			**ひざ掛け及び毛布(電気毛布を除く。)(合成繊維製のものに限る。)**	6.4%	5.3%	4.24% ×無税 Free			**Blankets (other than electric blankets) and travelling rugs, of synthetic fibres:**
	010	3	－毛布(起毛したものに限る。)					NO KG	Blankets (raised textile production)
	090	6	－その他のもの					NO KG	Other
6301.90	000	6	**その他の毛布及びひざ掛け**	6.4%	5.3%	4.24% ×無税 Free		NO KG	**Other blankets and travelling rugs**
63.02			**ベッドリネン、テーブルリネン、トイレットリネン及びキッチンリネン**						**Bed linen, table linen, toilet linen and kitchen linen:**
6302.10	000	†	**ベッドリネン(メリヤス編み又はクロセ編みのものに限る。)**	9.1%	(9.1%) ～ (10.9%)	×無税 Free		DZ KG	**Bed linen, knitted or crocheted**
			その他のベッドリネン(なせんしたものに限る。)						**Other bed linen, printed:**
6302.21	000	3	**綿製のもの**	4.5%	(4.5%)	3.6% ×無税 Free		DZ KG	**Of cotton**
6302.22			**人造繊維製のもの**	6.4%	5.3%				**Of man-made fibres:**
	010	5	－不織布製のもの			無税 Free		DZ KG	Of nonwovens
	090	1	－その他のもの			4.24% ×無税 Free		DZ KG	Other
6302.29			**その他の紡織用繊維製のもの**						**Of other textile materials:**
	010	5	1 亜麻製又はラミー製のもの	9.6%	7.9%	6.32% ×無税 Free		DZ KG	1 Of flax or ramie
	020	1	2 その他のもの	6.4%	5.3%	4.24% ×無税 Free		DZ KG	2 Other
			その他のベッドリネン						**Other bed linen:**
6302.31	000	0	**綿製のもの**	4.5%	(4.5%)	3.6% ×無税 Free		DZ KG	**Of cotton**

番号 No.	統計細分 Stat. Code No.	NACCS用	品名	基本 General	協定 WTO	特恵 Preferential	暫定 Temporary	単位 Unit	Description
6302.32			**人造繊維製のもの**	6.4%	5.3%				**Of man-made fibres:**
	010	2	－不織布製のもの			無税 Free		DZ KG	Of nonwovens
	090	5	－その他のもの			4.24% ×無税 Free		DZ KG	Other
6302.39			**その他の紡織用繊維製のもの**						**Of other textile materials:**
	010	2	1 亜麻製又はラミー製のもの	9.6%	7.9%	6.32% ×無税 Free		DZ KG	1 Of flax or ramie
	020	5	2 その他のもの	6.4%	5.3%	4.24% ×無税 Free		DZ KG	2 Other
6302.40	000	†	**テーブルリネン(メリヤス編み又はクロセ編みのものに限る。)**	9.1%	(9.1%) ～ (10.9%)	×無税 Free		DZ KG	**Table linen, knitted or crocheted**
			その他のテーブルリネン						**Other table linen:**
6302.51	000	1	**綿製のもの**	9%	7.4%	5.92% ×無税 Free		DZ KG	**Of cotton**
6302.53			**人造繊維製のもの**	5.3%	(5.3%) ～ (6.4%)				**Of man-made fibres:**
	100	†	－不織布製のもの			無税 Free		DZ KG	Of nonwovens
	900	†	－その他のもの			4.24% ×無税 Free		DZ KG	Other
6302.59			**その他の紡織用繊維製のもの**						**Of other textile materials:**
	030	2	1 亜麻製又はラミー製のもの	9.6%	7.9%	6.32% ×無税 Free		DZ KG	1 Of flax or ramie
	090	†	2 その他のもの	5.3%	(5.3%) ～ (6.4%)	4.24% ×無税 Free		DZ KG	2 Other
6302.60	000	6	**トイレットリネン及びキッチンリネン(テリータオル地その他のテリー織物で綿製のものに限る。)**	9%	7.4%	5.92% ×無税 Free		DZ KG	**Toilet linen and kitchen linen, of terry towelling or similar terry fabrics, of cotton**
			その他のもの						**Other:**
6302.91	000	3	**綿製のもの**	9%	7.4%	5.92% ×無税 Free		DZ KG	**Of cotton**
6302.93			**人造繊維製のもの**	6.4%	5.3%				**Of man-made fibres:**
	010	4	－不織布製のもの			無税 Free		DZ KG	Of nonwovens
	090	0	－その他のもの			4.24% ×無税 Free		DZ KG	Other
6302.99			**その他の紡織用繊維製のもの**						**Of other textile materials:**
	100	4	1 亜麻製のもの	9.6%	7.9%	6.32% ×無税 Free		DZ KG	1 Of flax
	900	6	2 その他のもの	6.4%	5.3%	4.24% ×無税 Free		DZ KG	2 Other
63.04			**その他の室内用品(第94.04項のものを除く。)**						**Other furnishing articles, excluding those of heading 94.04:**
			ベッドスプレッド						**Bedspreads:**
6304.11	000	†	**メリヤス編み又はクロセ編みのもの**	9.1%	(9.1%) ～ (10.9%)	×無税 Free		DZ KG	**Knitted or crocheted**

別紙3

NACCS用品目コード(輸入)(抜粋)

実行関税率表の「NACCS用」欄に†が記載されている品目は、この表の「NACCS用品目コード」欄を参照し、番号6桁、統計細分3桁に「NACCS用」欄1桁を含めた数字10桁で入力する。

実行関税率表			NACCS用品目コード			備考
番号	細分	NACCS用	番号	細分	NACCS用	
630210	000	†	630210	000	0	その他のもの
				001	1	RCEP協定上の原産品で、ししゅうしたもの、レースを使用したもの及び模様編みの組織を有するもの
630240	000	†	630240	000	5	その他のもの
			630240	001	6	RCEP協定上の原産品で、ししゅうしたもの、レースを使用したもの及び模様編みの組織を有するもの
630253	100	†	630253	100	1	その他のもの
				001	0	RCEP協定上の原産品で、ししゅうしたもの、レース製のもの及びレースを使用したもの
630253	900	†	630253	900	3	その他のもの
				002	1	RCEP協定上の原産品で、ししゅうしたもの、レース製のもの及びレースを使用したもの
630259	090	†	630259	090	6	その他のもの
				001	1	RCEP協定上の原産品で、ししゅうしたもの、レース製のもの及びレースを使用したもの
630411	000	†	630411	000	2	その他のもの
				001	3	RCEP協定上の原産品で、ししゅうしたもの、レースを使用したもの及び模様編みの組織を有するもの

チェック欄		

第13問 輸入(納税)申告(解答・P.424)

別紙1の仕入書及び下記事項により、米国から革製品等を輸入する場合の輸入(納税)申告を輸出入・港湾関連情報処理システム(NACCS)を使用して行う場合について、以下の問いに答えなさい。

(1)別紙2の輸入申告事項登録画面の品目番号欄((a)～(e))に入力すべき品目番号を、関税率表の解釈に関する通則に従い、別冊の「実行関税率表」(抜粋)を参照して、下の選択肢から選び、その番号をマークしなさい。

(2)別紙2の輸入申告事項登録画面の右欄((f)～(j))に入力すべき申告価格(関税定率法第4条から第4条の9まで(課税価格の計算方法)の規定により計算される課税価格に相当する価格)の額をマークしなさい。

記

1　別紙1の仕入書に記載されている品目に品目番号が同一であるものがある場合には、これらを一の品目番号にとりまとめる。

2　品目番号ごとの申告価格が20万円以下であるもの(上記1によりとりまとめたものを含む。)がある場合には、その品目番号が異なるものであっても、これらを一括して一欄にとりまとめ、この場合に輸入申告事項登録画面に入力すべき品目番号の10桁目は「X」とする。

3　輸入申告事項登録画面に入力する品目番号((a)～(e))は、その品目番号ごとの申告価格(上記1及び2によりとりまとめたものについては、その合計額)の大きいものから順に入力するものとする。

4　輸入申告事項登録画面の課税価格の右欄((f)～(j))には、別紙1の仕入書に記載された価格に、下記6から8までの費用が申告価格に算入すべきものである場合にはその額を加算した額(本邦通貨へ換算した後の額)を入力することとする。なお、1円未満の端数がある場合は、これを切り捨てる。

5　米ドル建価格の本邦通貨への換算は、別紙3の「実勢外国為替相場の週間平均値」を参照して行う。

6　輸入者(買手)は輸出国の運送業者と業務委託契約を結び、EXW条件(輸出国の指定工場渡し条件)により輸出者(売手)の工場において輸入貨物の引渡しを受けてから本邦への輸出に先立ちその輸出業務を委託する。その際、指定工場から輸入港までの運賃として190,000円、また、輸出通関業務の対価として47,215円を当該運送業者に支払う。

7　輸入者は、革製のブリーフケース及びハンドバッグの輸入取引に関して、それぞれの原材料としてなめし整えられた牛革及びわに革を輸入者と特殊関係のないX社から購入し、輸出者に無償で提供する。そのため、輸入者は当該原皮の買付けをY社に委託し、当該買付けに係る業務の対価としてX社からの購入価格の5%をY社に支払う。なお、ブリーフケース及びハンドバッグに使用する牛革及びわに革の購入価格はそれぞれ150,000円及び300,000円であり、当該購入価格には当該革を輸出者へ提供するために要した諸費用も含まれている。

8　上記6の費用を申告価格に算入する場合の申告価格への振り分けは重量(G/W)按分とする。

9　別紙1の仕入書に記載されている革製品等の性状等は、次のとおりである。

①　仕入書第4項の「ハンドバッグ」及び第6項の「財布(ポケット携帯用)」は、留め金等の金具にさび止め加工したスチールのみが用いられている。

②　仕入書第3項及び第5項の「ハンドバッグ」には、留め金等の金具に貴金属が用いられている。

10　申告年月日は、令和XX年8月18日とする。

① 4202.11-2003	② 4202.11-200X	③ 4202.12-2105	④ 4202.12-2201
⑤ 4202.19-0005	⑥ 4202.21-1101	⑦ 4202.21-1204	⑧ 4202.21-2103
⑨ 4202.21-2206	⑩ 4202.21-220X	⑪ 4202.22-2006	⑫ 4202.31-1002
⑬ 4202.31-2004	⑭ 4202.31-200X	⑮ 4202.32-2003	

別紙1

INVOICE

Seller
NY GOODS Corp.
740 Central Avenue Suite 2,
New York NY 63920 U. S. A.

Invoice No. and Date
NGC-3741 Jul. 20th, 20XX

Reference No. ZT-4157

Buyer ZAIMU TRADING Co., Ltd. 1-1, 3-Chome, Kasumigaseki Chiyoda-ku, Tokyo, Japan	**Country of Origin**: U. S. A. **L/C No.** **Date**
Vessel SHINANO MARU **On or About** Jul. 20th, 20XX **From** New York, U. S. A. **Via**	**Issuing Bank**
To Tokyo, Japan	**Payment Terms: T/T**

Marks and Nos.	Description of Goods	Quantity PC	Unit Price per PC	Amount EXW US$
	1. Brief-cases with outer surface of plastic sheeting 22c/t×50.00kgs (G/W: 1,100kgs)	500	28.50	14,250.00
ZTC	2. Brief-cases with outer surface of bovine skin leather 4c/t×52.50kgs (G/W: 210kgs)	60	99.00	5,940.00
TOKYO Made in U. S. A.	3. Handbags combined with precious metal with outer surface of crocodile leather 6c/t×50.00kgs (G/W: 300kgs)	60	1,485.00	89,100.00
	4. Handbags with outer surface of composition leather without handle 4c/t×28.75kgs (G/W: 115kgs)	40	46.00	1,840.00
	5. Handbags combined with precious metal with outer surface of composition leather 12c/t×50.00kgs (G/W: 600kgs)	120	495.00	59,400.00
	6. Wallets with outer surface of patent leather 4c/t×43.00kgs (G/W: 172kgs)	200	7.50	1,500.00

Total: EXW New York US$172,030.00

Total：52 CARTONS
N/W：2,270.00 kgs
G/W：2,497.00 kgs

NY GOODS Corp.
(Signature)

別紙2

輸入申告事項登録（輸入申告）

共通部 ｜ 繰返部

申告番号 ▨

大額／少額 L　申告等種別 C　申告先種別 ▨　貨物識別 ▨　識別符号 ▨

あて先官署 ▨　あて先部門 ▨　申告等予定年月日 ▨

輸入者 ▨ ZAIMU TRADING CO.,LTD.

住所 TOKYO TO CHIYODA KU KASUMIGASEKI 3-1-1

電話 ▨

蔵置場所 ▨　一括申告 ▨　申告等予定者 ▨

B/L番号 1 ▨　2 ▨　3 ▨　4 ▨　5 ▨

貨物個数 52 CT　貨物重量（グロス） 2497 KGM

貨物の記号等 AS PER ATTACHED SHEET

積載船（機） ▨ － SHINANO MARU　入港年月日 ▨

船（取）卸港 JPTYO　積出地 USNYC － ▨　貿易形態別符号 ▨　コンテナ本数 ▨

仕入書識別 ▨　電子仕入書受付番号 ▨　仕入書番号 NGC-3741

仕入書価格 A － EXW － ▨ － ▨

輸入申告事項登録（輸入申告）

共通部 ｜ 繰返部

〈01欄〉 品目番号 （a）　品名 ▨　原産地 US － ▨

数量1 ▨ － ▨　数量2 ▨ － ▨　輸入令別表 ▨　蔵置種別等 ▨

BPR係数 ▨　運賃按分 ▨　課税価格 ▨ － （f）

関税減免税コード ▨　関税減税額 ▨

	内消税等種別	減免税コード	内消税減税額		内消税等種別	減免税コード	内消税減税額
1	▨	▨	▨	2	▨	▨	▨
3	▨	▨	▨	4	▨	▨	▨
5	▨	▨	▨	6	▨	▨	▨

〈02欄〉 品目番号 （b） 品名 原産地 US －
数量1 － 数量2 － 輸入令別表 蔵置種別等
BPR係数 運賃按分 課税価格 － （g）
関税減免税コード 関税減税額

内消税等種別	減免税コード	内消税減税額	内消税等種別	減免税コード	内消税減税額
1			2		
3			4		
5			6		

〈03欄〉 品目番号 （c） 品名 原産地 US －
数量1 － 数量2 － 輸入令別表 蔵置種別等
BPR係数 運賃按分 課税価格 － （h）
関税減免税コード 関税減税額

内消税等種別	減免税コード	内消税減税額	内消税等種別	減免税コード	内消税減税額
1			2		
3			4		
5			6		

〈04欄〉 品目番号 （d） 品名 原産地 US －
数量1 － 数量2 － 輸入令別表 蔵置種別等
BPR係数 運賃按分 課税価格 － （i）
関税減免税コード 関税減税額

内消税等種別	減免税コード	内消税減税額	内消税等種別	減免税コード	内消税減税額
1			2		
3			4		
5			6		

〈05欄〉 品目番号 （e） 品名 原産地 US －
数量1 － 数量2 － 輸入令別表 蔵置種別等
BPR係数 運賃按分 課税価格 － （j）
関税減免税コード 関税減税額

内消税等種別	減免税コード	内消税減税額	内消税等種別	減免税コード	内消税減税額
1			2		
3			4		
5			6		

別冊 実行関税率表（抜粋）

第42類 革製品及び動物用装着具並びに旅行用具、ハンドバッグその他これらに類する容器並びに腸の製品

Chapter 42 Articles of leather; saddlery and harness; travel goods, handbags and similar containers; articles of animal gut (other than silk-worm gut)

注

1　この類において「革」には、シャモア革(コンビネーションシャモア革を含む。)、パテントレザー、パテントラミネーテッドレザー及びメタライズドレザーを含む。

2～4 （省略）

Notes.

1.- For the purposes of this Chapter, the term “leather” includes chamois (including combination chamois) leather, patent leather, patent laminated leather and metallised leather.

2. ～4. （省略）

番号 No.	統計細分 Stat. Code No.	NACCS用	品名	税率 Rate of Duty 基本 General	協定 WTO	特恵 Preferential	暫定 Temporary	単位 Unit	Description
42.02			**旅行用バッグ、断熱加工された飲食料用バッグ、化粧用バッグ、リュックサック、ハンドバッグ、買物袋、財布、マップケース、シガレットケース、たばこ入れ、工具袋、スポーツバッグ、瓶用ケース、宝石入れ、おしろい入れ、刃物用ケースその他これらに類する容器(革、コンポジションレザー、プラスチックシート、紡織用繊維、バルカナイズドファイバー若しくは板紙から製造し又は全部若しくは大部分をこれらの材料若しくは紙で被覆したものに限る。)及びトランク、スーツケース、携帯用化粧道具入れ、エグゼクティブケース、書類かばん、通学用かばん、眼鏡用ケース、双眼鏡用ケース、写真機用ケース、楽器用ケース、銃用ケース、けん銃用のホルスターその他これらに類する容器**						Trunks, suit-cases, vanity-cases, executive-cases, brief-cases, school satchels, spectacle cases, binocular cases, camera cases, musical instrument cases, gun cases, holsters and similar containers; travelling-bags, insulated food or beverages bags, toilet bags, rucksacks, handbags, shopping-bags, wallets, purses, map-cases, cigarette-cases, tobacco-pouches, tool bags, sports bags, bottle-cases, jewellery boxes, powder-boxes, cutlery cases and similar containers, of leather or of composition leather, of sheeting of plastics, of textile materials, of vulcanised fibre or of paperboard, or wholly or mainly covered with such materials or with paper:
			トランク、スーツケース、携帯用化粧道具入れ、エグゼクティブケース、書類かばん、通学用かばんその他これらに類する容器						Trunks, suit-cases, vanity-cases, executive-cases, brief-cases, school satchels and similar containers:
4202.11			**外面が革製又はコンポジションレザー製のもの**						With outer surface of leather or of composition leather:
	100	1	1 携帯用化粧道具入れ(貴金属、これを貼り若しくはめつきした金属、貴石、半貴石、真珠、さんご、象牙又はべつこうを使用したもののうち、課税価格が1個につき6,000円を超えるものに限る。)	20%	16%	×無税 Free		NO KG	1 Vanity-cases, combined or trimmed with precious metal, metal clad with precious metal, metal plated with precious metal, precious stones, semi-precious stones, pearls, coral, elephants' tusks or Bekko, more than 6,000 yen/piece in value for customs duty
	200	3	2 その他のもの	12.5%	10%	×無税 Free		NO KG	2 Other
4202.12			**外面がプラスチック製又は紡織用繊維製のもの**						With outer surface of plastics or of textile materials:
	100	0	1 携帯用化粧道具入れ(貴金属、これを張り若しくはめつきした金属、貴石、半貴石、真珠、さんご、ぞうげ又はべつこうを使用したもののうち、課税価格が1個につき6,000円を超えるものに限る。)	20%	16%	×無税 Free		NO KG	1 Vanity-cases, combined or trimmed with precious metal, metal clad with precious metal, metal plated with precious metal, precious stones, semi-precious stones, pearls, coral, elephants' tusks or Bekko, more than 6,000 yen/piece in value for customs duty
			2 その他のもの						2 Other:
	210	5	(1) 外面がプラスチックシート製又は紡織用繊維製のもの	10%	8%	×無税 Free		NO KG	(1) With outer surface of sheeting of plastics or of textile materials
	220	1	(2) その他のもの	5.8%	4.6%	×無税 Free		NO KG	(2) Other
4202.19	000	5	**その他のもの**	4.1%	(4.1%)	×無税 Free		NO KG	Other
			ハンドバッグ(取手が付いていないものを含むものとし、肩ひもが付いているかいないかを問わない。)						Handbags, whether or not with shoulder strap, including those without handle:
4202.21			**外面が革製又はコンポジションレザー製のもの**						With outer surface of leather or of composition leather:

番号 No.	統計細分 Stat. Code No.	NACCS用	品名	税率 Rate of Duty 基本 General	協定 WTO	特恵 Preferential	暫定 Temporary	単位 Unit	Description
(4202.21)			1 貴金属、これを貼り若しくはめっきした金属、貴石、半貴石、真珠、さんご、象牙又はべっこうを使用したもののうち、課税価格が1個につき6,000円を超えるもの						1 Combined or trimmed with precious metal, metal clad with precious metal, metal plated with precious metal, precious stones, semi-precious stones, pearls, coral, elephants' tusks or Bekko, more than 6,000 yen/piece in value for customs duty:
	110	1	(1) 革製のもの	17.5%	14%	×無税 Free		NO KG	(1) Of leather
	120	4	(2) その他のもの	20%	16%	×無税 Free		NO KG	(2) Other
			2 その他のもの						2 Other:
	210	3	(1) 革製のもの	10%	8%	×無税 Free		NO KG	(1) Of leather
	220	6	(2) その他のもの	12.5%	10%	×無税 Free		NO KG	(2) Other
4202.22			**外面がプラスチックシート製又は紡織用繊維製のもの**						**With outer surface of sheeting of plastics or of textile materials:**
	100	4	1 貴金属、これを張り若しくはめっきした金属、貴石、半貴石、真珠、さんご、ぞうげ又はべっこうを使用したもののうち、課税価格が1個につき6,000円を超えるもの	20%	16%	×無税 Free		NO KG	1 Combined or trimmed with precious metal, metal clad with precious metal, metal plated with precious metal, precious stones, semi-precious stones, pearls, coral, elephants' tusks or Bekko, more than 6,000 yen/piece in value for customs duty
	200	6	2 その他のもの	10%	8%	×無税 Free		NO KG	2 Other
4202.29	000	2	**その他のもの**	10%	8%	×無税 Free		NO KG	**Other**
			ポケット又はハンドバッグに通常入れて携帯する製品						**Articles of a kind normally carried in the pocket or in the handbag:**
4202.31			**外面が革製又はコンポジションレザー製のもの**						**With outer surface of leather or of composition leather:**
	100	2	1 財布(貴金属、これを貼り若しくはめっきした金属、貴石、半貴石、真珠、さんご、象牙又はべっこうを使用したもののうち、課税価格が1個につき6,000円を超えるものに限る。)	20%	16%	×無税 Free		DZ KG	1 Wallets and purses, combined or trimmed with precious metal, metal clad with precious metal, metal plated with precious metal, precious stones, semi-precious stones, pearls, coral, elephants' tusks or Bekko, more than 6,000 yen/piece in value for customs duty
	200	4	2 その他のもの	12.5%	10%	×無税 Free		DZ KG	2 Other
4202.32			**外面がプラスチックシート製又は紡織用繊維製のもの**						**With outer surface of sheeting of plastics or of textile materials:**
	100	1	1 財布(貴金属、これを張り若しくはめっきした金属、貴石、半貴石、真珠、さんご、ぞうげ又はべっこうを使用したもののうち、課税価格が1個につき6,000円を超えるものに限る。)	20%	16%	×無税 Free		DZ KG	1 Wallets and purses, combined or trimmed with precious metal, metal clad with precious metal, metal plated with precious metal, precious stones, semi-precious stones, pearls, coral, elephants' tusks or Bekko, more than 6,000 yen/piece in value for customs duty
	200	3	2 その他のもの	10%	8%	×無税 Free		DZ KG	2 Other
4202.39	000	6	**その他のもの**	4.1%	(4.1%)	×無税 Free		DZ KG	**Other**
			その他のもの						**Other:**
4202.91	000	3	**外面が革製又はコンポジションレザー製のもの**	12.5%	10%	×無税 Free		DZ KG	**With outer surface of leather or of composition leather**

番号 No.	統計細分 Stat. Code No.	NACCS用	品名	税率 Rate of Duty 基本 General	協定 WTO	特恵 Preferential	暫定 Temporary	単位 Unit	Description
4202.92	000	2	**外面がプラスチックシート製又は紡織用繊維製のもの**	10%	8%	×無税 Free		DZ KG	**With outer surface of sheeting of plastics or of textile materials**
4202.99			**その他のもの**						**Other:**
	020	1	1 木製のもの	3.2%	2.7%	×無税 Free		DZ KG	1 Of wood
	010	5	2 アイボリー、骨、かめの甲、角、枝角、さんご、真珠光沢を有する貝殻その他の動物性の彫刻用又は細工用の材料製のもの	4.1%	3.4%	×無税 Free		DZ KG	2 Of ivory, of bone, of tortoise-shell, of horn, of antlers, of coral, of mother-of-pearl or of other animal carving material
	090	1	3 その他のもの	5.8%	4.6%	×無税 Free		DZ KG	3 Other

別紙3

実勢外国為替相場の週間平均値
（1米ドルに対する円相場）

期間	週間平均値
令和XX. 7.16 ～ 令和XX. 7.22	¥100.00
令和XX. 7.23 ～ 令和XX. 7.29	¥100.50
令和XX. 7.30 ～ 令和XX. 8. 5	¥101.00
令和XX. 8. 6 ～ 令和XX. 8.12	¥101.80
令和XX. 8.13 ～ 令和XX. 8.19	¥102.00

チェック欄		

第14問 輸入(納税)申告(解答・P.427)

別紙1の仕入書及び下記事項により、チリから豚肉等を輸入する場合の輸入(納税)申告を輸出入・港湾関連情報処理システム(NACCS)を使用して行う場合について、以下の問いに答えなさい。

(1)別紙2の輸入申告事項登録画面の品目番号欄((a)～(e))に入力すべき品目番号を、関税率表の解釈に関する通則に従い、別冊の「実行関税率表」(抜粋)及び別紙3の「NACCS用品目コード(輸入)」(抜粋)を参照して、下の選択肢から選び、その番号をマークしなさい。

(2)別紙2の輸入申告事項登録画面の課税価格の右欄((f)～(j))に入力すべき申告価格(関税定率法第4条から第4条の9まで(課税価格の計算方法)の規定により計算される課税価格に相当する価格)の額をマークしなさい。

記

1　別紙1の仕入書に記載されている品目に品目番号が同一であるものがある場合には、これらを一の品目番号にとりまとめる。

2　品目番号ごとの申告価格が20万円以下であるもの(上記1によりとりまとめたものを含む。)がある場合には、その品目番号が異なるものであっても、関税割当ての対象物品以外のものについては、これらを関税が有税である品目と無税である品目に分けて、それぞれを一括して一欄にとりまとめる。

3　上記2による輸入申告事項登録画面に入力すべき品目番号は、次のとおりとする。

(1)有税である品目については、上記2によりとりまとめる前の品目のうち関税率が最も高いもの(同一の関税率が適用される場合は申告価格(上記1によりとりまとめたものについては、その合計額)が最も大きいもの)の品目番号とし、10桁目は「X」とする。

(2)無税である品目については、上記2によりとりまとめる前の品目のうち申告価格が最も大きいもの(上記1によりとりまとめたものについては、その合計額)の品目番号とし、10桁目は「X」とする。

4　輸入申告事項登録画面に入力する品目番号((a)～(e))は、その品目番号ごとの申告価格(上記1及び2によりとりまとめたものについては、その合計額)の大きいものから順に入力するものとする。

5　一欄に一品目のみに係る品目番号を入力することとなる場合であって、当該一品目の申告価格が20万円以下であるときは、その品目番号の10桁目は「E」とする。

6　輸入申告事項登録画面の課税価格の右欄((f)～(j))には、別紙1の仕入書に記載された価格に、下記11及び12の費用が申告価格に算入すべきものである場合にはその額を加算した額(本邦通貨へ換算した後の額)を入力することとする。なお、1円未満の端数がある場合は、これを切り捨てる。

7　外国通貨建価格の本邦通貨への換算は、別紙5の「実勢外国為替相場の週間平均値」を参照して行う。

8　輸入者(買手)は、買付業務委託契約に基づき、チリの買付代理人を通じて、チリ原産の豚肉等を輸出者(売手)より輸入する。

この場合において「買付代理人が買付けに関し買手を代理して当該買付けに係る業務を行う者であること」、「買付代理人が当該業務を実際に行っているという実態が存在すること」及び「売手と買手との間の売買契約が存在すること」が買付業務委託契約書その他の文書により客観的に裏付けられているものとする。

9　別紙1の仕入書に記載されている牛肉の調製品は、牛の肉の含有割合が全重量の20%を超えるものである。

10　売手と買手との間においては、別紙1の仕入書に記載されたCLP13,828,800.00で輸入貨物の売買契約を締結したが、当該貨物代金の決済に当たっては、契約価格であるチリペソ(CLP)価格を売手と買手との間で合意した為替レートでアメリカドルに換算した金額で支払うこととし、買手は、買付代理人を通じ、売手に対してUS$20,100.00を支払う。

11　輸入者は、買付業務委託契約に基づき、買付けを行った買付代理人に対して輸入者が負担する買付手数料として102,000円を輸入貨物の代金とは別に支払うものとする。

12　輸入者は、輸出者との取決めにより、豚肉等の包装容器（使い捨てのもの）を本邦において調達購入して、輸出者へ無償で提供しており、その購入及び提供に係る費用は、110,550円である。

13　上記11及び12の費用を申告価格に算入する場合の申告価格への振り分けは仕入書価格按分とする。

14　別紙1の仕入書に記載された豚肉等については、戦略的な経済上の連携に関する日本国とチリ共和国との間の協定に基づく原産地証明書によりチリ原産品であることが確認できているほか、当該協定に基づく税率の適用に必要な条件が具備されており、申告に当たっては当該税率を適用するものとする。

　また、輸入する貨物が関税割当ての対象物品（別紙4の「関税暫定措置法」（抜粋）及び「経済連携協定に基づく関税割当制度に関する政令」（抜粋）を参照する。）である場合には、当該協定の附属書1第2部第1節注釈2に定める関税割当数量以内のものであり、主務官庁による関税割当証明書を取得しているほか、関税割当ての枠内税率の適用に必要な条件が具備されており、申告に当たっては当該枠内税率を適用するものとする。

　なお、当該協定の税率については、別冊の「実行関税率表」（抜粋）における附表の「EPA等タリフデータ」（抜粋）を参照すること。

15　申告に当たっては関税暫定措置法第7条の6第1項に基づく緊急措置は発動されていないものとする。

16　別冊の「実行関税率表」（抜粋）により、「Frozen shoulder meat of pork」の品目番号を決定する場合において、当該「実行関税率表」に記載されている部分肉に係る従量税適用限度価格は64円53銭/kg、分岐点価格は524円00銭/kg及び基準輸入価格は546円53銭/kgである。また、「Smoked shoulder meat of pork」の品目番号を決定する場合において、当該「実行関税率表」に記載されている豚肉の加工品に係る分岐点価格は897円59銭/kg及び基準輸入価格は409円90銭/kgである。

17　申告年月日は、令和XX年10月1日とする。

① 0201.10-000†	② 0201.10-0001	③ 0203.22-025†	④ 0203.22-0253
⑤ 0203.22-025E	⑥ 0204.43-000X	⑦ 0210.11-020†	⑧ 0210.11-020E
⑨ 1602.20-0106	⑩ 1602.50-1003	⑪ 1602.50-100X	⑫ 1602.50-3103
⑬ 1602.50-310X	⑭ 1603.00-0103	⑮ 1603.00-0906	

別紙5

実勢外国為替相場の週間平均値
（外国通貨1単位に対する円相場）

期　　間	週間平均値	
	チリペソ	アメリカドル
令和XX. 9. 5 ～ 令和XX. 9.11	¥0.1620	¥110.20
令和XX. 9.12 ～ 令和XX. 9.18	¥0.1600	¥110.00
令和XX. 9.19 ～ 令和XX. 9.25	¥0.1630	¥110.60
令和XX. 9.26 ～ 令和XX.10. 2	¥0.1598	¥108.50
令和XX.10. 3 ～ 令和XX.10. 9	¥0.1590	¥108.00

別紙 1

INVOICE

Seller
BL Meat Sales COMPANY
Barros Luco street, San Antonio, Chili

Invoice No. and Date
BL-102006　　Aug. 5th, 20XX
Reference No. ZT-5482

Buyer ZAIMU TRADING Co., Ltd. 1-1, 3-Chome, Kasumigaseki, Chiyoda-ku, Tokyo, Japan	**Country of Origin** : CHILI **L/C No.**　　**Date**
Vessel TOKYO MARU　**On or About** Aug. 14th, 20XX	**Issuing Bank**
From San Antonio, Chili　**Via**	
To Tokyo, Japan	**Payment Terms: T/T**

Marks and Nos.	Description of Goods	Quantity Kgs	Unit Price CLP (US$) per Kgs	Amount CIF CLP (CIF US$)
Z.T.C TOKYO Made in CHILI	Frozen shoulder meat of pork (swine) with bone in	365	2,752.00 (4.00)	1,004,480.00 (1,460.00)
	Smoked shoulder meat of pork (swine) with bone in	175	6,054.40 (8.80)	1,059,520.00 (1,540.00)
	Chilled beef (bovine) meat, half-carcasses	1,702	3,440.00 (5.00)	5,854,880.00 (8,510.00)
	Frozen prepared beef (bovine) meat, containing of loin meat 28%, vegetable 45%, rice 22% & spices 5% by weight, in airtight containers	40	27,176.00 (39.50)	1,087,040.00 (1,580.00)
	Frozen guts (whole) of bovine, simply boiled in water	265	4,128.00 (6.00)	1,093,920.00 (1,590.00)
	Frozen extracts of bovine meat	250	13,760.00 (20.00)	3,440,000.00 (5,000.00)
	Frozen sheep meat, boneless, not boiled	50	5,779.20 (8.40)	288,960.00 (420.00)

Total : CIF TOKYO CLP13,828,800.00
(US$20,100.00)

Total: 150 C/T
N/W: 2,847.00 Kgs
G/W: 3,097.00 Kgs

BL Meat Sales COMPANY
(Signature)

別紙2

輸入申告事項登録(輸入申告)

共通部 | 繰返部

申告番号

大額／少額 L　申告等種別 C　申告先種別　貨物識別　識別符号

あて先官署　あて先部門　申告等予定年月日

輸入者　ZAIMU TRADING CO.,LTD.

住所　TOKYO TO CHIYODA KU KASUMIGASEKI 3-1-1

電話

蔵置場所　一括申告　申告等予定者

B/L番号 1　2

3　4

5

貨物個数 150　CT　貨物重量(グロス) 3097　KGM

貨物の記号等 AS PER ATTACHED SHEET

積載船(機)　－ TOKYO MARU　入港年月日

船(取)卸港 JPTYO　積出地 CLSAI －　貿易形態別符号　コンテナ本数

仕入書識別　電子仕入書受付番号　仕入書番号 BL-102006

仕入書価格 A － CIF －　－

輸入申告事項登録(輸入申告)

共通部 | **繰返部**

〈01欄〉 品目番号 (a)　品名　原産地 CL －

数量1　－　数量2　－　輸入令別表　蔵置種別等

BPR係数　運賃按分　課税価格　－ (f)

関税減免税コード　関税減額

内消税等種別	減免税コード	内消税減税額	内消税等種別	減免税コード	内消税減税額
1			2		
3			4		
5			6		

輸入（納税）申告

〈02欄〉 品目番号 （b）　品名　原産地 CL －
数量1 －　数量2 －　輸入令別表　蔵置種別等
BPR係数　運賃按分　課税価格 － （g）
関税減免税コード　関税減税額

内消税等種別	減免税コード	内消税減税額	内消税等種別	減免税コード	内消税減税額
1			2		
3			4		
5			6		

〈03欄〉 品目番号 （c）　品名　原産地 CL －
数量1 －　数量2 －　輸入令別表　蔵置種別等
BPR係数　運賃按分　課税価格 － （h）
関税減免税コード　関税減税額

内消税等種別	減免税コード	内消税減税額	内消税等種別	減免税コード	内消税減税額
1			2		
3			4		
5			6		

〈04欄〉 品目番号 （d）　品名　原産地 CL －
数量1 －　数量2 －　輸入令別表　蔵置種別等
BPR係数　運賃按分　課税価格 － （i）
関税減免税コード　関税減税額

内消税等種別	減免税コード	内消税減税額	内消税等種別	減免税コード	内消税減税額
1			2		
3			4		
5			6		

〈05欄〉 品目番号 （e）　品名　原産地 CL －
数量1 －　数量2 －　輸入令別表　蔵置種別等
BPR係数　運賃按分　課税価格 － （j）
関税減免税コード　関税減税額

内消税等種別	減免税コード	内消税減税額	内消税等種別	減免税コード	内消税減税額
1			2		
3			4		
5			6		

別冊　　　　　　　　　　実行関税率表（抜粋）

第２類　肉及び食用のくず肉

注
1　この類には、次の物品を含まない。
(a)　第02.01項から第02.08項まで又は第02.10項の物品で、食用に適しないもの
(b)　食用の生きていない昆虫類(第04.10項参照)
(c)　動物の腸、ぼうこう及び胃(第05.04項参照)並びに動物の血(第05.11項及び第30.02項参照)
(d)　動物性脂肪(第15類参照。第02.09項の物品を除く。)

備考
1　この表においてくず肉には、別段の定めがあるものを除くほか、臓器を含む。

Chapter 2　Meat and edible meat offal

Note.
1.- This Chapter does not cover:
(a) Products of the kinds described in headings 02.01 to 02.08 or 02.10, unfit or unsuitable for human consumption;
(b) Edible, non-living insects (heading 04.10);
(c) Guts, bladders or stomachs of animals (heading 05.04) or animal blood (heading 05.11 or 30.02); or
(d) Animal fat, other than products of heading 02.09 (Chapter 15).

Additional Note.
1.- Throughout this Schedule the term "offal" is to be taken to include, unless otherwise provided, internal organs.

番号 No.	統計細分 Stat. Code No.	NACCS用	品名	税率 Rate of Duty 基本 General	協定 WTO	特恵 Preferential	暫定 Temporary	単位 Unit	Description
02.01			**牛の肉(生鮮のもの及び冷蔵したものに限る。)**						Meat of bovine animals, fresh or chilled: Ⓢ
0201.10	000	†	**枝肉及び半丸枝肉**	(50%)	(50%)	×無税 Free	38.5%	KG	Carcasses and half-carcasses
0201.20	000	†	**その他の骨付き肉**	(50%)	(50%)	×無税 Free	38.5%	KG	Other cuts with bone in
0201.30			**骨付きでない肉**	(50%)	(50%)	×無税 Free	38.5%		Boneless:
	010	†	－ロインのもの					KG	Loin
	020	†	－かた、うで及びももものもの					KG	Chuck, Clod and Round
	030	†	－ばらのもの					KG	Brisket and plate
	090	†	－その他のもの					KG	Other
02.03			**豚の肉(生鮮のもの及び冷蔵し又は冷凍したものに限る。)**						Meat of swine, fresh, chilled or frozen:
			生鮮のもの及び冷蔵したもの						Fresh or chilled:
			冷凍したもの						Frozen:
0203.21			**枝肉及び半丸枝肉**						Carcasses and half-carcasses:
0203.22			**骨付きのもも肉及び肩肉並びにこれらを分割したもの(骨付きのものに限る。)**						Hams, shoulders and cuts thereof, with bone in:
	010	2	1 いのししのもの	無税 Free	(無税) (Free)			KG	1 Of wild boars
			2 その他のもの	(5%)		×無税 Free			2 Other:
	023	†	*〔1〕課税価格が１キログラムにつき、部分肉に係る従量税適用限度価格以下のもの		(482円 (yen)/kg)		482円 (yen)/kg	KG	*〔1〕Each kilogram, not more than the upper limit prices for the specific duty applied on partial pig, in value for customs duty Ⓢ

番号 No.	統計細分 Stat. Code No.	NACCS用	品名	基本 General	協定 WTO	特恵 Preferential	暫定 Temporary	単位 Unit	Description
(0203.22)			*〔2〕課税価格が1キログラムにつき、部分肉に係る従量税適用限度価格を超え、部分肉に係る分岐点価格以下のもの		(482円 (yen)/kg)		1キログラムにつき部分肉に係る基準輸入価格と課税価格との差額 Per each kilogram, the difference between the standard import price of partial pig and the value for customs duty		*〔2〕Each kilogram, more than the upper limit prices for the specific duty applied on partial pig, but not more than the gate prices of partial pig, in value for customs duty: Ⓢ
	024	†	－課税価格が1キログラムにつき、399円未満のもの					KG	Less than 399 yen/kg in value for customs duty
	025	†	－課税価格が1キログラムにつき、399円以上のもの					KG	Not less than 399 yen/kg in value for customs duty
	022	†	*〔3〕課税価格が1キログラムにつき、部分肉に係る分岐点価格を超えるもの		(4.3%)		4.3%	KG	*〔3〕Each kilogram, more than the gate prices of partial pig, in value for customs duty Ⓢ
0203.29			**その他のもの**						Other:
02.04			**羊又はやぎの肉(生鮮のもの及び冷蔵し又は冷凍したものに限る。)**						Meat of sheep or goats, fresh, chilled or frozen:
0204.10	000	2	**子羊の枝肉及び半丸枝肉(生鮮のもの及び冷蔵したものに限る。)**	無税 Free	(無税) (Free)			KG	Carcasses and half-carcasses of lamb, fresh or chilled
			その他の羊の肉(生鮮のもの及び冷蔵したものに限る。)						Other meat of sheep, fresh or chilled:
0204.21	000	5	**枝肉及び半丸枝肉**	無税 Free	(無税) (Free)			KG	Carcasses and half-carcasses
0204.22	000	4	**その他の骨付き肉**	無税 Free	(無税) (Free)			KG	Other cuts with bone in
0204.23	000	3	**骨付きでない肉**	無税 Free	(無税) (Free)			KG	Boneless
0204.30	000	3	**子羊の枝肉及び半丸枝肉(冷凍したものに限る。)**	無税 Free	(無税) (Free)			KG	Carcasses and half-carcasses of lamb, frozen
			その他の羊の肉(冷凍したものに限る。)						Other meat of sheep, frozen:

番号 No.	統計細分 Stat. Code No.	NACCS用	品名	基本 General	協定 WTO	特恵 Preferential	暫定 Temporary	単位 Unit	Description
			その他の羊の肉(冷凍したものに限る。)						Other meat of sheep, frozen:
0204.41	000	6	**枝肉及び半丸枝肉**	無税 Free	(無税) (Free)			KG	Carcasses and half-carcasses
0204.42	000	5	**その他の骨付き肉**	無税 Free	(無税) (Free)			KG	Other cuts with bone in
0204.43	000	4	**骨付きでない肉**	無税 Free	(無税) (Free)			KG	Boneless
0204.50	000	4	**やぎの肉**	無税 Free	(無税) (Free)			KG	Meat of goats
02.10			**肉及び食用のくず肉(塩蔵し、塩水漬けし、乾燥し又はくん製したものに限る。)並びに肉又はくず肉の食用の粉及びミール**						Meat and edible meat offal, salted, in brine, dried or smoked; edible flours and meals of meat or meat offal:
			豚の肉						Meat of swine:
0210.11			**骨付きのもも肉及び肩肉並びにこれらを分割したもの(骨付きのものに限る。)**	(10%)		×無税 Free			Hams, shoulders and cuts thereof, with bone in:
	010	†	*〔1〕課税価格が1キログラムにつき、豚肉加工品に係る分岐点価格(豚肉加工品に係る基準輸入価格(関税暫定措置法別表第1の3の2に定める期間内に輸入されるものの区分に応じ、それぞれ同表第4項第1号に定める価格をいう。以下この項及び第16.02項において同じ。)を、当該区分に対応するこの表に定める期間内に輸入されるものの区分に応じ、それぞれこの号の*〔2〕に定める率(例えば、9.8%の場合は0.098)に0.6を加えた数で除し、これに1.5を乗じて得た価格をいう。以下この項及び第16.02項において同じ。)以下のもの		(1,035円(yen)/kg)		1キログラムにつき豚肉加工品に係る基準輸入価格に1.5を乗じて得た額と課税価格に0.6を乗じて得た額との差額 Per each kilogram, the difference between the value obtained by multiplying the standard import price of processed pig by 1.5 and the value obtained by multiplying the value for customs duty by 0.6	KG	*〔1〕Each kilogram, in value for customs duty, not more than the gate prices for the specific duty applied on processed meat of swine, where the gate prices shall be obtained by dividing Prices A by Rates B plus 0.6, and multiplying by 1.5, the same definition shall be applied in this heading and in heading 16.02. Prices A: standard import prices for processed meat of swine specified by the subparagraph 1 of paragraph 4 of the Annex 1-3-2 to the Temporary Customs Tariff Measures Law corresponding to the period of importation provided by the Annex, the same definition shall be applied in this heading and in heading 16.02. Rates B: the rates specified in this subheading *〔2〕 according to the each divisions of each import terms provided in the Annex 1-3 Ⓢ
	020	†	*〔2〕課税価格が1キログラムにつき、豚肉加工品に係る分岐点価格を超えるもの		(8.5%)		8.5%	KG	*〔2〕Each kilogram, more than the gate prices of processed meat of swine, in value for customs duty Ⓢ

第16類　肉、魚、甲殻類、軟体動物若しくはその他の水棲無脊椎動物又は昆虫類の調製品

Chapter 16 Preparations of meat, of fish, of crustaceans, molluscs or other aquatic invertebrates, or of insects

注

1　この類には、第２類、第３類、第４類の注６又は第05.04項に定める方法により調製し又は保存に適する処理をした肉、くず肉、魚、甲殻類、軟体動物及びその他の水棲無脊椎動物並びに昆虫類を含まない。

2　ソーセージ、肉、くず肉、血、昆虫類、魚又は甲殻類、軟体動物若しくはその他の水棲無脊椎動物の一以上を含有する調製食料品で、これらの物品の含有量の合計が全重量の20%を超えるものは、この類に属する。この場合において、これらの物品の二以上を含有する調製食料品については、最大の重量を占める成分が属する項に属する。前段及び中段のいずれの規定も、第19.02項の詰物をした物品及び第21.03項又は第21.04項の調製品については、適用しない。

Notes.

1.- This Chapter does not cover meat, meat offal, fish, crustaceans, molluscs or other aquatic invertebrates, as well as insects, prepared or preserved by the processes specified in Chapter 2 or 3, Note 6 to Chapter 4 or in heading 05.04.

2.- Food preparations fall in this Chapter provided that they contain more than 20% by weight of sausage, meat, meat offal, blood, insects, fish or crustaceans, molluscs or other aquatic invertebrates, or any combination thereof. In cases where the preparation contains two or more of the products mentioned above, it is classified in the heading of Chapter 16 corresponding to the component or components which predominate by weight. These provisions do not apply to the stuffed products of heading 19.02 or to the preparations of heading 21.03 or 21.04.

番号 No.	統計細分 Stat. Code No.	NACCS用	品名	税率 Rate of Duty 基本 General	協定 WTO	特恵 Preferential	暫定 Temporary	単位 Unit	Description
16.02			**その他の調製をし又は保存に適する処理をした肉、くず肉、血及び昆虫類**						**Other prepared or preserved meat, meat offal, blood or insects:**
1602.20			**動物の肝臓のもの**						**Of liver of any animal:**
	010	6	1 牛又は豚のもの	25%	21.3%	×無税 Free		KG	1 Of bovine animals or swine
			2 その他のもの	8%	6%	×無税 Free			2 Other:
	091	3	－気密容器入りのもの			3%		KG	In airtight containers
	099	4	－その他のもの					KG	Other
1602.50			**牛のもの**						**Of bovine animals:**
	100	3	1 腸、ぼうこう又は胃の全形のもの及び断片(単に水煮したものに限る。)	無税 Free	(無税) (Free)			KG	1 Guts, bladders and stomachs, whole and pieces thereof, simply boiled in water
			2 その他のもの						2 Other:
			(1) 牛の臓器及び舌のもの	25%		×無税 Free			(1) Internal organs and tongues of bovine animals:
	210	1	－気密容器入りのもの(野菜を含むものに限る。)		21.3%			KG	In airtight containers, containing vegetables
			－その他のもの						Other:
	291	5	－－単に水煮したもの		(50%)			KG	Simply boiled in water
	298	5	－－その他のもの		21.3%			KG	Other
			(2) その他のもの						(2) Other:
			A 牛の肉及びくず肉(臓器及び舌を除く。)の含有量の合計が全重量の30%未満のもの	25%		×無税 Free			A Containing less than 30 % by weight of a meat and edible meat offal other than internal organs and tongues:

番号 No.	統計細分 Stat. Code No.	NACCS用	品名	基本 General	協定 WTO	特恵 Preferential	暫定 Temporary	単位 Unit	Description
(1602.50)			—気密容器入りのもの(野菜を含むものに限る。)		21.3%				In airtight containers, containing vegetables:
	310	3	——米を含むもの					KG	Containing rice
	320	6	——その他のもの					KG	Other
			—その他のもの						Other:
			——米を含むもの						Containing rice:
	331	3	———気密容器入りのもの		21.3%			KG	In airtight containers
	339	4	———その他のもの		21.3%			KG	Other
	390	6	——その他のもの		21.3%			KG	Other
			B その他のもの						B Other:
			(a) 単に水煮した後に乾燥したもの	25%		×無税 Free			(a) Dried after simply boiled in water:
			—気密容器入りのもの						In airtight containers:
	410	5	——冷蔵及び冷凍のいずれもしていないもの		(38.3%)			KG	Not chilled or frozen
	420	1	——その他のもの		(50%)			KG	Other
	490	1	—その他のもの		21.3%			KG	Other
			(b) 調味した後に乾燥したもの	10%		×無税 Free			(b) Beef jerky:
			—気密容器入りのもの						In airtight containers:
	510	0	——冷蔵及び冷凍のいずれもしていないもの		(38.3%)			KG	Not chilled or frozen
	520	3	——その他のもの		(50%)			KG	Other
	590	3	—その他のもの		(10%)			KG	Other
	600	6	(c) コーンビーフ	25%	21.3%	×無税 Free		KG	(c) Corned beef
			(d) その他のもの						(d) Other:
	700	1	イ 気密容器入りのもの(野菜を含むものに限る。)	25%	21.3%	×無税 Free		KG	イ In airtight containers, containing vegetables
			ロ 気密容器入りのもの(冷蔵及び冷凍のいずれもしていないものに限るものとし、野菜を含むものを除く。)	45%		×無税 Free			ロ In airtight containers, otherwise containing vegetables, but not chilled or frozen:
	810	6	—単に水煮したもの		(50%)			KG	Simply boiled in water
	890	2	—その他のもの		38.3%			KG	Other
			ハ その他のもの	50%		×無税 Free			ハ Other:

番号 No.	統計細分 Stat. Code No.	NACCS用	品名	基本 General	協定 WTO	特恵 Preferential	暫定 Temporary	単位 Unit	Description
(1602.50)	910	1	ー単に水煮したもの		(50%)			KG	Simply boiled in water
			ーその他のもの						Other:
	991	5	ーー気密容器入りのもの		(50%)			KG	In airtight containers
	999	6	ーーその他のもの		(50%)			KG	Other
16.03									
1603.00			**肉、魚又は甲殻類、軟体動物若しくはその他の水棲無脊椎動物のエキス及びジュース**						Extracts and juices of meat, fish or crustaceans, molluscs or other aquatic invertebrates:
	010	3	1 肉のエキス及びジュース	12.8%	12%	6% ×無税 Free		KG	1 Extracts and juices of meat
	090	6	2 その他のもの	9.6%	(9.6%)	6.4% ×無税 Free		KG	2 Other

附表　EPA等タリフデータ(抜粋)

本表の各欄の意味

「番号」：HS番号4桁の「項」、6桁の「号」又は「号」に3桁の「統計細分」を加えた9桁の統計品目番号が表記されています。

「チリ」：戦略的な経済上の連携に関する日本国とチリ共和国との間の協定に基づく協定税率が表記されています。

各税率欄

基本的には「項」(4桁の番号)ごとに税率を表記していますが、項以下で税率が分かれているものについては、「号」(6桁の番号)又は「号」に3桁の「統計細分」を加えた9桁の統計品目番号ごとに税率を表記しています。

各税率欄に記載されている記号等の意味は、次のとおりです。

ー	その協定について、譲許されていない(協定税率の設定がない)ことを示します。

番　号	チリ
0201.10	ー
0203.22-025	附属書1第2部第1節注釈2に定める関税割当数量以内のもの 535.53円/kg ー 課税価格/kg
02.04	無税
0210.11-020	ー
0210.19-020	ー
1602.50-100	無税
1602.50-310	ー
1603.00-010	ー
1603.00-090	ー

別紙３

NACCS用品目コード（輸入）（抜粋）

実行関税率表の「NACCS用」欄に † が記載されている品目は、この表の「NACCS用品目コード」欄を参照し、番号６桁、統計細分３桁に「NACCS用」欄１桁を含めた数字10桁で入力する。

実行関税率表			NACCS 用品目コード			備　考
番号	細分	NACCS用	番号	細分	NACCS用	
020110	000	†	020110	000	1	その他のもの
			020110	002	3	オーストラリア協定、CPTPP 協定、EU 協定、米国協定及び英国協定上の原産品で、経済連携協定に基づく原産地証明書又は原産品申告書があるもの
020322	025	†	020322	025	3	その他のもの
			020322	883	0	暫定法第７条の６第１項該当のもの
			020322	881	5	CPTPP 協定、EU 協定、米国協定及び英国協定に基づく従量税が適用されるもの（通常時）
			020322	879	3	CPTPP 協定、EU 協定、米国協定及び英国協定に基づく差額関税が適用されるもの（通常時）
			020322	868	6	CPTPP 協定、EU 協定、米国協定及び英国協定に基づく従量税が適用されるもの（暫定法第７条の６第１項発動時）
			020322	867	5	メキシコ協定、チリ協定、ペルー協定、オーストラリア協定、CPTPP 協定、EU 協定、米国協定及び英国協定に基づく差額関税が適用されるもの（暫定法第７条の６第１項発動時）
021011	020	†	021011	020	2	その他のもの
			021011	009	5	暫定法第７条の６第１項該当のもの
			021011	895	2	メキシコ協定、CPTPP 協定、EU 協定、米国協定及び英国協定に基づく従価税が適用されるもの（暫定法第７条の６第１項発動時）
			021011	893	0	CPTPP 協定に基づく従価税が適用されるもの（暫定法第７条の８発動時における発動対象国のもの）

別紙4

関税暫定措置法(抜粋)

(経済連携協定に基づく関税割当制度)

第八条の六　(省略)

2　経済連携協定において関税の譲許が一定の数量を限度として定められている物品で政令で定めるもののうち輸出国(固有の関税及び貿易に関する制度を有する地域を含む。)が発給する証明書に基づき輸入国が割当てを行うこととされているものについては、その譲許の便益は、当該一定の数量の範囲内において、当該経済連携協定の我が国以外の締約国が発給する証明書に基づいて政府が行う割当てを受けた者がその受けた数量の範囲内で輸入するものに適用する。

3　前二項の割当ての方法、割当てを受ける手続その他前二項の規定の適用に関して必要な事項は、政令で定める。

経済連携協定に基づく関税割当制度に関する政令(抜粋)

(関税割当てをする物品)

第一条　(省略)

2　法第八条の六第二項に規定する政令で定める物品は、別表第三の各項の下欄又は別表第四の下欄に掲げる物品とする。

(割当ての方法及び基準)

第二条　(省略)

2　法第八条の六第二項の割当て(以下「二項割当て」という。)を受けようとする者は、別表第三の各項の中欄に掲げる経済連携協定の規定により二項割当ての対象となる当該各項の下欄に掲げる物品については農林水産大臣、別表第四の上欄に掲げる経済連携協定の規定により二項割当ての対象となる同表の下欄に掲げる物品については経済産業大臣に関税割当申請書を提出しなければならない。

3～11　(省略)

別表第三(第一条、第二条関係)

項名	経済連携協定	品目
三	チリ協定	(一)　関税率表第〇二〇二・二〇号及び第〇二〇二・三〇号に掲げる物品 (二)　関税率表第〇二〇三・一九号の二、第〇二〇三・二二号の二、第〇二〇六・四九号の二の(二)、第一六〇二・四一号、第一六〇二・四二号及び第一六〇二・四九号の二に掲げる物品 (三)　関税率表第〇二〇六・二一号、第〇二〇六・二二号及び第〇二〇六・二九号の二に掲げる物品 (四)　関税率表第〇二〇七・一四号の二の(二)に掲げる物品

チェック欄		

第15問　輸入（納税）申告（解答・P.431）

別紙1の仕入書及び下記事項により、台湾から飲料等を輸入する場合の輸入（納税）申告を輸出入・港湾関連情報処理システム（NACCS）を使用して行う場合について、以下の問いに答えなさい。

(1)別紙2の輸入申告事項登録画面の品目番号欄（（ａ）～（ｅ））に入力すべき品目番号を、関税率表の解釈に関する通則に従い、別冊の「実行関税率表」（抜粋）を参照して、下の選択肢から選び、その番号をマークしなさい。

(2)別紙2の輸入申告事項登録画面の課税価格の右欄（（ｆ）～（ｊ））に入力すべき申告価格（関税定率法第4条から第4条の9まで（課税価格の計算方法）の規定により計算される課税価格に相当する価格）の額をマークしなさい。

記

1　別紙1の仕入書に記載されている品目に品目番号が同一であるものがある場合には、これらを一の品目番号にとりまとめる。

2　品目番号ごとの申告価格が20万円以下であるもの（上記1によりとりまとめたものを含む。）がある場合には、その品目番号が異なるものであっても、これらを税率の種別が異なるごとに品目を分けて、それぞれを一括して一欄にとりまとめる。

　なお、この場合に輸入申告事項登録画面に入力すべき品目番号は一欄にとりまとめた品目のうち関税率が最も高いものの品目番号とし、10桁目は「X」とする。

3　輸入申告事項登録画面に入力する品目番号（（ａ）～（ｅ））は、その品目番号ごとの申告価格（上記1及び2によりとりまとめたものについては、その合計額）の大きいものから順に入力するものとする。

4　一欄に1品目に係る品目番号のみを入力することとなる場合であって、当該一品目の申告価格が20万円以下であるときは、その品目番号の10桁目は「Ｅ」とする。

5　輸入申告事項登録画面の課税価格の右欄（（ｆ）～（ｊ））には、別紙1の仕入書に記載された価格に、下記8及び9の費用が申告価格に算入すべきものである場合にはその額を加算し、又は控除すべきものである場合にはその額を減算した額（本邦通貨に換算した後の額）を入力することとする。なお、1円未満の端数がある場合は、これを切り捨てる。

6　米ドル建価格の本邦通貨への換算は、別紙3の「実勢外国為替相場の週間平均値」を参照して行う。

7　別紙1の仕入書に記載されている「alcohol」の表示は、実行関税率表第22類注2に規定する「アルコール分」を示す。

8　別紙1の仕入書に記載されているスコッチウイスキーには、輸入の条件として、当該商標に係るロイヤルティとして当該商標権者に、実際に輸入する貨物のDAP価格の5％を支払う契約がある。なお、当該ウイスキーは、輸入申告前の点検で3カートン（30本）の破損が見つかり、破損したウイスキーには経済的価値が全く認められないことから、関税法第45条第1項の規定に基づく滅却の承認を受け、同申告前に滅却している。輸入者（買手）が輸出者（売手）に対してクレームを伝えたところ、輸出者は当該クレームを認め、当該破損したウイスキーに係る金額を次回の輸入予定貨物代金の一部と相殺する旨合意し、かつ、輸入者による滅却処分費用50,000円も輸出者が支払うこととされた。

9　輸出者は、輸入者とのDAP条件（仕向地持込渡し条件）に従って、別紙1の仕入書に記載されているそれぞれの品目の価格に、それぞれのDAP価格に対して次の百分率に相当する費用の額を含めている。

　イ　売手の工場から輸出港までの運賃及び本船への積込みに要する費用……………………5％
　ロ　輸入港までの海上運賃及び保険料……………………………………………………10％
　ハ　本船からの取卸し費用……………………………………………………………2％

　ニ　輸入国内運送費用……………………………………………………………………………3%
10　上記9の費用を申告価格に算入し、又は控除する場合の申告価格への振り分けは実際に輸入申告する貨物の仕入書価格による価格按分とする。
11　申告年月日は、令和XX年10月4日とする。

① 2008.99-2123	② 2008.99-212X	③ 2009.11-1904	④ 2009.12-1903
⑤ 2009.12-190E	⑥ 2009.12-190X	⑦ 2202.10-2000	⑧ 2202.91-1001
⑨ 2202.91-2003	⑩ 2202.99-1000	⑪ 2202.99-2002	⑫ 2203.00-0004
⑬ 2208.30-0006	⑭ 2208.90-2205	⑮ 2208.90-2404	

別紙3

実勢外国為替相場の週間平均値

(1米ドルに対する円相場)

期　間	週間平均値
令和XX. 9. 1 ～ 令和XX. 9. 7	¥101.80
令和XX. 9. 8 ～ 令和XX. 9.14	¥102.00
令和XX. 9.15 ～ 令和XX. 9.21	¥102.50
令和XX. 9.22 ～ 令和XX. 9.28	¥102.60
令和XX. 9.29 ～ 令和XX.10. 5	¥102.70

別紙1

INVOICE

Seller
Taipei Trading COMPANY
100 Songjiang Road,
Zhongshan Distriot, Taipei TAIWAN

Invoice No. and Date
TTC–04142 Sep. 18th, 20XX

Reference No. ZTC−0995

Buyer ZAIMU TRADING Co., Ltd. 1-1, 3-Chome, Kasumigaseki Chiyoda-ku, Tokyo, Japan	**Country of Origin** : TAIWAN **L/C No.** **Date**
Vessel ORIENT MARU **On or About** Sep. 23rd, 20XX	**Issuing Bank**
From Taipei, Taiwan **Via**	
To Tokyo, Japan	**Payment Terms: T/T**

Marks and Nos.	Description of Goods	Quantity bottle	Unit Price per bottle	Amount DAP US$
Z.T.C TOKYO Made in Taiwan	1. Straight orange juices, unfermented, not frozen, alcohol 0.0%, brix 19, containing added sugar, 11% by weight of sucrose, 550ml×20×250C/T (2,750kgs)	5,000	0.40	2,000.00
	2. Orange beverages, containing orange juice 75%, citric acid and food-additive 2%, and water 23%, alcohol 0.0% not containing added sugar, 500ml×20×190C/T (1,900kgs)	3,800	0.50	1,900.00
	3. Orangeade, containing orange extract 10%, water 80%, flavor and food-additive 9%, alcohol 1%, 350ml×20×450C/T (3,150kgs)	9,000	0.70	6,300.00
	4. Prunes preserved by Armagnac (brandy), alcohol 16%, whole, containing added sugar and 200g of prunes in 40ml of Armagnac in each package, 250ml×20×20C/T (100kgs)	400	5.10	2,040.00
	5. Scotch whiskies, alcohol 45%, 700ml×10×80C/T (560kgs)	800	54.00	43,200.00
	6. Non-alcoholic beer, alcohol 0.0%, made from malt, hop, sucrose, water, carbon dioxide gas, food-additive, containing added sugar, 300ml×37×250C/T (2,775kgs)	9,250	0.60	5,550.00
	7. Cooking-Liquer "Mirin", alcohol 14%, made from rice (mochigome), kome-kouji, sucrose, water, mizuame (maltose syrop), with added alcohol, 800ml×20×100C/T (1,600kgs)	2,000	2.11	4,220.00

Total : DAP TOKYO US$65,210.00

Total: 1,340 cartons
N/W : 12,835.00 kgs
G/W : 14,185.00 kgs

Taipei Trading COMPANY
(Signature)

別紙2

輸入申告事項登録(輸入申告)

共通部 繰返部

申告番号

大額/少額 L　申告等種別 C　申告先種別　貨物識別　識別符号

あて先官署　あて先部門　申告等予定年月日

輸入者　ZAIMU TRADING CO.,LTD.

住所 TOKYO TO CHIYODA KU KASUMIGASEKI 3-1-1

電話

蔵置場所　一括申告　申告等予定者

B/L番号 1　2
3　4
5

貨物個数　貨物重量(グロス)

貨物の記号等 AS PER ATTACHED SHEET

積載船(機) － ORIENT MARU　入港年月日

船(取)卸港 JPTYO　積出地 TWTPE －　貿易形態別符号　コンテナ本数

仕入書識別　電子仕入書受付番号　仕入書番号 TTC-04142

仕入書価格 A － DAP － －

輸入申告事項登録(輸入申告)

共通部 **繰返部**

〈01欄〉 品目番号 (a)　品名　原産地 TW －

数量1 －　数量2 －　輸入令別表　蔵置種別等

BPR係数　運賃按分　課税価格 － (f)

関税減免税コード　関税減税額

内消税等種別	減免税コード	内消税減税額	内消税等種別	減免税コード	内消税減税額
1			2		
3			4		
5			6		

〈02欄〉 品目番号 （b） 品名 原産地 TW －
数量1 － 数量2 － 輸入令別表 蔵置種別等
BPR係数 運賃按分 課税価格 － （g）
関税減免税コード 関税減税額

内消税等種別	減免税コード	内消税減税額	内消税等種別	減免税コード	内消税減税額
1			2		
3			4		
5			6		

〈03欄〉 品目番号 （c） 品名 原産地 TW －
数量1 － 数量2 － 輸入令別表 蔵置種別等
BPR係数 運賃按分 課税価格 － （h）
関税減免税コード 関税減税額

内消税等種別	減免税コード	内消税減税額	内消税等種別	減免税コード	内消税減税額
1			2		
3			4		
5			6		

〈04欄〉 品目番号 （d） 品名 原産地 TW －
数量1 － 数量2 － 輸入令別表 蔵置種別等
BPR係数 運賃按分 課税価格 － （i）
関税減免税コード 関税減税額

内消税等種別	減免税コード	内消税減税額	内消税等種別	減免税コード	内消税減税額
1			2		
3			4		
5			6		

〈05欄〉 品目番号 （e） 品名 原産地 TW －
数量1 － 数量2 － 輸入令別表 蔵置種別等
BPR係数 運賃按分 課税価格 － （j）
関税減免税コード 関税減税額

内消税等種別	減免税コード	内消税減税額	内消税等種別	減免税コード	内消税減税額
1			2		
3			4		
5			6		

別冊　　　　　　　　　　　　　　　　　実行関税率表（抜粋）

第20類　野菜、果実、ナットその他植物の部分の調製品

Chapter 20　Preparations of vegetables, fruit, nuts or other parts of plants

注

1〜5　(省略)

6　第20.09項において「発酵しておらず、かつ、アルコールを加えてないもの」とは、アルコール分(第22類の注2参照)が全容量の0.5%以下のものをいう。

号注　(省略)

Notes.

1.〜5.　(省略)

6.- For the purposes of heading 20.09, the expression "juices, unfermented and not containing added spirit" means juices of an alcoholic strength by volume (see Note 2 to Chapter 22) not exceeding 0.5% vol.

Subheading Notes　(省略)

番号 No.	統計細分 Stat. Code No.	NACCS用	品名	税率 Rate of Duty 基本 General	協定 WTO	特恵 Preferential	暫定 Temporary	単位 Unit	Description
20.08			**果実、ナットその他植物の食用の部分(その他の調製をし又は保存に適する処理をしたものに限るものとし、砂糖その他の甘味料又はアルコールを加えてあるかないかを問わず、他の項に該当するものを除く。)**						Fruit, nuts and other edible parts of plants, otherwise prepared or preserved, whether or not containing added sugar or other sweetening matter or spirit, not elsewhere specified or included:
			ナット、落花生その他の種(これらを相互に混合してあるかないかを問わない。)						Nuts, ground-nuts and other seeds, whether or not mixed together:
			その他のもの(混合したもの(第2008.19号のものを除く。)を含む。)						Other, including mixtures other than those of subheading 2008.19:
2008.91	000	2	**パームハート**	25%	15%	7.5% ×無税 Free		KG	Palm hearts
2008.93			**クランベリー(ヴァキニウム・マクロカルポン及びヴァキニウム・オクシココス)及びこけもも(ヴァキニウム・ヴィティスイダイア)**						Cranberries (*Vaccinium macrocarpon*, *Vaccinium oxycoccos*); lingonberries (*Vaccinium vitis-idaea*):
			1 砂糖を加えたもの						1 Containing added sugar:
	110	5	(1) パルプ状のもの	35%	29.8%	×無税 Free		KG	(1) In pulp form
	120	1	(2) その他のもの	18.4%	11%	5.5% ×無税 Free		KG	(2) Other
			2 その他のもの						2 Other:
	210	0	(1) パルプ状のもの	25%	21.3%	×無税 Free		KG	(1) In pulp form
	220	3	(2) その他のもの	20%	12%	×無税 Free		KG	(2) Other
2008.97			**混合したもの**						Mixtures:
			1 ミックスドフルーツ、フルーツサラダ及びフルーツカクテル	11.2%		×無税 Free			1 Mixed fruit, fruit salad and fruit cocktail:
	110	1	－砂糖を加えたもの		6%			KG	Containing added sugar
	120	4	－その他のもの		6%	3%		KG	Other
			2 その他のもの						2 Other:
			(1) 砂糖を加えたもの						(1) Containing added sugar:
	211	4	A パルプ状のもの	35%	29.8%	×無税 Free		KG	A In pulp form
	219	5	B その他のもの	28%	23.8%	×無税 Free		KG	B Other
			(2) その他のもの						(2) Other:
	221	0	A パルプ状のもの	25%	21.3%	×無税 Free		KG	A In pulp form

番号 No.	統計細分 Stat. Code No.	NACCS用	品名	税率 Rate of Duty 基本 General	協定 WTO	特恵 Preferential	暫定 Temporary	単位 Unit	Description
2008.99			**その他のもの**						**Other:**
	100	3	1 梅	20%	12%	×無税 Free		KG	1 Ume (fruit of Mume plum)
			2 その他のもの						2 Other:
			(1) 砂糖を加えたもの						(1) Containing added sugar:
			A パルプ状のもの						A In pulp form:
	211	2	(a) バナナ及びアボカドー	30%	21%	10.5% ×無税 Free		KG	(a) Bananas and avocados
	215	6	(b) その他のもの	35%	29.8%	×無税 Free		KG	(b) Other
			B その他のもの						B Other:
	212	3	(a) ベリー及びプルーン	18.4%	11%	5.5% ×無税 Free		KG	(a) Berries and prunes
20.09			**果実、ナット又は野菜のジュース（ぶどう搾汁及びココナッツウォーターを含み、発酵しておらず、かつ、アルコールを加えてないものに限るものとし、砂糖その他の甘味料を加えてあるかないかを問わない。）**						**Fruit or nut juices (including grape must and coconut water) and vegetable juices, unfermented and not containing added spirit, whether or not containing added sugar or other sweetening matter:**
			オレンジジュース						**Orange juice:**
2009.11			**冷凍したもの**						**Frozen:**
			1 砂糖を加えたもの						1 Containing added sugar:
	110	1	(1) しよ糖（天然に含有するものを含む。）の含有量が全重量の10%以下のもの	30%	25.5%	×無税 Free		L KG	(1) Not more than 10 % by weight of sucrose, naturally and artificially contained
	190	4	(2) その他のもの	35%又は27円/kgのうちいずれか高い税率 35% or 27yen/kg, whichever is the greater	29.8%又は23円/kgのうちいずれか高い税率 29.8% or 23yen/kg, whichever is the greater	×無税 Free		L KG	(2) Other

番号 No.	統計細分 Stat. Code No.	NACCS用	品名	税率 Rate of Duty 基本 General	協定 WTO	特恵 Preferential	暫定 Temporary	単位 Unit	Description
(2009.11)			2 その他のもの						2 Other:
	210	3	(1) しよ糖の含有量が全重量の10%以下のもの	25%	21.3%	×無税 Free		L KG	(1) Not more than 10 % by weight of sucrose
	290	6	(2) その他のもの	30%	25.5%	×無税 Free		L KG	(2) Other
2009.12			**冷凍してないもの(ブリックス値が20以下のものに限る。)**						**Not frozen, of a Brix value not exceeding 20:**
			1 砂糖を加えたもの						1 Containing added sugar:
	110	0	(1) しよ糖(天然に含有するものを含む。)の含有量が全重量の10%以下のもの	30%	25.5%	×無税 Free		L KG	(1) Not more than 10 % by weight of sucrose, naturally and artificially contained
	190	3	(2) その他のもの	35%又は27円/kgのうちいずれか高い税率 35% or 27yen/kg, whichever is the greater	29.8%又は23円/kgのうちいずれか高い税率 29.8% or 23yen/kg, whichever is the greater	×無税 Free		L KG	(2) Other
			2 その他のもの						2 Other:
	210	2	(1) しよ糖の含有量が全重量の10%以下のもの	25%	21.3%	×無税 Free		L KG	(1) Not more than 10 % by weight of sucrose
	290	5	(2) その他のもの	30%	25.5%	×無税 Free		L KG	(2) Other
2009.19			**その他のもの**						**Other:**
			1 砂糖を加えたもの						1 Containing added sugar:
	110	0	(1) しよ糖(天然に含有するものを含む。)の含有量が全重量の10%以下のもの	30%	25.5%	×無税 Free		L KG	(1) Not more than 10 % by weight of sucrose, naturally and artificially contained
	190	3	(2) その他のもの	35%又は27円/kgのうちいずれか高い税率 35% or 27yen/kg, whichever is the greater	29.8%又は23円/kgのうちいずれか高い税率 29.8% or 23yen/kg, whichever is the greater	×無税 Free		L KG	(2) Other
			2 その他のもの						2 Other:
	210	2	(1) しよ糖の含有量が全重量の10%以下のもの	25%	21.3%	×無税 Free		L KG	(1) Not more than 10 % by weight of sucrose
	290	5	(2) その他のもの	30%	25.5%	×無税 Free		L KG	(2) Other

第22類　飲料、アルコール及び食酢

Chapter 22　Beverages, spirits and vinegar

注
1（省略）

2　第20類からこの類までにおいてアルコール分は、温度20度におけるアルコールの容量分による。

3　第22.02項において「アルコールを含有しない飲料」とは、アルコール分が0.5%以下の飲料をいう。アルコール飲料は、第22.03項から第22.06項まで又は第22.08項に属する。

号注　（省略）

Notes.
1.（省略）

2.- For the purposes of this Chapter and of Chapters 20 and 21, the "alcoholic strength by volume" shall be determined at a temperature of 20℃.

3.- For the purposes of heading 22.02, the term "non-alcoholic beverages" means beverages of an alcoholic strength by volume not exceeding 0.5% vol. Alcoholic beverages are classified in headings 22.03 to 22.06 or heading 22.08 as appropriate.

Subheading Notes　（省略）

番号 No.	統計細分 Stat. Code No.	NACCS用	品名	税率 Rate of Duty 基本 General	協定 WTO	特恵 Preferential	暫定 Temporary	単位 Unit	Description
22.02			水(鉱水及び炭酸水を含むものとし、砂糖その他の甘味料又は香味料を加えたものに限る。)その他のアルコールを含有しない飲料(第20.09項の果実、ナット又は野菜のジュースを除く。)						Waters, including mineral waters and aerated waters, containing added sugar or other sweetening matter or flavoured, and other non-alcoholic beverages, not including fruit, nut or vegetable juices of heading 20.09:
2202.10			水(鉱水及び炭酸水を含むものとし、砂糖その他の甘味料又は香味料を加えたものに限る。)						Waters, including mineral waters and aerated waters, containing added sugar or other sweetening matter or flavoured:
	100	5	1 砂糖を加えたもの	22.4%	13.4%	×無税 Free		L	1 Containing added sugar
	200	0	2 その他のもの	16%	9.6%	×無税 Free		L	2 Other
			その他のもの						Other:
2202.91			ノンアルコールビール						Non-alcoholic beer:
	100	1	1 砂糖を加えたもの	22.4%	13.4%	×無税 Free		L	1 Containing added sugar
	200	3	2 その他のもの	16%	9.6%	×無税 Free		L	2 Other
2202.99			その他のもの						Other:
	100	0	1 砂糖を加えたもの	22.4%	13.4%	×無税 Free		L	1 Containing added sugar
	200	2	2 その他のもの	16%	9.6%	×無税 Free		L	2 Other
22.03									
2203.00	000	4	ビール	6.40円 (yen)/l	無税 Free	無税 Free		L	Beer made from malt
22.08			エチルアルコール(変性させてないものでアルコール分が80%未満のものに限る。)及び蒸留酒、リキュールその他のアルコール飲料						Undenatured ethyl alcohol of an alcoholic strength by volume of less than 80 % vol; spirits, liqueurs and other spirituous beverages:
2208.20	000	2	ぶどう酒又はぶどう酒もろみの搾りかすから得た蒸留酒	無税 Free	(無税) (Free)			L	Spirits obtained by distilling grape wine or grape marc
2208.30	000	6	ウイスキー	無税 Free	(無税) (Free)			L	Whiskies
2208.40	000	3	ラムその他これに類する発酵したさとうきびの製品から得た蒸留酒	無税 Free	(18%)			L	Rum and other spirits obtained by distilling fermented sugar-cane products
2208.50	000	0	ジン及びジュネヴァ	無税 Free	(17.5%又は77円/lのうちいずれか低い税率) (17.5% or 77yen/l, whichever is the less)			L	Gin and Geneva

番号 No.	統計細分 Stat. Code No.	NACCS用	品名	税率 Rate of Duty 基本 General	協定 WTO	特恵 Preferential	暫定 Temporary	単位 Unit	Description
2208.60	000	4	**ウオッカ**	無税 Free	(16%)			L	**Vodka**
2208.70	000	1	**リキュール及びコーディアル**	無税 Free	(126円 (yen)/l)			L	**Liqueurs and cordials**
2208.90			**その他のもの**						**Other:**
			1 エチルアルコール及び蒸留酒						1 Ethyl alcohol and distilled alcoholic beverages:
	110	0	(1) フルーツブランデー	無税 Free	(無税) (Free)			L	(1) Fruit brandy
			(2) その他のもの						(2) Other:
			A エチルアルコール		82.50円 (yen)/l				A Ethyl alcohol:
	124	0	(a) アルコール飲料の原料アルコールの製造用のもの(連続式蒸留機により蒸留して使用するものに限る。)	◎無税 Free				L	(a) Intend for use in distilling alcohol for making alcoholic beverages, through the continuous still
	123	6	(b) その他のもの	96円 (yen)/l		48円 (yen)/l ×無税 Free		L	(b) Other
			B その他のもの		16%				B Other:
	125	1	(a) アルコール飲料の原料アルコールの製造用のもの(連続式蒸留機により蒸留して使用するものに限る。)	◎無税 Free				L	(a) Intend for use in distilling alcohol for making alcoholic beverages, through the continuous still
	129	†	(b) その他のもの	17.9%		25.20円 (yen)/l ×無税 Free		L	(b) Other
			2 その他のアルコール飲料						2 Other spirituous beverages:
	220	5	(1) 合成清酒及び白酒	70.40円 (yen)/l	(70.40円 (yen)/l)	無税 Free		L	(1) Imitation saké and white saké
	230	†	(2) 果汁をもととした飲料(アルコール分が1%未満のものに限る。)	35%又は27円/kgのうちいずれか高い税率 35% or 27 yen/kg, whichever is the greater	29.8%又は23円/kgのうちいずれか高い税率 29.8% or 23 yen/kg, whichever is the greater	×無税 Free		L KG	(2) Beverages with a basis of fruit juices, of an alcoholic strength by volume of less than 1 % vol
	240	4	(3) その他のもの	89.60円 (yen)/l	88円 (yen)/l	無税 Free		L	(3) Other

解答と解説

輸出申告

輸入（納税）申告

第1問 輸出申告(食品)(問題・P.38)

解　答

(a)⑤　(b)⑥　(c)⑮　(d)⑬　(e)⑪

<<解　説>>

1．各貨物の統計品目番号

(1)仕入書第1項：Apple juice, of a Brix value 15, not containing added sugar　➡ 2009.71-0006

貨物は「ブリックス値が15のりんごジュースで、砂糖を加えてないもの」であり、問題文記7によりアルコールを含有しないものであるので、第20.09項の「果実、ナット又は野菜のジュース(…発酵しておらず、かつ、アルコールを加えてないものに限るものとし、砂糖…を加えてあるかないかを問わない。)」に該当し、その項の中の「－りんごジュース」のうち、第2009.71号の「－－ブリックス値が20以下のもの」に分類する。

(2)仕入書第2項：Apple jams, obtained by cooking, containing added sugar　➡ 2007.99-0003

貨物は「加熱調理をして得られたりんごジャムで、砂糖を加えたもの」であるので、第20.07項の「ジャム…(加熱調理をして得られたものに限るものとし、砂糖…を加えてあるかないかを問わない。)」に該当し、その項の中の「－その他のもの」のうち、第2007.99号の「－－その他のもの」に分類する。

(3)仕入書第3項：Peanut butter, containing added sugar　➡ 2008.11-0005

貨物は「ピーナツバターで、砂糖を加えたもの」であり、関税率表解説第20.08項の(2)に規定されているとおり第20.08項の「果実、ナット、その他植物の食用の部分(その他の調製をし又は保存に適する処理をしたものに限るものとし、…。)」に該当し、その項の中の「－ナット、落花生その他の種(…)」のうち、第2008.11号の「－－落花生」に分類する。

(4)仕入書第4項：Cider, fermented beverage, of an alcoholic strength by volume of 3%
➡ 2206.00-9002

貨物は「りんご酒(発酵酒)で、アルコール分が3%のもの」であるので、第20類注6及び第22類注2により第22.06項(第2206.00号)の「その他の発酵酒(例えば、りんご酒、…) …」に該当し、「－その他のもの」に分類する。

(5)仕入書第5項：Marrons glacés, preserved by sugar(glacés)　➡ 2006.00-0006

貨物は「マロングラッセで、砂糖により調製したグラッセのもの」であり、関税率表解説第20.06項に規定されているとおり第20.06項(第2006.00号)の「砂糖により調製した野菜、果実、ナット、果皮その他植物の部分(…グラッセのもの…に限る。)」に分類する。

(6)仕入書第6項：Mixed Juice, not containing added sugar　➡ 2009.90-0001

貨物は「混合ジュースで、砂糖を加えてないもの」で、問題文記8により野菜のジュース及び果実のジュースを混合したものであるので、関税率表解説第20.09項により果実及び野菜のジュースを混合したものは第20.09項に属すること、また問題文記8によりアルコールを含有しないものであるので、第20.09項の「果実、ナット又は野菜のジュース(…発酵しておらず、かつ、アルコールを加えてないものに限るものとし、砂糖…を加えてあるかないかを問わない。)」に該当し、第2009.90号の「－混合ジュース」に分類する。

2．大額／少額貨物の判断及び少額合算

本問の仕入書価格はCIF価格であり、問題文記6に掲げられている費用等のうち、申告価格へ算入する費用等は売手の国内積地での貨物の本船積込みまでの費用等(イ及びロ)のみであることから、海上運賃及び保険料(ハ)は減算の対象となる。仕入書価格からこれを減算した上で、申告価格が20万円のときの仕入書価格を算出し、適用為替レートで除することで少額判断基準価格を求めることができる。

船積みまでの費用		(加算済)
海上運賃・保険料	8%	(減算)
申告価格総額	92%	CIFUS$34,450.00－US$34,450.00×8%
適用為替レート	120.00円	(令和XX. 8.28～令和XX. 9. 3)
少額判断基準価格	US$1,811.59	200,000円÷92%÷120.00円/US$

すなわち、仕入書価格が**US$1,811.59**以下であれば、少額貨物と判断できる。

したがって、本問では「2009.71-0006」(仕入書第1項：US$1,620.00)及び「2006.00-0006」(仕入書第5項：US$1,230.00)が少額貨物となり、申告価格が大きい「2009.71-0006」(仕入書第1項)にとりまとめる。合算後の統計品目番号は「2009.71-000X」、仕入書価格は「US$2,850.00」となる。

３．各統計品目番号の申告価格

本問の仕入書価格はCIF価格であり、これから所定の費用等を減算して申告価格を算出するので、次の算式により各々の品目の申告価格を計算する。(1円未満の端数がある場合には、これを切り捨てる。)

申告価格＝CIF価格×92％×120.00円/US$

(１)2007.99-0003　＝　**1,269,600円**(仕入書第２項)：US$11,500.00×92％×120.00円/US$

残りの品目も同様に計算をする。

(２)2008.11-0005　＝　**960,480円**(仕入書第３項)

(３)2206.00-9002　＝　**927,360円**(仕入書第４項)

(４)2009.90-0001　＝　**331,200円**(仕入書第６項)

(５)2009.71-000X　＝　**314,640円**(少額合算：仕入書第１項及び第５項)

４．申告欄の決定

問題文記４に従って申告欄を決定すると、(ａ)～(ｅ)の選択肢番号は次のようになる。

回答欄	申告欄	仕入書	申告価格	統計品目番号	選択肢番号
(ａ)	第１欄	2	1,269,600円	2007.99-0003	**⑤2007.99-0003**
(ｂ)	第２欄	3	960,480円	2008.11-0005	**⑥2008.11-0005**
(ｃ)	第３欄	4	927,360円	2206.00-9002	**⑮2206.00-9002**
(ｄ)	第４欄	6	331,200円	2009.90-0001	**⑬2009.90-0001**
(ｅ)	第５欄	１・５	314,640円	2009.71-000X	**⑪2009.71-000X**

(仕入書の有効活用例)

Marks and Nos.
適用為替レート：120.00円/US$

Description of Goods	Quantity Unit	Unit Price per Unit	Amount CIF US$
1. Apple juice, of a Brix value 15, not containing added sugar ~~2009.71-0006~~ → **⑪2009.71-000X《５》**	600	2.70	1,620.00
			2,850.00
2. Apple jams, obtained by cooking, containing added sugar **⑤2007.99-0003《１》**	2,300	5.00	11,500.00
3. Peanut butter, containing added sugar **⑥2008.11-0005《２》**	1,000	8.70	8,700.00
4. Cider, fermented beverage, of an alcoholic strength by volume of 3% **⑮2206.00-9002《３》**	2,800	3.00	8,400.00
5. Marrons glacés, preserved by sugar(glacés) ~~2006.00-0006~~	60	20.50	1,230.00
6. Mixed Juice, not containing added sugar **⑬2009.90-0001《４》**	300	10.00	3,000.00

Total : CIF SINGAPORE US$34,450.00

少額判断基準価格　US$1,811.59

第2問 輸出申告（卑金属製の錠等）（問題・P.49）

解　答

(a)⑤　　(b)⑪　　(c)③　　(d)⑩　　(e)⑮

<<解　説>>

1．各貨物の統計品目番号

(1)仕入書第1項：Locks with looped chain, combination dial operated, for bicycles　➡8301.40-0004

貨物は「自転車用の鎖輪状の錠でダイヤル（組合せ番号）式のもの」であるので、第83.01項の「卑金属製の錠（かぎを使用するもの…）…」に該当し、第8301.40号の「－その他の錠」に分類する。

(2)仕入書第2項：Keys, for cylinder locks　➡8301.70-0002

貨物は「シリンダー錠用のかぎ」であるので、第83.01項の「卑金属製の錠…並びにこれらの卑金属製のかぎ」に該当し、問題文記8により単独で提示するものであるので第8301.70号の「－かぎ（単独で提示するものに限る。）」に分類する。

(3)仕入書第3項：Locks of a kind used for doors of a house, key operated　➡8301.40-0004

貨物は「家の玄関ドアに使用する種類の錠（かぎを使用するもの）」であり、上記(1)と同様に分類する。

(4)仕入書第4項：Reinforced cash-boxes　➡8303.00-0005

貨物は「補強されたキャッシュボックス」であるので、第83.03項（第8303.00号）の「卑金属製の金庫…並びに卑金属製のキャッシュボックス…」に分類する。

(5)仕入書第5項：Filing cabinets, designed for placing on desk　➡8304.00-0003

貨物は「机上に置くための書類整理箱」であるので、第83.04項（第8304.00号）の「卑金属製の書類整理箱…」に分類する。

(6)仕入書第6項：Frames with clasps, incorporating locks, for trunks　➡8301.50-0001

貨物は「トランク用の留金付きフレームで、錠と一体のもの」であるので、第83.01項の「卑金属製の錠…並びに卑金属製の留金及び留金付きフレームで、錠と一体のもの…」に該当し、第8301.50号の「－留金及び留金付きフレームで、錠と一体のもの」に分類する。

(7)仕入書第7項：Name-plates for door-way of house　➡8310.00-0005

貨物は「住宅の玄関用の表札」であるので、第83.10項（第8310.00号）の「卑金属製のサインプレート、ネームプレート…」に分類する。

(8)仕入書第8項：Frame with clasps for travel goods　➡8308.90-0003

貨物は「旅行用具用の留金付きフレーム」であり、錠と一体のもの（第83.01項）ではないので第83.08項の「卑金属製の留金、留金付きフレーム…」に該当し、第8308.90号の「－その他のもの（部分品を含む。）」に分類する。

なお、仕入書第1項及び第3項の貨物は統計品目番号が同一となるため、一欄にとりまとめる。

2．大額／少額貨物の判断及び少額合算

本問の仕入書価格はスイス・フラン建のEXW価格であり、問題文記5に掲げる費用のうち売手の工場から輸出港での船積みまでの費用が加算すべき費用であるので、これを同記6から仕入書価格按分によりそれぞれの品目の仕入書価格に振り分けて申告価格を計算する。

売手の工場から船積みまでの費用(C)	CHF824.44	(1)CHF494.44＋(2)CHF330.00
仕入書価格総額(EXW)	CHF32,977.60	
申告価格総額(FOB)	CHF33,802.04	EXW CHF32,977.60＋(C)CHF824.44
適用為替レート	110.00円	(令和XX. 8.24～令和XX. 8. 30)
少額判断基準価格	CHF1,773,83	$\frac{\text{EXW CHF32,977.60}}{\text{FOB CHF33,802.04}} \times \frac{\text{200,000円}}{\text{110.00円/CHF}}$

すなわち、仕入書価格が**CHF1,773,83**以下であれば、少額貨物と判断できる。

したがって、本問では「8301.70-0002」（仕入書第2項：CHF1,768.00）、「8303.00-0005」（仕入書第4項：CHF1,773.60）及び「8308.90-0003」（仕入書第8項：CHF1,592.00）が少額貨物となり、申告価格が最も大きい「8303.00-0005」（仕入書第4項）にとりまとめる。

合算後の統計品目番号は「8303.00-000X」、仕入書価格は「CHF5,133.60」となる。

なお、仕入書第１項(CHF1,744.00)は20万円以下のものであるが、仕入書第３項と同一統計品目番号であり一欄にとりまとめると20万円を超えるので、少額貨物として扱わない。

３．各統計品目番号の申告価格

本問の仕入書価格総額はEXW価格であり、これに加算すべき費用の申告価格への振り分けは問題文記6により仕入書価格按分であるので、次の算式により申告価格を計算する。(1円未満の端数がある場合には、これを切り捨てる。)

申告価格＝EXW×(FOB総額／EXW総額)×110.00円/CHF

(１)8301.40-0004　＝　**712,580円** (仕入書第１項及び第３項)

：(CHF1,744.00＋CHF4,576.00)×(CHF33,802.04／CHF32,977.60)×110.00円/CHF

残りの品目についても同様に計算をする。

(２)8303.00-000X　＝　**578,813円** (少額合算：仕入書第４項、第２項及び第８項)

(３)8304.00-0003　＝　**818,294円** (仕入書第５項)

(４)8301.50-0001　＝　**1,338,658円** (仕入書第６項)

(５)8310.00-0005　＝　**269,878円** (仕入書第７項)

４．申告欄の決定

問題文記４に従って申告欄を決定すると、(ａ)～(ｅ)の選択肢番号は次のようになる。

解答欄	申告欄	仕入書	申告価格	統計品目番号	選択肢番号
(ａ)	第１欄	6	1,338,658円	8301.50-0001	**⑤8301.50-0001**
(ｂ)	第２欄	5	818,294円	8304.00-0003	**⑪8304.00-0003**
(ｃ)	第３欄	1・3	712,580円	8301.40-0004	**③8301.40-0004**
(ｄ)	第４欄	2・4・8	578,813円	8303.00-000X	**⑩8303.00-000X**
(ｅ)	第５欄	7	269,878円	8310.00-0005	**⑮8310.00-0005**

(仕入書の有効活用例)

適用為替レート：￥110.00/CHF

Marks and Nos.	Description of Goods	Quantity Unit	Unit Price per Unit	Amount Ex-works CHF
	1. Locks with looped chain, conbination dial operated, for bicycles **③8301.40-0004《３》**	109	16.00	1,744,00 **6,320.00**
	2. Keys, for cylinder locks ~~8301.70-0002~~	650	2.72	1,768.00
	3. Locks of a kind used for door of a house, key operated **8301.40-0004**	520	8.80	4,576.00
	4. Reinforced cash-boxes ~~8303.00-0005~~ **⑩8303.00-000X《４》**	20	88.68	1,773.60 **5,133.60**
	5. Filing cabinets, designed for placing on desk **⑪8304.00-0003《２》**	56	129.60	7,257.60
	6. Frames with clasps, incorporating locks, for trunks **⑤8301.50-0001《１》**	2,328	5.10	11,872.80
	7. Name-plates for door-way of house **⑮8310.00-0005《５》**	88	27.20	2,393.60
	8. Frame with clasps for travel goods ~~8308.90-0003~~	398	4.00	1,592.00

Total：EXW Tokyo　CHF32,977.60

(C)　824.44

申告価格総額　CHF33,802.04

少額判断基準価格　CHF1,773,83

第3問 輸出申告（衣類附属品）(問題・P.55)

解答

(a)⑤　(b)⑪　(c)⑥　(d)⑮　(e)③

<<解 説>>

1．各貨物の統計品目番号

(1)仕入書第1項：Knitted scarves of synthetic fibres (size : 110㎝×110㎝)　➡6117.10-0006

貨物は「合成繊維製のスカーフで、メリヤス編みのもの」であるので、第61.17項の「その他の衣類附属品(製品にしたもので、メリヤス編み又はクロセ編みのものに限る。)…」に該当し、第6117.10号の「－ショール、スカーフ…」に分類する。

(2)仕入書第2項：Knitted brassières of silk　➡6212.10-0005

貨物は「絹製のブラジャーで、メリヤス編みのもの」であるので、第62.12項の「ブラジャー…(メリヤス編みであるかないか又はクロセ編みであるかないかを問わない。)」に該当し、かつ、第61類注2(a)により第61類には分類されないので、第6212.10号の「－ブラジャー」に分類する。

(3)仕入書第3項：Golf gloves, made up of nonwoven of man-made fibres　➡6216.00-5003

貨物は「人造繊維の不織布製のゴルフ用手袋」であり、第62類注1をふまえ、第62.16項(第6216.00号)の「手袋…」に分類する。

(4)仕入書第4項：Suspenders of cotton, not knitted or crocheted　➡6212.90-0002

貨物は「綿製のサスペンダーで、メリヤス編みでもクロセ編みでもないもの」であるので、第62.12項の「ブラジャー…、サスペンダー…(メリヤス編みであるかないか又はクロセ編みであるかないかを問わない。)」に該当し、第6212.90号の「－その他のもの」に分類する。

(5)仕入書第5項：Handkerchiefs of cotton (size : 60㎝×60㎝), not knitted or crocheted
➡6213.20-0000

貨物は「綿製のハンカチで、メリヤス編みでもクロセ編みでもないもの」であり、各辺の長さが60㎝以下のものであるので、第62類注8により第62.13項の「ハンカチ」に該当し、第6213.20号の「－綿製のもの」に分類する。

(6)仕入書第6項：Handkerchiefs of synthetic fibres (size : 65㎝×65㎝), not knitted or crocheted
➡6214.30-0002

貨物は「合成繊維製のハンカチで、メリヤス編みでもクロセ編みでもないもの」であり、各辺の長さが60㎝を超えるものであるので、第62類注8により第62.14項の「ショール、スカーフ…」に該当し、第6214.30号の「－合成繊維製のもの」に分類する。

(7)仕入書第7項：Ties of silk, not knitted or crocheted　➡6215.10-0006

貨物は「絹製のネクタイで、メリヤス編みでもクロセ編みでもないもの」であるので、第62.15項の「ネクタイ」に該当し、第6215.10号の「－絹(…)製のもの」に分類する。

(8)仕入書第8項：Scarves of synthetic fibres (size : 100㎝×100㎝), not knitted or crocheted
➡6214.30-0002

貨物は「合成繊維製のスカーフで、メリヤス編みでもクロセ編みでもないもの」であり、各辺の長さが60㎝を超えるものであるので、第62類注8により第62.14項の「ショール、スカーフ…」に該当し、第6214.30号の「－合成繊維製のもの」に分類する。

なお、仕入書第6項及び第8項の貨物は統計品目番号が同一となるため、一欄にとりまとめる。

2．大額／少額貨物の判断及び少額合算

仕入書価格には海上運賃が含まれており、価格按分することとされているので、申告価格が20万円のときの仕入書価格を算出し、適用為替レートで除することで少額判断基準価格を求めることができる。

海上運賃(F)	US$1,261.00	(控除)
申告価格総額	US$80,644.00	(CFR)US$81,905.00 －(F)US$1,261.00
適用為替レート	89.50円	(令和XX. 7.15 ～令和XX. 7. 21)
少額判断基準価格	US$2,269.57	$\frac{\text{CFR US\$81,905.00}}{\text{申告価格総額US\$80,644.00}} \times \frac{\text{200,000円}}{\text{89.50円/US\$}}$

すなわち、仕入書価格が**US$2,269.57**以下であれば、少額貨物と判断できる。

したがって、本問では「6117.10-0006」(仕入書第１項：US$2,268.00)、「6213.20-0000」(仕入書第５項：US$2,205.00)及び「6215.10-0006」(仕入書第７項：US$1,800.00)が少額貨物となり、申告価格が最も大きい「6117.10-0006」(仕入書第１項)にとりまとめる。

合算後の統計品目番号は「6117.10-000X」、仕入書価格は「US$6,273.00」となる。

３．各統計品目番号の申告価格

本問の仕入書価格はCFR価格であり、海上運賃は価格按分することとされているので、次の算式により仕入書価格をFOB価格に換算後本邦通貨に換算する。(1円未満の端数がある場合は、これを切り捨てる。)

申告価格＝ CFR ×(申告価格総額／ CFR総額)

(１)6117.10-000X　＝　**552,789円**(少額合算：仕入書第１項、第５項及び第７項)

：US$6,273.00 ×(US$80,644.00 ／ US$81,905.00)× 89.50円/US$

残りの品目についても同様に計算をする。

(２)6212.10-0005　＝　**3,225,267円**(仕入書第２項)

(３)6216.00-5003　＝　**646,111円**(仕入書第３項)

(４)6212.90-0002　＝　**810,723円**(仕入書第４項)

(５)6214.30-0002　＝　**1,982,746円**(仕入書第６項及び第８項)

４．申告欄の決定

問題文記４に従って申告欄を決定すると、(ａ)～(ｅ)の選択肢番号は次のようになる。

解答欄	申告欄	仕入書	申告価格	統計品目番号	選択肢番号
(ａ)	第１欄	2	3,225,267円	6212.10-0005	**⑤6212.10-0005**
(ｂ)	第２欄	６・８	1,982,746円	6214.30-0002	**⑪6214.30-0002**
(ｃ)	第３欄	4	810,723円	6212.90-0002	**⑥6212.90-0002**
(ｄ)	第４欄	3	646,111円	6216.00-5003	**⑮6216.00-5003**
(ｅ)	第５欄	１・５・７	552,789円	6117.10-000X	**③6117.10-000X**

(仕入書の有効活用例)

適用為替レート：¥89.50/US$

Marks and Nos.	Description of Goods	Quantity Unit	Unit Price per Unit	Amount CFR US$
1.	Knitted scarves of synthetic fibres (size: 110cm×110cm) ~~6117.10-0006~~ → **③6117.10-000X《５》**	567	4.00	~~2,268.00~~ **6,273.00**
2.	Knitted brassières of silk **⑤6212.10-0005《１》**	1,200	30.50	36,600.00
3.	Golf gloves, made up of nonwoven of man-made fibres **⑮6216.00-5003《４》**	300	24.44	7,332.00
4.	Suspenders of cotton, not knitted or crocheted **⑥6212.90-0002《３》**	400	23.00	9,200.00
5.	Handkerchiefs of cotton (size: 60㎝×60㎝), not knitted or crocheted ~~6213.20-0000~~	630	3.50	~~2,205.00~~
6.	Handkerchiefs of synthetic fibres (size: 65㎝×65㎝), not knitted or crocheted **⑪6214.30-0002《２》**	1,500	4.50	6,750.00 **22,500.00**
7.	Ties of silk, not knitted or crocheted ~~6215.10-0006~~	100	18.00	~~1,800.00~~
8.	Scarves of synthetic fibres (size: 100㎝×100㎝), not knitted or crocheted 6214.30-0002	1,500	10.50	15,750.00

Total : CFR Los Angeles US$81,905.00

(F)△1,261.00

FOB 80,644.00

少額判断基準価格 US$2,269.57

第4問 輸出申告(雑品等)(問題・P.61)

解　答

(a)⑩　(b)③　(c)⑬　(d)⑮　(e)⑧

<<解　説>>

1．各貨物の統計品目番号

(1)仕入書第1項：Travel sets for personal toilet　➡ 9605.00-0005

貨物は「トラベルセットで化粧用及び洗面用のものをセットにしたもの」であるので、第96.05項(第9605.00号)の「トラベルセット(化粧用、洗面用、裁縫用…のものに限る。)」に分類する。

(2)仕入書第2項：Slide fasteners, fitted with chain scoops of base metal　➡ 9607.11-0004

貨物は「スライドファスナーで卑金属製の務歯を取り付けたもの」であるので、第96.07項の「スライドファスナー…」に該当し、その項の中の「－スライドファスナー」のうち、第9607.11号の「－－卑金属製の務歯を取り付けたもの」に分類する。

(3)仕入書第3項：Shaving brushes　➡ 9603.29-0001

貨物は「ひげそり用ブラシ」であるので、第96.03項の「ほうき、ブラシ(…)…」に該当し、その項の中の「－歯ブラシ、ひげそり用ブラシ…」のうち、第9603.29号の「－－その他のもの」に分類する。

(4)仕入書第4項：Buttons of aluminium, covered with synthetic fibres　➡ 9606.29-0002

貨物は「アルミニウム製のボタンで合成繊維を被覆したもの」であるので、第96.06項の「ボタン…」に該当し、その項の中の「－ボタン」のうち、第9606.29号の「－－その他のもの」に分類する。

(5)仕入書第5項：Hair brushes for use on the person　➡ 9603.29-0001

貨物は「身体に直接使用するヘアブラシ」であるので、第96.03項の「ほうき、ブラシ(…)…」に該当し、その項の中の「－歯ブラシ…、ヘアブラシ…(…身体に直接使用するものに限る。)」のうち、第9603.29号の「－－その他のもの」に分類する。

(6)仕入書第6項：X'mas trees of plastics　➡ 9505.10-0006

貨物は「プラスチック製のクリスマスツリー」であるので、第95.05項の「祝祭用品、…」に該当し、第9505.10号の「－クリスマス用品」に分類する。

(7)仕入書第7項：Video games used with TV　➡ 9504.50-1005

貨物は「テレビを使用するビデオゲーム」であるので、第95.04項の「ビデオゲーム用の…機器…」に該当する。その項のうち、号注1により、第9504.50号の「－ビデオゲーム用の…機器(…)」の「－－テレビジョン受像機を使用する種類のビデオゲーム」に分類する。

(8)仕入書第8項：Playing cards "AMERICA"　➡ 9504.40-0006

貨物は「遊戯用カード」であるので、第95.04項の「…テーブルゲーム用又は室内遊戯用の物品…」に該当し、第9504.40号の「－遊戯用カード」に分類する。

なお、仕入書第3項及び第5項の貨物は統計品目番号が同一となるため、一欄にとりまとめる。

2．大額／少額貨物の判断及び少額合算

本問の仕入書価格総額は米ドル建のCPT価格であるが、各品目の価格はEXW価格であり、問題文記5により、申告価格の算出に当たっては、仕入書のCPT US$49,794.50の明細のうち、海上運賃US$3,040.00が不算入費用で、内陸運送料・諸チャージUS$924.00は算入費用であるので、当該算入費用のみを容積按分により仕入書価格を調整して米ドル建の申告価格を算出し、少額貨物分岐点価格である20万円を適用為替レートで除した額と比較する。

適用為替レート	101.00円	(令和XX.8.14～令和XX.8.20)
少額貨物分岐点価格(20万円)を適用為替レートで除した額	US$1,980.19	200,000円 ÷ 101.00円/US$

すなわち、調整した仕入書価格が**US$1,980.19**以下であれば、少額貨物と判断できる。

次に、仕入書価格を調整して米ドル建の申告価格を算出すると次のようになる。

容積1㎥当たりの内陸運送料・諸チャージ：US$924.00 ÷ 12㎥ ＝ US$77.00/㎥

(1)9605.00-0005(仕入書第1項)：(2packs × 1㎥)× US$77.00/㎥ ＝ US$154.00

US$26,400.00 ＋ US$154.00 ＝ US$26,554.00

残りの品目についても同様に計算をする。

(２)9607.11-0004(第２項)：US$1,967.00
(３)9603.29-0001(第３項及び第５項)：US$3,784.50
(４)9606.29-0002(第４項)：US$5,914.00
(５)9505.10-0006(第６項)：US$488.50
(６)9504.50-1005(第７項)：US$6,088.50
(７)9504.40-0006(第８項)：US$1,958.00

したがって、本問では「9607.11-0004」(仕入書第２項：US$1,967.00)、「9505.10-0006」(仕入書第６項：US$488.50)及び「9504.40-0006」(仕入書第８項：US$1,958.00)が少額貨物となり、申告価格が最も大きい「9607.11-0004」(仕入書第２項)にとりまとめる。

合算後の統計品目番号は「9607.11-000X」、調整した仕入書価格は「US$4,413.50」となる。

なお、仕入書第５項(US$1,210.00)は20万円以下のものであるが、仕入書第３項と同一統計品目番号であり一欄にとりまとめると20万円を超えるので、少額貨物として扱わない。

３．各統計品目番号の申告価格

米ドル建の申告価格を前記2.で求めているので、これを本邦通貨に換算する。(1円未満の端数がある場合は、これを切り捨てる。)

(１)9605.00-0005 ＝ **2,681,954円**(仕入書第１項)：US$26,554.00 × 101.00円/US$

残りの品目についても同様に計算をする。

(２)9607.11-000X ＝ **445,763円**(少額合算：仕入書第２項、第６項及び第８項)
(３)9603.29-0001 ＝ **382,234円**(仕入書第３項及び第５項)
(４)9606.29-0002 ＝ **597,314円**(仕入書第４項)
(５)9504.50-1005 ＝ **614,938円**(仕入書第７項)

４．申告欄の決定

問題文記４に従って申告欄を決定すると、(ａ)～(ｅ)の選択肢番号は次のようになる。

解答欄	申告欄	仕入書	申告価格	統計品目番号	選択肢番号
(ａ)	第１欄	1	2,681,954円	9605.00-0005	**⑩9605.00-0005**
(ｂ)	第２欄	7	614,938円	9504.50-1005	**③9504.50-1005**
(ｃ)	第３欄	4	597,314円	9606.29-0002	**⑬9606.29-0002**
(ｄ)	第４欄	2•6•8	445,763円	9607.11-000X	**⑮9607.11-000X**
(ｅ)	第５欄	3•5	382,234円	9603.29-0001	**⑧9603.29-0001**

（仕入書の有効活用例）

適用為替レート：¥101.00/US$

Marks and Nos.	Description of Goods	Quantity Unit	Unit Price per Unit	Amount EXW US$
	1. Travel sets for personal toilet 2 packs×1㎥ ⑩ 9605.00-0005《1》	3,300	8.00	26,400.00 FOB26,554.00
	2. Slide fasteners, fitted with chain scoops of base metal 1 pack ×0.5㎥ → ~~9607.11-0004~~ → ⑮ 9607.11-000X《4》	190	10.15	1,928.50 FOB1,967.00 FOB4,413.50 ←
	3. Shaving brushes 2 packs×1㎥ ⑧ 9603.29-0001《5》	50	46.10	2,305.00 3,515.00 ← FOB3,784.50
	4. Buttons of aluminium, covered with synthetic fibres 4 packs×0.5㎥ ⑬ 9606.29-0002《3》	2,880	2.00	5,760.00 FOB5,914.00
	5. Hair brushes for use on the person 3 packs×0.5㎥ 9603.29-0001	55	22.00	1,210.00
	6. X'mas trees of plastics 1 pack ×0.5㎥ ~~9505.10-0006~~	15	30.00	450.00 FOB488.50
	7. Video games used with TV 3 packs×0.5㎥ 1 pack ×1㎥ ③ 9504.50-1005《2》	11	536.00	5,896.00 FOB6,088.50
	8. Playing cards "AMERICA" 1 pack ×1㎥ ~~9504.40-0006~~	190	9.90	1,881.00 FOB1,958.00

（内陸運送料・諸チャージ：US$77.00/㎥）

Inland freight & other charges (Tokyo)	924.00
Freight (Tokyo-New York)	3,040.00

Total : CPT NEW YORK US$49,794.50

少額貨物分岐点価格／適用為替レート＝US$1,980.19

第５問　輸出申告（スポーツシューズ等）（問題・P.68）

解　答

（a）①　（b）⑫　（c）⑦　（d）⑮　（e）③

<<解　説>>

１．各貨物の統計品目番号

（１）仕入書第１項：Women's Cycling Shoes…　➡6404.20-0003

貨物は「本底が革製、甲が紡織用繊維51％及びプラスチック49％の材料製のサイクリングシューズ」であるので、第64.04項の「履物（本底が…革製…で、甲が紡織用繊維製のものに限る。）」に該当し、第6404.20号の「－履物（本底が革製…のものに限る。）」に分類する。

（２）仕入書第２項：Women's skating boots…　➡9506.70-0000

貨物は「本底がプラスチック製、甲が革製のスケート靴で、ローラースケートを取り付けたもの」であるので、第64類注１(f)及び第95類注１(g)により第95.06項の「身体トレーニング…その他の運動（…）又は戸外遊戯に使用する物品…」に該当し、第9506.70号の「－アイススケート及びローラースケート（これらを取り付けたスケート靴を含む。）」に分類する。

（３）仕入書第３項：Men's Cycling Shoes…　➡6403.19-0006

貨物は「本底がプラスチック製、甲が革45％、紡織用繊維40％、プラスチック15％の材料製のサイクリングシューズ」であるので、第64.03項の「履物（本底が…プラスチック製…で、甲が革製のものに限る。）」に該当する。サイクリングシューズは第64類号注１(b)によりスポーツ用の履物に該当するので、その項の中の「－スポーツ用の履物」のうち、第6403.19号の「－－その他のもの」に分類する。

（４）仕入書第４項：Men's Cycling Shoes…　➡6402.19-0001

貨物は「本底がゴム製、甲がプラスチック製のサイクリングシューズ」であるので、第64.02項の「その他の履物（本底及び甲がゴム製又はプラスチック製のものに限る。）」に該当する。その項の中の「－スポーツ用の履物」のうち、第6402.19号の「－－その他のもの」に分類する。

（５）仕入書第５項：Women's Golf Shoes having spikes,…　➡6403.19-0006

貨物は「本底がプラスチック製、甲が革52％、紡織用繊維48％の材料製のスパイク付ゴルフシューズ」であるので、第64.03項の「履物（本底が…プラスチック製…で、甲が革製のものに限る。）」に該当する。スパイク付ゴルフシューズは第64類号注１(a)によりスポーツ用の履物に該当するので、その項の中の「－スポーツ用の履物」のうち、第6403.19号の「－－その他のもの」に分類する。

（６）仕入書第６項：Women's Tennis Shoes…　➡6404.11-0005

貨物は「本底がプラスチック製、甲が紡織用繊維製のテニスシューズ」であるので、第64.04項の「履物（本底が…プラスチック製…で、甲が紡織用繊維製のものに限る。）」に該当する。その項の中の「－履物（本底が…プラスチック製のものに限る。）」のうち、第6404.11号の「－－…テニスシューズ…」に分類する。

（７）仕入書第７項：Men's Ski-boots…　➡6402.12-0001

貨物は「スキー靴で本底及び甲がプラスチック製のもの」であるので、第64.02項の「その他の履物（本底及び甲が…プラスチック製のものに限る。）」に該当する。スキー靴は第64類号注１(b)によりスポーツ用の履物に該当するので、その項の中の「－スポーツ用の履物」のうち、第6402.12号の「－－スキー靴…」に分類する。

なお、仕入書第３項及び第５項の貨物は、統計品目番号が同一となるため、一欄にとりまとめる。

２．大額／少額貨物の判断及び少額合算

本問の仕入書価格は米ドル建のCFR価格であるので、20万円をCFR価格に換算して適用為替レートで除することで少額判断基準価格を求めることができる。

適用為替レート	91.20円	（令和XX. 8. 10～令和XX. 8. 16）
20万円をCFR換算	220,000円	200,000円 × 1.1
少額判断基準価格	US$2,412.28	220,000円 ÷ 91.20円/US$

すなわち、仕入書価格が**US$2,412.28**以下であれば、少額貨物と判断できる。

したがって、本問では「6402.19-0001」（仕入書第４項：US$2,213.20）及び「6404.11-0005」（仕入書第６項：US$1,650.00）が少額貨物となり、申告価格が大きい「6402.19-0001」（仕入書第４項）にとりまとめる。

合算後の統計品目番号は「6402.19-000X」、仕入書価格は「US$3,863.20」となる。

なお、仕入書第３項（US$1,771.00）及び第５項（US$1,760.00）は各々20万円以下のものであるが、両者

は同一統計品目番号であり一欄にとりまとめると20万円を超えるので、少額貨物として扱わない。

3．各統計品目番号の申告価格

本問の仕入書価格はCFR価格であり、東京港における本船甲板渡し価格(FOB価格)にその10%に相当する額の海上運賃を含むとされているので、次の算式により仕入書価格をFOB価格に換算後本邦通貨に換算する。(1円未満の端数がある場合は、これを切り捨てる。)

CFR＝FOB＋FOB×10%＝FOB×1.1　　∴　FOB＝CFR÷1.1

(1)6404.20-0003　＝　**569,088円**(仕入書第1項)：(CFR US$6,864.00÷1.1)× 91.20円/US$

残りの品目についても同様に計算をする。

(2)9506.70-0000　＝　**282,720円**(仕入書第2項)
(3)6403.19-0006　＝　**292,752円**(仕入書第3項及び第5項)
(4)6402.19-000X　＝　**320,294円**(少額合算：仕入書第4項及び第6項)
(5)6402.12-0001　＝　**901,056円**(仕入書第7項)

4．申告欄の決定

問題文記3に従って申告欄を決定すると、(a)～(e)の選択肢番号は次のようになる。

解答欄	申告欄	仕入書	申告価格	統計品目番号	選択肢番号
(a)	第1欄	7	901,056円	6402.12-0001	**①6402.12-0001**
(b)	第2欄	1	569,088円	6404.20-0003	**⑫6404.20-0003**
(c)	第3欄	3・5	292,752円	6403.19-0006	**⑦6403.19-0006**
(d)	第4欄	2	282,720円	9506.70-0000	**⑮9506.70-0000**
(e)	第5欄	4・6	320,294円	6402.19-000X	**③6402.19-000X**

(仕入書の有効活用例)

適用為替レート：¥91.20/US$

Marks and Nos.	Description of Goods	Quantity Pair	Unit Price per Pair	Amount CFR US$
	1. Women's Cycling Shoes with outer soles of leather and uppers of textile materials 51% & plastics 49% **⑫6404.20-0003《2》**	160	42.90	6,864.00
	2. Women's skating boots with outer soles of plastics and uppers of leather, with roller skates attached **⑮9506.70-0000《4》**	110	31.00	3,410.00
	3. Men's Cycling Shoes with outer soles of plastics and uppers of leather 45%/textile materials 40%/plastics 15% **⑦6403.19-0006《3》**	46	38.50	1,771.00
				3,531.00
	4. Men's Cycling Shoes with outer soles of rubber and uppers of plastics **~~6402.19-0001~~** **→③6402.19-000X《5》**	44	50.30	2,213.20
				3,863.20
	5. Women's Golf Shoes having spikes, with outer soles of plastics and uppers of leather 52% & textile materials 48% **6403.19-0006**	11	160.00	1,760.00
	6. Women's Tennis Shoes with outer soles of plastics and uppers of textile materials **~~6404.11-0005~~**	66	25.00	1,650.00
	7. Men's Ski-boots with outer soles and uppers of plastics **①6402.12-0001《1》**	40	271.70	10,868.00

Totsl : CFR SAN FRANCISCO US$28,536.20

少額判断基準価格　US$2,412.28

第６問 輸出申告(乗用自動車)(問題・P.77)

解　答

(a)⑩　(b)③　(c)⑭　(d)⑬　(e)⑥

<<解　説>>

１．各貨物の統計品目番号

問題文記４により貨物はすべて新型の完成車であり、また、仕入書第１(1)項から第１(4)項までの貨物は、ピストン式火花点火内燃機関(往復動のもの)のみを搭載したものである。

(１)仕入書第１(1)項：SEDAN for the transport of 5 persons, Cyl. Cap. 2,997cc　➡ 8703.23-9296

貨物は「5人乗りで、排気量2,997ccのセダン型乗用車」であるので、第87.03項の「乗用自動車…」に該当する。その項の中の「－その他の車両(ピストン式火花点火…)」のうち、第8703.23号の「－－シリンダー容積が1,500ccを超え3,000cc以下のもの」に分類する。新型の完成車であるので「－－－その他のもの」のうち、「－－－－シリンダー容積が2,000ccを超えるもの」の「－－－－－その他のもの」に分類する。

(２)仕入書第１(2)項：WAGON for the transport of 10 persons, Cyl. Cap. 2,388cc　➡ 8702.90-9202

貨物は「10人乗りで、排気量2,388ccのワゴン型乗用車」であるので、第87.02項の「10人以上の人員(…)の輸送用の自動車」に該当し、ピストン式火花点火内燃機関のみのものであり第8702.90号の「－その他のもの」に分類する。新型の完成車であるので「－－その他のもの」のうち、「－－－その他のもの」に分類する。

(３)仕入書第１(3)項：SNOW-MOBILE for the transport of 2 persons, Cyl. Cap. 50cc　➡ 8703.10-0000

貨物は「2人乗りで、排気量50ccのスノーモービル」であるので、第87.03項の「…その他の自動車…」に該当し、第8703.10号の「－雪上走行用に特に設計した車両…」に分類する。

(４)仕入書第１(4)項：WAGON SPORT for the transport of 8 persons, Cyl. Cap. 2,354cc　➡ 8703.23-9296

貨物は「8人乗りで、排気量2,354ccのワゴン型スポーツ車」であり、上記(1)と同様に分類する。

(５)仕入書第２項：SEDAN for the transport of 5 persons, of an output 50kw/6,000rpm/With only electric motor for propulsion　➡ 8703.80-9004

貨物は「5人乗りで、最高出力が50kw/6,000rpmの電動機のみ搭載のセダン型乗用車」であるので、第87.03項の「乗用自動車…」に該当し、電動機のみを搭載したものであるので第8703.80号の「－その他の車両(駆動電動機として電動機のみを搭載したものに限る。)」のうち、新型の完成車であるので「－－その他のもの」に分類する。

(６)仕入書第３項：Mini-car for the transport of 4 persons/ With Hybrid System as motor for propulsion,… ➡ 8703.70-9000

貨物は「4人乗りで、駆動原動機としてハイブリッドシステムを搭載したミニカー」であるので、第87.03項の「乗用自動車…」に該当する。問題文記４によりハイブリッドシステムはディーゼルエンジンと電動機を搭載したものであり、また、外部電源に接続することにより充電することができるものであることから、第8703.70号の「－その他の車両(駆動原動機として…(ディーゼルエンジン…)及び電動機を搭載したもので、外部電源に接続することにより充電することができるものに限る。)」のうち、新型の完成車であるので「－－その他のもの」に分類する。

なお、仕入書第１(1)項及び第１(4)項の貨物は統計品目番号が同一となるため、一欄にとりまとめる。

２．大額／少額貨物の判断

本問の仕入書価格は米ドル建のCFR価格であり、各貨物の車両装備重量に応じて海上運賃が加算されているので、仕入書価格を調整して米ドル建の申告価格を算出し、少額貨物分岐点価格である20万円を適用為替レートで除した額と比較する。

適用為替レート	90.30円	(令和XX. 8. 7～令和XX. 8.13)
少額貨物分岐点価格(20万円)を適用為替レートで除した額	US$2,214.83	200,000円 ÷ 90.30円/US$

すなわち、調整した仕入書価格が**US$2,214.83**以下であれば、少額貨物と判断できる。

次に、仕入書価格を調整して米ドル建の申告価格を算出すると次のようになる。

車両全備重量1kg当たりの海上運賃：US$4,252.50 ÷ 9,450.00kgs ＝ US$0.45/kg

(１)8703.23-9296(仕入書第１(1)項及び第１(4)項)

:(3,100.00kgs ＋ 1,400.00kgs)× US$0.45/kg ＝ US$2,025.00

(US$43,584.00 ＋ US$11,207.00)－ US$2,025.00 ＝ <u>US$52,766.00</u>

残りの品目についても同様に計算をする。

（2）8702.90-9202（第1(2)項）：US$19,545.00　　（3）8703.10-0000（第1(3)項）：US$2,212.50
（4）8703.80-9004（第2項）：US$18,915.00　　（5）8703.70-9000（第3項）：US$9,746.00

したがって、本問では「8703.10-0000」（仕入書第1(3)項：US$2,212.50）のみが少額貨物であり、単独で申告するので、統計品目番号は「8703.10-000E」となる。

3．各統計品目番号の申告価格

米ドル建の申告価格を前記2.で求めているので、これを本邦通貨に換算する。（1円未満の端数がある場合は、これを切り捨てる。）

（1）8703.23-9296　＝　**4,764,769円**（仕入書第1(1)項及び第1(4)項）：US$52,766.00 × 90.30円/US$
残りの品目についても同様に計算をする。
（2）8702.90-9202　＝　**1,764,913円**（仕入書第1(2)項）
（3）8703.10-000E　＝　**199,788円**（仕入書第1(3)項）
（4）8703.80-9004　＝　**1,708,024円**（仕入書第2項）
（5）8703.70-9000　＝　**880,063円**（仕入書第3項）

4．申告欄の決定

問題文記3に従って申告欄を決定すると、（a）～（e）の選択肢番号は次のようになる。

解答欄	申告欄	仕入書	申告価格	統計品目番号	選択肢番号
（a）	第1欄	1(1)・1(4)	4,764,769円	8703.23-9296	**⑩8703.23-9296**
（b）	第2欄	1(2)	1,764,913円	8702.90-9202	**③8702.90-9202**
（c）	第3欄	2	1,708,024円	8703.80-9004	**⑭8703.80-9004**
（d）	第4欄	3	880,063円	8703.70-9000	**⑬8703.70-9000**
（e）	第5欄	1(3)	199,788円	8703.10-000E	**⑥8703.10-000E**

（仕入書の有効活用例）

Marks and Nos.	Description of Goods	Quantity	Unit Price per car	Amount CFR US$
適用為替レート：¥90.30/US$	Passenger Motorcars & Vehicles, assembled New type			
	1. With only spark-ignition internal combustion reciprocating piston engine			
	(1)SEDAN for the transport of 5 persons			
	Of cylinder capacity 2,997cc	2 cars	21,792.00	43,584.00
	Curb weight 3,100 kgs **(F:2,025.00)**			**54,791.00**
	⑩8703.23-9296《1》			**FOB52,766.00**
	(2)WAGON for the transport of 10 persons			
	Of cylinder capacity 2,388cc	1 car	20,490.00	20,490.00
	Curb weight 2,100 kgs **(F:945.00)**			**FOB19,545.00**
	③8702.90-9202《2》			
	(3)SNOW-MOBILE for the transport of 2 persons			
	Of cylinder capacity 50cc	1 car	2,280.00	2,280.00
	Curb weight 150 kgs **(F:67.50)**			**FOB2,212.50**
	~~**8703.10-0000**~~ → **⑥8703.10-000E《5》**			
	(4)WAGON SPORT for the transport of 8 persons			
	Of cylinder capacity 2,354cc	1 car	11,207.00	11,207.00
	Curb weight 1,400 kgs			
	8703.23-9296			
	2. With only electric motor for propulsion			
	SEDAN for the transport of 5 persons			
	Of an output 50kw/6,000rpm	1 car	19,500.00	19,500.00
	Curb weight 1,300 kgs **(F:585.00)**			**FOB18,915.00**
	⑭8703.80-9004《3》			
	3. With Hybrid System as motor for propulsion, capable of being charged by plugging to external source			
	Of electric power	2 cars	5,188.00	10,376.00
	Mini-car for the transport of 4 persons			
	Curb weight 1,400 kgs **(F:630.00)**			**FOB9,746.00**
	⑬8703.70-9000《4》			

Total : 8 Containers　　Total : CFR SEATTLE US$107,437.00
Curb weight : 9,450 kgs **(F:US$0.45/kg)**　　**少額貨物分岐点価格／適用為替レート＝US$2,214.83**

第７問 輸出申告（木製品）（問題・P.85）

解　答

（a）② （b）⑪ （c）① （d）⑥ （e）⑭

<<解　説>>

１．各貨物の統計品目番号

（１）仕入書第１項：Fans of wood (sensu), for Japanese dancing ➡ 4421.99-0005

貨物は「木製の扇子で、日本舞踊用のもの」であり、第44.20項までに該当する項がないので、第44.21項の「その他の木製品」の「－その他のもの」のうち、問題文記６から竹製のものではないので第4421.99号の「－－その他のもの」に分類する。

（２）仕入書第２項：Assembled flooring wood panels for mosaic floors,… ➡ 4418.74-0001

貨物は「モザイク状の床用の組み合わせた床用パネル（建築用木工品）」であるので、第44.18項の「木製建具及び建築用木工品（…組み合わせた床用パネル…を含む。）」に該当する。その項の中の「－組み合わせた床用パネル」のうち、第4418.74号の「－－その他のもの（モザイク状の床用のものに限る。）」に分類する。

（３）仕入書第３項：Packing boxes of wood ➡ 4415.10-0001

貨物は「包装用の木製の箱」であるので、第44.15項の「木製のケース、箱、…」に該当し、第4415.10号の「－ケース、箱、…」に分類する。

（４）仕入書第４項：Lacquered wooden bowls for tableware, of Japanese type ➡ 4419.90-0100

貨物は「漆塗りの木製の食卓用椀」であるので、第44.19項の「木製の食卓用品…」に該当し、問題文記６から竹製のものではないので第4419.90号の「－その他のもの」の「－－漆塗りのもの」に分類する。

（５）仕入書第５項：Wooden frames for paintings, of tropical wood ➡ 4414.10-0003

貨物は「木製の額縁」であるので、第44.14項の「木製の額縁、…」に該当し、熱帯産木材のものであるので第4414.10号の「－熱帯産木材のもの」に分類する。

（６）仕入書第６項：Wooden name-plates for door ➡ 4421.99-0005

貨物は「ドア用の木製の表札」であり、第44.20項までに該当する項がないので、第44.21項の「その他の木製品」のうち、問題文記６から竹製のものではないので第4421.99号の「－－その他のもの」に分類する。

（７）仕入書第７項：Wooden ornaments of Tokyo Tower for souvenir, of tropical wood ➡ 4420.11-0004

貨物は「おみやげ用の木製の東京タワーの装飾品」であるので、第44.20項の「寄せ木し又は象眼した木材、…木製の小像その他の装飾品…」に該当し、「－小像その他の装飾品」のうち、熱帯産木材のものであるので第4420.11号の「－－熱帯産木材のもの」に分類する。

なお、仕入書第１項及び第６項の貨物は統計品目番号が同一となるため、一欄にとりまとめる。

２．大額／少額貨物の判断及び少額合算

本問の仕入書価格は米ドル建のFAS価格であるので、各貨物の容積に応じて輸出国での本船積込み費用等を仕入書価格に算入して米ドル建の申告価格を算出し、少額貨物分岐点価格である20万円を適用為替レートで除した額と比較する。

適用為替レート	102.00円	（令和XX.7.27 ～令和XX.8.2）
少額貨物分岐点価格（20万円）を適用為替レートで除した額	US$1,960.78	200,000円 ÷ 102.00円/US$

すなわち、調整した仕入書価格が**US$1,960.78**以下であれば、少額貨物と判断できる。

次に、仕入書価格を調整して米ドル建の申告価格を算出すると次のようになる。

容積1㎥当たりの本船積込み費用等：US$741.00 ÷ 3.8㎥ ＝ US$195.00/㎥

（１）4421.99-0005（仕入書第１項及び第６項）

:(0.2㎥ ＋ 0.2㎥)× US$195.00/㎥ ＝ US$78.00

(US$1,500.00 ＋ US$1,176.00)＋ US$78.00 ＝ <u>US$2,754.00</u>

残りの品目についても同様に計算をする。

（２）4418.74-0001（第２項）：US$1,960.00　（３）4415.10-0001（第３項）：US$26,577.00

（４）4419.90-0100（第４項）：US$1,430.50　（５）4414.10-0003（第５項）：US$11,684.00

（６）4420.11-0004（第７項）：US$25,038.00

したがって、本問では「4418.74-0001」（仕入書第２項：US$1,960.00）及び「4419.90-0100」（仕入書第４項：US$1,430.50）が少額貨物となり、申告価格が大きい「4418.74-0001」（仕入書第２項）にとりまとめる。

合算後の統計品目番号は「4418.74-000X」、調整した仕入書価格は「US$3,390.50」となる。

なお、仕入書第１項(US$1,500.00)及び第６項(US$1,176.00)は各々 20万円以下のものであるが、両者は同一統計品目番号であり一欄にとりまとめると20万円を超えるので、少額貨物として扱わない。

３．各統計品目番号の申告価格

米ドル建の申告価格を前記2.で求めているので、これを本邦通貨に換算する。(1円未満の端数がある場合は、これを切り捨てる。)

(１)4421.99-0005　＝　**280,908円**(仕入書第１項及び第６項)：US$2,754.00 × 102.00円/US$

残りの品目についても同様に計算をする。

(２)4418.74-000X　＝　**345,831円**(少額合算：仕入書第２項及び第４項)

(３)4415.10-0001　＝　**2,710,854円**(仕入書第３項)

(４)4414.10-0003　＝　**1,191,768円**(仕入書第５項)

(５)4420.11-0004　＝　**2,553,876円**(仕入書第７項)

４．申告欄の決定

問題文記４に従って申告欄を決定すると、(ａ)～(ｅ)の選択肢番号は次のようになる。

解答欄	申告欄	仕入書	申告価格	統計品目番号	選択肢番号
(ａ)	第１欄	3	2,710,854円	4415.10-0001	**②4415.10-0001**
(ｂ)	第２欄	7	2,553,876円	4420.11-0004	**⑪4420.11-0004**
(ｃ)	第３欄	5	1,191,768円	4414.10-0003	**①4414.10-0003**
(ｄ)	第４欄	2・4	345,831円	4418.74-000X	**⑥4418.74-000X**
(ｅ)	第５欄	1・6	280,908円	4421.99-0005	**⑭4421.99-0005**

(仕入書の有効活用例)

Marks and Nos.　**Description of Goods**　**Quantity PC**　**Unit Price per PC**　**Amount FAS US$**

適用為替レート：￥102.00/US$

1. Fans of wood (sensu), for Japanese dancing
0.2 m³　G/W 18 kgs　75　20.00　1,500.00
⑭ 4421.99-0005《５》　**(積込費： 78.00)　FOB2,754.00　2,676.00**

2. Assembled flooring wood panels for mosaic floors, builder's carpentry
0.6 m³　G/W 270 kgs　5　368.60　1,843.00
~~4418.74-0001~~ → **⑥ 4418.74-000X《４》**　**(積込費：117.00)　FOB1,960.00**

3. Packing boxes of wood　**FOB3,390.50**
0.6 m³　G/W 210 kgs　90　294.00　26,460.00
② 4415.10-0001《１》　**(積込費：117.00)　FOB26,577.00**

4. Lacquered wooden bowls for tableware, of Japanese type
0.3 m³　G/W 35 kgs　28　49.00　1,372.00
~~4419.90-0100~~　**(積込費： 58.50)　FOB1,430.50**

5. Wooden frames for paintings, of tropical wood
0.2 m³　G/W 250 kgs　50　232.90　11,645.00
① 4414.10-0003《３》　**(積込費： 39.00)　FOB11,684.00**

6. Wooden name-plates for door
0.2 m³　G/W 16 kgs　49　24.00　1,176.00
4421.99-0005

7. Wooden ornaments of Tokyo Tower for souvenir, of tropical wood
1.7 m³　G/W 1,522 kgs　10　2,470.65　24,706.50
⑪ 4420.11-0004《２》　**(積込費：331.50)　FOB25,038.00**

(本船積込費用：US$195.00/m³)　Total : FAS Tokyo US$68,702.50

少額貨物分岐点価格／適用為替レート＝US$1,960.78

第８問　輸出申告(香辛料その他の物品)(問題・P.92)

解　答

(a)⑮　　(b)⑨　　(c)⑪　　(d)⑦　　(e)④

<<解　説>>

1．各貨物の統計品目番号

(1)仕入書第1項：Curry powders　➡0910.91-1002

貨物は「カレー粉」であるので、第09.10項の「しようが…、カレーその他の香辛料」に該当する。また、問題文記7-(1)に記載するものであるので、第9類注1(b)によりその項の中の「－その他の香辛料」のうち、第0910.91号の「－－この類の注1(b)の混合物」の「－－－カレー」に分類する。

(2)仕入書第2項：Nutmeg, ground　➡0908.12-0006

貨物は「肉ずく(粉砕したもの)」であるので、第09.08項の「肉ずく…」に該当し、その項の中の「－肉ずく」のうち、第0908.12号の「－－破砕し又は粉砕したもの」に分類する。

(3)仕入書第3項：Seeds of coriander (55% by weight) & Fruits of the genus *capsium* (45% by weight) mixed powder (dried)　➡0910.91-9004

貨物は「コリアンダーの種〔第09.09項〕(重量比55%)ととうがらし属の果実〈とうがらし〉〔第09.04項〕(重量比45%)を混合した粉(乾燥したもの)」であるので、第9類注1(b)により第09.10項の「しようが…その他の香辛料」に該当する。その項の中の「－その他の香辛料」のうち、第0910.91号の「－－この類の注1(b)の混合物」の「－－－その他のもの」に分類する。

(4)仕入書第4項：Soybean curds "tofu"　➡2106.90-2000

貨物は「豆腐」であるので、第21.06項の「調製食料品(他の項に該当するものを除く。)」に該当し、第2106.90号の「－その他のもの」の「－－豆腐」に分類する。

(5)仕入書第5項：Prepared curry, packed in retort pouch　➡2106.90-9000

貨物は「レトルトカレー」であり、問題文記7-(2)に記載の温めて食するものであるので第21.06項の「調製食料品(他の項に該当するものを除く。)」に該当し、第2106.90号の「－その他のもの」の「－－その他のもの」に分類する。

(6)仕入書第6項：Powdered green teas (not fermented) in immediate packings of a content 200g ➡0902.10-1001

貨物は「緑茶(発酵していないもので、正味重量が200グラムの直接包装にしたもの)」であるので、第09.02項の「茶(…)」に該当し、第0902.10号の「－緑茶(発酵していないもので、正味重量が3キログラム以下の直接包装にしたものに限る。)のうち「－－粉末状のもの」に分類する。

(7)仕入書第7項：Instant green tea　➡2101.20-0006

貨物は「インスタント緑茶」であるので、第21.01項の「コーヒー、茶…のエキス、エッセンス…並びにこれらをもととした調製品…」に該当し、第2101.20号の「－茶…のエキス、エッセンス…並びにこれらをもととした調製品…」に分類する。

(8)仕入書第8項：Miso (bean paste)　➡2103.90-1004

貨物は「味噌」であるので、第21.03項の「ソース…、混合調味料…」に該当し、第2103.90号の「－その他のもの」の「－－味噌」に分類する。

2．大額／少額貨物の判断及び少額合算

本問の仕入書価格は欧州統一通貨・ユーロ建のCIF価格であり、判明している問題文記4の費用のうち申告価格へそのまま算入するものは(1)の「売手の工場から輸出港までの国内運送及び船積みの費用」、また、減算の対象は(2)の「輸出港から輸入港までの運賃及び保険料」である。減算の対象となる費用が本邦通貨で記載されているので、まず仕入書価格を本邦通貨に換算し、その額から減算の対象となる費用を控除して申告価格(円)を算出する。次に申告価格が20万円のときの仕入書価格を算出して適用為替レートで除することで少額判断基準価格を求めることができる。

船積みまでの費用	−	(加算済)
運賃・保険料(F・I)	330,132円	(減算)
仕入書価格総額(EUR)(A)	EUR27,511.00	
申告価格総額(円)(B)	2,833,633円	(A)〔EUR27,511.00 × 115.00円/EUR〕円 −(F・I)330,132円
適用為替レート	115.00円/EUR	(令和XX.4.27〜令和XX.5.3)
少額判断基準価格	EUR1,941.74	$\frac{\text{(A)EUR27,511.00}}{\text{(B)2,833,633円}}$ × 200,000円

すなわち、仕入書価格が**EUR1,941.74**以下であれば、少額貨物と判断できる。

したがって、本問では「0908.12-0006」(仕入書第2項：EUR1,911.00)、「2106.90-2000」(仕入書第4項：EUR1,043.00)、「0902.10-1001」(仕入書第6項：EUR1,827.00)及び「2103.90-1004」(仕入書第8項：EUR750.00)が少額貨物となり、申告価格が最も大きい「0908.12-0006」(仕入書第2項)にとりまとめる。

合算後の統計品目番号は「0908.12-000X」、仕入書価格は「EUR5,531.00」となる。

3．各統計品目番号の申告価格

本問の仕入書価格はCIF価格であり、輸出港から輸入港までの海上運賃及び保険料を含むとされているので、次の算式により仕入書価格をFOB価格(円)に換算する。(1円未満の端数がある場合は、これを切り捨てる。)

申告価格(FOB)＝CIF×(申告価格総額(B)／仕入書価格総額(A))
＝CIF×(2,833,633円／EUR27,511.00)
＝CIF×103.00円/EUR

(1)0910.91-1002　＝　**214,240円**(仕入書第1項)：CIF EUR2,080.00×103.00円/EUR

残りの品目についても同様に計算をする。

(2)0908.12-000X　＝　**569,693円**(少額合算：仕入書第2項、第4項、第6項及び第8項)
(3)0910.91-9004　＝　**698,958円**(仕入書第3項)
(4)2106.90-9000　＝　**954,398円**(仕入書第5項)
(5)2101.20-0006　＝　**396,344円**(仕入書第7項)

4．申告欄の決定

問題文記3に従って申告欄を決定すると、(a)〜(e)の選択肢番号は次のようになる。

解答欄	申告欄	仕入書	申告価格	統計品目番号	選択肢番号
(a)	第1欄	5	954,398円	2106.90-9000	⑮**2106.90-9000**
(b)	第2欄	3	698,958円	0910.91-9004	⑨**0910.91-9004**
(c)	第3欄	7	396,344円	2101.20-0006	⑪**2101.20-0006**
(d)	第4欄	1	214,240円	0910.91-1002	⑦**0910.91-1002**
(e)	第5欄	2・4・6・8	569,693円	0908.12-000X	④**0908.12-000X**

(仕入書の有効活用例)

適用為替レート：¥115.00/EUR

申告価格＝CIF×(申告価格総額(円)÷仕入書価格総額(EUR))
＝CIF×103.00円/EUR

Description of Goods	Quantity box	Unit Price per box	Amount CIF EUR
1. Curry powders 50 cans per box ⑦0910.91-1002《4》	16	130.00	2,080.00
2. Nutmeg, ground 100 packs per box ~~0908.12-0006~~ → ④0908.12-000X《5》	7	273.00	1,911.00 5,531.00
3. Seeds of coriander(55% by weight) & Fruits of the genus *capsium* (45% by weight) mixed powder (dried) 120 packs per box ⑨0910.91-9004《2》	13	522.00	6,786.00
4. Soybean curds "tofu" 24 packs per box ~~2106.90-2000~~	20	52.15	1,043.00
5. Prepared curry, packed in retort pouch 180 packs per box ⑮2106.90-9000《1》	4	2,316.50	9,266.00
6. Powdered green teas(not fermented) in immediate packings of a content 200g 70 packs per box ~~0902.10-1001~~	3	609.00	1,827.00
7. Instant green tea 24 bags per box ⑪2101.20-0006《3》	185	20.80	3,848.00
8. Miso (bean paste) 24 packs per box ~~2103.90-1004~~	12	62.50	750.00

Total：CIF MARSEILLE EUR27,511.00
少額判断基準価格　EUR1,941.74

第9問 輸出申告(合成繊維の短繊維の織物)(問題・P.101)

解　答

(a)⑦　(b)⑧　(c)②　(d)⑩　(e)⑮

<<解　説>>

1．各貨物の統計品目番号(後記P.434「ワンポイントアドバイス：注意が必要な品目分類-1.」も参照。)

仕入書に記載されている貨物は「合成繊維の短繊維の織物」であり、第55.12項から第55.15項の範囲内に該当する。貨物は各項目の明細に従って、次のように分類される。なお、アクリル繊維はアクリロニトリルを重合させてつくられた繊維で羊毛に似た合成繊維である。

(1)仕入書第1項：Woven fabrics, dyed, 3-thread twill…　➡ 5513.29-0005

貨物は「アクリル短繊維45%、ポリエステル短繊維35%、綿12%、ビスコースレーヨン短繊維5%及び羊毛3%の浸染した3枚綾織りのもの」であるので、合成繊維(アクリル及びポリエステル)の短繊維の重量割合が80%、混用繊維のうち大部分が綿のもの、1㎡当たりの重量が164.62g/㎡(12.10kgs ÷(0.42m × 3.5m × 50rolls)。以下、同様にして計算する。)により、第55.13項に該当する。その項の中の「－浸染したもの」のうち、第5513.29号の「－－その他の織物」に分類する。

(2)仕入書第2項：Woven fabrics, unbleached, plain weave…　➡ 5512.91-0001

貨物は「ポリエステル短繊維45%、ナイロン40%及び綿15%の漂白してない平織りのもの」であるので、合成繊維(ポリエステル及びナイロン)の短繊維の重量割合が85%となって、第55.12項に該当する。ポリエステル短繊維の重量が45%であるのでその項の中の「－その他のもの」のうち、第5512.91号の「－－漂白してないもの…」に分類する。

(3)仕入書第3項：Woven fabrics, printed, plain weave…　➡ 5515.22-0001

貨物は「アクリル短繊維65%、羊毛20%、綿10%及びアクリル長繊維5%のなせんした平織りのもの」であるので、合成繊維(アクリル)の短繊維の重量割合が65%、混用繊維のうち大部分が羊毛のものにより第55.15項に該当する。その項の中の「－アクリル…の短繊維のもの」のうち、第5515.22号の「－－混用繊維の全部又は大部分が羊毛…のもの」に分類する。

(4)仕入書第4項：Woven fabrics, dyed, 4-thread twill…　➡ 5514.29-0003

貨物は「アクリル短繊維55%、綿30%、羊毛15%の浸染した4枚綾織りのもの」であるので、合成繊維(アクリル)の短繊維の重量割合が55%、混用繊維のうち大部分が綿のもの、1㎡当たりの重量が183.42g/㎡により、第55.14項に該当する。その項の「－浸染したもの」のうち、第5514.29号の「－－その他の織物」に分類する。

(5)仕入書第5項：Woven fabrics, printed, plain weave…　➡ 5513.41-0000

貨物は「ポリエステル短繊維60%、綿25%及びビスコースレーヨン短繊維15%のなせんした平織りのもの」であるので、合成繊維(ポリエステル)の短繊維の重量割合が60%、混用繊維のうち大部分が綿のもの、1㎡当たりの重量が149.16g/㎡により、第55.13項に該当する。その項の「－なせんしたもの」のうち、第5513.41号の「－－ポリエステルの短繊維のもの(平織りのものに限る。)」に分類する。

2．大額／少額貨物の判断

本問の仕入書価格の合計は米ドル建のCFR価格であるが、各々の貨物の価格記載欄の最下部にOcean Freight(海上運賃)の記載があることから、各々の貨物の価格はFOB価格であることが判明する。

そのため、20万円を適用為替レートで除することで少額判断基準価格を求めることができる。

適用為替レート	92.50円	(令和XX. 8. 8～令和XX. 8.14)
少額判断基準価格	US$2,162.16	200,000円 ÷ 92.50円/US$

すなわち、仕入書価格が**US$2,162.16**以下であれば、少額貨物と判断できる。

したがって、本問では「5515.22-0001」(仕入書第3項：US$2,162.00)のみが少額貨物であり、単独で申告するので、統計品目番号は「5515.22-000E」となる。

3．各統計品目番号の申告価格

本問の各品目の仕入書価格はFOB価格であるので、これを本邦通貨に換算する。(1円未満の端数がある場合は、これを切り捨てる。)

(1)5513.29-0005　=　**564,250円**(仕入書第1項)：US$6,100.00 × 92.50円/US$

残りの品目についても同様に計算をする。

(２)5512.91-0001　＝　**327,450円**(仕入書第２項)
(３)5515.22-000E　＝　**199,985円**(仕入書第３項)
(４)5514.29-0003　＝　**202,020円**(仕入書第４項)
(５)5513.41-0000　＝　**543,900円**(仕入書第５項)

４．申告欄の決定

問題文記３に従って申告欄を決定すると、(ａ)～(ｅ)の選択肢番号は次のようになる。

解答欄	申告欄	仕入書	申告価格	統計品目番号	選択肢番号
(ａ)	第１欄	1	564,250円	5513.29-0005	**⑦5513.29-0005**
(ｂ)	第２欄	5	543,900円	5513.41-0000	**⑧5513.41-0000**
(ｃ)	第３欄	2	327,450円	5512.91-0001	**②5512.91-0001**
(ｄ)	第４欄	4	202,020円	5514.29-0003	**⑩5514.29-0003**
(ｅ)	第５欄	3	199,985円	5515.22-000E	**⑮5515.22-000E**

(仕入書の有効活用例)

Marks and Nos.	Description of Goods	Quantity roll	Unit Price per roll	Amount CFR US$
適用為替レート：¥92.50/US$				
	1. Woven fabrics, dyed, 3-thread twill of Acrylic staple fibres 45% / Polyester staple fibres 35% / Cotton 12% / Viscose rayon staple fibres 5% / Wool 3%, Rolled size: 42cm × 350cm Net Weight:12.10kgs	50	122.00	6,100.00
	⑦5513.29-0005《１》			
	2. Woven fabrics, unbleached, plain weave of Polyester staple fibres 45% / Nylon staple fibres 40% / Cotton 15%, Rolled size: 45cm × 410cm Net Weight: 9.50kgs	30	118.00	3,540.00
	②5512.91-0001《３》			
	3. Woven fabrics, printed, plain weave of Acrylic staple fibres 65% / Wool 20% / Cotton 10% / Acrylic filament 5%, Rolled size: 42cm × 330cm Net Weight: 4.50kgs	20	108.10	2,162.00
	~~5515.22-0001~~ ──▶ ⑮5515.22-000E《５》			
	4. Woven fabrics, dyed, 4-thread twill of Acrylic staple fibres 55% / Cotton 30% / Wool 15%, Rolled size: 45cm × 420cm Net Weight: 5.20kgs	15	145.60	2,184.00
	⑩5514.29-0003《４》			
	5. Woven fabrics, printed, plain weave of Polyester staple fibres 60% / Cotton 25% / Viscose rayon staple fibres 15%, Rolled size: 43cm × 350cm Net Weight:11.00kgs	49	120.00	5,880.00
	⑧5513.41-0000《２》			
	Ocean Freight			469.50

Total : CFR NEW YORK US$20,335.50
少額判断基準価格　US$2,162.16

第10問 輸出申告（電子機器及びその部分品）（問題・P.109）

解答

（a）⑮　（b）⑩　（c）①　（d）⑤　（e）⑨

＜＜解　説＞＞

1．各貨物の統計品目番号

（1）仕入書第1項：SD flash memory cards ➡ 8523.51-0004

貨物は「SDフラッシュメモリーカード」であり、第85類注6(a)により不揮発性半導体記憶装置（容易に書き換え可能）であるので第85.23項の「ディスク…不揮発性半導体記憶装置…」に該当し、第8523.51号の「－－不揮発性半導体記憶装置」に分類する。

（2）仕入書第2項：Mounted piezo-electric crystals, suitable for use… ➡ 9114.90-0001

貨物は「圧電結晶素子で電子式腕時計用ムーブメントに専ら使用するのに適する部分品にしたもの」であるので、第91類注1(g)ただし書から第91.14項の「その他の時計の部分品」に該当し、第9114.90号の「－その他のもの」に分類する。

（3）仕入書第3項：Mounted piezo-electric crystals of quartz ➡ 8541.60-1003

貨物は「水晶の圧電結晶素子」であるので、第85.41項の「半導体デバイス…及び圧電結晶素子」に該当し、第8541.60号の「－圧電結晶素子」の「－－水晶のもの」に分類する。

（4）仕入書第4項：Light emitting diodes（LED） lamps, 100W ➡ 8539.52-0006

貨物は「LEDランプで、100Wのもの」であるので、第85.39項の「フィラメント電球…並びに発光ダイオード（LED）光源」に該当し、「－発光ダイオード（LED）光源」のうち、第8539.52号の「－－発光ダイオード（LED）ランプ」に分類する。

（5）仕入書第5項：Lightemitting diodes ➡ 8541.41-0006

貨物は「発光ダイオード（LED）」であるので、第85.41項の「半導体デバイス…、発光ダイオード（LED）…」に該当し、「－光電性半導体デバイス…及び発光ダイオード（LED）」のうち、第8541.41号の「－－発光ダイオード（LED）」に分類する。

（6）仕入書第6項：DVD-ROM, unrecorded ➡ 8523.41-0000

貨物は「光学式記憶媒体方式のDVD-ROM（read only memory）で記録されていないもの」であるので、第85.23項の「ディスク…（記録してあるかないかを問わず…）」に該当し、「－光学媒体」のうち、第8523.41号の「－－記録してないもの」に分類する。

（7）仕入書第7項：Silicon wafers doped for use in electronics,… ➡ 3818.00-1003

貨物は「シリコンウエハーに電子工業用にドープ処理（選択的拡散処理されていない）したもの」であり、第38.18項（第3818.00号）の「元素を電子工業用にドープ処理したもの（円盤状、ウエハー状その他これらに類する形状にしたものに限る。）…」に該当し、「－けい素のもの」に分類する。

（8）仕入書第8項：Light emitting diodes… ➡ 8541.41-0006

貨物は上記(5)のLEDと同じ内容の貨物であり、同一分類となる。

この貨物は無償の貨物であるが、関税法基本通達67-1-4（輸出申告書に記載すべき価格）により「申告の対象」である。その価格は、問題文記7により次のようになる。

個数：1,000　単価：US$5.60　小計：US$5,600.00

なお、仕入書第5項及び第8項の貨物は統計品目番号が同一となるため、一欄にとりまとめる。

2．大額／少額貨物の判断及び少額合算

本問の仕入書価格はDAP価格であり、買手の輸入指定地持込渡し条件であることから、貨物の本船積込みまでの費用（FOB）以外の費用については、申告価格から控除することとなる。

仕入書価格から海上運賃等の費用を控除して価格按分し、申告価格が20万円のときの仕入書価格を算出し、適用為替レートで除することで少額判断基準価格を求めることができる。

売手工場から輸出港までの運賃	−	(加算済)
輸出港での船積費用	−	(加算済)
海上運賃・保険料	7%	(減算)
輸入港での荷揚げ・仕向地での荷卸しの費用・諸掛り	3%	(減算)
申告価格総額(無償分を含む)	90%	DAP US$328,540.00 − DAP US$328,540.00 × 10% (∴ FOB = DAP × 90%)
適用為替レート	105.00円	(令和XX.6.1 〜令和XX.6.7)
少額判断基準価格	US$2,116.40	200,000円 ÷ 90% ÷ 105.00円/US$

すなわち、仕入書価格が**US$2,116.40**以下であれば、少額貨物と判断できる。

したがって、本問では「8541.60-1003」(仕入書第3項：US$1,800.00)、「8539.52-0006」(仕入書第4項：US$2,090.00)及び「8523.41-0000」(仕入書第6項：US$2,000.00)が少額貨物となり、申告価格が最も大きい「8539.52-0006」(仕入書第4項)にとりまとめる。

合算後の統計品目番号は「8539.52-000X」、仕入書価格は「US$5,890.00」となる。

3．各統計品目番号の申告価格

本問の仕入書価格総額はDAP価格であり、仕入書価格から所定の費用を減算して申告価格を算出するので、次の算式で各々の品目の申告価格を算出する。(1円未満の端数がある場合には、これを切り捨てる。)

申告価格＝DAP × 90% × 105.00円/US$

(1)8523.51-0004 ＝ **562,275円**(仕入書第1項)：US$5,950.00 × 90% × 105.00円/US$

残りの品目についても同様に計算をする。

(2)9114.90-0001 ＝ **19,150,425円**(仕入書第2項)

(3)8539.52-000X ＝ **556,605円**(少額合算：仕入書第4項、第3項及び第6項)

(4)8541.41-0006 ＝ **6,879,600円**(仕入書第5項及び第8項)

(5)3818.00-1003 ＝ **3,898,125円**(仕入書第7項)

4．申告欄の決定

問題文記4に従って申告欄を決定すると、(a)〜(e)の選択肢番号は、次のようになる。

解答欄	申告欄	仕入書	申告価格	統計品目番号	選択肢番号
(a)	第1欄	2	19,150,425円	9114.90-0001	**⑮9114.90-0001**
(b)	第2欄	5・8	6,879,600円	8541.41-0006	**⑩8541.41-0006**
(c)	第3欄	7	3,898,125円	3818.00-1003	**①3818.00-1003**
(d)	第4欄	1	562,275円	8523.51-0004	**⑤8523.51-0004**
(e)	第5欄	3・4・6	556,605円	8539.52-000X	**⑨8539.52-000X**

（仕入書の有効活用例）

適用為替レート：￥105.00/US$

Marks and Nos.	Description of Goods	Quantity PC	Unit Price per PC	Amount DAP US$
	1. SD flash memory cards ⑤8523.51-0004《4》	850	7.00	5,950.00
	2. Mounted piezo-electric crystals, suitable for use solely as parts of electronic watch movements ⑮9114.90-0001《1》	101,325	2.00	202,650.00
	3. Mounted piezo-electric crystals of quartz ~~8541.60-1003~~	1,000	1.80	1,800.00
	4. Light emitting diodes(LED) lamps, 100W → ~~8539.52-0006~~ → ⑨8539.52-000X《5》	50	41.80	2,090.00 **5,890.00**
	5. Light emitting diodes ⑩8541.41-0006《2》	12,000	5.60	67,200.00 **72,800,00**
	6. DVD-ROM, unrecorded ~~8523.41-0000~~	1,000	2.00	2,000.00
	7. Silicon wafers doped for use in electronics, not yet worked by selective diffusion ①3818.00-1003《3》	16,500	2.50	41,250.00
	8. Light emitting diodes 8541.41-0006	1,000	5.60	(No Commercial Value) (5,600)

Total : DAP San Francisco US$322,940.00

無償分 5,600.00

DAP（含無償分）US$328.540.00

少額判断基準価格　US$2,116.40

第11問 輸出申告(魚等)(問題・P.118)

解　答

(a)⑫　(b)⑭　(c)⑨　(d)①　(e)⑥

<<解　説>>

1．各貨物の統計品目番号

(1)仕入書第1項：Shark fins, dried, not cooked　➡0305.71-0005

貨物は「乾燥し、調理をしてないふかひれ」であるので、第03.05項の「魚(乾燥し…たものに限る。)…」に該当し、その項の中の「－魚のひれ…」のうち、第0305.71号の「－－ふかひれ」に分類する。

(2)仕入書第2項：Cavier (Roes of sturgeon, salted & prepared), canned,…　➡1604.31-0002

貨物は「缶詰にした豊後産キャビア(チョウザメの卵を塩蔵し、調製したもの)」であるので、第3類注1(d)により第16.04項の「魚(…)、キャビア…」に該当し、その項の中の「－キャビア…」のうち、第1604.31号の「－－キャビア」に分類する。

(3)仕入書第3項：Roes of herrings, salted　➡0305.20-0000

貨物は「塩蔵したにしんの卵」であり、第03.05項の「魚(乾燥し、塩蔵し…たものに限る。)…」に該当し、第0305.20号の「－魚の肝臓、卵…(乾燥し…、塩蔵し…たものに限る。)」に分類する。

(4)仕入書第4項：Abalone (*Haliotis spp.*), smoked　➡0307.87-0102

貨物は「くん製したあわび(ハリオティス属のもの)」であるので、第03.07項の「軟体動物(…)及びくん製した軟体動物(…)」に該当し、その項の中の「－あわび(ハリオティス属のもの)…」のうち、第0307.87号の「－－その他のあわび(ハリオティス属のもの)」の「－－－くん製したもの」に分類する。

(5)仕入書第5項：Kuruma-ebi (prawns), smoked, not frozen　➡0306.95-0103

貨物は「くん製したくるまえびで、冷凍してないもの」であるので、第03.06項の「甲殻類(…)、くん製した甲殻類(…)」に該当し、その項の中の「－その他のもの」のうち、第0306.95号の「－－シュリンプ及びプローン」の「－－－くん製したもの」に分類する。

(6)仕入書第6項：Frozen "Sea-Foods mix" in piece, prepared,…　➡1605.54-0005

貨物は「冷凍の小片魚介類を混合し、調製したもの(魚(コッド(たら))25%、甲殻類(かに、えび)35%及び軟体動物(いか、たこ、貝柱)40%のもの)」であるので、魚介類をまとめると20%を超えており、第16類注2により第16類に分類する。項の所属の決定では、同注第二文の「これらの物品の二以上を含有する調製食料品については、最大の重量を占める成分が属する項に属する。」との規定により、軟体動物の割合(40%)が大きいので第16.05項の「甲殻類、軟体動物…(調製し又は保存に適する処理をしたのもに限る。)」に該当し、軟体動物のうち割合の大きい「いか」に属し、第1605.54号の「－－いか」に分類する。

(7)仕入書第7項：Fish meat sausages, prepared　➡1604.20-1104

貨物は「調製した魚肉ソーセージ」であるので、第16.04項の「魚(調製し…たものに限る。)…」に該当し、第1604.20号の「－その他の調製をし…た魚」のうち、「－－魚肉ソーセージ…」の「－－－魚肉ソーセージ」に分類する。

(8)仕入書第8項：Roes of mullet, dried ("karasumi")　➡0305.20-0000

貨物は「乾燥したぼらの卵(からすみ)」であり、第03.05項の「魚(乾燥し…たものに限る。)…」に該当し、第0305.20号の「－魚の肝臓、卵…(乾燥し…たものに限る。)」に分類する。

この貨物は問題文記5から無償の貨物であるが、関税法基本通達67-1-4(輸出申告書に記載すべき価格)により「申告の対象」である。

個数：40　単価：FCA US$36.50　小計：FCA US$1,460.00

なお、仕入書第3項及び第8項の貨物は統計品目番号が同一となるため、一欄にとりまとめる。

2．大額／少額貨物の判断及び少額合算

本問の仕入書価格はFCA価格であり、売手の国内地点で買手へ貨物を引き渡す契約条件であることから、貨物の本船積込みまでの費用のうち申告価格へ算入する費用は、売手の請求する運送費及び買手の船積み費用である。仕入書価格にこれらの費用を加算して価格按分し、申告価格が20万円のときの仕入書価格を算出し、適用為替レートで除することで少額判断基準価格を求めることができる。

輸出国内運送費 ①	US$520.00	売手の請求による買手の支払
船積み費用 ②	US$180.00	買手の支払
仕入書価格総額(含.無償分)(A)	US$35,000.00	(FCA)US$33,540.00 +(無償分)US$1,460.00
申告価格総額	US$35,700.00	(A)US$35,000.00+①US$520.00 +②US$180.00
適用為替レート	81.00円	(令和XX. 7.29 ～令和XX. 8. 4)
少額判断基準価格	US$2,420.72	(A)US$35,000.00 / 申告価格総額US$35,700.00 × 200,000円 / 81.00円/US$

すなわち、仕入書価格が**US$2,420.72**以下であれば、少額貨物と判断できる。

したがって、本問では「0305.71-0005」(仕入書第1項：US$2,420.00)、「0306.95-0103」(仕入書第5項：US$2,386.50)及び「1604.20-1104」(仕入書第7項：US$1,276.50)が少額貨物となり、申告価格が最も大きい「0305.71-0005」(仕入書第1項)にとりまとめる。合算後の統計品目番号は「0305.71-000X」、仕入書価格は「US$6,083.00」となる。

なお、仕入書第3項(US$2,232.00)及び仕入書第8項(US$1,460.00)は各々20万円以下のものであるが、両者は同一統計品目番号であり一欄にとりまとめると20万円を超えるので、少額貨物として扱わない。

3．各統計品目番号の申告価格

本問の仕入書価格総額はFCA価格であるが、無償分を含めた仕入書価格総額は上記2.の表にある(A)の価格(US$35,000.00)である。これに輸出国内運送費及び船積み費用を加算して申告価格を算出するが、これらの費用の申告価格への振り分けは価格按分とされているので、次の算式により申告価格を計算する。(1円未満の端数がある場合には、これを切り捨てる。)

申告価格＝FCA×(申告価格総額／上記2.の表の(A)の価格)×81.00円/US$

＝FCA×1.02×81.00円/US$

(1)0305.71-000X　＝　**502,577円**(少額合算：仕入書第1項、第5項及び第7項)

：US$6,083.00×1.02×81.00円/US$

残りの品目についても同様に計算をする。

(2)1604.31-0002　＝　**1,057,949円**(仕入書第2項)

(3)0305.20-0000　＝　**305,033円**(仕入書第3項及び第8項)

(4)0307.87-0102　＝　**435,613円**(仕入書第4項)

(5)1605.54-0005　＝　**590,526円**(仕入書第6項)

4．申告欄の決定

問題文記3に従って申告欄を決定すると、(a)～(e)の選択肢番号は次のようになる。

解答欄	申告欄	仕入書	申告価格	統計品目番号	選択肢番号
(a)	第1欄	2	1,057,949円	1604.31-0002	⑫**1604.31-0002**
(b)	第2欄	6	590,526円	1605.54-0005	⑭**1605.54-0005**
(c)	第3欄	4	435,613円	0307.87-0102	⑨**0307.87-0102**
(d)	第4欄	3・8	305,033円	0305.20-0000	①**0305.20-0000**
(e)	第5欄	1・5・7	502,577円	0305.71-000X	⑥**0305.71-000X**

(仕入書の有効活用例)

Marks and Nos. Description of Goods 適用為替レート:81.00円/US$	Quantity Pack	Unit Price per Pack	Amount FCA US$
1. Shark fins, dried, not cooked	40	60.50	2,420.00
~~0305.71-0005~~ → ⑥0305.71-000X《5》			6,083.00
2. Cavier (Roes of sturgeon, salted & prepared), canned, "Cavier of Bungo" Brand	130	98.50	12,805.00
⑫1604.31-0002《1》			
3. Roes of herrings, salted	72	31.00	2,232.00
①0305.20-0000《4》			3,692.00
4. Abalone (*Haliotis spp.*), smoked	95	55.50	5,272.50
⑨0307.87-0102《3》			
5. Kuruma-ebi (prawns), smoked, not frozen	129	18.50	2,386.50
~~0306.95-0103~~			
6. Frozen "Sea-Foods mix" in piece, prepared, containing Cod 25%, Shrimps 23%, Crabs 12%, Cuttle fish 22%, Octopus 5% Adductors of shellfish 13% by weight	150	47.65	7,147.50
⑭1605.54-0005《2》			
7. Fish meat sausages, prepared	115	11.10	1,276.50
~~1604.20-1104~~			
8. Roes of mullet, dried ("karasumi")	40	No Charges	
0305.20-0000		36.50	1,460.00

Total : FCA TOKYO	US$33,540.00
仕入書価格(含無償分)	35,000.00
輸出国内運送費	520.00
船積み費用	180.00
申告価格総額	35,700.00
少額判断基準価格	US$2,420.72

第12問 輸出申告(医薬品等)(問題・P.128)

解答

(a)④　(b)⑥　(c)⑮　(d)⑬　(e)③

<<解　説>>

1．各貨物の統計品目番号

(1)仕入書第1項：Digestive medicines, remedy for gastro-enteropathy,… ➡3004.90-1001

貨物は「胃腸薬で、小売用の包装にしたもの」であり、第30.04項の「医薬品(…(…)又は小売用の形状若しくは包装にしたものに限るものとし、…)」に該当し、第3004.90号の「－その他のもの」の「－－胃腸薬」に分類する。

(2)仕入書第2項：First-aid kits, in packings for retail sale ➡3006.50-0000

貨物は「小売用の包装にした救急袋」であり、第30類注4(g)により第30.06項の「この類の注4の医療用品」に該当し、第3006.50号の「－救急箱及び救急袋」に分類する。

(3)仕入書第3項：Medicaments containing penicillins and streptomycins, … ➡3003.10-0004

貨物は「ペニシリンとストレプトマイシンの成分を含有する医薬品でバルク(大口)状のもの」であり、第30.03項の「医薬品(治療用又は予防用に混合した二以上の成分から成るもので、投与量にしてなく、かつ、小売用の形状又は包装にしてないものに限る…)」に該当し、第3003.10号の「－ペニシリン…(…)又はストレプトマイシン…を含有するもの」に分類する。

(4)仕入書第4項：Medicaments containing streptomycins, in packings for retail sale ➡3004.10-0002

貨物は「ストレプトマイシンの成分を含有する医薬品で小売用の包装にしたもの」であり、第30.04項の「医薬品(混合し又は混合してない物品から成る治療用又は予防用のもので、投与量にしたもの(…)又は小売用の…包装にしたものに限る…)」に該当し、第3004.10号の「－ペニシリン…(…)又はストレプトマイシン…を含有するもの」に分類する。

(5)仕入書第5項：Sticking plaster,… ➡3005.10-1002

貨物は「ばんそうこうで、接着層を有し、医療用として小売用の包装にしたもの」であり、第30.05項の「脱脂綿…その他これらに類する製品(例えば、…ばんそうこう…)で、…医療用…として小売用の…包装にしたもの」に該当し、第3005.10号の「－接着性を有する被覆材その他の接着層を有する製品」の「－－ばんそうこう…」に分類する。

(6)仕入書第6項：Cultures of micro-organisms (Not yeasts),… ➡3002.49-0002

貨物は「培養微生物(酵母以外のもの)で、冷蔵搬送用の包装にしたもの」であり、第30.02項の「人血…、培養微生物(酵母を除く。)…」に該当し、「ワクチン、毒素、培養微生物(酵母を除く。)…」のうち、第3002.49号の「－－その他のもの」に分類する。

(7)仕入書第7項：Waste pharmaceuticals (Expiry shelf life)… ➡3006.92-0000

貨物は「使用期限を過ぎた薬剤廃棄物で、試験研究用のものとしてひとまとめにしたもの」であり、第30類注4(k)により第30.06項の「この類の注4の医療用品」に該当し、「－その他のもの」のうち、第3006.92号の「－－薬剤廃棄物(当初に意図した使用に適しない薬剤。例えば、使用期限を過ぎたもの)」に分類する。

(8)仕入書第8項：Medicaments containing penicillins and streptomycins, … ➡3004.10-0002

貨物は「ペニシリンとストレプトマイシンの成分を含有する医薬品で投与量にしたもの」であり、第30.04項の「医薬品(混合し又は混合してない物品から成る治療用又は予防用のもので、投与量にしたもの(…)…に限る…)」に該当し、第3004.10号の「－ペニシリン…(…)又はストレプトマイシン…を含有するもの」に分類する。

なお、仕入書第4項及び第8項の貨物は、統計品目番号が同一となるため、一欄にとりまとめる。

2．大額／少額貨物の判断及び少額合算

本問の仕入書価格はCIF価格であり、問題文記4に掲げられている費用等のうち、申告価格へ算入する費用は売手の国内積地での貨物の本船積込みまでの費用のみであることから、海上運賃及び保険料は減算の対象となる。仕入書価格からこれを減算した上で、申告価格が20万円のときの仕入書価格を算出し、適用為替レートで除することで少額判断基準価格を求めることができる。

船積みまでの費用	—	(加算済)
海上運賃・保険料	10%	(減算)
申告価格総額	90%	CIF US$35,326.10－US$35,326.10×10%
適用為替レート	79.50円	(令和XX. 4.29～令和XX. 5. 5)
少額判断基準価格	US$2,795.24	200,000円÷90%÷79.50円/US$

すなわち、仕入書価格が**US$2,795.24**以下であれば、少額貨物と判断できる。

したがって、本問では「3004.90-1001」(仕入書第1項：US$2,693.90)、「3005.10-1002」(仕入書第5項：US$2,488.20)及び「3002.49-0002」(仕入書第6項：US$2,795.00)が少額貨物となり、申告価格が最も大きい「3002.49-0002」(仕入書第6項)にとりまとめる。合算後の統計品目番号は「3002.49-000X」、仕入書価格は「US$7,977.10」となる。

なお、仕入書第4項(US$2,785.50)及び仕入書第8項(US$2,514.85)は各々20万円以下のものであるが、両者は同一統計品目番号であり一欄にとりまとめると20万円を超えるので、少額貨物として扱わない。

3．各統計品目番号の申告価格

本問の仕入書価格はCIF価格であり、これから所定の費用を減算して申告価格を算出するので、次の算式により各々の品目の申告価格を計算する。(1円未満の端数がある場合には、これを切り捨てる。)

申告価格＝CIF価格×90%×79.50円/US$

(1)3006.50-0000　＝　**292,485円**(仕入書第2項)：US$4,087.85×90%×79.50円/US$

残りの品目も同様に計算をする。

(2)3003.10-0004　＝　**989,951円**(仕入書第3項)

(3)3004.10-0002　＝　**379,240円**(仕入書第4項及び第8項)

(4)3002.49-000X　＝　**570,761円**(少額合算：仕入書第6項、第1項及び第5項)

(5)3006.92-0000　＝　**295,143円**(仕入書第7項)

4．申告欄の決定

問題文記3に従って申告欄を決定すると、(a)～(e)の選択肢番号は次のようになる。

解答欄	申告欄	仕入書	申告価格	統計品目番号	選択肢番号
(a)	第1欄	3	989,951円	3003.10-0004	④**3003.10-0004**
(b)	第2欄	4・8	379,240円	3004.10-0002	⑥**3004.10-0002**
(c)	第3欄	7	295,143円	3006.92-0000	⑮**3006.92-0000**
(d)	第4欄	2	292,485円	3006.50-0000	⑬**3006.50-0000**
(e)	第5欄	1・5・6	570,761円	3002.49-000X	③**3002.49-000X**

（仕入書の有効活用例）

Marks and Nos. Description of Goods 適用為替レート：¥79.50/US$	Quantity pack	Unit Price per pack	Amount CIF US$
1. Digestive medicines, remedy for gastro-enteropathy, in packings for retail sale, 100tablets per pack ~~3004.90-1001~~	79	34.10	2,693.90
2. First-aid kits, in packings for retail sale ⑬3006.50-0000《4》	65	62.89	4,087.85
3. Medicaments containing penicillins and streptomycins, in bulk form ④3003.10-0004《1》	110	125.78	13,835.80
4. Medicaments containing streptomycins, in packings for retail sale ⑥3004.10-0002《2》	450	6.19	2,785.50 **5,300.35**
5. Sticking plaster, having an adhesive layer, in packings for retail sale for medical purpose ~~3005.10-1002~~	660	3.77	2,488.20
6. Cultures of micro-organisms (Not yeasts), in packings for chilled transport ~~3002.49-0002~~ → ③3002.49-000X《5》	25	111.80	2,795.00 **7,977.10**
7. Waste pharmaceuticals (Expiry shelf life) for laboratory use, packs in a lump ⑮3006.92-0000《3》	33	125.00	4,125.00
8. Medicaments containing penicillins and streptomycins, put up in measured doses 3004.10-0002	265	9.49	2,514.85

Total : CIF NEW YORK US$35,326.10

少額判断基準価格 US$2,795.24

第13問 輸出申告（紙製品）（問題・P.137）

解　答

（a）①　（b）⑮　（c）④　（d）⑨　（e）②

＜＜解　説＞＞

1．各貨物の統計品目番号

（1）仕入書第1項：Kitchen paper towel in rolls, width 38cm　➡4803.00-1000

貨物は「紙製のキッチンタオル（幅が38cmのロール状のもの）」であるので、第48類注8(a)により第48.03項（第4803.00号）の「トイレットペーパー…、紙タオル…（ロール状…のものに限るものとし、…）」に該当し、「－トイレットペーパー…、紙タオル…」に分類する。

（2）仕入書第2項：Toilet paper in rolls, width 11.5cm　➡4818.10-0000

貨物は「トイレットペーパー（幅が11.5cmのロール状のもの）」であるので、第48類注8(a)により第48.03項（第4803.00号）に分類されず、第48.18項の「トイレットペーパー…（幅が36センチメートル以下のロール状にし…たものに限る。）…」に該当し、第4818.10号の「－トイレットペーパー」に分類する。

（3）仕入書第3項：Napkins (diaper) of cellulose wadding for babies　➡9619.00-0005

貨物は「セルロースウォッディング製の乳児用のおむつ」であり、第48類注2(q)により第96.19項（第9619.00号）の「生理用のナプキン…、おむつ…（材料を問わない。）」に分類する。

（4）仕入書第4項：Embosses paper for table-clothes, in rolls, …　➡4803.00-1000

貨物は「テーブルクロス用の型押しをした紙（幅が150cmで長さが200mのロール状のもの）」であり、第48類注8(a)により第48.03項（第4803.00号）の「トイレットペーパー…その他これらに類する家庭用…に供する種類の紙…（ロール状又はシート状のものに限るものとし、…）」に該当し、「－トイレットペーパー…その他これらに類する家庭用…に供する種類の紙」に分類する。

（5）仕入書第5項：Hand-made paper, in square sheets, with 36cm width　➡4802.10-0004

貨物は「手すきの紙（一辺の長さが36cmの正方形のシート状のもの）」で、第48.02項の「筆記用…並びに手すきの紙…」に該当し、第4802.10号の「－手すきの紙…」に分類する。

（6）仕入書第6項：Printing paper, coloured, coated only on one side with kaolin…　➡4810.19-0000

貨物は「カオリンを片面のみに塗布し、色付きの印刷用紙（折り畳まない状態で一辺の長さが45cmの正方形のシート状のもの）」であり、第48.10項の「紙…（カオリン…を片面又は両面に塗布し（…）、かつ、その他の物質を塗布してないもので、ロール状又は長方形（正方形を含む。）のシート状のものに限るものとし、…」に該当し、問題文記6から「－筆記用、印刷用…に供する種類の紙…（機械パルプとケミグランドパルプを合わせたものの含有量が全繊維重量の10％以下のものに限る。）」のうち、第4810.19号の「－－その他のもの」に分類する。

（7）仕入書第7項：Printing paper, coloured, uncoated, in square sheets…　➡4802.57-1104

貨物は「塗布してない色付きの印刷用紙（一辺の長さが50cmの正方形のシート状のもの）」であり、第48.02項の「筆記用、…その他のグラフィック用に供する種類の塗布してない紙…（ロール状又は長方形（正方形を含む。）のシート状のものに限るものとし、…）…」に該当し、問題文記6から「－その他の紙…（機械パルプとケミグランドパルプを合わせたものの含有量が全繊維重量の10％以下のものに限る。）」のうち、重量が1㎡当たり100g（計算：N/W37.5kgs÷（50cm×50cm×1500枚））であることから第4802.57号の「－－その他のもの（重量が1平方メートルにつき40グラム以上150グラム以下のものに限る。）」の「－－－印刷用紙…」のうち、「－－－－色付きのもの」に分類する。

（8）仕入書第8項：Paper labels, printed　➡4821.10-0001

貨物は「紙製の印刷したラベル」であり、第48.21項の「紙製…のラベル（印刷してあるかないかを問わない。）」に該当し、第4821.10号の「－印刷したもの」に分類する。

なお、仕入書第1項及び第4項の貨物は統計品目番号が同一となるため、一欄にとりまとめる。

2．大額／少額貨物の判断及び少額合算

本問の仕入書価格はCFR価格であり、売主は貨物の本船への積込み費用及び海上運賃も負担して買手へ引き渡す契約条件であることから、諸費用において判明している問題文記5の費用のうち申告価格への算入は、「輸出港における本船積込みまでの費用」は是認、また、「海上運賃」は否認の扱いとなる。したがって、仕入書価格から「海上運賃」の割合を控除して仕入書価格に対する申告価格の割合を算出した後、申告価格が20万円のときの仕入書価格を算出し、適用為替レートで除することで少額判断基準価格を求めることができる。

船積みまでの費用	—	（加算済）
輸入港までの海上運賃	6%	（減算）
申告価格総額	94%	CFR EUR100,284.00－EUR100,284.00×6%
適用為替レート	103.00円	（令和XX. 4. 1～令和XX. 4. 7）
少額判断基準価格	EUR2,065.68	200,000円÷94%÷103.00円/EUR

すなわち、仕入書価格が**EUR2,065.68**以下であれば、少額貨物と判断できる。

したがって、本問では「4818.10-0000」（仕入書第2項：EUR1,872.00）、「4810.19-0000」（仕入書第6項：EUR1,930.50）及び「4821.10-0001」（仕入書第8項：EUR1,919.00）が少額貨物となり、申告価格が最も大きい「4810.19-0000」（仕入書第6項）にとりまとめる。合算後の統計品目番号は「4810.19-000X」、仕入書価格は「EUR5,721.50」となる。

なお、仕入書第4項（EUR2,037.00）は20万円以下のものであるが、仕入書第1項と同一統計品目番号であり一欄にとりまとめると20万円を超えるので、少額貨物として扱わない。

3．各統計品目番号の申告価格

本問の仕入書価格はCFR価格であり、申告価格は、輸入港までの海上運賃を控除したものであるので、次の算式により各々の品目の申告価格を計算する。（1円未満の端数がある場合には、これを切り捨てる。）

申告価格＝CFR×94%×103.00円/EUR

（1）4803.00-1000　＝　**633,928円**（仕入書第1項及び第4項）

：（EUR4,510.50＋EUR2,037.00）×94%×103.00円/EUR

残りの品目についても同様に計算をする。

（2）9619.00-0005　＝　**1,173,942円**（仕入書第3項）

（3）4802.10-0004　＝　**7,049,948円**（仕入書第5項）

（4）4810.19-000X　＝　**553,955円**（少額合算：仕入書第6項、第2項及び第8項）

（5）4802.57-1104　＝　**297,721円**（仕入書第7項）

4．申告欄の決定

問題文記4に従って申告欄を決定すると、（a）～（e）の選択肢番号は次のようになる。

解答欄	申告欄	仕入書	申告価格	統計品目番号	選択肢番号
(a)	第1欄	5	7,049,948円	4802.10-0004	① **4802.10-0004**
(b)	第2欄	3	1,173,942円	9619.00-0005	⑮ **9619.00-0005**
(c)	第3欄	1・4	633,928円	4803.00-1000	④ **4803.00-1000**
(d)	第4欄	2・6・8	553,955円	4810.19-000X	⑨ **4810.19-000X**
(e)	第5欄	7	297,721円	4802.57-1104	② **4802.57-1104**

(仕入書の有効活用例)

適用為替レート：¥103.00/EUR

Marks and Nos. Description of Goods	Quantity pack	Unit Price per pack	Amount CFR EUR
1. Kitchen paper towel in rolls, width 38cm Packs in 12 pieces ④4803.00-1000《3》	1,550	2.91	4,510.50 6,547.50
2. Toilet paper in rolls, width 11.5cm Packs in 6 pieces ~~4818.10-0000~~	780	2.40	1,872.00
3. Napkins (diaper) of cellulose wadding for babies Packs in 50 pieces ⑮9619.00-0005《2》	250	48.50	12,125.00
4. Embosses paper for table-clothes, in rolls, with 150cm width & 200m length Packs in 1 piece 4803.00-1000	21	97.00	2,037.00
5. Hand-made paper, in square sheets, with 36cm width Packs in 20 sheets N/W25.50kgs ①4802.10-0004《1》	500	145.63	72,815.00
6. Printing paper, coloured, coated only on one side with kaolin (China clay), in square sheets, with 45cm width in the unfolded state Packs in 15 sheets N/W13.50kgs ~~4810.19-0000~~ → ⑨4810.19-000X《4》	99	19.50	1,930.50 5,721.50
7. Printing paper, coloured, uncoated, in square sheets, with 50cm width in the unfolded state Packs in 10 sheets N/W37.50kgs ②4802.57-1104《5》	150	20.50	3,075.00
8. Paper labels, printed Packs in 500 sheets ~~4821.10-0001~~	505	3.80	1,919.00

Total : CFR GENOVA EUR100,284.00

少額判断基準価格 EUR2,065.68

第14問 輸出申告（装飾品等）（問題・P.148）

解　答

（a）⑨　（b）⑥　（c）⑮　（d）①　（e）⑤

<<解　説>>

1. 各貨物の統計品目番号（後記P.434「ワンポイントアドバイス：注意が必要な品目分類- 2.」も参照。）

（1）仕入書第1項：Tie-pins of brass clad with gold　➡7113.20-0006

貨物は「金を張った黄銅製のネクタイピン」であるので、第71類注1(b)及び注9(a)により第71.13項の「身辺用細貨類…（貴金属製又は貴金属を張つた金属製のものに限る。）」に該当し、第7113.20号の「－貴金属を張つた卑金属製のもの」に分類する。

（2）仕入書第2項：Necklaces of imitation pearls (glass ball)　➡7117.90-0005

貨物は「模造真珠（ガラス玉）製のネックレス」であるので、第71類注11により第71.17項の「身辺用模造細貨類」に該当し、卑金属製のものではないので第7117.90号の「－その他のもの」に分類する。

（3）仕入書第3項：Bracelets of iron plated with silver, incorporating natural pearl　➡7116.10-0003

貨物は「天然真珠と一体の銀めっきした鉄製の腕輪」であり、貴金属製又は貴金属を張った腕輪ではないので、第71.13項には該当しない。また、天然真珠を使用しているので、第71類注11により第71.17項の「身辺用模造細貨類」にも含まれない。そこで、同注2から通則1の適用により第71.16項の「天然若しくは養殖の真珠…の製品」に該当するものとして、第7116.10号の「－天然又は養殖の真珠製のもの」に分類する。

（4）仕入書第4項：Rings of imitation ruby, made of plastics　➡7117.90-0005

貨物は「模造ルビー付きの指輪で、プラスチック製のもの」であるので、第71.17項の「身辺用模造細貨類」に該当し、第7117.90号の「－その他のもの」に分類する。

（5）仕入書第5項：Sets of personal adornments : …　➡7116.10-0003

貨物は「天然の真珠のネックレス1本とピアス式のイヤリング（天然の真珠1個を留金（金めっきの黄銅製）に取り付けたピアス式）1対を小売用のセットにしたもの」である。ネックレスは天然真珠の製品であるので第71.16項に該当し、また、イヤリングも天然真珠と留金の関係において天然真珠の製品として第71.16項に該当する。これらは、小売用のセットとして包装されており、問題文記7により一体として身体に装着して使われるようにデザインされているので、一体のものとして、第71.16項の「天然…の真珠…の製品」に該当し、第7116.10号の「－天然…の真珠製のもの」に分類する。

（6）仕入書第6項：Powder boxes of silver plated with gold　➡7113.11-0001

貨物は「金めっきした銀製のおしろい入れ」であるので、第71類注9(b)により第71.13項の「身辺用細貨類…（貴金属製又は貴金属を張つた金属製のものに限る。）」に該当する。その項の中の「－貴金属製のもの（貴金属をめつきしてあるかないか…を問わない。）」のうち、第7113.11号の「－－銀製のもの（その他の貴金属をめつきしてあるかないか…を問わない。）」に分類する。

（7）仕入書第7項：Purses of vulcanised fibres deposited with silver　➡4202.39-0006

貨物は「銀を蒸着したバルカナイズドファイバー製の財布」であるので、第71類注3(e)及び第42類注3(B)により第42.02項の「旅行用バッグ…、財布…（革…、バルカナイズドファイバー…から製造し…たものに限る。）…」に該当する。その項の中の「－ポケット又はハンドバッグに通常入れて携帯する製品」のうち、第4202.39号の「－－その他のもの」に分類する。

（8）仕入書第8項：Paper knives of silver alloys clad with gold…　➡7114.11-0006

貨物は「金を張った銀合金（銀2%、黄銅98%のもの）製のペーパーナイフ」であるので、第71類注5(C)及び注6により銀合金の製品として、貴金属の製品に該当する。したがって、本品は、同注10により第71.14項の「細工品…（貴金属製又は貴金属を張つた金属製のものに限る。）」に該当する。その項の中の「－貴金属製のもの（貴金属を…張つてあるかないかを問わない。）」のうち、第7114.11号の「－－銀製のもの（その他の貴金属を…張つてあるかないかを問わない。）」に分類する。

なお、仕入書第2項及び第4項の貨物並びに仕入書第3項及び第5項の貨物は統計品目番号が同一となるため、それぞれ一欄にとりまとめる。

2. 大額／少額貨物の判断及び少額合算

本問の仕入書価格は米ドル建のDPU価格であり、売手は貨物の輸入港における貨物の荷卸しまでの危険負担と費用負担をする契約条件であることから、問題文記6に掲げられている費用等のうち、申告価格へ算入する費用等は「（1）輸出港における貨物の船積みに要する費用」のみであることから、「（2）目的地（輸入港）までの海上運賃及び保険料」及び「（3）輸入港における貨物の荷卸しの費用」は減算の対象となる。仕入書価格からこれらを減算した上で、申告価格が20万円のときの仕入書価格を算出し、適用為替レートで除することで少額判断基準価格を求めることができる。

船積みまでの費用	—	(加算済)
海上運賃・保険料	10%	(減算)
船卸しの費用	1%	(減算)
申告価格総額	89%	DPU US$56,402.00 − US$56,402.00 × 11%
適用為替レート	115.00円	(令和XX. 8.27 ～令和XX. 9. 2)
少額判断基準価格	US$1,954.07	200,000円 ÷ 89% ÷ 115.00円/US$

すなわち、仕入書価格が**US$1,954.07**以下であれば、少額貨物と判断できる。

したがって、本問では「7113.20-0006」(仕入書第1項:US$1,950.00)及び「7113.11-0001」(仕入書第6項:US$1,155.00)が少額貨物となり、申告価格が大きい「7113.20-0006」(仕入書第1項)にとりまとめる。合算後の統計品目番号は「7113.20-000X」、仕入書価格は「US$3,105.00」となる。

3．各統計品目番号の申告価格

本問の仕入書価格はDPU価格であり、これから所定の費用等を減算して申告価格を算出するので、次の算式により各々の品目の申告価格を計算する。(1円未満の端数がある場合には、これを切り捨てる。)

申告価格＝DPU価格×89%×115.00円/US$

(1)7113.20-000X　＝　**317,796円**(少額合算：仕入書第1項及び第6項)

：US$3,105.00×89%×115.00円/US$

残りの品目も同様に計算をする。

(2)7117.90-0005　＝　**527,307円**(仕入書第2項及び第4項)

(3)7116.10-0003　＝　**3,006,019円**(仕入書第3項及び第5項)

(4)4202.39-0006　＝　**324,961円**(仕入書第7項)

(5)7114.11-0006　＝　**1,596,660円**(仕入書第8項)

4．申告欄の決定

問題文記4に従って申告欄を決定すると、(a)～(e)の選択肢番号は次のようになる。

解答欄	申告欄	仕入書	申告価格	統計品目番号	選択肢番号
(a)	第1欄	3・5	3,006,019円	7116.10-0003	**⑨7116.10-0003**
(b)	第2欄	8	1,596,660円	7114.11-0006	**⑥7114.11-0006**
(c)	第3欄	2・4	527,307円	7117.90-0005	**⑮7117.90-0005**
(d)	第4欄	7	324,961円	4202.39-0006	**①4202.39-0006**
(e)	第5欄	1・6	317,796円	7113.20-000X	**⑤7113.20-000X**

（仕入書の有効活用例）

Marks and Nos.	Description of Goods	Quantity Unit	Unit Price per Unit	Amount DPU US$
適用為替レート：¥115.00/US$				
	1. Tie-pins of brass clad with gold ~~7113.20-0006~~ → ⑤7113.20-000X《5》	25	78.00	1,950.00 **3,105.00**
	2. Necklaces of imitation pearls (glass ball) ⑮7117.90-0005《3》	210	13.20	2,772.00 **5,152.00**
	3. Bracelets of iron plated with silver, incorporating natural pearl ⑨7116.10-0003《1》	70	44.00	3,080.00 **29,370.00**
	4. Rings of imitation ruby, made of plastics －7117.90-0005	68	35.00	2,380.00
	5. Sets of personal adornments : consisting of a pearl necklace (50pieces of natural pearls, 47cm length) and a pair of pearl earrings (pierce type, one natural pearl with claps of brass plated with gold each.), packed in retail sale 7116.10-0003	20	1,314.50	26,290.00
	6. Powder boxes of silver plated with gold ~~7113.11-0001~~	3	385.00	1,155.00
	7. Purses of vulcanised fibres deposited with silver ①4202.39-0006《4》	25	127.00	3,175.00
	8. Paper knives of silver alloys clad with gold (Alloys containing 2% of silver & 98% of brass, by weight) ⑥7114.11-0006《2》	120	130.00	15,600.00

Total : DPU New York US$56,402.00

少額判断基準価格　US$1,954.07

第15問 輸出申告(衣類脱水機等)(問題・P.158)

解　答

(a)⑫　(b)④　(c)⑤　(d)⑭　(e)②

<<解　説>>

1．各貨物の統計品目番号

(1)仕入書第1項：Clothes-dryers (centrifugal)　➡8421.12-0002

貨物は「遠心式衣類脱水機」であるので、第85類注4ただし書により第85類には該当せず、第84.21項の「遠心分離機(遠心式脱水機を含む。)…」に該当する。その項の中の「－遠心分離機(遠心式脱水機を含む。)」のうち、第8421.12号の「－－衣類脱水機」に分類する。

(2)仕入書第2項：Dish washing machines of the household type　➡8422.11-0001

貨物は「家庭用の皿洗機」であるが、第85類注4ただし書により、第85.09項の「家庭用電気機器…」から除かれるので、第84.22 項の「皿洗機…」に該当する。その項の中の「－皿洗機」のうち、第8422.11号の「－－家庭用のもの」に分類する。

(3)仕入書第3項：Floor polishers, with self-contained electric motor, …　➡8509.80-0003

貨物は「家庭用の床磨き機で、電動装置を自蔵しているもの」であるので、第85類注4(a)により第85.09項の「家庭用電気機器(電動装置を自蔵するものに限るものとし、…)」に該当し、第8509.80号の「－その他の機器」に分類する。

(4)仕入書第4項：Storage water heaters, gas combustion type　➡8419.19-0006

貨物は「ガス燃焼式の貯蔵式湯沸器」であるので、第84.19項の「加熱…により材料を処理する機器…並びに瞬間湯沸器及び貯蔵式湯沸器(電気式のものを除く。)」に該当し、その項の中の「－瞬間湯沸器及び貯蔵式湯沸器(電気式のものを除く。)」のうち、貯蔵式であるので第8419.19号の「－－その他のもの」に分類する。

(5)仕入書第5項：Personal weighing machines, of type　➡8423.10-0000

貨物は「デジタル式の体重測定機器」であるので、第84.23項の「重量測定機器…」に該当し、第8423.10号の「－体重測定機器…」に分類する。

(6)仕入書第6項：Electric kitchen waste disposers of the household type, …　➡8509.80-0003

貨物は「家庭用の電気式台所用ディスポーザー(台所用ごみ粉砕機器)で、1台当たりの総重量が4.5kgで、電動装置を自蔵しているもの」であるので、第85類注3(b)により第85.09項の「家庭用電気機器(電動装置を自蔵するものに限るものとし、…)」に該当し、第8509.80号の「－その他の機器」に分類する。

(7)仕入書第7項：Freezers of the chest type, 400 ℓ capacity　➡8418.30-0004

貨物は「横置き型冷凍庫で、容量が400 ℓのもの」であるので、第84.18項の「冷蔵庫、冷凍庫…」に該当し、第8418.30号の「－横置き型冷凍庫(容量が800リットル以下のものに限る。)」に分類する。

(8)仕入書第8項：Vacuum cleaners, with self-contained electric motor,…　➡8508.19-0003

貨物は「真空掃除機で、出力が10kwの電動装置を自蔵しているもの」であるので、第84類注1(e)により同類から除かれ、第85.08項の「真空式掃除機」に該当する。その項の中の「－電動装置を自蔵するもの」のうち、出力が10kwの電動装置を自蔵するものであるので第8508.19号の「－－その他のもの」に分類する。

なお、仕入書第3項及び第6項の貨物は統計品目番号が同一となるため、一欄にとりまとめる。

2．大額／少額貨物の判断及び少額合算

本問の仕入書価格はシンガポール・ドル建のCIP価格であり、売手は貨物の本船への積込み費用並びに海上運賃及び保険料も負担して買手へ引き渡す契約条件である。諸費用において判明している問題文記4の費用等のうち申告価格へ算入する費用等は、「輸出者の工場から輸出港の本船積込までの運賃」及び「通関手数料などの費用」であり、「輸出港から輸入港までの運賃及び保険料」は減算の対象となる。減算の対象となる費用等の額が本邦通貨で記載されているので、まず、各品目の仕入書価格を本邦通貨へ換算し、この額から減算の対象となる費用等を重量(G/W)により按分した額を控除し、申告価格を算出する。次に、この申告価格と少額貨物分岐点価格である20万円と比較することで、少額貨物かどうかを判断する。

適用為替レート	70.00円	(令和XX. 7.16 ～令和XX. 7. 22)
少額貨物分岐点価格	200,000円	－

1kg当たりの減算対象の費用等：350,000円÷1,400.00kgs＝250円/kg

申告価格＝CIP×適用為替レート－各品目のG/W×250円/kg

(1)8421.12-0002 (仕入書第1項)：SGD6,420.00×70.00円/SGD－45kgs×250円/kg＝**438,150円**

残りの品目についても同様に計算する。
(2)8422.11-0001(仕入書第2項):**197,160円**
(3)8509.80-0003(仕入書第3項及び第6項):**355,120円**
(4)8419.19-0006(仕入書第4項):**1,602,250円**　(5)8423.10-0000(仕入書第5項):**195,800円**
(6)8418.30-0004(仕入書第7項):**199,860円**　(7)8508.19-0003(仕入書第8項):**2,380,800円**

したがって、本問では「8422.11-0001」(仕入書第2項:197,160円)、「8423.10-0000」(仕入書第5項:195,800円)及び「8418.30-0004」(仕入書第7項:199,860円)が少額貨物となり、申告価格が最も大きい「8418.30-0004」(仕入書第7項)にとりまとめる。合算後の統計品目番号は「8418.30-000X」、申告価格は「592,820円」となる。

3. 各統計品目番号の申告価格

本邦通貨建申告価格は、前記2.において既に算出している。

4. 申告欄の決定

問題文記3に従って申告欄を決定すると、(a)～(e)の選択肢番号は次のようになる。

解答欄	申告欄	仕入書	申告価格	統計品目番号	選択肢番号
(a)	第1欄	8	2,380,800円	8508.19-0003	**⑫8508.19-0003**
(b)	第2欄	4	1,602,250円	8419.19-0006	**④8419.19-0006**
(c)	第3欄	1	438,150円	8421.12-0002	**⑤8421.12-0002**
(d)	第4欄	3・6	355,120円	8509.80-0003	**⑭8509.80-0003**
(e)	第5欄	2・5・7	592,820円	8418.30-000X	**②8418.30-000X**

(仕入書の有効活用例)

Marks and Nos.
適用為替レート:¥70.00/SGD

Description of Goods	Quantity PC	Unit Price per PC	Amount CIP SGD
1. Clothes-dryers (centrifugal) **⑤8421.12-0002《3》**	3 (G/W 45kgs)	2,140.00	6,420.00 **¥438,150**
2. Dish washing machines of the household type ~~8422.11-0001~~	6 (G/W 90kgs)	523.00	3,138.00 **¥197,160**
3. Floor polishers, with self-contained electric motor, for domestic use **⑭8509.80-0003《4》**	5 (G/W105kgs)	619.40	3,097.00 **5,641.00** **¥355,120**
4. Storage water heaters, gas combustion type **④8419.19-0006《2》**	58 (G/W493kgs)	425.00	24,650.00 **¥1,602,250**
5. Personal weighing machines, of digital type ~~8423.10-0000~~	11 (G/W 33kgs)	265.00	2,915.00 **¥195,800**
6. Electric kitchen waste disposers of the household type, with self-contained electric motor 8509.80-0003	12 (G/W 54kgs)	212.00	2,544.00
7. Freezers of the chest type, 400 ℓ capacity ~~8418.30-0004~~ → **②8418.30-000X《5》**	2 (G/W 68kgs)	1,549.00	3,098.00 **¥199,860** **¥592,820**
8. Vacuum cleaners, with self-containied electric motor, of a power 10kw **⑫8508.19-0003《1》**	64 (G/W512kgs)	560.00	35,840.00 **¥2,380,800**

Total : 30 Cartons
N/W : 1,070,00 kgs
G/W : 1,400.00 kgs **(F・I:¥250/kg)**

Total : CIP SINGAPORE SGD 81,702.00
少額貨物分岐点価格　¥200,000

第１問 輸入（納税）申告（紡織用繊維製の衣類）（問題・P.218）

解 答

（a）②	（b）⑬	（c）⑩	（d）⑮	（e）⑦
（f）8584535	（g）7497885	（h）4971423	（i）4698674	（j）272749

＜＜解 説＞＞

1．各貨物の品目番号

（1）仕入書第1項：Men's suits of wool 80%, …　➡6203.11-2005（協:9.1%）

貨物は「羊毛80%、アクリル10%、ポリエステル10%の男子用スーツ」であるので、第62.03項の中の「スーツ」のうち、第11部注2(A)及び(B)並びに号注2(A)により羊毛が最大の重量を占めるので第6203.11号の「羊毛製又は繊獣毛製のもの」に該当し、毛皮付きのものではないので（問題文記7-②。他の貨物も同様。）「2 その他のもの」に分類する。（以下同様の「部注」の取扱い）

（2）仕入書第2項：Men's suits of wool 70% , …　➡6203.11-2005（協:9.1%）

貨物は「羊毛70%、アクリル20%、ポリエステル10%の男子用スーツ」であり、上記(1)と同様に分類する。

（3）仕入書第3項：Men's ensembles, of wool 30% …　➡6203.23-2000（協:9.1%）

貨物は「羊毛30%、ポリエステル70%の男子用アンサンブル」であるので、第62.03項の中の「アンサンブル」のうち、合成繊維であるポリエステル（問題文記7-③）が最大の重量を占めるので第6203.23号の「合成繊維製のもの」に該当し、毛皮付きのものではないので「2 その他のもの」に分類する。

（4）仕入書第4項：Men's ensembles of cotton 100%　➡6203.22-2001（協:9.1%）

貨物は「綿100%の男子用アンサンブル」であるので、第62.03項の中の「アンサンブル」のうち、第6203.22号の「綿製のもの」に該当し、毛皮付きのものではないので「2 その他のもの」に分類する。

（5）仕入書第5項：Men's blazers of wool 80% …　➡6203.31-2006（協:9.1%）

貨物は「羊毛80%、ポリエステル20%の男子用ブレザー」であるので、第62.03項の中の「ジャケット及びブレザー」のうち、羊毛が最大の重量を占めるので第6203.31号の「羊毛製又は繊獣毛製のもの」に該当し、毛皮付きのものではないので「2 その他のもの」に分類する。

（6）仕入書第6項：Men's jackets of silk 80% …　➡6203.39-2005（協:9.1%）

貨物は「絹80%、アクリル20%の男子用ジャケット」であるので、第62.03項の中の「ジャケット及びブレザー」のうち、絹が最大の重量を占めるが品名欄に該当の品名の記載がないので第6203.39号の「その他の紡織用繊維製のもの」に該当し、毛皮付きのものではないので「2 その他のもの」に分類する。

（7）仕入書第7項：Unisex jackets M size of wool 40%, …　➡6204.33-2002（協:9.1%）

貨物は「羊毛40%、ポリエステル30%、ナイロン30%の男女兼用ジャケット」であるので、問題文記7-④及び第62類注9（下段）により女子用の衣類の項に属することとなり、第62.04項の「女子用のスーツ…、ジャケット…」のうち、「ジャケット及びブレザー」に該当する。構成繊維に関し、ポリエステル(30%)及びナイロン(30%)は、問題文記7-③から両者とも合成繊維であり、第11部注2(B)によりこれらは単一の合成繊維(60%)に属するものとして第6204.33号の「合成繊維製のもの」に該当し、毛皮付きのものではないので「2 その他のもの」に分類する。

なお、仕入書第1項及び第2項の貨物は品目番号が同一となるため、一欄にとりまとめる。

2．大額／少額貨物の判断及び少額合算

本設問の仕入書価格はCIF価格であり、仲介料（注）が加算されるので、申告価格が20万円のときの仕入書価格を算出し、適用為替レートで除することで少額判断基準価格を求めることができる。

（注）輸入者が「衣類」の輸入取引の成立のために輸入者と輸出者との仲介業務を行った者（仲介者）に対して報酬として支払う仲介料は、加算要素の費用である（関税定率法第4条第1項第2号イ、同法基本通達4-9(2)イ）。

仲介料	3%	算入
適用為替レート	105.50円	（令和XX.7.30～令和XX.8.5）
少額判断基準価格	US$1,840.51	200,000円 ÷ 1.03 ÷ 105.50円/US$

すなわち、仕入書価格が**US$1,840.51**以下であれば、少額貨物と判断できる。

したがって、本問では「6203.23-2000」（仕入書第3項：US$1,800.00）及び「6203.22-2001」（仕入書第4項：US$710.00）が少額貨物となり、申告価格が大きい「6203.23-2000」（仕入書第3項）にとりまとめる。

合算後の品目番号は「6203.23-200X」、仕入書価格は「US$2,510.00」となる。

3．各品目番号の申告価格

本設問の仕入書価格はCIF価格であり、仲介料3%が加算されるので、次の算式により申告価格を計算する。(1円未満の端数がある場合は、これを切り捨てる。)

申告価格＝CIF×1.03×適用為替レート

(1)6203.11-2005　＝　**8,584,535円**(仕入書第1項及び第2項)：US$79,000.00 × 1.03 × 105.50円/US$

残りの品目についても同様に計算をする。

(2)6203.23-200X　＝　**272,749円**(少額合算：仕入書第3項及び第4項)

(3)6203.31-2006　＝　**4,971,423円**(仕入書第5項)

(4)6203.39-2005　＝　**7,497,885円**(仕入書第6項)

(5)6204.33-2002　＝　**4,698,674円**(仕入書第7項)

4．申告欄の決定

問題文記3に従って申告欄を決定すると、(a)～(e)の選択肢番号及び(f)～(j)の申告価格は次のようになる。

申告欄	仕入書	解答欄	選択肢番号	解答欄	申告価格
第1欄	1・2	(a)	② 6203.11-2005	(f)	8,584,535円
第2欄	6	(b)	⑬ 6203.39-2005	(g)	7,497,885円
第3欄	5	(c)	⑩ 6203.31-2006	(h)	4,971,423円
第4欄	7	(d)	⑮ 6204.33-2002	(i)	4,698,674円
第5欄	3・4	(e)	⑦ 6203.23-200X	(j)	272,749円

(仕入書の有効活用例)

適用為替レート：¥105.50/US$

Marks and Nos. / Description of Goods	Quantity Unit	Unit Price per Unit	Amount CIF US$
1. Men's suits of wool 80%, acrylic 10% and polyester 10% mixed **②6203.11-2005 (協:9.1%)《1》**	800	55.00	44,000.00 **79,000.00** **¥8,584,535**
2. Men's suits of wool 70%, acrylic 20% and polyester 10% mixed **6203.11-2005 (協:9.1%)**	700	50.00	35,000.00
3. Men's ensembles of wool 30% and polyester 70% mixed **~~6203.23-2000~~ (協:9.1%)→⑦6203.23-200X《5》**	50	36.00	1,800.00 **¥272,749　2,510.00**
4. Men's ensembles of cotton 100% **~~6203.22-2001 (協:9.1%)~~**	25	28.40	710.00
5. Men's blazers of wool 80% and polyester 20% mixed **⑩6203.31-2006 (協:9.1%)《3》**	1,500	30.50	45,750.00 **¥4,971,423**
6. Men's jackets of silk 80% and acrylic 20% mixed **⑬6203.39-2005 (協:9.1%)《2》**	2,000	34.50	69,000.00 **¥7,497,885**
7. Unisex jackets M size of wool 40%, polyester 30% and nylon 30% mixed **⑮6204.33-2002 (協:9.1%)《4》**	2,000	21.62	¥43,240.00 **¥4,698,674**

Total : CIF Tokyo US$239,500.00

少額判断基準価格　US$1,840.51

第2問 輸入(納税)申告(スポーツ用品等)(問題・P.225)

解 答

(a)⑮	(b)⑤	(c)⑬	(d)①	(e)⑨
(f)2195046	(g)1941197	(h)559960	(i)431169	(j)306734

<<解 説>>

1．各貨物の品目番号

(1)仕入書第1項：Ski-boots… ➡ 6402.12-0104(基：27%)

貨物は「本底及び甲がプラスチック製のスキー靴」であるので第64.01項又は第64.02項に該当するが、問題文記9により第64.01項から除かれ、第64.02項に属する。また、第64類号注1(b)によりスキー靴は「スポーツ用の履物」に該当し、第6402.12号の「スキー靴(クロスカントリー用のものを含む。)…」の「1 スキー靴」に分類する。

(2)仕入書第2項：Skating boots… ➡ 9506.70-0000(基：無税)

貨物は「アイススケートを取り付けた、本底及び甲が革製のスケート靴」であるので第64類注1(f)により第64類から除かれ第95類に属し、第95.06項の「身体トレーニング、体操、競技その他の運動(…)又は戸外遊戯に使用する物品(この類の他の項に該当するものを除く。)…」のうち、第9506.70号の「アイススケート及びローラースケート(これらを取り付けたスケート靴を含む。)」に分類する。

(3)仕入書第3項：Baseball gloves of leather ➡ 4203.21-2101(基：12.5%)

貨物は「革製の野球用グローブ」であるが、第95類注1(w)によりグローブ(手袋)は第95類から除かれ構成する材料によって分類されるので、第42類注4により革製の手袋として第42.03項の「衣類及び衣類附属品(革製…のものに限る。)」に該当し、その項の中の「手袋、ミトン及びミット」のうち、野球用のものであることから第4203.21号の「特に運動用に製造したもの」の「2 その他のもの」の「－野球用のもの」に分類する。

(4)仕入書第4項：Lawn-tennis rackets… ➡ 9506.51-0101(基：無税)

貨物は「ガットを張ってあるテニスラケット」であるので、第95.06項の中の「テニスラケット…」に該当し、第9506.51号の「テニスラケット(ガットを張ってあるかないかを問わない。)」の「－テニスラケット(部分品及び附属品を除く。)」に分類する。

(5)仕入書第5項：Golf balls… ➡ 9506.32-0003(基：無税)

貨物は「ゴルフボール(1箱12個入)」であるので、第95.06項の中の「ゴルフクラブその他のゴルフ用具」に該当し、第9506.32号の「ボール」に分類する。

(6)仕入書第6項：Bowling balls… ➡ 9504.90-0204(協：無税)

貨物は「ボーリングボール(重量14ポンド)」であるので、第95.04項の「ビデオゲーム用の…、テーブルゲーム用又は室内遊戯用の物品(…)」に該当し、第9504.90号の「その他のもの」の「1 ボーリングボール」に分類する。

2．大額／少額貨物の判断及び少額合算

仕入書価格に運賃及び保険料並びに仲介料(輸入者負担分(仕入書価格の10%)のみ)が加算され、価格按分することとされているので、申告価格が20万円のときの仕入書価格を算出し、適用為替レートで除することで少額判断基準価格を求めることができる。

運賃及び保険料(F・I)	US$3,520.00	
仲介料	US$4,367.00	FOBUS$43,670.00 × 10%
申告価格総額	US$51,557.00	FOBUS$43,670.00 ＋(F・I)US$3,520.00 ＋(仲)US$4,367.00
適用為替レート	105.40円	(令和XX.9.11 ～令和XX.9.17)
少額判断基準価格	US$1,607.25	FOB US$43,670.00 / 申告価格総額US$51,557.00 × 200,000円 / 105.40円/US$

すなわち仕入書価格が**US$1,607.25**以下であれば、少額貨物と判断できる。

本問では、少額貨物については、問題文記2により、関税が有税である品目と無税である品目に分けて、それぞれを一括して一欄にとりまとめることとなっている。

少額貨物で無税である品目は「9506.32-0003」(仕入書第5項：US$950.00)及び「9504.90-0204」(仕入書第6項：US$1,515.00)であり、問題文記2(2)により申告価格が大きい「9504.90-0204」(仕入書第6項)に

とりまとめる。
　合算後の品目番号は「9504.90-020X」、仕入書価格は「US$2,465.00」となる。
　なお、少額貨物で有税である品目はない。

3．各品目番号の申告価格

　本問の仕入書価格はFOB価格であり、運賃及び保険料並びに仲介料は価格按分することとされているので、次の計算式により申告価格を算出する。
　申告価格 = FOB ×（申告価格総額／ FOB総額）× 適用為替レート
（1）6402.12-0104　=　**1,941,197円**（仕入書第1項）
　US$15,600.00 ×（US$51,557.00 ／ US$43,670.00）× 105.40円/US$
　残りの品目についても同様に計算する。
（2）9506.70-0000　=　**2,195,046円**（仕入書第2項）
（3）4203.21-2101　=　**431,169円**（仕入書第3項）
（4）9506.51-0101　=　**559,960円**（仕入書第4項）
（5）9504.90-020X　=　**306,734円**（少額合算：仕入書第5項及び第6項）

4．申告欄の決定

　問題文記3に従って申告欄を決定すると、（a）～（e）の選択肢番号及び（f）～（j）の申告価格は次のようになる。

申告欄	仕入書	解答欄	選択肢番号	解答欄	申告価格
第1欄	2	（a）	⑮9506.70-0000	（f）	2,195,046円
第2欄	1	（b）	⑤6402.12-0104	（g）	1,941,197円
第3欄	4	（c）	⑬9506.51-0101	（h）	559,960円
第4欄	3	（d）	①4203.21-2101	（i）	431,169円
第5欄	5・6	（e）	⑨9504.90-020X	（j）	306,734円

（仕入書の有効活用例）

適用為替レート：¥105.40/US$

FOB ×（US$51,557.00 ／ US$43,670.00）× ¥105.40/US$

Marks and Nos. / Description of Goods	Quantity Unit	Unit Price per Unit	Amount FOB US$
1. Ski-boots with outer soles and uppers of plastics **⑤6402.12-0104（基：27%）《2》**	300	52.00	15,600.00 **¥1,941,197**
2. Skating boots with ice skates attached, with outer soles and uppers of leather **⑮9506.70-0000（基：無税）《1》**	280	63.00	17,640.00 **¥2,195,046**
3. Baseball gloves of leather **①4203.21-2101（基：12.5%）《4》**	330	10.50	3,465.00 **¥431,169**
4. Lawn-tennis rackets, strung **⑬9506.51-0101（基：無税）《3》**	300	15.00	4,500.00 **¥559,960**
5. Golf balls(12 balls in a box) ~~9506.32-0003（基：無税）~~ → 9504.90-0204	100	9.50	950.00
6. Bowling balls (weight, 14 pounds) **9504.90-0204（協：無税）** → **⑨9504.90-020X《5》**	30	50.50 **¥306,734**	1, 515.00 **2,465.00**

Total：FOB Shanghai　US$43,670.00
（F・I）3,520.00
（仲）4,367.00

申告価格総額　51,557.00
少額判断基準価格　US$1,607.25

第３問 輸入(納税)申告(万年筆等)(問題・P.235)

解　答

(a)⑤	(b)①	(c)④	(d)③	(e)⑭
(f)1982724	(g)1700151	(h)1648345	(i)355571	(j)336733

<<解　説>>

1．各貨物の品目番号

(1)仕入書第1項：Fountain pens,… ➡9608.30-1006(基:無税)

貨物は「軸及びキャップに貴金属を使用した万年筆」であるので、第9608.30号の「万年筆その他のペン」に該当し、「1 軸又はキャップに貴金属…を使用したもの」に分類する。

(2)仕入書第2項：Pen nibs for dip pens ➡9608.91-0006(基:無税)

貨物は「つけペン用のペン先」であるので、第96.08項の中の「その他のもの」のうち、第9608.91号の「ペン先及びニブポイント」に分類する。

(3)仕入書第3項：Ball point pens,… ➡9608.10-0106(基:無税)

貨物は「軸に貴金属を使用したボールペン」であるので、第9608.10号の「ボールペン」に該当し、「1 軸…に貴金属…を使用したもの」に分類する。

(4)仕入書第4項：Felt tipped pens,… ➡9608.20-0000(協:3.9%)

貨物は「鉛筆型のフェルトペン」であるので、第9608.20号の「フェルトペン…」に分類する。

(5)仕入書第5項：Crayons, with green leads… ➡9609.10-0900(基:無税)

貨物は「クレヨンで硬いさやの中に緑色の芯を入れたもの」であるので、第9609.10号の「鉛筆及びクレヨン(さやの中に芯を入れたものに限る。)」に該当し、「－その他のもの」に分類する。

(6)仕入書第6項：Propelling pencils,… ➡9608.40-0104(基:無税)

貨物は「軸に貴金属を使用したシャープペンシル」であるので、第9608.40号の「シャープペンシル」に該当し、「1 軸…に貴金属…を使用したもの」に分類する。

(7)仕入書第7項：Parts for propelling pencils ➡9608.99-0101(協:3.4%)

貨物は「シャープペンシルの部分品」であるので、第96.08項の中の「その他のもの」のうち、第9608.99号の「その他のもの」に該当し、「－ボールペン又はシャープペンシルの部分品…」に分類する。

2．大額／少額貨物の判断及び少額合算

仕入書価格に運賃及び保険料、相殺額並びにロイヤルティが加算され、価格按分することとされているので、申告価格が20万円のときの仕入書価格を算出し、適用為替レートで除することで少額判断基準価格を求めることができる。

運賃及び保険料(F・I)	US$1,430.00	G/W 1,100kgs × US$1.30/kg
相殺額(相)	US$7,000.00	相殺額は認められない
ロイヤルティ(R)	US$3,197.50	FOB US$63,950.00 × 5%
申告価格総額	US$75,577.50	(FOB)US$63,950.00 ＋(F・I)US$1,430.00 ＋(相)US$7,000.00 ＋(R)US$3,197.50
適用為替レート	79.70円	(令和XX. 7. 5 ～令和XX. 7.11)
少額判断基準価格	US$2,123.34	$\dfrac{\text{FOB US\$63,950.00}}{\text{申告価格総額US\$75,577.50}} \times \dfrac{\text{200,000円}}{\text{79.70円/US\$}}$

すなわち、仕入書価格が**US$2,123.34**以下であれば、少額貨物と判断できる。

本問では、少額貨物については、問題文記2により、関税が有税である品目と無税である品目に分けて、それぞれを一括して一欄にとりまとめることとなっている。

(1)少額貨物で有税である品目は「9608.20-0000(協:3.9%)」(仕入書第4項：US$1,875.00)及び「9608.99-0101(協:3.4%)」(仕入書第7項：US$1,900.00)であり、同記2(1)により関税率が高い「9608.20-0000」(仕入書第4項)にとりまとめる。

合算後の品目番号は「9608.20-000X」、仕入書価格は「US$3,775.00」となる。

(2)少額貨物で無税である品目は「9608.91-0006(基:無税)」(仕入書第2項：US$1,665.00)及び「9609.10-0900(基:無税)」(仕入書第5項：US$1,910.00)であり、同記2(2)により申告価格が大きい「9609.10-

0900」(仕入書第5項)にとりまとめる。
合算後の品目番号は「9609.10-090X」、仕入書価格は「US$3,575.00」となる。

3．各品目番号の申告価格

本問の仕入書価格はFOB価格であり、運賃及び保険料、相殺額並びにロイヤルティは価格按分することとされているので、次の算式により申告価格を計算する。

申告価格 = FOB ×(申告価格総額／ FOB総額)× 適用為替レート

(1)9608.30-1006 = **1,648,345円**(仕入書第1項)
：US$17,500.00 ×(US$75,577.50 ／ US$63,950.00)× 79.70円/US$
残りの品目についても同様に計算をする。
(2)9608.10-0106 = **1,700,151円**(仕入書第3項)
(3)9608.20-000X = **355,571円**(少額合算：仕入書第4項及び第7項)
(4)9609.10-090X = **336,733円**(少額合算：仕入書第5項及び第2項)
(5)9608.40-0104 = **1,982,724円**(仕入書第6項)

4．申告欄の決定

問題文記3に従って申告欄を決定すると、(a)～(e)の選択肢番号及び(f)～(j)の申告価格は次のようになる。

申告欄	仕入書	解答欄	選択肢番号	解答欄	申告価格
第1欄	6	(a)	⑤ 9608.40-0104	(f)	1,982,724円
第2欄	3	(b)	① 9608.10-0106	(g)	1,700,151円
第3欄	1	(c)	④ 9608.30-1006	(h)	1,648,345円
第4欄	4・7	(d)	③ 9608.20-000X	(i)	355,571円
第5欄	2・5	(e)	⑭ 9609.10-090X	(j)	336,733円

(仕入書の有効活用例)

適用為替レート：¥79.70/US$

FOB ×（US$75,577.50／US$63,950.00）× ¥79.70/US$

Marks and Nos.	Description of Goods	Quantity DZ	Unit Price per DZ	Amount FOB US$
	1.Fountain pens, with holders & caps, made of precious metal **④9608.30-1006（基：無税）《3》**	70	250.00	17,500.00 **¥1,648,345**
	2.Pen nibs for dip pens ~~9608.91-0006（基：無税）~~	30	55.50	1,665.00
	3.Ball point pens, with holders, made of precious metal **①9608.10-0106（基：無税）《2》**	100	180.50	18,050.00 **¥1,700,151**
	4.Felt tipped pens, of pencil-type ~~9608.20-0000~~（協：3.9%） → **③9608.20-000X《4》**	50	37.50 **¥355,571**	1,875.00 **3,775.00**
	5.Crayons, with green leads encased in a sheath ~~9609.10-0900~~（基：無税） → **⑭9609.10-090X《5》**	10	191.00 **¥336,733**	1,910.00 **3,575.00**
	6.Propelling pencils, with holders, made of precious metal **⑤9608.40-0104（基：無税）《1》**	100	210.50	21,050.00 **¥1,982,724**
	7.Parts for propelling pencils ~~9608.99-0101（協：3.4%）~~	50	38.00	1,900.00

Total : FOB New York US$63,950.00
(F・I) 1,430.00
(相) 7,000.00
(R) 3,197.50
申告価格総額 75,577.50
少額判断基準価格 US$2,123.34

第４問　輸入(納税)申告(銅及びその製品)(問題・P.241)

解　答

(ａ)⑬	(ｂ)⑥	(ｃ)⑨	(ｄ)⑦	(ｅ)⑮
(ｆ)9700847	(ｇ)7862305	(ｈ)1328092	(ｉ)385262	(ｊ)382120

<<解　説>>

１．各貨物の品目番号

(１)仕入書第１項：Copper alloys(unwrought), containing Copper 91%, Zinc 4%, Nickel 3% & Tin 2%
➡7403.21-0006(基：無税)

貨物は「銅合金の塊で、銅91％、亜鉛4％、ニッケル3％及びすず2％を含有するもの」であるので、第74類注１(b)により第74.03項の「精製銅又は銅合金の塊」に該当する。その項の中の「銅合金」のうち、号注１(a)により第7403.21号の「銅・亜鉛合金(黄銅)」に分類する。

(２)仕入書第２項：Copper alloys(unwrought), containing Copper 78%, Nickel 18%, Tin 2% & Zinc 2%
➡7403.29-0300(基：無税)

貨物は「銅合金の塊で、銅78％、ニッケル18％、すず2％及び亜鉛2％を含有するもの」であるので、第74類注１(b)により第74.03項の「精製銅又は銅合金の塊」に該当する。その項の中の「銅合金」のうち、号注１(b)、(c)及び(d)により銅・ニッケル・亜鉛合金(洋白)として第7403.29号の「その他の銅合金(…)」に該当し、１kg当たりの課税価格が923.89円(注)となるので、「3 課税価格が１キログラムにつき500円を超えるもの」に分類する。

(注)仕入書価格の単価(US$)を課税価格の単価(円)へ変換するための計算方法
　1kg当たりの課税価格(円/kg)＝1kg当たりの仕入書価格(US$/kg)×申告価格総額(US$)
　　/仕入書価格総額(US$)×適用為替レート(円/US$)
　　＝US$10.00/kg×US$245,732.85/US$212,781.00×80.00円/US$

(３)仕入書第３項：Copper alloys(unwrought), containing Copper 85%, Zinc 9%, Tin 5% & Nickel 1%
➡7403.22-0101(協：3%)

貨物は「銅合金の塊で、銅85％、亜鉛9％、すず5％及びニッケル1％を含有するもの」であるので、第74類注１(b)により第74.03項の「精製銅又は銅合金の塊」に該当する。その項の中の「銅合金」のうち、号注１(b)のただし書きにより第7403.22号の「銅・すず合金(青銅)」に該当し、1kg当たりの課税価格が480.42円(上記(２)注参照)となるので「1 課税価格が１キログラム」につき485円以下のもの」に分類する。

(４)仕入書第４項：Bronze statuettes, miniature replica of "Statue of Liberty"　➡8306.29-0005(協：3.1%)

貨物は「ブロンズ(青銅)製の“自由の女神”の小像」であるので、第15部注２末文から第83.06項の「卑金属製のベル…、小像その他の装飾品…」に該当する。その項の中の「小像その他の装飾品」のうち、第8306.29号の「その他のもの」に分類する。

(５)仕入書第５項：Sheets of copper-nickel base alloys, of a thickness 0.5mm, not coiled　➡7409.40-0003(協：3%)

貨物は「銅・ニッケル合金(白銅)の正方形のシート(一辺の長さが500mmで、厚さ0.5mmの巻いたものではないもの)」であるので、第15部注９(ｄ)により第74.09項の「銅の板、シート…(厚さが0.15mmを超えるものに限る。)」に該当する。その項のうち、第7409.40号の「銅・ニッケル合金(白銅)…のもの」に分類する。

(６)仕入書第６項：Coffee pots of copper, capacity of 700ml　➡7418.10-0001(基：無税)

貨物は「銅製のコーヒーポット」であり、問題文記７-②により加熱源を有していないものであるので、第74.18項に該当する。関税率表解説の第74.18項において準用している第73.23項の(A)の(2)において食卓用品として加熱源を有していないコーヒーポットが規定されているので、第7418.10号の「食卓用品…」に分類する。

(７)仕入書第７項：Brass door-plates (name-plates for houses)　➡8310.00-0005(基：無税)

貨物は「黄銅製のネームプレート(表札)で住宅用のもの」であり、第15部注２末文から第83.10項(第8310.00号)の「卑金属製のサインプレート、ネームプレート…」に該当する。

２．大額／少額貨物の判断及び少額合算

仕入書価格に運賃及び保険料並びに仲介料が加算され、価格按分することとされているので、申告価格が20万円のときの仕入書価格を算出し、適用為替レートで除することで少額判断基準価格を求めることができる。

運賃及び保険料(F・I)	US$11,673.75	G/W 10,612.50kgs × US$1.10/kg
仲介料(仲)	US$21,278.10	FOB US$212,781.00 × 10%
申告価格総額	US$245,732.85	(FOB)US$212,781.00＋(F・I)US$11,673.75 ＋(仲)US$21,278.10
適用為替レート	80.00円	(令和XX. 9. 2 ～令和XX. 9. 8)
少額判断基準価格	US$2,164.75	FOB US$212,781.00 ／ 申告価格総額 US$245,732.85 × 200,000円 ／ 80.00円/US$

すなわち、仕入書価格が**US$2,164.75**以下であれば、少額貨物と判断できる。

本問では、少額貨物については、問題文記2及び3により関税が有税である品目と無税である品目に分けて、それぞれを一括して一欄にとりまとめる。

(1)少額貨物で有税である品目は「7403.22-0101(協:3%)」(仕入書第3項：US$2,080.00)及び「7409.40-0003(協:3%)」(仕入書第5項：US$2,090.00)であり、関税率が同じであるので、申告価格が大きい「7409.40-0003」(仕入書第5項)にとりまとめる。

合算後の品目番号は「7409.40-000X」、仕入書価格は「US$4,170.00」となる。

(2)少額貨物で無税である品目は「7403.21-0006(基:無税)」(仕入書第1項：US$1,980.00)及び「8310.00-0005(基:無税)」(仕入書第7項:US$2,156.00)であり、申告価格が大きい「8310.00-0005」(仕入書第7項)にとりまとめる。

合算後の品目番号は「8310.00-000X」、仕入書価格は「US$4,136.00」となる。

3．各品目番号の申告価格

本問の仕入書価格はFOB価格であり、運賃及び保険料並びに仲介料は価格按分することとされているので、次の算式により申告価格を計算する。

申告価格 ＝ FOB ×(申告価格総額／ FOB総額)× 適用為替レート

(1)7403.29-0300 ＝ **7,862,305円**(仕入書第2項)

：US$85,100.00 ×(US$245,732.85 ／ US$212,781.00)× 80.00円/US$

残りの品目についても同様に計算をする。

(2)8306.29-0005 ＝ **9,700,847円**(仕入書第4項)

(3)7409.40-000X ＝ **385,262円**(少額合算：仕入書第5項及び第3項)

(4)7418.10-0001 ＝ **1,328,092円**(仕入書第6項)

(5)8310.00-000X ＝ **382,120円**(少額合算：仕入書第7項及び第1項)

4．申告欄の決定

問題文記4に従って申告欄を決定すると、(a)～(e)の選択肢番号及び(f)～(j)の申告価格は次のようになる。

申告欄	仕入書	解答欄	選択肢番号	解答欄	申告価格
第1欄	4	(a)	⑬ 8306.29-0005	(f)	9,700,847円
第2欄	2	(b)	⑥ 7403.29-0300	(g)	7,862,305円
第3欄	6	(c)	⑨ 7418.10-0001	(h)	1,328,092円
第4欄	3・5	(d)	⑦ 7409.40-000X	(i)	385,262円
第5欄	1・7	(e)	⑮ 8310.00-000X	(j)	382,120円

（仕入書の有効活用例）

Marks and Nos. Description of Goods	Quantity	Unit Price per kg, pc or sheet	Amount FOB US$
適用為替レート：¥80.00/US$ FOB×（US$245,732.85／US$212,781.00）×¥80.00/US$			
1. Copper alloys(unwrought), containing Copper 91%, Zinc 4%, Nickel 3% & Tin 2%	360 kgs	5.50	1,980.00
~~7403.21-0006(基：無税)~~			
2. Copper alloys(unwrought), containing Copper 78%, Nickel 18%, Tin 2% & Zinc 2%	8,510 kgs	10.00	85,100.00
⑥7403.29-0300(基：無税)《2》			¥7,862,305
3. Copper alloys(unwrought), containing Copper 85%, Zinc 9%, Tin 5% & Nickel 1%	400 kgs	5.20	2,080.00
~~7403.22-0101(協：3%)~~			
4. Bronze statuettes, miniature replica of "Statue of Liberty"			
⑬8306.29-0005(協：3.1%)《1》	24 pcs	4,375.00	105,000.00
			¥9,700,847
5. Sheets of copper-nickel base alloys, of a thickness 0.5mm, not coiled Square : 500mm × 500mm	190 sheets	11.00	2,090.00
~~7409.40-0003~~(協：3%) → ⑦7409.40-000X《4》		¥385,262	4,170.00
6. Coffee pots of copper, capacity of 700ml			
⑨7418.10-0001(基：無税)《3》	230pcs	62.50	14,375.00
			¥1,328,092
7. Brass door-plates (name-plates for houses)			
~~8310.00-0005~~(基：無税)	98 pcs	22.00	2,156.00
→ ⑮8310.00-000X《5》		¥382,120	4,136.00

Total : FOB New York US$ 212,781.00
(F・I) 11,673.75
(仲) 21,278.10

申告価格総額 245,732.85
少額判断基準価格 US$2,164.75

第5問 輸入(納税)申告(特殊織物等)(問題・P.255)

解 答

(a)⑥	(b)⑪	(c)⑧	(d)⑮	(e)⑬
(f)1857545	(g)910494	(h)580217	(i)380223	(j)217953

<<解 説>>

1. 各貨物の品目番号

(1)仕入書第1項:Gauze of cotton 85%, … ➡5806.31-0005(協:7.4%)

貨物は「もじり織物」であり、両側にのり付けの耳を有するもので、主たる構成材料は綿で、経糸がアセテート繊維のものであるが、織幅が30cmのものであることから第58類注3及び注5(a)により第58.06項の「細幅織物(…) …」に該当し、その項の中の「その他の織物」のうち、第5806.31号の「綿製のもの」に分類する。

(2)仕入書第2項:Gauze of cotton 70%, … ➡5803.00-1901(協:3.7%)

貨物は「もじり織物」であり、主たる構成材料は綿で、経緯糸がビスコースレーヨンのものであり、その他の構成材料としてラミー製の糸が使用されており、織幅が45cmのものであることから第58類注3により第58.03項(第5803.00号)の「もじり織物(…)」に該当し、「1 綿製のもの」のうち、経緯糸がビスコースレーヨン(第54類注1(b)により「再生繊維又は半合成繊維」である。)であり、その他の使用繊維に関し、ラミー糸のみであることから合成繊維とアセテート繊維の重量が全重量の10%を超えないものであるので、「(3)その他のもの」に分類する。

(3)仕入書第3項:Woven pile fabrics of cotton… ➡5806.10-0005(協:5.3%)

貨物は「パイル織物」であり、両側に織込みを有し、綿製のコール天(パイルを切ったもの)で、織幅が20cmのものであるので、第58類注5(a)により第58.06項の「細幅織物(…)…」に該当し、第5806.10号の「パイル織物(…)…」に分類する。

(4)仕入書第4項:Lace in the piece (in strips) of silk, … ➡5804.29-0225(協:9.1%)

貨物は「機械製のレース地」であるので、第58.04項の「チュール…及びレース(レース地…に限るものとし、…)…」に該当し、その項の中の「機械製のレース」のうち、絹製であるので第5804.29号の「その他の紡織用繊維製のもの」に該当し、「2 その他のもの」の「(2)その他のもの」に分類する。

(5)仕入書第5項:Tracing cloth of synthetic fibres… ➡5901.90-0001(協:4%)

貨物は「トレーシングクロス(注)」であるので、第59.01項の「書類装丁用…、トレーシングクロス…」に該当し、第5901.90号の「その他のもの」に分類する。

(注)綿などの目の詰まった織物を芸術家などが透写するのに適するよう天然樹脂の溶液等で処理を行い表面を滑らかにしたもの

(6)仕入書第6項:Gauze of cotton, … ➡5903.20-0004(協:3.5%)

貨物は「ポリウレタンを染み込ませたもじり織物」であり、第58類注1及び注3並びに第59類注1により第59類に入るものとして第59.03項の「紡織用繊維の織物類(プラスチックを染み込ませ…たものに限るものとし、…)」に該当し、第5903.20号の「ポリウレタンを染み込ませ…たもの」に分類する。

(7)仕入書第7項:Woven pile fabrics of cotton… ➡5801.22-0106(基:4.2%)

貨物は「ポリ(塩化ビニル)を染み込ませたパイル織物のコール天(パイルを切ったもの)」であり、第58類注1及び第59類注1により第59類から除かれ、第58.01項の「パイル織物…(…)」に該当し、その項の中の「綿製のもの」のうち、第5801.22号の「コール天(パイルを切ったものに限る。)」の「1 プラスチック…を染み込ませ…たもの」に分類する。

(8)仕入書第8項:Woven pile fabrics of cotton… ➡5903.20-0004(協:3.5%)

貨物は「ポリウレタンを染み込ませたパイル織物のコール天(パイルを切ったもの)で、縁を折ったバイアステープで縁を広げた幅が29cmのもの」であることから、第58.06項の「細幅織物」に該当するものであるが、第58類注1及び第59類注1により第59類に入るものとして第59.03項の「紡織用繊維の織物類(プラスチックを染み込ませ…たものに限るものとし、…)」に該当し、第5903.20号の「ポリウレタンを染み込ませ…たもの」に分類する。

なお、仕入書第6項及び第8項の貨物は品目番号が同一となるため、一欄にとりまとめる。

2. 大額/少額貨物の判断及び少額合算

仕入書価格に輸出港本船積みから本邦の輸入港までの海上運送業務の費用及びロイヤルティが加算され、価格按分することとされているので、申告価格が20万円のときの仕入書価格を算出し、適用為替レートで除することで少額判断基準価格を求めることができる。

輸出港本船船積みから輸入港までの運送の費用(F)	US$2,390.00	
ロイヤルティ(R)	US$742.74	(FAS)US$37,137.00×2%
申告価格総額	US$40,269.74	(FAS)US$37,137.00+(F)US$2,390.00 +(R)US$742.74
適用為替レート	98.00円	(令和XX. 9.30 ~令和XX.10. 6)
少額判断基準価格	US$1,882.05	$\frac{\text{FAS US\$37,137.00}}{\text{申告価格総額US\$40,269.74}} \times \frac{\text{200,000円}}{\text{98.00円/US\$}}$

すなわち、仕入書価格が**US$1,882.05**以下であれば、少額貨物と判断できる。

したがって、本問では、「5806.10-0005(協:5.3%)」(仕入書第3項:US$1,700.00)、「5804.29-0225(協:9.1%)」(仕入書第4項:US$1,880.00)及び「5801.22-0106(基:4.2%)」(仕入書第7項:US$1,880.00)が少額貨物となる。これらの少額貨物の合算方法について問題文記では特に指示がないので、関税法基本通達67-4-17(1)の規定に基づき「関税率が最も高いものである「5804.29-0225」(仕入書第4項)にとりまとめる。

合算後の品目番号は「5804.29-022X」、仕入書価格は「US$5,460.00」となる。

なお、仕入書第6項(US$1,550.00)は20万円以下のものであるが、仕入書第8項と同一品目番号であり一欄にとりまとめると20万円を超えるので、少額貨物として扱わない。

3. 各品目番号の申告価格

本問の仕入書価格はFAS価格であり、海上運送業務の費用及びロイヤルティは価格按分することとされているので、次の算式により申告価格を計算する。

申告価格 =FAS×(申告価格総額/ FAS総額)×適用為替レート

(1)5806.31-0005 = **910,494円**(仕入書第1項)

:US$8,568.00×(US$40,269.74 / US$37,137.00)×98.00円/US$

残りの品目も同様に計算をする。

(2)5803.00-1901 = **1,857,545円**(仕入書第2項)
(3)5804.29-022X = **580,217円**(少額合算:仕入書第4項、第3項及び第7項)
(4)5901.90-0001 = **217,953円**(仕入書第5項)
(5)5903.20-0004 = **380,223円**(仕入書第6項及び第8項)

4. 申告欄の決定

問題文記3に従って申告欄を決定すると、(a)~(e)の選択肢番号及び(f)~(j)の申告価格は次のようになる。

申告欄	仕入書	解答欄	選択肢番号	解答欄	申告価格
第1欄	2	(a)	⑥ 5803.00-1901	(f)	1,857,545円
第2欄	1	(b)	⑪ 5806.31-0005	(g)	910,494円
第3欄	3・4・7	(c)	⑧ 5804.29-022X	(h)	580,217円
第4欄	6・8	(d)	⑮ 5903.20-0004	(i)	380,223円
第5欄	5	(e)	⑬ 5901.90-0001	(j)	217,953円

（仕入書の有効活用例）

Marks and Nos. 　**Description of Goods**

適用為替レート：￥98.00/US$

Description of Goods	Quantity Roll	Unit Price per Roll	Amount FAS US$
			FAS ×（US$40,269.74／US$37,137.00）× ¥98.00/US$
1. Gauze of cotton 85%, having the warp of acetate fibres 15%, provided with gummed selvedges on both edges			
Roll size:30cm×9m	24	357.00	8,568.00
⑪5806. 31-0005（協: 7. 4%）《2》		**¥910, 494**	
2. Gauze of cotton 70%, having both the warp and the weft of viscose rayon and other threads containing of ramie			
Roll size: 45cm × 10m	38	460.00	17,480.00
⑥5803. 00-1901（協: 3.7%）《1》		**¥1, 857, 545**	
3. Woven pile fabrics of cotton (cut corduroy), provided with woven selvedges on both edges			
Roll size: 20cm×8m	8	212.50	1,700.00
~~5806.10-0005（協:5.3%）~~			
4. Lace in the piece (in strips) of silk, mechanically made			
Roll size: 35cm×1m	10	188.00	1,880.00
~~5804.29-0225~~（協:9.1%）→ ⑧5804.29-022X《3》		**¥580,217**	**5,460.00**
5. Tracing cloth of synthetic fibres			
Roll size: 55cm×11m	7	293.00	2,051.00
⑬5901.90-0001（協:4%）《5》		**¥217,953**	
6. Gauze of cotton, impregnated with polyurethane			
Roll size: 40cm×14m	5	310.00	1,550.00
⑮5903.20-0004（協3.5%）《4》		**¥380,223**	**3,578.00**
7. Woven pile fabrics of cotton (cut corduroy), impregnated with poly(vinyl chloride)			
Roll size: 44cm×9m	4	470.00	1,880.00
~~5801.22-0106（基:4.2%）~~			
8. Woven pile fabrics of cotton (cut corduroy), impregnated with polyurethane, bias binding with folded edges, of a width when unfolded 29cm			
Roll size: 29cm×15m	13	156.00	2,028.00
5903.20-0004（協3.5%）			

Total : FAS NEW YORK US$37,137.00

（F）2,390.00

（R）742.74

申告価格総額　40,269.74

少額判断基準価格　US$1,882.05

第６問　輸入（納税）申告（家庭用電気機器）（問題・P.266）

解　答

(a)⑥	(b)④	(c)⑧	(d)⑭	(e)②
(f)3324160	(g)2712752	(h)2582160	(i)771680	(j)373968

<<解　説>>

1．各貨物の品目番号

(1)仕入書第1項：Kitchen waste disposers　➡8509.80-0003(基：無税)

貨物は「電動装置を自蔵した台所用ディスポーザー」であり、問題文記11-①及び②より家庭用電気機器の重量が1個につき20kg以下でモーター駆動のものであるので、第85類注4(b)により第85.09項の「家庭用電気機器(電動装置を自蔵するものに限るものとし、…。)」に該当し、第8509.80号の「その他の機器」に分類(8509.80-000†)する。

なお、NACCS用欄が「†」であるため、別紙3のNACCS用品目コード表に従って、問題文記11-③を参考にして品目番号を決定する。

(2)仕入書第2項：Food mixers　➡8509.40-0001(基：無税)

貨物は「電動装置を自蔵した食物用ミキサー」であるので、第85類注4(a)により第85.09項の「家庭用電気機器(電動装置を自蔵するものに限るものとし、…。)」に該当し、第8509.40号の「食物用グラインダー、食物用ミキサー…」に分類する。

(3)仕入書第3項：Toothbrush sets…　➡8509.80-0003(基：無税)

貨物は「電動装置を自蔵した歯ブラシセット(ブラシ本体-1、電池-1、替えブラシ-1を紙箱に包装)」であるので、問題文記11-①及び②並びに第85類注4により第85.09項の「家庭用電気機器(電動装置を自蔵するものに限るものとし、…。)」に該当し、第8509.80号の「その他の機器」に分類(8509.80-000†)する。

なお、NACCS用欄が「†」であるため、別紙3のNACCS用品目コード表に従って、問題文記11-③を参考にして品目番号を決定する。

(4)仕入書第4項：Microwave ovens, …　➡8516.50-0101(基：無税)

貨物は「マイクロ波以外の方法による加熱機能を有しないマイクロ波オーブン」であるので、第85.16項の「電気式の瞬間湯沸器…その他の家庭において使用する種類の電熱機器…」に該当し、第8516.50号の「マイクロ波オーブン」の「－マイクロ波以外の方法による加熱機能を有しないもの」に分類する。

(5)仕入書第5項：Electro-thermic cooking plates　➡8516.60-0002(基：無税)

貨物は「電熱式の加熱調理板」であるので、第85.16項の「電気式の瞬間湯沸器…その他の家庭において使用する種類の電熱機器…」に該当し、第8516.60号の「その他のオーブン並びに…加熱調理板…」に分類する。

(6)仕入書第6項：Electric storage water heaters　➡8516.10-0003(基：無税)

貨物は「電気式の貯蔵式湯沸器」であるので、第85.16項の「電気式の瞬間湯沸器、貯蔵式湯沸器…」に該当し、第8516.10号の「電気式の瞬間湯沸器、貯蔵式湯沸器…」に分類する。

(7)仕入書第7項：Electro-thermic humidifiers for household use　➡8516.79-0903(基：無税)

貨物は「電熱式の加湿器で家庭用のもの」であるので、第85.16項の「電気式の瞬間湯沸器…その他家庭において使用する種類の電熱機器…」に該当し、「その他の電熱機器」のうち、第8516.79号の「その他のもの」の「－その他のもの」に分類(8516.79-090†)する。

なお、NACCS用欄が「†」であるため、別紙3のNACCS用品目コード表に従って、問題文記11-③を参考にして品目番号を決定する。

なお、仕入書第1項及び第3項の貨物は品目番号が同一となるため、一欄にとりまとめる。

2．大額／少額貨物の判断及び少額合算

仕入書価格に意匠権の使用に伴う対価(注1)及び割増運送料(注3)が加算されることになり、これらの仕入書価格への振り分けは価格按分とされているので、申告価格が20万円のときの仕入書価格を算出し、適用為替レートで除することで少額判断基準価格を求めることができる。

(注1)輸入貨物の意匠権の使用に伴う対価：算入

買手がWに対して行う支払は輸入貨物に係るものであり、かつ、輸入貨物の売手と買手との輸入取引をするための条件として行われるものであるので、加算要素に該当する(関税定率法第4条第1項第4号、同法基本通達4-13)。

(注2)輸入国における保税蔵置場での輸入の許可を得て引き取るまでの一時保管料：不算入

当該貨物の保管料は買手による売手に対しての支払ではないので現実支払価格には含まれず、また、輸入港に

到着するまでの運送に係る費用(加算要素)にも該当しないので、課税価格には含まれない(同法基本通達4-2、4-8)。

(注3)揚地変更による割増料金：算入

輸入者の都合で本邦(輸入地)での揚地を変更したために輸入者が船会社に支払う割増料金は通常必要とされる輸入港までの運賃であり、課税価格に含まれる(同法基本通達4-8(8)ロ)。

一時保管料(保)	─	申告価格に算入しない【(注2)】
意匠権の使用に伴う対価(デ)	US$3,750.00	申告価格に算入する【(注1)】
輸入者が支払う揚地変更運賃(F)	US$1,185.00	申告価格に算入する【(注3)】
申告価格総額	US$87,185.00	CIF US$82,250.00＋(デ)(F)US$4,935.00
適用為替レート	112.00円	(令和XX. 7. 6～令和XX. 7.12)
少額判断基準価格	US$1,684.63	$\frac{\text{CIF US\$82,250.00}}{\text{申告価格総額US\$87,185.00}} \times \frac{\text{200,000円}}{\text{112,00円/US\$}}$

すなわち、仕入書価格が**US$1,684.63**以下であれば、少額貨物と判断できる。

したがって、本問では「8509.40-0001」(仕入書第2項：US$1,650.00)及び「8516.60-0002」(仕入書第5項：US$1,500.00)が少額貨物となり、ともに適用される関税率は無税であるので、申告価格が大きい「8509.40-0001」(仕入書第2項)にとりまとめる。

合算後の品目番号は「8509.40-000X」、仕入書価格は「US$3,150.00」となる。

3．各品目番号の申告価格

本問の仕入書価格はCIF価格であり、意匠権の使用に伴う対価及び輸入者が支払う揚地変更運賃は価格按分することとされているので、次の算式により申告価格を計算する。

申告価格＝CIF×(申告価格総額／CIF総額)×適用為替レート＝CIF×1.06×112.00円/US$

(1)8509.80-0003 ＝ **2,712,752円**(仕入書第1項及び第3項)

：(US$21,250.00＋US$1,600.00)×1.06×112.00円/US$

残りの品目についても同様に計算をする。

(2)8509.40-000X ＝ **373,968円**(少額合算：仕入書第2項及び第5項)

(3)8516.50-0101 ＝ **2,582,160円**(仕入書第4項)

(4)8516.10-0003 ＝ **3,324,160円**(仕入書第6項)

(5)8516.79-0903 ＝ **771,680円**(仕入書第7項)

4．申告欄の決定

問題文記4に従って申告欄を決定すると、(a)～(e)の選択肢番号及び(f)～(j)の申告価格は次のようになる。

申告欄	仕入書	解答欄	選択肢番号	解答欄	申告価格
第1欄	6	(a)	⑥8516.10-0003	(f)	3,324,160円
第2欄	1・3	(b)	④8509.80-0003	(g)	2,712,752円
第3欄	4	(c)	⑧8516.50-0101	(h)	2,582,160円
第4欄	7	(d)	⑭8516.79-0903	(i)	771,680円
第5欄	2・5	(e)	②8509.40-000X	(j)	373,968円

（仕入書の有効活用例）

適用為替レート：￥112.00/US$

CIF×（US$87,185.00/US$82,250.00）×￥112.00/US$

Marks and Nos. / Description of Goods	Quantity PC	Unit Price per PC	Amount CIF US$
			for domestic purposes
1. Kitchen waste disposers	50	425.00	21,250.00
④8509.80-0003（基：無税）≪2≫ (8509.80-000†)			22,850.00 ￥2,712,752
2. Food mixers	66	25.00	1,650.00
~~8509.40-0001~~（基：無税） →②8509.40-000X≪5≫			3,150.00 ￥373,968
3. Toothbrush sets (Brush-body-1, battery-1, spare brush-1, packed in paper box)	50	32.00	1,600.00
8509.80-0003（基：無税） (8509.80-000†)			
4. Microwave ovens, without a heating function by use of other means than microwave	50	435.00	21,750.00
⑧8516.50-0101（基：無税）≪3≫			￥2,582,160
5. Electro thermic cooking plates	20	75.00	1,500.00
~~8516.60-0002~~（基：無税）			
6. Electric storage water heaters	50	560.00	28,000.00
⑥8516.10-0003（基：無税）≪1≫			￥3,324,160
7. Electro-thermic humidifiers for household use	50	130.00	6,500.00
⑭8516.79-0903（基：無税）≪4≫ (8516.79-090†)			￥771,680

Total : CIF TOKYO US$82,250.00

（デ）3,750.00

（F）1,185.00

申告価格総額 87,185.00

少額判断基準価格 US$1,684.63

第7問 輸入(納税)申告(パスタ) (問題・P.273)

解　答

(a)③	(b)④	(c)⑧	(d)②	(e)⑪
(f)2317500	(g)1416250	(h)1009400	(i)566500	(j)310545

<<解　説>>

1．各貨物の品目番号

(1)仕入書第1項：Spaghetti … ➡1902.19-0931(協:30円/kg)

貨物は「何の調製もせず、卵を含有しないスパゲッティ」であるので、「パスタ(加熱による…を除く。)」のうち、第1902.19号の「その他のもの」に該当する。その号の中の「2 その他のもの」のうち、「－マカロニ及びスパゲッティ」の「－－スパゲッティ」に分類する。

(2)仕入書第2項：Raviori … ➡1902.20-2105(協:5.1%)

貨物は「詰物をし、砂糖を加えてないラビオリ(牛肉15%、えび18%及びほうれん草17%、生地50%)」であるので、第1902.20号の「パスタ(詰物をしたものに限るものとし、…)」に該当する。その号の中の「2 その他のもの」のうち、「(1)ソーセージ、肉…又は甲殻類…の一以上を詰めたもので、これらの物品の含有量の合計が全重量の20%を超え、かつ、これらの物品のうちえびが最大の重量を占めるもの」に分類する。

(3)仕入書第3項：Biefun … ➡1902.19-0102(協:27.20円/kg)

貨物は「何の調製もせず、卵を含有しないビーフン」であるので、「パスタ(加熱による…を除く。)」のうち、第1902.19号の「その他のもの」に該当する。その号の中の「1 ビーフン」に分類する。

(4)仕入書第4項：Raviori … ➡1902.20-2201(協:21.3%)

貨物は「詰物をし、砂糖を加えてないラビオリ(牛肉30%及び野菜20%、生地50%)」であるので、第1902.20号の「パスタ(詰物をしたものに限るものとし、…)」に該当する。その号の中の「2 その他のもの」のうち、えびが入っていないので「(2)その他のもの」に分類する。

(5)仕入書第5項：Gnocchi … ➡1902.30-2905(協:21.3%)

貨物は「加熱による調理をし、詰物をせず、砂糖を加えてないニョッキ」であるので、第1902.30号の「その他のパスタ」に該当する。その号のうち、「2 その他のもの」の「－その他のもの」に分類する。

(6)仕入書第6項：Macaroni … ➡1902.19-0942(協:30円/kg)

貨物は「何の調製もせず、卵を含有しないマカロニ」であるので、「パスタ(加熱による…を除く。)」のうち、第1902.19号の「その他のもの」に該当する。その号の中の「2 その他のもの」のうち、「－マカロニ及びスパゲッティ」の「－－マカロニ」に分類する。

2．大額／少額貨物の判断及び少額合算

本問の仕入書価格は米ドル建のFOB価格であり、運賃及び保険料を各貨物の容積で按分することとされているので、仕入書価格を調整して米ドル建の申告価格を算出し、少額貨物分岐点価格である20万円を適用為替レートで除した額と比較する。

適用為替レート	103.00円	(令和XX. 9.16～令和XX. 9.22)
少額貨物分岐点価格(20万円)を適用為替レートで除した額	US$1,941.74	200,000円 ÷ 103.00円/US$

すなわち、調整した仕入書価格が**US$1,941.74**以下であれば、少額貨物と判断できる。

次に、仕入書価格を調整して米ドル建の申告価格を算出すると次のようになる。

1㎥当たりの運賃及び保険料：US$16,500.00 ÷ 550.00㎥ ＝ US$30.00/㎥

(1)1902.19-0931(仕入書第1項)：250.00㎥ × US$30.00/㎥ ＝ US$7,500.00

US$15,000.00 ＋ US$7,500.00 ＝ <u>US$22,500.00</u>

残りの品目についても同様に計算をする。

(2)1902.20-2105(第2項)：US$9,800.00　　(3)1902.19-0102(第3項)：US$5,500.00

(4)1902.20-2201(第4項)：US$1,940.00　　(5)1902.30-2905(第5項)：US$1,075.00

(6)1902.19-0942(第6項)：US$13,750.00

したがって、本問では、「1902.20-2201」(仕入書第4項：US$1,940.00)及び「1902.30-2905」(仕入書第5項：US$1,075.00)が少額貨物となり、申告価格が大きい「1902.20-2201」(仕入書第4項)にとりまとめる。

合算後の品目番号は「1902.20-220X」、申告価格は「US$3,015.00」となる。

３．各品目番号の申告価格

米ドル建の申告価格を前記2.で求めているので、これを本邦通貨に換算する。(1円未満の端数がある場合は、これを切り捨てる。)

(１)1902.19-0931　＝　**2,317,500円**(仕入書第１項)：US$22,500.00 × 103.00円/US$

残りの品目についても同様に計算をする。

(２)1902.20-2105　＝　**1,009,400円**(仕入書第２項)

(３)1902.19-0102　＝　**566,500円**(仕入書第３項)

(４)1902.20-220X　＝　**310,545円**(少額合算：仕入書第４項及び第５項)

(５)1902.19-0942　＝　**1,416,250円**(仕入書第６項)

４．申告欄の決定

問題文記３に従って申告欄を決定すると、(ａ)～(ｅ)の選択肢番号及び(ｆ)～(ｊ)の申告価格は次のようになる。

申告欄	仕入書	解答欄	選択肢番号	解答欄	申告価格
第１欄	1	(ａ)	③ 1902.19-0931	(ｆ)	2,317,500円
第２欄	6	(ｂ)	④ 1902.19-0942	(ｇ)	1,416,250円
第３欄	2	(ｃ)	⑧ 1902.20-2105	(ｈ)	1,009,400円
第４欄	3	(ｄ)	② 1902.19-0102	(ｉ)	566,500円
第５欄	4・5	(ｅ)	⑪ 1902.20-220X	(ｊ)	310,545円

(仕入書の有効活用例)

適用為替レート：￥103.00/US$

Marks and Nos.	Description of Goods	Quantity	Unit Price per KG	Amount FOB US$
	1. Spaghetti (not containing eggs, not prepared)			
	③1902.19-0931 (協:30円/kg)《1》250 ㎥	N/W10,000 kgs	1.50	15,000.00
				(F・I) 7,500.00
			¥2,317,500	22,500.00
	2. Raviori, stuffed, not containing added sugar (containing meat of bovine animals 15%, shrimps 18% & spinach 17% /dough 50%)			
	⑧1902.20-2105 (協:5.1%)《3》100 ㎥	N/W 4,000 kgs	1.70	6,800.00
				(F・I) 3,000.00
			¥1,009,400	9,800.00
	3. Biefun (not containing eggs, not prepared)			
	② 1902.19-0102(協:27.20円/kg)《4》50 ㎥	N/W 2,000 kgs	2.00	4,000.00
				(F・I) 1,500.00
			¥566,500	5,500.00
	4. Raviori, stuffed, not containing added sugar (containing meat of bovine animals 30% & vegetables 20% /dough 50%)			
	~~1902.20-2201~~(協:21.3%) → ⑪1902.20-220X《5》 12.5 ㎥	N/W 500 kgs	3.13	1,565.00
				(F・I) 375.00
			¥310,545	1,940.00
				3,015.00
	5. Gnocchi, cooked, not stuffed, not containing added sugar			
	~~1902.30-2905(協:21.3%)~~ 12.5 ㎥	N/W 500 kgs	1.40	700.00
				(F・I) 375.00
				1,075.00
	6. Macaroni (not containing eggs, not prepared)			
	④1902.19-0942 (協:30円/kg)《2》125 ㎥	N/W5,000 kgs	2.00	10,000.00
				(F・I) 3,750.00
			¥1,416,250	13,750.00

Total : FOB NEW YORK　US$38,065.00

F・I:US$30.00/㎥　　少額貨物分岐点価格／適用為替レート＝ US$1,941.74

第8問 輸入(納税)申告(食用の生鮮果実)(問題・P.279)

解答

(a)⑨	(b)④	(c)②	(d)④	(e)⑬
(f)2756250	(g)2535750	(h)955500	(i)845250	(j)385875

<<解　説>>

1．各貨物の品目番号

(1)仕入書第1項：Fresh papaws (papayas), with certificate of GSP-FORM A
➡ 0807.20-0004(特:無税)

貨物は「生鮮のパパイヤ」であるので、第08.07項の「パパイヤ及びメロン(…)(…)」に該当し、第0807.20号の「パパイヤ」に分類する。

なお、問題文記11より、この貨物だけ特恵原産地証明書の発給を受けていて特恵関税の適用を停止されていないので、特恵税率を適用する。

(2)仕入書第2項：Fresh papaws (papayas)　➡ 0807.20-0004(協:2%)

貨物は「生鮮のパパイヤ」であるので、上記(1)と同様に分類する。なお、適用税率は、特恵関税の適用を受けず協定税率となる。

(3)仕入書第3項：Fresh kiwifruit　➡ 0810.50-0003(協:6.4%)

貨物は「生鮮のキウイフルーツ」であるので、第08.10項の「その他の果実(…)」に該当し、第0810.50号の「キウイフルーツ」に分類する。

(4)仕入書第4項：Fresh durians　➡ 0810.60-0000(協:5%)

貨物は「生鮮のドリアン」であるので、第08.10項の「その他の果実(…)」に該当し、第0810.60号の「ドリアン」に分類する。

(5)仕入書第5項：Fresh rambutan　➡ 0810.90-2105(協:5%)

貨物は「生鮮のランブータン」であるので、第08.10項の「その他の果実(…)」に該当し、第0810.90号の「その他のもの」の「－ランブータン、…」に分類する。

(6)仕入書第6項：Fresh grapes　➡ 0806.10-0013(協:7.8%)

貨物は「生鮮のぶどう」であるので、第08.06項の「ぶどう(…)」に該当する。その項のうち、第0806.10号の「生鮮のもの」に該当し、申告日が12月13日であるので「2 毎年11月1日から翌年2月末日までに輸入されるもの」に分類(0806.10-000 $†_1$)する。

なお、NACCS用欄が「$†_1$」であるため、別紙3のNACCS用品目コード表に従って、品目番号を決定する。

なお、仕入書第1項及び第2項の貨物は品目番号が同一となるが、適用税率が異なるため一欄にとりまとめることはできない。(「輸入(納税)申告－Ⅱ．応用事項－Check5」参照)

2．大額／少額貨物の判断及び少額合算

仕入書価格に運賃及び保険料、コンテナー賃借料、出荷奨励金並びに業務委託費用が加算され、価格按分することとされているので、申告価格が20万円のときの仕入書価格を算出し、適用為替レートで除することで少額判断基準価格を求めることができる。

(注)①　コンテナー賃借料は、輸入港到着日(入港日を含む。)までの期間に対応する額が明らかな場合には、当該賃借料を輸入貨物の課税価格に算入する(関税定率法基本通達4-8(3)イ(ハ))。

②　コンテナー洗浄費用は輸入港到着後の費用であるので、課税価格に算入してはならない(同法施行令第1条の4第2号)。

③　輸出者に対して支払う出荷奨励金は、輸出者に対する別払金として輸入貨物の課税価格に算入する(同法施行令第1条の4本文)。

④　輸入者が負担する業務委託費用は、売買契約において、輸入者による技術者の派遣が輸入貨物の生産に不可欠なノウハウ(技術)の受け継ぎにより輸入貨物の品質の維持、管理等に資するものであり、当該技術者の派遣費用は輸入貨物の生産費の一部となり輸入者による輸出者のために行われた間接支払に該当し、現実支払価格を構成する(同法第4条第1項本文、同法基本通達4-2の3(3)ただし書)。

運賃及び保険料（F•I）	US$12,900.00	G/W 25,800kgs × US$0.50/kg
コンテナー賃借料（賃）	US$4,000.00	申告価格に算入する【注-①】
コンテナー洗浄費用	−	申告価格に算入しない【注-②】
出荷奨励金（奨）	US$2,543.75	FOB US$50,875.00 × 5％【注-③】
業務委託費用（委）	US$906.25	申告価格に算入する【注-④】
申告価格総額	US$71,225.00	（FOB）US$50,875.00 ＋（F•I）US$12,900.00 ＋（賃）US$4,000.00 ＋（奨）US$2,543.75 ＋（委）US$906.25
適用為替レート	105.00円	（令和XX.11.25 ～令和XX.12. 1）
少額判断基準価格	US$1,360.54	FOB US$50,875.00 ／ 申告価格総額US$71,225.00 × 200,000円 ／ 105.00円/US$

すなわち、仕入書価格が**US$1,360.54**以下であれば、少額貨物と判断できる。

したがって、本問では「0810.60-0000」（仕入書第４項：US$1,275.00）及び「0810.90-2105」（仕入書第５項：US$1,350.00）が少額貨物となり、同一税率につき、関税法基本通達67-4-17（1）ロから申告価格が大きい「0810.90-2105」（仕入書第５項）にとりまとめる。

合算後の品目番号は「0810.90-210X」、仕入書価格は「US$2,625.00」となる。

３．各品目番号の申告価格

本問の仕入書価格はFOB価格であり、運賃及び保険料、コンテナー賃借料、出荷奨励金並びに業務委託費用は価格按分することとされているので、次の算式により申告価格を計算する。

申告価格 ＝ FOB ×（申告価格総額／ FOB総額）× 適用為替レート

＝ FOB ×（US$71,225.00 ／ US$50,875.00）× 105.00円/US$ ＝ FOB × 1.4 × 105.00円/US$

＝ FOB × 147.00円/US$

（１）0807.20-0004（特）　＝　**2,535,750 円**（仕入書第１項）

：US$17,250.00 × 147.00円/US$

残りの品目についても同様に計算をする。

（２）0807.20-0004（協）　＝　**845,250 円**（仕入書第２項）

（３）0810.50-0003　＝　**2,756,250 円**（仕入書第３項）

（４）0810.90-210X　＝　**385,875 円**（少額合算：仕入書第５項及び第４項）

（５）0806.10-0013　＝　**955,500 円**（仕入書第６項）

４．申告欄の決定

問題文記３に従って申告欄を決定すると、（ａ）～（ｅ）の選択肢番号及び（ｆ）～（ｊ）の申告価格は次のようになる。

申告欄	仕入書	解答欄	選択肢番号	解答欄	申告価格
第１欄	3	（ａ）	⑨ 0810.50-0003	（ｆ）	2,756,250円
第２欄	1	（ｂ）	④ 0807.20-0004	（ｇ）	2,535,750円
第３欄	6	（ｃ）	② 0806.10-0013	（ｈ）	955,500円
第４欄	2	（ｄ）	④ 0807.20-0004	（ｉ）	845,250円
第５欄	4・5	（ｅ）	⑬ 0810.90-210X	（ｊ）	385,875円

（仕入書の有効活用例）

Marks and Nos.	Description of Goods	Quantity CTN	Unit Price per CTN	Amount FOB US$
適用為替レート：105.00円/US$				
	FOB ×（US$71,225.00／US$50,875.00）× 105.00円/US$			
適用税率が異なるので、合算できない	1. Fresh papaws (papayas), with certificate of GSP-FORM A ④0807.20-0004（特：無税）《2》	1,500	11.50	17,250.00 2,535,750円
	2. Fresh papaws (papayas) ④0807.20-0004（協：2%）《4》	500	11.50	5,750.00 845,250円
	3. Fresh kiwifruit ⑨0810.50-0003（協：6.4%）《1》	1,500	12.50	18,750.00 2,756,250円
	4. Fresh durians ~~0810.60-0000（協：5%）~~ → 5.	150	8.50	1,275.00
	5. Fresh rambutan ~~0810.90-2105~~（協：5%） → ⑬0810.90-210X《5》	150	9.00	1,350.00 2,625.00 385,875円
	6. Fresh grapes ~~0806.10-000+~~（協：7.8%） → ②0806.10-0013《3》	500	13.00	6,500.00 955,500円

Total : FOB COLOMBO US$50,875.00
（F・I）12,900.00
（賃）4,000.00
（奨）2,543.75
（委）906.25

申告価格総額 71,225.00
少額判断基準価格 US$1,360.54

第9問 輸入(納税)申告(衣類)(問題・P.286)

解　答

(a)⑦	(b)①	(c)⑥	(d)⑩	(e)⑫
(f)1793733	(g)1560918	(h)1257201	(i)298426	(j)285727

<<解　説>>

1．各貨物の品目番号

(1)仕入書第1項：Women's dresses, of wool 80%…　➡ 6204.41-2001(協:9.1%)

貨物は「羊毛80%、アクリル10%、ポリエステル10%でサイズが155cmの女子用のドレス」であるので、第62.04項の「女子用の…ドレス…」の中の「ドレス」のうち、羊毛が最大の重量を占めるので第6204.41号の「羊毛製…のもの」に該当し、毛皮付きのものではないので(問題文記9-③。他の貨物も同様。)「2 その他のもの」に分類する。

(2)仕入書第2項：Women's ensembles, of wool 30%…　➡ 6204.23-2005(協:9.1%)

貨物は「羊毛30%、ポリエステル70%でサイズが155cmの女子用のアンサンブル」であるので、第62.04項の「女子用の…アンサンブル…」の中の「アンサンブル」のうち、合成繊維であるポリエステル(問題文記9-④)が最大の重量を占めるので第6204.23号の「合成繊維製のもの」に該当し、毛皮付きのものではないので「2 その他のもの」に分類する。

(3)仕入書第3項：Men's bathrobes, of cellulose acetate fibres 60%…　➡ 6207.99-0036(協:9.1%)

貨物は「アセテート繊維60%、綿40%でサイズが170cmの男子用バスローブ」であるので、第62.07項の「男子用の…バスローブ…」の中の「その他のもの」のうち、アセテート繊維が最大重量を占めるので第6207.99号の「その他の紡織用繊維製のもの」に該当し、毛皮付きのものではないので「2　その他のもの」の「(2)その他のもの」に分類(6207.99-220†)する。

なお、問題文(1)から、別紙3及び別紙4により品目番号「6207.99-0036」、また、協定税率「9.1%」となる。

(4)仕入書第4項：Women's suits, of wool 70%…　➡ 6204.11-2003(協:9.1%)

貨物は「羊毛70%、ポリエステル30%でサイズが160cmの女子用のスーツ」であるので、第62.04項の「女子用のスーツ…」の中の「スーツ」のうち、羊毛が最大の重量を占めるので第6204.11号の「羊毛製…のもの」に該当し、毛皮付きのものではないので「2 その他のもの」に分類する。

(5)仕入書第5項：Babies' tights, of cotton 70%…　➡ 6209.20-1504(協:6.5%)

貨物は「綿70%、羊毛30%でサイズが75cmの乳児用のタイツ」であるので、第62類注5により第62.09項の「乳児用の衣類及び衣類附属品」に該当し、綿が最大の重量を占めるので第6209.20号の「綿製のもの」の「1 手袋、…タイツ、…」に分類する。

(6)仕入書第6項：Babies' stockings, of cotton 40%…　➡ 6209.30-1501(協:6.5%)

貨物は「綿40%、ポリエステル60%でサイズが75cmの乳児用のストッキング」であるので、第62類注5により第62.09項の「乳児用の衣類及び衣類附属品」に該当し、合成繊維が最大の重量を占めるので第6209.30号の「合成繊維製のもの」の「1 手袋、…ストッキング、…」に分類する。

(7)仕入書第7項：Babies' blazers, of viscose rayon 80%…　➡ 6204.39-2003(協:9.1%)

貨物は「ビスコースレーヨン80%、綿20%でサイズが90cmの乳児用のブレザー」であるが、第62類注5(a)により第62.09項の「乳児用の衣類…」には該当せず、また、男子用衣類であるか女子用衣類であるかを判別できないので、第62類注9により第62.04項の「女子用の…ブレザー…」に該当する。その項の中の「ジャケット及びブレザー」のうち、ビスコースレーヨンが最大の重量を占めるので、第6204.39号の「その他の紡織用繊維製のもの」に該当し、毛皮付きのものではないので「2 その他のもの」に分類する。

2．大額／少額貨物の判断及び少額合算

仕入書価格にロイヤルティを加算し、輸入港到着後の費用を控除した後に価格按分することとされているので、申告価格が20万円のときの仕入書価格を算出し、適用為替レートで除することで少額判断基準価格を求めることができる。

輸入港到着後の費用(着)	US$1,104.75	控除：G/W 1,473kgs × US$0.75/kg
ロイヤルティ(R)	US$2,946.00	DPU US$49,100.00 × 6%
申告価格総額	US$50,941.25	(DPU)US$49,100.00 －(着)US$1,104.75＋(R)US$2,946.00
適用為替レート	102.00円	(令和XX. 8. 9 ～令和XX. 8.15)
少額判断基準価格	US$1,889.91	DPU US$49,100.00 / 申告価格総額US$50,941.25 × 200,000円 / 102.00円/US$

すなわち、仕入書価格が**US$1,889.91**以下であれば、少額貨物と判断できる。

本問では、少額貨物については問題文記2によりこれらを同一の関税率の品目ごとに分けて、それぞれを一括して一欄にとりまとめることとなっている。

(1)少額貨物で関税率が9.1%である品目は「6204.23-2005(協:9.1%)」(仕入書第2項：US$1,200.00)及び「6207.99-0036(協:9.1%)」(仕入書第3項:US$1,620.00)であり、申告価格が大きい「6207.99-0036」(仕入書第3項)にとりまとめる。

合算後の品目番号は「6207.99-003X」、仕入書価格は「US$2,820.00」となる。

(2)少額貨物で関税率が6.5%である品目は「6209.20-1504(協:6.5%)」(仕入書第5項：US$1,500.00)及び「6209.30-1501(協:6.5%)」(仕入書第6項:US$1,200.00)であり、申告価格が大きい「6209.20-1504」(仕入書第5項)にとりまとめる。

合算後の品目番号は「6209.20-150X」、仕入書価格は「US$2,700.00」となる。

3．各品目番号の申告価格

本問の仕入書価格はDPU価格であり、ロイヤルティ及び輸入港到着後の費用は価格按分することとされているので、次の算式により申告価格を計算する。(1円未満の端数がある場合は、これを切り捨てる。)

申告価格 = DPU ×(申告価格総額／ DPU総額)× 適用為替レート＝DPU × 1.0375 ×適用為替レート

(1)6204.41-2001 = **1,793,733円**(仕入書第1項)
：US$16,950.00 × 1.0375 × 102.00円/US$

残りの品目についても同様に計算をする。

(2)6207.99-003X = **298,426円**(少額合算：仕入書第2項及び第3項)
(3)6204.11-2003 = **1,560,918円**(仕入書第4項)
(4)6209.20-150X = **285,727円**(少額合算：仕入書第5項及び第6項)
(5)6204.39-2003 = **1,257,201円**(仕入書第7項)

4．申告欄の決定

問題文記3に従って申告欄を決定すると、(a)～(e)の選択肢番号及び(f)～(j)の申告価格は次のようになる。

申告欄	仕入書	解答欄	選択肢番号	解答欄	申告価格
第1欄	1	(a)	⑦ 6204.41-2001	(f)	1,793,733円
第2欄	4	(b)	① 6204.11-2003	(g)	1,560,918円
第3欄	7	(c)	⑥ 6204.39-2003	(h)	1,257,201円
第4欄	2・3	(d)	⑩ 6207.99-003X	(i)	298,426円
第5欄	5・6	(e)	⑫ 6209.20-150X	(j)	285,727円

（仕入書の有効活用例）

Marks and Nos.	Description of Goods	Quantity Unit	Unit Price per Unit	Amount DPU US$
適用為替レート：￥102.00/US$	DPU ×（US$50,941.25／US$49,100.00）×￥102.00/US$			
	1. Women's dresses, of wool 80%, acrylic 10% and polyester 10% mixed, size 155cm ⑦6204.41-2001（協：9.1%）《1》	300	56.50	16,950.00 ￥1,793,733
	2. Women's ensembles, of wool 30% and polyester 70% mixed, size 155cm ~~6204.23-2005（協：9.1%）~~	50	24.00	1,200.00
	3. Men's bathrobes, of cellulose acetate fibres 60% and cotton 40% mixed, size 170cm ~~6207.99-0036~~（協：9.1%） → ⑩6207.99-003X《4》	50	32.40 ￥298,426	1,620.00 2,820.00
	4. Women's suits, of wool 70% and polyester 30% mixed, size 160cm ①6204.11-2003（協：9.1%）《2》	500	29.50	14,750.00 ￥1,560,918
	5. Babies' tights, of cotton 70% and wool 30% mixed, size 75cm ~~6209.20-1504~~（協：6.5%） → ⑫6209.20-150X《5》	300	5.00 ￥285,727	1,500.00 2,700.00
	6. Babies' stockings, of cotton 40% and polyester 60% mixed, size 75cm ~~6209.30-1501（協：6.5%）~~	300	4.00	1,200.00
	7. Babies' blazers, of viscose rayon 80% and cotton 20% mixed, size 90cm ⑥6204.39-2003（協：9.1%）《3》	500	23.76	11,880.00 ￥1,257,201

Total : DPU TOKYO US$ 49,100.00
（着）△1,104.75
（R）2,946.00
申告価格総額 50,941.25
少額判断基準価格 US$1,889.91

第10問 輸入（納税）申告（水産物等）（問題・P.296）

解　答

(a)⑦	(b)⑮	(c)⑭	(d)③	(e)⑤
(f)2613600	(g)1873000	(h)1807200	(i)376200	(j)184800

<<解　説>>

1．各貨物の品目番号

（1）仕入書第1項：Swimming crabs (*Portunus spp.*), not in shell, simply boiled in water, in airtight container　➡ 1605.10-0103（EPA：無税）

「単に水煮をした殻を除いたかに（がざみ）」は、水煮による調理をした殻付きの甲殻類ではないので第03.06項の規定には該当せず、第16.05項の「甲殻類…（調製し又は保存に適する処理をしたものに限る。）」に該当し、気密容器入りのものであるので、第1605.10号の「かに」の中の「1　気密容器入りのもの（くん製したものを除く。）」に分類する。

（2）仕入書第2項：Frozen Octopus (*Octopus spp.*), not prepared　➡ 0307.52-0006（EPA：無税）

「冷凍のたこ（オクトプス属のもの）で調製してないもの」は、第03.07項の「軟体動物（生きているもの…及び…冷凍し…たものに限る…）…」に該当し、その項の中の「たこ（オクトプス属のもの）」のうち、第0307.52号の「冷凍したもの」に分類する。

（3）仕入書第3項：Frozen "surumeika"(Japanese flying squid) (*Todarodes pacificus*), not prepared　➡ 0307.43-0303（協定：5%）《IQ：輸入割当品目》

「冷凍のするめいか（トダロデス・パキフィクス）で調整してないもの」は、第03.07項の「軟体動物（生きているもの…及び…冷凍し…たものに限る…）…」に該当し、その項の中の「いか」のうち、第0307.43号の「冷凍したもの」の「－するめいか（トダロデス・パキフィクス）…」に分類する。

なお、NACCS用コードが「†」であるため、別紙3の「NACCS用品目コード（輸入）」（抜粋）に従い、品目番号を決定する。

また、別冊の実行関税率表（抜粋）下欄外（注）に記載されているとおり、本品はIQ（輸入割当品目）である。

（4）仕入書第4項：Smoked Whole Oysters (shell off)　➡ 0307.19-2900（EPA：無税）

「くん製したむき身の全形のかき」は、第03.07項の「軟体動物（…）及びくん製した軟体動物（殻を除いてあるかないか…を問わない。）」に該当し、その項の中の「かき」のうち、第0307.19号の「その他のもの」の「1　くん製したもの」の「－その他のもの」に分類する。

（5）仕入書第5項：Frozen Kakiage Tempura, containing onion, carrot, shrimp (15% by weight), battered and fried, not containing added sugar　➡ 2004.90-2992（EPA：無税）

「冷凍のかき揚げ天ぷらで、野菜（たまねぎ、にんじん）とシュリンプ（15%：重量比）を砂糖を加えず衣を付けて油で揚げたもの」は、シュリンプの含有量が全重量の15%であるので第16類注2の規定には該当せず、野菜の調製品として、第20.04項の「調製し又は保存に適する処理をしたその他の野菜（冷凍したものに限る…）」に該当し、第2004.90号の「その他の野菜及び野菜を混合したもの」のうち、砂糖を加えてないことから、「2 その他のもの」の「（5）その他のもの」に分類する。

（6）仕入書第6項：Frozen prepared Ika-Fry, containing squid 90% by weight, battered and breaded, not containing rice, not in airtight container　➡ 1605.54-9993（EPA：5.5%）

本品は、仕入書及び問題文記16から「スティック状のいかに小麦粉の衣とパン粉を付けた調製食料品」であり、いかの含有量が全重量の90%であるので、第16類注2及び第20類注1（c）により第16類に属し、第16.05項の「甲殻類、軟体動物…（調製し又は保存に適する処理をしたものに限る。）」に該当し、その項の中の「軟体動物」のうち、第1605.54号の「いか」の「2　その他のもの」の「－その他のもの」の「－－その他のもの」（問題文記16により「米を含有していないもの」）に分類する。

2．大額／少額貨物の判断及び少額合算

本問の仕入書価格は米ドル建のFCA価格であり、問題文記8から11までの費用を調整して算出した申告価格を20万円と比較して少額貨物かどうかを判断する。

（1）費用等の申告価格への算入の要否

本問の申告価格の算出に当たって、問題文記8から11までの費用を申告価格に算入すべきか否かを考察する。

①　本邦の輸入港までの海上運賃等（問題文記8）：算入

本取引は、FCA条件に基づくものであり、輸出者から輸入貨物の引渡しを受けた後の輸出港における

船積みまでに要する費用、海上運賃及び保険料は、いずれも輸入港までの運送に要する費用に該当し、これらの費用を輸入者が負担する場合には、加算要素に該当する(関税定率法第4条第1項第1号、同法基本通達4-8)。

算入額:US$4,900.00(輸出港における船積みまでに要する費用(US$1,800.00)並びに海上運賃及び保険料(US$3,100. 00))

② 本船の到着遅延による貨物の一時的保管料(問題文記9):算入

本船の到着遅延による貨物の一時的保管料は、売手から買手へ引き渡された後の買手の自己都合に基づく保管に係る費用ではなく、当該輸入貨物の「その他運送に関連する費用」として、申告価格に含まれる(同法基本通達4-8(5)イ)。

算入額:US$265.00

③ 小売包装用のプラスチック製袋の無償提供費用(問題文記10):算入

包装容器を買手が売手に無償提供した場合には、当該費用は申告価格に含まれるものであり、当該包装容器を使用した「Frozen Kakiage Tempura」及び「Frozen prepared Ika-Fry」について、それぞれの申告価格に算入する(同法第4条第1項第2号ロ、同法基本通達4-10)。

算入額:仕入書第5項「Frozen Kakiage Tempura」=25,000円
　　　　仕入書第6項「Frozen prepared Ika-Fry」=12,000円

④ 現地の検査機関に支払う検査の費用(問題文記11):不算入

買手が、生産される貨物が国内販売規格に合致するかどうかの検査を現地の検査機関に依頼し、当該検査機関に支払う検査の費用は、買手が自己のために行う検査の費用であり、申告価格には含めない(同法第4条第1項本文、同法基本通達4-2の3(2))。

(2)費用等の各品目への加算方法と計算

仕入書記載の各品目の価格に、上記(1)の算入費用①~③を加算することとなるが、これら費用のうち、全品目に対して仕入書価格按分するものは①及び②であり、個別品目に加算するものは③となる。したがって、次の方法で加算費用を計算する。

i. 上記(1)の①及び②の費用の仕入書全品目への按分

仕入書価格総額　A	US$51,650.00	FCA総額
適用為替レート	120.00円	(令和XX.9.8~令和XX.9.14)
船積みまでに要する費用、海上運賃及び保険料　B	US$4,900.00	記8の費用
一時的保管料　C	US$265.00	記9の費用
検査の費用　D	—	記11の費用:不算入
申告価格総額(個別加算額を除く。)　E	US$56,815.00	A+B+C

ii. 上記(1)の③の費用の個別品目への加算

仕入書第5項の「Frozen Kakiage Tempura」には25,000円を、仕入書第6項の「Frozen prepared Ika-Fry」には12,000円を個別加算する。

(3)各品目の申告価格の算出

本問の仕入書価格はFCA価格であり、輸出港における船積みまでに要する費用、海上運賃及び保険料並びに一時的保管料は価格按分することとされているので次の算式により申告価格を計算し、仕入書第5項及び第6項については包装容器の無償提供費用をこれに加算する(1円未満の端数がある場合は、これを切り捨てる。)。

申告価格=FCA×(申告価格総額(個別加算額を除く。))/仕入書価格総額)×適用為替レート
　　+個別加算額(仕入書第5項、第6項のみ)
　=FCA×US$56,815.00/US$51,650.00×120.00円/US$
　　+個別加算額(仕入書第5項、第6項のみ)
　=FCA×1.1×120.00円/US$　+個別加算額(仕入書第5項、第6項のみ)
　=FCA×132.00円/US$　+個別加算額(仕入書第5項、第6項のみ)

① 仕入書第1項:FCAUS$1,350.00×132,00円/US$=178,200円

残りの品目についても同様に計算する。

② 仕入書第2項:2,613,600円
③ 仕入書第3項:　184,800円
④ 仕入書第4項:　198,000円
⑤ 仕入書第5項:1,873,000円=FCAUS$14,000.00×132.00円/US$+25,000円(個別加算)
⑥ 仕入書第6項:1,807,200円=FCAUS$13,600.00×132.00円/US$+12,000円(個別加算)

(4)少額貨物の判断

上記(3)の計算結果から、次の貨物が20万円以下の少額貨物となる。

仕入書第1項：178,200円　1605.10-0103(EPA：無税)

仕入書第3項：184,800円　0307.43-0303(協定：5%)《IQ：輸入割当品目》

仕入書第4項：198,000円　0307.19-2900(EPA：無税)

このうち、仕入書第3項の品目は、「輸入割当品目」に該当するものである。

問題文記2及び3により、輸入割当品目に該当するもの以外のものは、有税である品目と無税である品目に分けて、一括して一欄にとりまとめたものは10桁目を「X」とする。

「有税である品目」：該当品目なし。

「無税である品目」：仕入書第1項及び第4項の品目がこれに該当し、申告価格が大きい第4項の品目番号に一括して一欄にとりまとめる。合算後の品目番号は「0307.19-290X」、申告価格は「376,200円」となる。

また、問題文記4により、一欄に一品目のみに係る品目番号を入力する場合で、当該一品目の申告価格が20万円以下のものはその品目番号の10桁目を「E」とする。仕入書第3項の品目がこれに該当し、品目番号は「0307.43-030E」となる。

3．各品目番号の申告価格

各品目番号の申告価格は、上記2.(3)で算出している。

(1)0307.52-0006＝ 2,613,600円(仕入書第2項)

(2)0307.43-030E＝ 184,800円(仕入書第3項)

(3)0307.19-290X＝ 376,200円(少額合算：仕入書第4項及び第1項)

(4)2004.90-2992＝ 1,873,000円(仕入書第5項)

(5)1605.54-9993＝ 1,807,200円(仕入書第6項)

4．申告欄の決定

問題文記4に従って申告欄を決定すると、(a)から(e)の選択肢番号及び(f)から(j)の申告価格は、次のようになる。

申告欄	仕入書	解答欄	選択肢番号	解答欄	申告価格
第1欄	2	(a)	⑦0307.52-0006	(f)	2,613,600円
第2欄	5	(b)	⑮2004.90-2992	(g)	1,873,000円
第3欄	6	(c)	⑭1605.54-9993	(h)	1,807,200円
第4欄	1・4	(d)	③0307.19-290X	(i)	376,200円
第5欄	3	(e)	⑤0307.43-030E	(j)	184,800円

(仕入書の有効活用例)

Marks and Nos. / Description of Goods	Quantity Unit	Unit Price per Unit	Amount FCA US $
適用為替レート:¥120.00/US$ 申告価格(円)=FCAUS$×1.1×120.00円/US$　<除:個別加算>			
1. Swimming crabs (*Portunus spp.*), not in shell, simply boiled in water, in airtight container ~~1605.10-0103 (EPA:無税)~~	50	27.00	1,350.00 178,200円
2. Frozen Octopus (*Octopus spp.*), not prepared ⑦0307.52-0006 (EPA:無税)《1》	1,800	11.00	19,800.00 2,613,600円
3. Frozen "surumeika" (Japanese flying squid) (*Todarodes pacificus*), not prepared 0307.43-0303 (協定:5%) IQ → ⑤0307.43-030E《5》	100	14.00	1,400.00 184,800円
4. Smoked Whole Oysters (shell off) → 0307.19-2900 (EPA:無税) → ③0307.19-290X《4》	100	15.00	1,500.00 198,000円 376,200円
5. Frozen Kakiage Tempura, containing onion, carrot, shrimp (15% by weight), battered and fried, not containing added sugar ⑮2004.90-2992 (EPA:無税)《2》	4,000	3.50	14,000.00 1,848,000+25,000=1,873,000円
6. Frozen prepared Ika-Fry, containing squid 90% by weight, battered and breaded, not containing rice, not in airtight container ⑭1605.54-9993 (EPA:5.5%)《3》	2,000	6.80	13,600.00 1,795,200+12,000=1,807,200円

Total : FCA　US $ 51,650.00

第11問 輸入(納税)申告(化粧品)(問題・P.308)

解　答

(a)⑦	(b)①	(c)④	(d)③	(e)⑥
(f)5054940	(g)3263355	(h)2996325	(i)1797795	(j)497938

<<解　説>>

1．各貨物の品目番号

(1)仕入書第1項：Perfumes　➡3303.00-0002(協：無税)

貨物は「香水」であるので、第33.03項(第3303.00号)の「香水類及びオーデコロン類」に分類する。

(2)仕入書第2項：Hair lacquers　➡3305.30-0003(協：無税)

貨物は「ヘアラッカー」であるので、第33.05項の「頭髪用の調製品」に該当し、第3305.30号の「ヘアラッカー」に分類する。

(3)仕入書第3項：Eye make-up preparations　➡3304.20-0001(協：無税)

貨物は「眼のメーキャップ用の調製品」であるので、第33.04項の「美容用、メーキャップ用…の調製品…」に該当し、第3304.20号の「眼のメーキャップ用の調製品」に分類する。

(4)仕入書第4項：Foundation creams　➡3304.99-0102(協：無税)

貨物は「化粧下」であるので、第33.04項の「美容用、メーキャップ用…の調製品…」に該当し、その項の中の「その他のもの」のうち、第3304.99号の「その他のもの」の「－クリーム…をもととした調製品」に分類する。

(5)仕入書第5項：Baby powders　➡3304.91-0000(協：無税)

貨物は「ベビーパウダー」であり、関税率表解説第33.04項の(2)にベビーパウダーが規定されているので、第33.04項の「美容用、メーキャップ用…の調製品…」に該当し、その項の中の「その他のもの」のうち、第3304.91号の「パウダー(固形にしたものを含む。)」に分類する。

(6)仕入書第6項：Manicure preparations　➡3304.30-0005(協：無税)

貨物は「マニキュア用の調製品」であるので、第33.04項の「美容用…の調製品(…)及びマニキュア用…の調製品」に該当し、第3304.30号の「マニキュア用…の調製品」に分類する。

(7)仕入書第7項：Perfumed hair oil　➡3305.90-0006(協：無税)

貨物は「香髪油」であるので、第33.05項の「頭髪用の調製品」に該当する。その項のうち、第3305.90号の「その他のもの」に分類する。

2．大額／少額貨物の判断及び少額合算

仕入書価格に販売手数料及び容器の費用が加算され、容量按分することとされているので、仕入書価格を調整して欧州統一通貨・ユーロ建の申告価格を算出し、少額貨物分岐点価格である20万円を適用為替レートで除した額と比較する。

また、輸入者が行政書士に対して支払う医薬品、医療機器等の品質、有効性及び安全性の確保等に関する法律に規定する輸入通関前手続の代行手数料は、輸入者が自己のため行う活動の費用であり関税定率法第4条第1項各号に規定する加算要素となる費用等ではないので、申告価格に算入してはならない。

販売手数料	EUR3,968.00	申告価格に算入する
代行手数料	－	申告価格に算入しない
小売用瓶詰の容器の費用	EUR27,856.00	申告価格に算入する
適用為替レート	103.50円	(令和XX.7.1～令和XX.7.7)
少額貨物分岐点価格(20万円)を適用為替レートで除した額	EUR1,932.36	200,000円 ÷ 103.50円/EUR

すなわち、調整した仕入書価格が**EUR1,932.36**以下であれば、少額貨物と判断できる。

次に、仕入書価格を調整して欧州統一通貨・ユーロ建の申告価格を算出すると次のようになる。

容量1ℓ当たりの販売手数料及び容器の費用：(EUR3,968.00 ＋ EUR27,856.00) ÷ 936ℓ ＝ EUR34.00/ℓ

(1)3303.00-0002(仕入書第1項)：45ℓ × EUR34.00/ℓ ＝ EUR1,530.00

EUR30,000.00 ＋ EUR1,530.00 ＝ <u>EUR31,530.00</u>

残りの品目についても同様に計算をする。

(2)3305.30-0003(第2項)：EUR1,463.00　(3)3304.20-0001(第3項)：EUR17,370.00

(4)3304.99-0102(第4項)：EUR48,840.00　(5)3304.91-0000(第5項)：EUR1,932.00

（６）3304.30-0005（第６項）：EUR28,950.00　（７）3305.90-0006（第７項）：EUR1,416.00

したがって、本問では「3305.30-0003」（仕入書第２項：EUR1,463.00）、「3304.91-0000」（仕入書第５項：EUR1,932.00）及び「3305.90-0006」（仕入書第７項：EUR1,416.00）が少額貨物となり、申告価格が最も大きい「3304.91-0000」（仕入書第５項）にとりまとめる。

合算後の品目番号は「3304.91-000X」、仕入書価格は「EUR4,811.00」となる。

３．各品目番号の申告価格

欧州統一通貨・ユーロ建の申告価格を前記2.で求めているので、これを本邦通貨に換算する。（1円未満の端数がある場合は、これを切り捨てる。）

（１）3303.00-0002　＝　**3,263,355 円**（仕入書第１項）：EUR31,530.00 × 103.50円/EUR

残りの品目についても同様に計算をする。

（２）3304.20-0001　＝　**1,797,795 円**（仕入書第３項）
（３）3304.99-0102　＝　**5,054,940 円**（仕入書第４項）
（４）3304.91-000X　＝　**497,938 円**（少額合算：仕入書第５項、第２項及び第７項）
（５）3304.30-0005　＝　**2,996,325 円**（仕入書第６項）

４．申告欄の決定

問題文記３に従って申告欄を決定すると、（ａ）～（ｅ）の選択肢番号及び（ｆ）～（ｊ）の申告価格は次のようになる。

申告欄	仕入書	解答欄	選択肢番号	解答欄	申告価格
第１欄	4	（ａ）	⑦ 3304.99-0102	（ｆ）	5,054,940円
第２欄	1	（ｂ）	① 3303.00-0002	（ｇ）	3,263,355円
第３欄	6	（ｃ）	④ 3304.30-0005	（ｈ）	2,996,325円
第４欄	3	（ｄ）	③ 3304.20-0001	（ｉ）	1,797,795円
第５欄	2・5・7	（ｅ）	⑥ 3304.91-000X	（ｊ）	497,938円

（仕入書の有効活用例）

Marks and Nos.	Description of Goods	Quantity PC	Unit Price per PC	Amount CIF EUR
適用為替レート：￥103.50/EUR				
	1. Perfumes (content: 30 mℓ)			(販＋容)1,530.00
	30mℓ×100×15C/T (45 ℓ)	1,500 PCS	20.00	30,000.00
	①3303.00-0002（協:無税）《2》		￥3,263,355	31,530.00
	2. Hair lacquers (content: 180 mℓ)			(販＋容)612.00
	180mℓ×50×2C/T (18 ℓ)	100 PCS	8.51	851.00
	~~3305.30-0003（協:無税）~~			1,463.00
	3. Eye make-up preparations (content: 120 mℓ)			(販＋容)6,120.00
	120mℓ×50×30C/T (180 ℓ)	1,500 PCS	7.50	11,250.00
	③3304.20-0001（協:無税）《4》		￥1,797,795	17,370.00
	4. Foundation creams (content: 120 mℓ)			(販＋容)12,240.00
	120mℓ×50×60C/T (360 ℓ)	3,000 PCS	12.20	36,600.00
	⑦3304.99-0102（協:無税）《1》		￥5,054,940	48,840.00
	5. Baby powders (content: 100 mℓ)			(販＋容)510.00
	100mℓ×50×3C/T (15 ℓ)	150 PCS	9.48	1,422.00
	▶ ~~3304.91-0000~~（協:無税）			1,932.00
	▶⑥3304.91-000X《5》		￥497,938	4,811.00 ◀
	6. Manicure preparations (content: 120 mℓ)			(販＋容)10,200.00
	120mℓ×50×50C/T (300 ℓ)	2,500 PCS	7.50	18,750.00
	④3304.30-0005（協:無税）《3》		￥2,996,325	28,950.00
	7. Perfumed hair oil (content: 180 mℓ)			(販＋容)612.00
	180mℓ×50×2C/T (18 ℓ)	100 PCS	8.04	804.00
	~~3305.90-0006（協:無税）~~			1,416.00

Total：162 Cartons (936 ℓ)　　Total : CIF TOKYO EUR99,677.00

加算費用(販＋容)：EUR34.00/ℓ　　少額貨物分岐点価格／適用為替レート＝EUR1,932.36

第12問 輸入(納税)申告(紡織用繊維製品)(問題・P.315)

解 答

(a)⑥	(b)①	(c)⑬	(d)⑪	(e)⑨
(f)2320250	(g)1791200	(h)1258120	(i)933600	(j)271200

<<解 説>>

1. 各貨物の品目番号

(1)仕入書第1項:Blankets, of wool… ➡6301.20-0102(協:5.3%)

貨物は「羊毛製の毛布」であるので、第63.01項に該当し、問題文記11-(1)より第6301.20号の「ひざ掛け及び毛布(電気毛布を除く。)(羊毛製…のものに限る。)」のうち、「―毛布(起毛したものに限る。)」に分類する。

(2)仕入書第2項:Travelling rugs, of synthetic fibres ➡6301.40-0906(協:5.3%)

貨物は「合成繊維製のひざ掛け」であるので、第63.01項に該当し、問題文記11-(1)より第6301.40号の「ひざ掛け…(合成繊維製のものに限る。)」のうち、「―その他のもの」に分類する。

(3)仕入書第3項:Table linen, knitted, figured, of cotton ➡6302.40-0005(基:9.1%)

貨物は「綿製のテーブルリネンで、模様編みの組織を有し、メリヤス編みのもの」であるので、第63.02項に該当し、第6302.40号の「テーブルリネン(メリヤス編み…のものに限る。)」に分類する。

なお、NACCS用欄が「†」であるため、別紙3のNACCS用品目コード(輸入)(抜粋)及び問題文記13に従って、品目番号を決定する。

(4)仕入書第4項:Toilet linen, of terry towelling, of cotton ➡6302.60-0006(協:7.4%)

貨物は「綿製のトイレットリネンで、テリータオル地のもの」であるので、第63.02項に該当し、第6302.60号の「トイレットリネン…(テリータオル地…で綿製のものに限る。)」に分類する。

(5)仕入書第5項:Bed linen, printed, of flax ➡6302.29-0105(協:7.9%)

貨物は「亜麻製のベッドリネンで、なせんしたもの」であるので、第63.02項の中の「その他のベッドリネン(なせんしたものに限る。)」に該当し、第6302.29号の「その他の紡織用繊維製のもの」のうち、「1 亜麻製又は…」に分類する。

(6)仕入書第6項:Bed linen, crocheted, figured, of wool ➡6302.10-0000(基:9.1%)

貨物は「羊毛製のベッドリネンで、模様編みの組織を有し、クロセ編みのもの」であるので、第63.02項に該当し、第6302.10号の「ベッドリネン(メリヤス編み又はクロセ編みのものに限る。)」に分類する。

なお、NACCS用欄が「†」であるため、別紙3のNACCS用品目コード(輸入)(抜粋)及び問題文記13に従って、品目番号を決定する。

2. 大額/少額貨物の判断及び少額合算

本問の仕入書価格は米ドル建のFOB価格であり、無償提供織物の費用を加算し、輸入港までの運賃及び保険料、ロイヤルティ並びに原材料買付手数料を仕入書価格按分することとされているので、仕入書価格を調整して米ドル建の申告価格を算出し、少額貨物分岐点価格である20万円を適用為替レートで除した額と比較する。

無償提供織物の費用	A	各品目への算入は下記Aの計算による
運賃及び保険料(F・I)	US$2,710.00	G/W 1,355.00kgs × US$2.00/kg
ロイヤルティ(R)	US$1,624.90	FOB US$16,249.00 × 10%
原材料の買付手数料(手)	US$539.80	(原材料の調達に係る費用)
加算費用の合計	US$4,874.70	(F・I)US$2,710.00+(R)US$1,624.90+(手)US$539.80
価格按分比(按)	0.3	加算費用US$4,874.70 ÷ 仕入書価格US$16,249.00
適用為替レート	100.00円	(令和XX.9.19 ~令和XX.9.25)
少額貨物分岐点価格(20万円)を適用為替レートで除した額	US$2,000.00	200,000円÷ 100.00円/US$

A. 問題文記6及び7の無償提供織物の費用の計算:算入

(関税定率法第4条第1項第3号イ、同法施行令第1条の5第2項第2号)

(1)6301.20-0102(仕入書第1項):製品の構成織物数量2㎡× 200PC　　歩留まり率80%

原料単価 US$23.50/㎡　　原材料織物の算出=2㎡× 200PC ÷ 80%=500㎡

原材料費の算出:500㎡× US$23.50/㎡ =US$11,750.00

残りの品目についても同様に計算をする。
(２)6301.40-0906(仕入書第２項)：US$720.00
(３)6302.40-0005(仕入書第３項)：US$4,500.00
(４)6302.60-0006(仕入書第４項)：US$8,000.00
(５)6302.29-0105(仕入書第５項)：US$900.00
(６)6302.10-0000(仕入書第６項)：US$18,750.00

B．各品目の申告価格(US$)の計算

米ドル建申告価格＝(FOB＋FOB×(按))＋Aの費用＝FOB(１＋0.3)＋Aの費用＝FOB×1.3＋Aの費用
(１)6301.20-0102(仕入書第１項)＝US$17,912.00：US$4,740.00×1.3＋US$11,750.00
残りの品目についても同様に計算をする。
(２)6301.40-0906(仕入書第２項)＝US$1,375.20
(３)6302.40-0005(仕入書第３項)＝US$9,336.00
(４)6302.60-0006(仕入書第４項)＝US$12,581.20
(５)6302.29-0105(仕入書第５項)＝US$1,336.80
(６)6302.10-0000(仕入書第６項)＝US$23,202.50

すなわち、調整した仕入書価格が**US$2,000.00**以下であれば、少額貨物と判断できる。

したがって、本問では「6301.40-0906(協：5.3％)」(仕入書第２項：US$1,375.20)及び「6302.29-0105(協：7.9％)」(仕入書第５項：US$1,336.80)が少額貨物となり、関税率の高い「6302.29-0105」(仕入書第５項)にとりまとめる。

合算後の品目番号は「6302.29-010X」、調整後の仕入書価格は「US$2,712.00」となる。

３．各品目番号の申告価格

米ドル建の申告価格を前記2.で求めているので、これを本邦通貨に換算する。(1円未満の端数がある場合は、これを切り捨てる。)
(１)6301.20-0102＝**1,791,200円**(仕入書第１項)：US$17,912.00×100.00円/US$
残りの品目についても同様に計算をする。
(２)6302.40-0005＝　**933,600円**(仕入書第３項)
(３)6302.60-0006＝**1,258,120円**(仕入書第４項)
(４)6302.29-010X＝　**271,200円**(少額合算：仕入書第５項及び第２項)
(５)6302.10-0000＝**2,320,250円**(仕入書第６項)

４．申告欄の決定

問題文記３に従って申告欄を決定すると、(ａ)～(ｅ)の選択肢番号及び(ｆ)～(ｊ)の申告価格は次のようになる。

申告欄	仕入書	解答欄	選択肢番号	解答欄	申告価格
第１欄	6	(ａ)	⑥ 6302.10-0000	(ｆ)	2,320,250円
第２欄	1	(ｂ)	① 6301.20-0102	(ｇ)	1,791,200円
第３欄	4	(ｃ)	⑬ 6302.60-0006	(ｈ)	1,258,120円
第４欄	3	(ｄ)	⑪ 6302.40-0005	(ｉ)	933,600円
第５欄	2･5	(ｅ)	⑨ 6302.29-010X	(ｊ)	271,200円

(仕入書の有効活用例)

Marks and Nos. / Description of Goods	Quantity PC	Unit Price per PC	Amount FOB US$
適用為替レート：¥100.00/US$			
1.Blankets, of wool (raised textile production)	200	23.70	4,740.00
①6301.20-0102 (協：5.3%) 《2》		¥1,791,200	17,912.00
2.Travelling rugs, of synthetic fibres	30	16.80	504.00
~~6301.40-0906~~ (協：5.3%)			1,375.20
3.Table linen, knitted, figured, of cotton	250	14.88	3,720.00
⑪6302.40-0005 (基：9.1%) 《4》		¥933,600	9,336.00
4.Toilet linen, of terry towelling, of cotton	400	8.81	3,524.00
⑬6302.60-0006 (協：7.4%) 《3》		¥1,258,120	12,581.20
5.Bed linen, printed, of flax	20	16.80	336.00
~~6302.29-0105~~ (協：7.9%) → ⑨6302.29-010X 《5》			1,336.80
		¥271,200	2,712.00
6.Bed linen, crocheted, figured, of wool	250	13.70	3,425.00
⑥6302.10-0000 (基：9.1%) 《1》		¥2,320,250	23,202.50

Total : FOB SHANGHAI US$16,249.00

少額貨物分岐点価格／適用為替レート＝US$2,000.00

第13問 輸入(納税)申告(革製品等)(問題・P.323)

解答

(a)⑥	(b)⑦	(c)③	(d)①	(e)⑩
(f)9342600	(g)6056400	(h)1543750	(i)777390	(j)364605

<<解 説>>

1．各貨物の品目番号

(1)仕入書第1項：Brief-cases… ➡4202.12-2105(協:8%)

貨物は「外面がプラスチックシート製の書類かばん」であるので、第42.02項の中の「トランク、…書類かばん…」のうち、第4202.12号の「外面がプラスチック製…のもの」に該当する。その号のうち、「2 その他のもの」の「(1)外面がプラスチックシート製…のもの」に分類する。

(2)仕入書第2項：Brief-cases… ➡4202.11-2003(協:10%)

貨物は「外面が牛革製の書類かばん」であるので、第42.02項の中の「トランク、…書類かばん…」のうち、第4202.11号の「外面が革製…のもの」に該当し、その号のうち、「2 その他のもの」に分類する。

(3)仕入書第3項：Handbags combined with precious metal… ➡4202.21-1101(協:14%)

貨物は「外面がわに革製で、貴金属を使用したハンドバッグ」であるので、第42.02項の中の「ハンドバッグ(…)」のうち、第4202.21号の「外面が革製…のもの」に該当する。その号のうち、問題文記9-②により貴金属を使用し、課税価格が1個につき6,000円超であるので「1 貴金属…を使用したもののうち、課税価格が1個につき6,000円を超えるもの」の「(1)革製のもの」に分類する。

(4)仕入書第4項：Handbags… ➡4202.21-2206(協:10%)

貨物は「外面がコンポジションレザー製で、取手が付いていないハンドバッグ」であるので、第42.02項の中の「ハンドバッグ(…)」のうち、第4202.21号の「外面が…コンポジションレザー製…のもの」に該当する。その号のうち、問題文記9-①によりスチールのみが使用されているので「2 その他のもの」の「(2)その他のもの」に分類する。

(5)仕入書第5項：Handbags combined with precious metal… ➡4202.21-1204(協:16%)

貨物は「外面がコンポジションレザー製で、貴金属を使用したハンドバッグ」であるので、第42.02項の中の「ハンドバッグ(…)」のうち、第4202.21号の「外面が…コンポジションレザー製のもの」に該当する。その号のうち、問題文記9-②により貴金属を使用し、課税価格が1個につき6,000円超であるので「1 貴金属…を使用したもののうち、課税価格が1個につき6,000円を超えるもの」の「(2)その他のもの」に分類する。

(6)仕入書第6項：Wallets… ➡4202.31-2004(協:10%)

貨物は「外面がパテントレザー製の財布」であり、第42.02項の中の「ポケット又はハンドバッグに通常入れて携帯する製品」のうち、第42類注1によりパテントレザーは革に含まれるので第4202.31号の「外面が革製…のもの」に該当する。その号のうち、問題文記9-①によりスチールのみが使用されているので「2 その他のもの」に分類する。

2．大額／少額貨物の判断及び少額合算

本文の仕入書価格は米ドル建のEXW価格であり、申告価格の算出のため次の調整を行う。

i．指定工場から輸入港までの運賃及び輸出通関業務の対価(注1)は加算要素であり、各貨物への振り分けは、各貨物の重量(G/W)で按分して加算する。

ii．牛革及びわに革に関する費用(注2)は、それぞれ仕入書第2項及び第3項の貨物の価格に加算する。

これらの仕入書価格の調整を行って得られた申告価格を20万円と比較して少額貨物かどうかを判断する。

(注1)買手が支払う指定工場から輸入港までの運賃及び輸出通関業務の対価(輸出貨物を運送手段への積卸し、本船への船積み作業に伴うもの)は、関税定率法第4条第1項第1号に規定する「輸入港までの運賃及びその他運送に関連する費用」に該当する。

(注2)牛革及びわに革の無償提供は、関税定率法第4条第1項第3号イに該当する。また、この無償提供に係る買付手数料は、買手が輸入貨物の原材料を調達して売手に提供するため、その原材料の買付業務を他の者に委託した場合に支払う手数料で関税定率法第4条第1項第3号及び同法施行令第1条の5第2項の「輸入貨物生産用の原材料に要する費用」に該当する。

適用為替レート	101.00円	(令和XX.7.30～令和XX.8.5)
少額貨物分岐点価格	200,000円	－

次に、品目ごとの仕入書価格を調整して本邦通貨建の申告価格を算出する。

A．問題文記６の費用(輸入港までの運賃・輸出通関業務の対価)の計算

G/W1kg当たりの運賃及び通関費：(190,000円＋47,215円)÷2,497kgs＝95円/kg

(１)4202.12-2105(仕入書第１項)：1,100kgs×95円/(G/W)＝104,500円

US$14,250.00×101.00円/US$＋104,500円＝**1,543,750円**

残りの品目についても同様に計算をする。

(２)4202.11-2003(仕入書第２項)：　619,890円

(３)4202.21-1101(仕入書第３項)：9,027,600円

(４)4202.21-2206(仕入書第４項)：　**196,765円**

(５)4202.21-1204(仕入書第５項)：**6,056,400円**

(６)4202.31-2004(仕入書第６項)：　**167,840円**

B．問題文記７の費用(革の無償提供費用)の計算

牛革とわに革についての諸費用は仕入書第２項及び第３項の貨物の価格に加算する。

(１)仕入書第２項の牛革に係る加算分：150,000円×1.05＝157,500円

仕入書第２項の申告価格：619,890円＋157,500円＝**777,390円**

(２)仕入書第３項のわに革に係る加算分：300,000円×1.05＝315,000円

仕入書第３項の申告価格：9,027,600円＋315,000円＝**9,342,600円**

したがって、本問では「4202.21-2206(協:10％)」(仕入書第４項：196,765円)及び「4202.31-2004(協:10％)」(仕入書第６項：167,840円)が少額貨物に該当し、問題文記に合算方法の指示はないが両者は同一税率であることから申告価格の大きい「4202.21-2206」(仕入書第４項)にとりまとめる(関税法基本通達67-4-17(1))。合算後の品目番号は「4202.21-220X」、申告価格は「364,605円」となる。

３．各品目番号の申告価格

本邦通貨建申告価格は、前記2.において既に算出している。

４．申告欄の決定

問題文記３に従って申告欄を決定すると、(ａ)～(ｅ)の選択肢番号及び(ｆ)～(ｊ)の申告価格は次のようになる。

申告欄	仕入書	解答欄	選択肢番号	解答欄	申告価格
第１欄	3	(ａ)	⑥4202.21-1101	(ｆ)	9,342,600円
第２欄	5	(ｂ)	⑦4202.21-1204	(ｇ)	6,056,400円
第３欄	1	(ｃ)	③4202.12-2105	(ｈ)	1,543,750円
第４欄	2	(ｄ)	①4202.11-2003	(ｉ)	777,390円
第５欄	4・6	(ｅ)	⑩4202.21-220X	(ｊ)	364,605円

（仕入書の有効活用例）

適用為替レート：¥101.00/US$

Marks and Nos. Description of Goods	Quantity PC	Unit Price per PC		Amount EXW US$
1. Brief-cases with outer surface of plastic sheeting 22c/t×50.00kgs (G/W: 1,100kgs) ③4202.12-2105（協:8%）《3》	500	28.50 ¥1,439,250 （費）¥104,500	¥1,543,750	14,250.00
2. Brief-cases with outer surface of bovine skin leather 4c/t×52.50kgs (G/W: 210kgs) ①4202.11-2003（協:10%）《4》	60	99.00 ¥599,940 （費）¥19,950 （革）¥157,500	¥777,390	5,940.00
3. Handbags combined with precious metal with outer surface of crocodile leather 6c/t×50.00kgs (G/W: 300kgs) ⑥4202.21-1101（協:14%）《1》	60	1,485.00 ¥8,999,100 （費）¥28,500 （革）¥315,000	¥9,342,600	89,100.00
4. Handbags with outer surface of composition leather without handle 4c/t×28.75kgs (G/W: 115kgs) → ~~4202.21-2206~~（協:10%）→⑩4202.21-220X《5》	40	46.00 ¥185,840 （費）¥10,925	¥196,765 → ¥364,605	1,840.00
5. Handbags combined with precious metal with outer surface of composition leather 12c/t×50.00kgs (G/W: 600kgs) ⑦4202.21-1204（協:16%）《2》	120	495.00 ¥5,999,400 （費）¥57,000	¥6,056,400	59,400.00
6. Wallets with outer surface of patent leather 4c/t×43.00kgs (G/W: 172kgs) ~~4202.31-2004（協:10%）~~	200	7.50 ¥151,500 （費）¥16,340	¥167,840 →	1,500.00

Total : EXW New York US$172,030.00

運賃等の按分率¥95/kg（¥237,215÷2,497.00kgs）　　少額貨物分岐点価格　200,000円

第14問 輸入(納税)申告(豚肉等)(問題・P.330)

解　答

(a)②	(b)⑭	(c)⑬	(d)⑪	(e)⑤
(f)982905	(g)577500	(h)360360	(i)232155	(j)168630

<<解　説>>

1．各貨物の品目番号

(1)仕入書第1項：Frozen shoulder meat of pork (swine)…　➡0203.22-0253(EPA:73.53円/kg)

貨物は「冷凍の豚の肩肉で骨付きのもの」であるので、第2類の「肉及び食用のくず肉」に属し、第02.03項の「豚の肉(生鮮のもの及び冷蔵し又は冷凍したものに限る。)」の「冷凍したもの」のうち、第0203.22号の「骨付きのもも肉及び肩肉…」の「2 その他のもの」に該当する。

問題文記16を参考にして下記(注)のように計算すると、1kg当たりの課税価格が462円で部分肉に係る従量税適用限度価格(64.53円/kg)を超え、部分肉に係る分岐点価格(524円/kg)以下のものに該当するので、「*〔2〕課税価格が…部分肉に係る分岐点価格以下のもの」の「－課税価格が1キログラムにつき、399円以上のもの」に分類(0203.22-025†)する。

なお、NACCS用欄が「†」であるため、別紙3のNACCS用品目コード(輸入)(抜粋)並びに問題文記14及び15に従って、品目番号を決定する。

また、適用税率は、本品が問題文記14に記載する「関税割当て」に該当するものであり、別冊の附表に掲載されているEPA税率(0203.22-025：535.53円/kg－課税価格/kg＝73.53円/kg)となる。

(注)仕入書価格の単価(US$)を課税価格の単価(円)へ変換するための計算

i．申告円への換算レート＝適用為替レート(US$)×R＝110.00円/US$×1.05＝115.50円/US$

∵R＝申告価格総額÷仕入書価格総額＝US$21,105.00÷US$20,100.00=1.05(後記2.-③なお書の加算額参照)

ii．申告(課税)単価＝US$4.00×115.50円/US$＝462円

(2)仕入書第2項：Smoked shoulder meat of pork (swine)…　➡0210.11-0202(暫:8.5%)

貨物は「くん製の豚の肩肉で骨付きのもの」であるので、第2類の「肉及び食用のくず肉」に属し、第02.10項の「肉及び食用のくず肉(塩蔵し、…くん製したものに限る。)…」の「豚の肉」のうち、第0210.11号の「骨付きのもも肉及び肩肉…」に該当する。

問題文記16を参考にして上記(1)(注)と同様に計算すると、1kg当たりの課税価格が1,016.40円(単価US$8.80×115.50円/kg)で豚肉加工品に係る分岐点価格(897.59円/kg)を超えているものであるので、「*〔2〕課税価格が…豚肉加工品に係る分岐点価格を超えるもの」に分類(0210.11-020†)する。

なお、NACCS用欄が「†」であるため、別紙3のNACCS用品目コード(輸入)(抜粋)並びに問題文記14及び15に従って、品目番号を決定する。

また、適用税率は、別冊の附表によりEPA非譲許であるため、暫定税率を適用する。

(3)仕入書第3項：Chilled beef (bovine) meat…　➡0201.10-0001(暫:38.5%)

貨物は「冷蔵の牛の半丸枝肉」であるので、第2類の「肉及び食用のくず肉」に属し、第02.01項の「牛の肉(生鮮のもの及び冷蔵のものに限る。)」に該当し、第0201.10号の「枝肉及び半丸枝肉」に分類(0201.10-000†)する。

なお、NACCS用欄が「†」であるため、別紙3のNACCS用品目コード(輸入)(抜粋)並びに問題文記14及び15に従って、品目番号を決定する。

また、適用税率は、別冊の附表によりEPA非譲許であるため、暫定税率を適用する。

(4)仕入書第4項：Frozen prepared beef (bovine) meat…　➡1602.50-3103(協:21.3%)

貨物は「冷凍の牛肉調製品であって重量比で牛肉(ロイン)28%、野菜45%、米22%及び香辛料5%を調製し気密容器入りにしたもの」であるので、第16類の「肉、魚…の調製品」に属し、第16.02項の「その他の調製をし又は保存に適する処理をした肉…」に該当し、第1602.50号の「牛のもの」のうち、「2 その他のもの」の「(2)その他のもの」の「A 牛の肉及びくず肉(…)の含有量の合計が全重量の30%未満のもの」の「－気密容器入りのもの(野菜を含むものに限る。)」のうち、「－－米を含むもの」に分類する。

また、適用税率は、別冊の附表によりEPA非譲許であるため、協定税率を適用する。

(5)仕入書第5項：Frozen guts (whole) of bovine…　➡1602.50-1003(基:無税)

貨物は「冷凍の牛の腸(全形)で単に水煮したもの」であるので、第16類の「肉、魚…の調製品」に属し、第16.02項の「その他の調製をし又は保存に適する処理をした肉…」に該当し、第1602.50号の「牛のもの」のうち、「1 腸、…(単に水煮したものに限る。)」に分類する。

(6)仕入書第6項：Frozen extracts of bovine meat　➡1603.00-0103(協:12%)

貨物は「冷凍の牛肉エキス」であるので、第16類の「肉、魚…の調製品」に属し、第16.03項(第1603.00号)の「肉、魚…のエキス及びジュース」に該当し、「1 肉のエキス及びジュース」に分類する。

また、適用税率は、別冊の附表によりEPA非譲許であるため、協定税率を適用する。

(7)仕入書第7項：Frozen sheep meat…　➡0204.43-0004(基:無税)

貨物は「冷凍の羊肉で骨付きでなく水煮してないもの」であるので、第2類の「肉及び食用のくず肉」に属し、第02.04項の「羊又はやぎの肉(生鮮のもの及び冷蔵し又は冷凍したものに限る。)」に該当し、「その他の羊の肉(冷凍したものに限る。)」のうち、第0204.43号の「骨付きでない肉」に分類する。

2．大額／少額貨物の判断及び少額合算

まず、少額判断基準価格の算出のため、申告価格の計算をする。

本問の仕入書価格はチリCLP建及び米ドル建のCIF価格であり、問題文の記10から12までの項目の内容から申告価格(課税価格相当額)の算出については、次のようになる。

① 問題文記10に基づく仕入書の決済金額の取扱い

問題文記8の買付業務委託契約に関して、同記10の内容で、契約価格(CLP13,828,800.00)及び売手への支払金額(US$20,100.00)のいずれが現実支払価格となるかについては、買付代理人を通じ、仕入書に記載されたUS$20,100.00を売手に輸入貨物の代金として支払うことが当事者である買手と売手との間で合意されていることから、US$20,100.00が現実支払価格と認められる(関税定率法第4条第1項本文、第4条の7)。

なお、申告価格の計算に際し、US$20,100.00を関税定率法第4条の7第2項の規定により財務省令で定める外国為替相場により本邦通貨に換算する。

② 問題文記11の費用(買付代理人に別払いする買付手数料)：不算入

当該買付手数料(102,000円)は、問題文記7により買付業務委託契約に基づく業務の費用と認められ、関税定率法基本通達4-9(3)により当該輸入貨物の課税価格に算入しない。

③ 問題文記12の費用(豚肉等の包装容器の無償提供費用)：算入

輸入者は当該豚肉等の包装容器(使い捨て)を本邦において調達購入して輸出者へ無償で提供しており、その購入及び提供に係る輸入者が負担する費用110,550円は関税定率法第4条第1項第2号ロ(課税価格に含まれる容器の費用)に規定する費用に該当し、申告価格に算入する。なお、算入する場合の各項目への按分のため、日本円を上記①の建値に合わせ、US$に換算するとUS$1,005.00(＝110,550円÷110.00円/US$)となる。

これらの加算要素については、申告価格の算出のため、問題文記6により「輸入申告事項登録画面の課税価格の右欄(…)には、別紙1の仕入書に記載された価格に、下記11及び12の費用が申告価格に算入すべきものである場合にはその額を加算した(…)額を入力する」こととされ、問題文記13により加算する費用は仕入書価格按分することとされているので、申告価格が20万円の場合の仕入書価格(円)を求め、適用為替レートで除すことで、少額判断基準価格を算出することができる。

無償提供容器の費用(容)	US$1,005.00	申告価格へ算入する
買付手数料	—	申告価格へ算入しない
申告価格総額	US$21,105.00	CIF US$20,100.00＋(容)US$1,005.00
適用為替レート	110.00円	(令和XX.9.12～令和XX.9.18)
少額判断基準価格	US$1,731.60	$\frac{\text{CIF US\$20,100.00}}{\text{申告価格総額US\$21,105.00}} \times \frac{\text{200,000円}}{\text{110.00円/US\$}}$

すなわち、仕入書価格が**US$1,731.60**以下であれば、少額貨物と判断できる。

したがって、本問では次の項目が少額貨物に該当する。

①仕入書第1項：US$1,460.00(0203.22-0253)(EPA(関税割当)：73.53円/kg)
②仕入書第2項：US$1,540.00(0210.11-0202)(暫：8.5%)
③仕入書第4項：US$1,580.00(1602.50-3103)(協：21.3%)
④仕入書第5項：US$1,590.00(1602.50-1003)(基：無税)
⑤仕入書第7項：US$420.00(0204.43-0004)(基：無税)

問題文記2及び3により、これらのうち関税割当て以外のものは有税である品目と無税である品目に分けて、有税である品目は関税率が最も高いものの品目番号とし、無税である品目は申告価格が最も大きいものの品目番号として、それぞれ一括したうえで10桁目を「X」とする。また、同記5により単独の少額品目のものは、10桁目を「E」とする。

この結果、上記①は関税割当てに係る有税(従量税)の単独品目であるので、問題文記5により10桁目を「E」とし、上記②及び③は有税の少額貨物で同記2及び3により合算することとされているので10桁目を「X」とし、④及び⑤は無税の少額貨物であるので同様に合算して10桁目を「X」とする。

したがって、上記①から⑤の品目番号及び申告価格は次のとおりとなる。

① 品目番号:0203.22-025E 申告価格:US$1,460.00
②及び③ 品目番号:1602.50-310X 申告価格:US$3,120.00
④及び⑤ 品目番号:1602.50-100X 申告価格:US$2,010.00

3. 各品目番号の申告価格

本問の仕入書価格はCIF価格であり、無償提供の容器費用は仕入書価格按分することとされているので、次の算式により申告価格を計算する。

申告価格 = CIF×(申告価格総額÷CIF総額)×適用為替レート(上記1(1)注 i 参照)

(1)0203.22-025E = **168,630円**(仕入書第1項):US$1,460.00 × 115.50円/US$

残りの品目についても同様に計算をする。

(2)0201.10-0001 = **982,905円**(仕入書第3項)
(3)1602.50-310X = **360,360円**(少額合算:仕入書第4項及び第2項)
(4)1602.50-100X = **232,155円**(少額合算:仕入書第5項及び第7項)
(5)1603.00-0103 = **577,500円**(仕入書第6項)

4. 申告欄の決定

問題文記4に従って申告欄を決定すると、(a)〜(e)の選択肢番号及び(f)〜(j)の申告価格は、次のようになる。

申告欄	仕入書	解答欄	選択肢番号	解答欄	申告価格
第1欄	3	(a)	② 0201.10-0001	(f)	982,905円
第2欄	6	(b)	⑭ 1603.00-0103	(g)	577,500円
第3欄	2・4	(c)	⑬ 1602.50-310X	(h)	360,360円
第4欄	5・7	(d)	⑪ 1602.50-100X	(i)	232,155円
第5欄	1	(e)	⑤ 0203.22-025E	(j)	168,630円

（仕入書の有効活用例）

適用為替レート：¥110.00/US$

申告価格＝CIF ×（申告価格総額÷CIF総額）× ¥110.00/US$

Marks and Nos. / Description of Goods	Quantity Kgs	Unit Price CLP (US$) per Kgs	Amount CIF CLP (CIF US$)
1. Frozen shoulder meat of pork (swine) with bone in	365	2,752.00 (4.00)	1,004,480.00 (1,460.00)
~~0203.22-0253~~(EPA：¥73.53/kg)→ ⑤0203.22-025 E《5》			¥168,630
2. Smoked shoulder meat of pork (swine) with bone in	175	6,054.40 (8.80)	1,059,520.00 (1,540.00) →
~~0210.11-0202(暫：8.5%)~~ → 4.			
3. Chilled beef (bovine) meat, half-carcasses	1,702	3,440.00 (5.00)	5,854,880.00 (8,510.00)
②0201.10-0001(暫：38.5%)《1》			¥982,905
4. Frozen prepared beef (bovine) meat, containing of loin meat 28%, vegetable 45%, rice 22% & spices 5% by weight, in airtight containers	40	27,176.00 (39.50)	1,087,040.00 (1,580.00) →
→ ~~1602.50-3103~~(協：21.3%)→ ⑬1602.50-310 X《3》			3,120.00 ← ¥360,360
5. Frozen guts (whole) of bovine, simply boiled in water	265	4,128.00 (6.00)	1,093,920.00 (1,590.00) →
→ ~~1602.50-1003~~(基：無税)→ ⑪1602.50-100 X《4》			2,010.00 ← ¥232,155
6. Frozen extracts of bovine meat	250	13,760.00 (20.00)	3,440,000.00 (5,000.00)
⑭1603.00-0103(協：12%)《2》			¥577,500
7. Frozen sheep meat, boneless, no boiled	50	5,779.20 (8.40)	288,960.00 (420.00) →
~~0204.43-0004(基：無税)~~ → 5.			

Total : CIF TOKYO CLP13,828,800.00
(US$20,100.00)

少額判断基準価格　US$1,731.60

第15問 輸入(納税)申告(飲料等)(問題・P.343)

解　答

(a)⑬	(b)⑮	(c)⑧	(d)②	(e)⑤
(f)4261950	(g)1024385	(h)540431	(i)383657	(j)194750

<<解　説>>

1．各貨物の品目番号

(1)仕入書第1項：Straight orange juices, …　➡2009.12-1903(協:23円/kg(注))

貨物は「冷凍しておらず、発酵してないストレートのオレンジジュース(ブリックス値が19、アルコール分が0.0%、砂糖を加え、しょ糖の含有量が全重量の11%のもの)」であるので、第20.09項の「果実、ナット又は野菜のジュース(…発酵しておらず、かつ、アルコールを加えてないものに限るものとし、…)」に該当する。その項の中の「オレンジジュース」のうち、第2009.12号の「冷凍してないもの(ブリックス値が20以下のものに限る。)」に該当し、「1 砂糖を加えたもの」の「(2)その他のもの」に分類する。

(注)税率の計算

この品目の協定税率は「29.8%又は23円/kgのうちいずれか高い税率」となっており、実際に適用される税率は次のように決定する。

①従価税額：US$2,000.00×0.95※×102.50円/US$＝194,750円
194,000円×29.8%＝57,812円 ➡ 57,800円

②従量税額：重量(N/W)2,750kgs
2,750.00kgs×23円/kg＝63,250円 ➡ 63,200円

∴②の従量税額の方が大きいので、従量税率を適用する。

※本船からの取卸し費用及び輸入国内運送費用の控除を反映

(2)仕入書第2項：Orange beverages, …　➡2202.99-2002(協:9.6%)

貨物は「オレンジ飲料(オレンジ果汁75%、くえん酸及び食品添加物2%、水23%、砂糖を加えてなく、アルコール分が0.0%のもの)」であるので、第22.02項の「水(…)その他のアルコールを含有しない飲料(第20.09項の果実、ナット又は野菜のジュースを除く。)」に該当する。その項の中の「その他のもの」のうち、第2202.99号の「その他のもの」の「2 その他のもの」に分類する。

(3)仕入書第3項：Orangeade, …　➡2208.90-2404(協:88円/l)

貨物は「オレンジエード(オレンジエキス10%、水80%、香味料及び食品添加物9%を加え、アルコール分が1%のもの)」であるので、第22類注3により第22.02項には該当せず、第22.08項の「エチルアルコール…その他のアルコール飲料」に該当する。果汁等による味付けをした飲料であるので、第2208.90号の「その他のもの」のうち、「2 その他のアルコール飲料」の「(3)その他のもの」に分類する。

(4)仕入書第4項：Prunes preserved by Armagnac (brandy), …　➡2008.99-2123(協:11%)

貨物は「プルーン200gをアルマニャック(ブランデー)40mlに漬けたもの(全形、砂糖を加え、アルコール分が16%のもの)」であるので、第20.08項の「果実…(…保存に適する処理をしたものに限るものとし、…アルコールを加えてあるかないかを問わず、…)」に該当する。その項の中の「その他のもの(…)」のうち、第2008.99号の「その他のもの」に該当し、「2その他のもの」の「(1)砂糖を加えたもの」のうち、全形であるので「B その他のもの」の「(a)ベリー及びプルーン」に分類する。

(5)仕入書第5項：Scotch whiskies, …　➡2208.30-0006(基:無税)

貨物は「スコッチウイスキー(アルコール分が45%のもの)」は、第22.08項の「エチルアルコール(…)及び蒸留酒…」に該当し、第2208.30号の「ウイスキー」に分類する。

(6)仕入書第6項：Non-alcoholic beer, …　➡2202.91-1001(協:13.4%)

貨物は「ノンアルコールビール(原料に麦芽、ホップ、しょ糖、水、炭酸ガス、保存料を使用し、砂糖を加えてあり、アルコール分が0.0%のもの)」であるので、第22類注3により第22.02項の「水(…)その他のアルコールを含有しない飲料(第20.09項の果実、ナット又は野菜のジュースを除く。)」に該当する。麦芽等による味付けをしたものであるので、その項の中の「その他のもの」のうち、第2202.91号の「ノンアルコールビール」の「1 砂糖を加えたもの」に分類する。

(7)仕入書第7項：Cooking-Liquer "Mirin",…　➡2208.90-2404(協:88円/l)

貨物は「料理酒"みりん"(米(もち米)、米麹、しょ糖、水、アルコール、水あめから製造し、アルコール分が14%のもの」であるので、第22.08項の「エチルアルコール…その他のアルコール飲料」に該当し、米、酵母、しょ糖を醸造して得られる酒類であるので、第2208.90号の「その他のもの」のうち、「2 その他のアルコール飲料」の「(3)その他のもの」に分類する。

なお、第3項及び第7項の貨物は、品目番号が同一となるため、一欄にとりまとめる。

2．大額／少額貨物の判断

本問の仕入書価格は米ドル建のDAP価格であり、売手は指定地までの運送を伴う一切の危険と費用を負担する契約条件であることから、判明している諸費用のうち問題文記8及び9の費用の申告価格への算入・控除は、次のようになる。

ロイヤルティ	5%	算入：仕入書第5項の品目の価格のみ対象
滅却分ウイスキー代金	US$1,620.00	控除：US$54.00/本×30本(仕入書第5項)
滅却処分費用	—	不算入
輸出港までの運賃・本船積込み費用	—	控除しない：申告価格に算入される費用
海上運賃・保険料	—	同上
本船取卸し費用	2%	控除：輸入港到着後の費用(全品目)
輸入国内運送費用	3%	同上

以上の状況により、仕入書価格のまま少額貨物かどうかの判断を行うことができない。したがって、仕入書価格を調整して米ドル建の申告価格を算出し、少額貨物分岐点価格である20万円を適用為替レートで除した額と比較する。

米ドル建の申告価格は、次のようにして算出する。

まず、各費用は実際に輸入申告する貨物の仕入書価格に対して算入し、又は控除するとされているため、スコッチウイスキー(仕入書第5項)について破損分である30本を控除した仕入書価格を算出する。

修正後仕入書価格(第5項)：US$41,580.00＝US$43,200.00－US$1,620.00

次に、全品目に価格按分する費用である「本船取卸し費用」及び「輸入国内運送費用」を控除した額を算出する。

(1)2009.12-1903(仕入書第1項)：US$2,000.00×0.95＝US$1,900.00

残りの品目も同様に計算する。

(2)2202.99-2002(仕入書第2項)：US$1,805.00

(3)2208.90-2404(仕入書第3項及び第7項)：US$9,994.00

(4)2008.99-2123(仕入書第4項)：US$1,938.00

(5)2208.30-0006(仕入書第5項)：US$39,501.00

(6)2202.91-1001(仕入書第6項)：US$5,272.50

以上により、(1)～(4)まで及び(6)は、申告すべき米ドル建価格が決定されたこととなる。

さらに、(5)スコッチウイスキー(仕入書第5項)については、これらの額にロイヤルティ(DAPの5%相当額)を加算して申告すべき米ドル建価格を決定する。

○　2208.30-0006(仕入書第5項)：US$41,580.00＝US$39,501.00＋US$41,580.00×5%

適用為替レート	102.50円	(令和XX.9.15～令和XX.9.21)
少額貨物分岐点価格(20万円)を適用為替レートで除した額	US$1,951.21	200,000円÷102.50円/US$

すなわち、調整した仕入書価格(米ドル建の申告価格)が**US$1,951.21**以下であれば、少額貨物と判断できる。

したがって、本問では「2009.12-1903(協:23円/kg)」(仕入書第1項:US$1,900.00)、「2202.99-2002(協:9.6%)」(仕入書第2項：US$1,805.00)及び「2008.99-2123(協:11%)」(仕入書第4項：US$1,938.00)が少額貨物となる。この少額貨物については仕入書第1項が従量税率(前記1(1)の注参照)、また、仕入書第2項及び第4項が従価税率であり、問題文記2により税率の種別が異なる品目ごとにとりまとめ、第2項及び第4項については関税率の高い第4項の品目にとりまとめて10桁目を「X」とする。

①仕入書第1項：US$1,900.00(協:23円/kg)　　2009.12-1903 ➡ 2009.12-190E

②仕入書第2項及び第4項：US$3,743.00(協:11%)　　2008.99-2123 ➡ 2008.99-212X

3．各品目番号の申告価格

米ドル建申告価格を前記2.で求めているので、これを本邦通貨に換算する。(1円未満の端数がある場合は、これを切り捨てる。)

(1)2009.12-190E　＝　**194,750円**(仕入書第1項)：US$1,900.00×102.50円/US$

(2)2208.90-2404　＝　**1,024,385円**(仕入書第3項及び第7項)

（3）2008.99-212X　＝　**383,657円**（仕入書第4項及び第2項）
（4）2208.30-0006　＝　**4,261,950円**（仕入書第5項）
（5）2202.91-1001　＝　**540,431円**（仕入書第6項）

4．申告欄の決定

問題文記3により申告欄を決定すると、（a）～（e）の選択肢番号及び（f）～（j）の申告価格は、次のようになる。

申告欄	仕入書	解答欄	選択肢番号	解答欄	申告価格
第1欄	5	（a）	⑬2208.30-0006	（f）	4,261,950円
第2欄	3・7	（b）	⑮2208.90-2404	（g）	1,024,385円
第3欄	6	（c）	⑧2202.91-1001	（h）	540,431円
第4欄	2・4	（d）	②2008.99-212X	（i）	383,657円
第5欄	1	（e）	⑤2009.12-190E	（j）	194,750円

（仕入書の有効活用例）

Marks and Nos.	Description of Goods	Quantity bottle	Unit Price per bottle	Amount DAP US$
適用為替レート：¥102.50/US$				
	1. Straight orange juices, unfermented, not frozen, alcohol 0.0%, brix 19, containing added sugar, 11% by weight of sucrose, 550ml×20×250C/T (2,750kgs)	5,000	0.40	2,000.00
	~~2009.12-1903~~（協：¥23/kg）→ ⑤2009.12-190E《5》		**¥194,750**	**1,900.00**
	2. Orange beverages, containing orange juice 75%, citric acid and food-additive 2%, and water 23%, alcohol, 0,0%, not containing added sugar, 500ml×20×190C/T (1,900kgs)	3,800	0.50	1,900.00
	~~2202.99-2002~~（協：9.6%）			**1,805.00**
	3. Orangeade, containing orange extract 10%, water 80%, flavored and food-additive 9%, alcohol 1%, 350ml×20×450C/T (3,150kgs)	9,000	0.70	6,300.00
	⑮2208.90-2404（協：¥88/l）《2》	**¥1,024,385**	**9,994.00**	**10,520.00**
	4. Prunes preserved by Armagnac (brandy), alcohol 16%, whole, comtaining added sugar and 200g of prunes in 40ml of Armagnac in each package, 250ml×20×20C/T (100kgs)	400	5.10	2,040.00
	→~~2008.99-2123~~（協：11%）→ ②2008.99-212X《4》			**1,938.00**
	5. Scotch whiskies, alcohol 45%, 700ml×10×80C/T (560kgs)	~~800~~ **770**	**¥383,657** 54.00	**3,743.00** ~~43,200.00~~
	⑬2208.30-0006（基：無税）《1》		**¥4,261,950**	**41,580.00**
	6. Non-alcohlic beer, alcohol 0.0%, made from malt, hop, sucrose, water, carbon dioxide gas, food-additive, containing added sugar, 300ml×37×250C/T (2,775kgs)	9,250	0.60	5,550.00
	⑧2202.91-1001（協：13.4%）《3》		**¥540,431**	**5,272.50**
	7. Cooking-Liquer "Mirin", alcohol 14%, made from rice (mochigome), kome-kouji, sucrose, water, mizuame (maltose syrop), added alcohol, 800ml×20×100C/T (1,600kgs)	2,000	2.11	4,220.00
	2208.90-2404（協：¥88/l）			

Total : DAP TOKYO US$~~65,210.00~~
63,590.00
少額貨物分岐点価格／適用為替レート＝US$1,951.21

ワンポイントアドバイス：注意が必要な品目分類

１．繊維の品目分類（輸出申告第９問の関係）

（１）繊維の種類

①　天然繊維

綿、麻、羊毛等

②　人造繊維

合成繊維、再生繊維、半合成繊維（人造繊維の定義：第54類注1参照）（人造繊維は繊維を人工的につくりだしたもので化学繊維ともいう。）

（２）性質による区分

①　短繊維（staple fibres）

綿、麻、羊毛等並びに人造繊維の長繊維を短く切断したもの（長さ1～10cm程度）

②　長繊維（filaments）

絹並びに人造繊維の長繊維のもの（長さ：絹は600～700ｍ、人造繊維は無限）

（３）混用繊維

第55.13項「合成繊維の…織物（合成繊維…全重量の85％未満のもののうち、混用繊維の全部又は大部分が綿のもの…」においては、二以上の紡績用繊維から成る織物の設定で、構成する繊維のうち最大重量を占める繊維を「合成繊維の短繊維（85％未満）」とし、他の混ぜて使用している繊維（15％以上）を『混用繊維』といい、全部が綿のものか又は大部分（複数の繊維の場合）が綿のものと規定している。

２．金属の品目分類（輸出申告第14問の関係）

（１）貴金属及び卑金属の定義

①　貴金属

第71類注4（A）に掲げる「銀、金及び白金」をいう。

②　卑金属

第15部注3に掲げる「鉄鋼、銅、ニッケル、アルミニウム、鉛、亜鉛、すず等」をいう。

（２）加工による区分

①　めっき（plated）

装飾、防蝕、表面硬化のために、金属の表面に金属の薄膜を被覆させる表面処理をいう。

②　張り（clad）

金属の一以上の面にはんだ付け、ろう付け、溶接、熱間圧延その他これらに類する機械的方法により貴金属を張ることをいう。ただし、文脈により別に解釈される場合を除くほか、卑金属に貴金属を象眼したものを含む。（第71類注７）

③　象眼（inlaid）

表面に彫ったくぼみに、ほかの材料をはめ込む工芸手法をいう。

金属・陶磁器・木材などの表面に模様を彫り、そのくぼみに金や銀、貝などを加工して、ぴったりとはめ込む細工のことである。

④　蒸着（Vapor deposition）

真空にした容器中で蒸着材料（アルミ、クロム、金、プラチナ等）を加熱し気化若しくは昇華して、離れた位置の基板（金属、樹脂、ガラス、紙等）の表面に付着させ薄膜（0.05～0.1μm）を形成すること

3．気密容器入りのものの取扱い（関税分類例規集　国内例規16類-1参照）

気密容器とは、容器の内圧と外圧とが異なっても空気を完全にしゃ断できる容器である。通常使用されている気密容器には、次のようなものがある。

項　目	基　　　準
缶詰	巻締又はろう付けをしたもの
瓶詰	ガラス製、プラスチック製又は金属製の瓶で、すり合わせのある共ぶたがあり、封ろうによりシールしたもの、コルク、柔軟なプラスチック、ゴム等の完全なパッキングを有する王冠又はスクリューキャップ（簡単にスクリューがゆるまないようにしてあるもの）のあるもの及びコルク栓又はゴム栓を有し、簡単にその栓が抜けないもの
つぼ詰	封ろうによりシールしたもの
チューブ入り	金属又はプラスチック製のチューブでコルク、柔軟なプラスチック若しくはゴム等の完全なパッキングのあるスクリューキャップ付きのもの又は口に穴をあけ若しくは切断して内容物を出すタイプのもの
袋詰	アルミフォイルその他の金属はくの袋で、防湿セロハン、プラスチックフィルム等を張り合わせ、熱溶融密封してあるもの
その他	プラスチックフィルム等からなる容器であっても下記の基準を満たすものは、気密容器として取り扱ってよい。

（プラスチックフィルム等からなる気密容器の基準）

項　目	基　　　準
状態	熱溶融密封してあること 密封部に内容物のかみ込みがないこと
酸素透過度	温度20℃、乾燥状態において1 ml/㎡・24 h以下であること
密封部の強度	熱封かん強度試験で測定された値が23 N以上であること（熱封かん強度試験の方法は「食品、添加物等の規格基準（昭和34年12月厚生省告示第370号）第3 器具及び容器包装の部　B　器具又は容器包装一般の試験法」の項に示す方法による）

（付録１）申告書作成における各書類の見方

通関士試験の申告書作成問題において提示される仕入書（INVOICE）、輸出申告事項登録画面及び輸入申告事項登録画面は、一般の人々が普段目にすることのない専門的なものです。そのため、試験に直接関係はないものの、そこに記載されている項目について、どのようなことが記入されているのか興味を持つ方のために各項目についての解説を付録として掲載いたします。

（注）本書では、通関士試験において使用されるものについて簡略に解説しています。通関士試験で使用されている事項登録画面は、実際のNACCSのものと多少入力項目も異なっていますので、実際の実務に当たっては、別途詳細な解説を参照してください。

〔各書類（画面）について〕

仕入書（INVOICE）

輸出入する外国貨物の売買取引に際して売主である輸出者から買主である輸入者に交付される取引貨物の内容を明示する計算書。輸出申告又は輸入（納税）申告の内容を裏付ける書類であると同時に、輸入（納税）申告では申告に係る貨物の課税標準を決定するための重要な書類となる。

輸出申告事項登録画面

NACCSを使用して輸出申告する場合に使用される。通関士試験では、統計品目番号欄に入力すべき統計品目番号のみを解答する。

輸入申告事項登録画面

NACCSを使用して輸入（納税）申告する場合に使用される。通関士試験では、品目番号欄に入力すべき品目番号及び課税価格の右欄に入力すべき申告価格の額を解答する。

〔解説の見方〕

仕入書（INVOICE）

①印の項目は、通関士試験の輸出申告又は輸入（納税）申告の問題において、それぞれの事項登録画面に転記されている項目である。

事項登録画面（輸出入申告共通）

欄の名称がゴシック体で表記されているものは試験において記入がされている項目を、さらに強調されている項目は解答する項目を、明朝体で表記されているものは試験において斜線が付されている項目を示す。

また、①印は仕入書（INVOICE）から転記して記入されている項目を示す。

Ⅰ．仕入書（INVOICE）

A．上段

INVOICE
《仕入書》

Seller ① 《仕出人（輸出者）》	**Invoice No. and Date** ② 《仕入書番号及び仕入書作成年月日》 **Reference No.** ③ 《参照番号》

Buyer ④ 《仕入人（輸入者、仕向人）》		**Country of Origin** ⑤ 《原産地》	
		L/C No. ⑥ 《輸出信用状番号》	**Date** ⑦ 《輸出信用状発行年月日》
Vessel ⑧ 《積載船（機）名》	**On or about** ⑨ 《出港予定年月日》	**Issuing Bank** ⑩ 《発行銀行》	
From ⑪ 《積出地》	**Via** ⑫ 《経由地》		
To ⑬ 《仕向地》		**Other Payment Terms** ⑭ 《他の決済条件》	

①Seller 《仕出人（輸出者）》	貨物の仕出人（輸出者）の名称、住所、電話番号等が記載され、仕入書の作成者として認識される。
②Invoice No. and Date 《仕入書番号と仕入書作成年月日》	仕出人（輸出者）における仕入書管理番号と、この仕入書が作成された日付が記載されている。
③Reference No. 《参照番号》	仕入人（輸入者、仕向人）から送付された契約書番号又は注文書番号が記載されている。
④Buyer 《仕入人（輸入者、仕向人）》	貨物の仕入人（輸入者、仕向人）の名称、住所、電話番号等が記載されている。
⑤Country of Origin① 《原産地》	貨物の原産地が記載されている。
⑥L/C No. / ⑦Date 《輸出信用状番号／輸出信用状発行年月日》	L/C（＝Letter of Credit）とは輸出信用状のことで、貨物の売買取引において、輸入者の要請を受けて輸入者の取引銀行が、輸出地にある自行の支店又は他の銀行に対し、輸出者に一定の条件の下に輸入貨物代金を支払うことを委託した（輸出者に対して輸入者の取引銀行が輸入貨物代金の支払が確実に行われることを保証した）書類である。 ここに記載されているのは、その輸出信用状番号及びその発行年月日である。

⑧Vessel①／⑨On or about① 《積載船（機）／出港予定年月日》	貨物の輸送に使用する船舶（航空貨物の場合は航空機）の名称及びその船舶（航空機）が積出港を出港する予定の日が記載されている。
⑩Issuing Bank 《発行銀行》	輸入者の要請を受けて輸入者の取引銀行が輸出者に対して輸出信用状を発行した場合には、その輸出信用状の発行銀行の名称が記載されている。
⑪From①／⑫Via 《積出地／経由地》	「From」欄には、貨物が最初に船舶（航空機）に積み込まれて出発する地名（都市名）及び国名が記載されている。なお、「Via」欄には、本来であれば、貨物が積込地から最終仕向地（船（取）卸される港）のまでにおいて積み替え（Transit）する地名が記入されるべきであるが、単なる経由地（スエズ運河、パナマ運河等）が記載されていることもある。
⑬To① 《仕向地》	貨物が船（取）卸される港名又は空港名が記載されている。
⑭Other Payment Terms 《他の決済条件》	貨物の代金決済が、L/C（輸出信用状）決済以外の決済方法によって行われる場合においてのみ、その決済条件が記載されている。

B．下段

⑮ Marks and Nos. 《記号及び番号》	⑯ Description of Goods 《品名､品種》	⑰ Quantity 《数量》	⑱ Unit Price 《単価》	⑲ Amount 《価格》
TOTAL ⑳ 《合計》				
		《署名》 (Signature) ㉑		

⑮Marks and Nos. 《記号及び番号》	貨物の外装に刷込み等の方法により付けられた記号及び番号（契約書番号、注文書番号、その他の番号）が記載されている。
⑯Description of Goods 《品名、品種》	貨物の品名のほか、貨物の品種、成分や材料等の説明が記載されている。
⑰Quantity 《数量》	貨物の数量が記載されている。数量の単位は「Quantity」の下に記載されることが多い。
⑱Unit Price 《単価》	貨物の単価が記載されている。「Unit Price」の下に「Per ～」の形でどの単位当たりの金額かが記載されていることが多い。通常、上記「数量」欄の単位当たりの金額が記載されている。

⑲Amount 《価格》	貨物の各項目ごとの金額の合計が記載されている。価格は「数量×単価」で求められる。
⑳TOTAL Ⓘ 《合計》	貨物の契約数量、契約価格の合計が記載されている。 なお、合計金額の前には契約条件（FOB、CIFなど）と契約条件に基づく貨物の費用と危険の責任移転地点となる地名が記載されている。
㉑(Signature) 《署名》	この仕入書（INVOICE）を作成した者の署名が記載されている。

Ⅱ．輸出申告事項登録画面

A．共通部

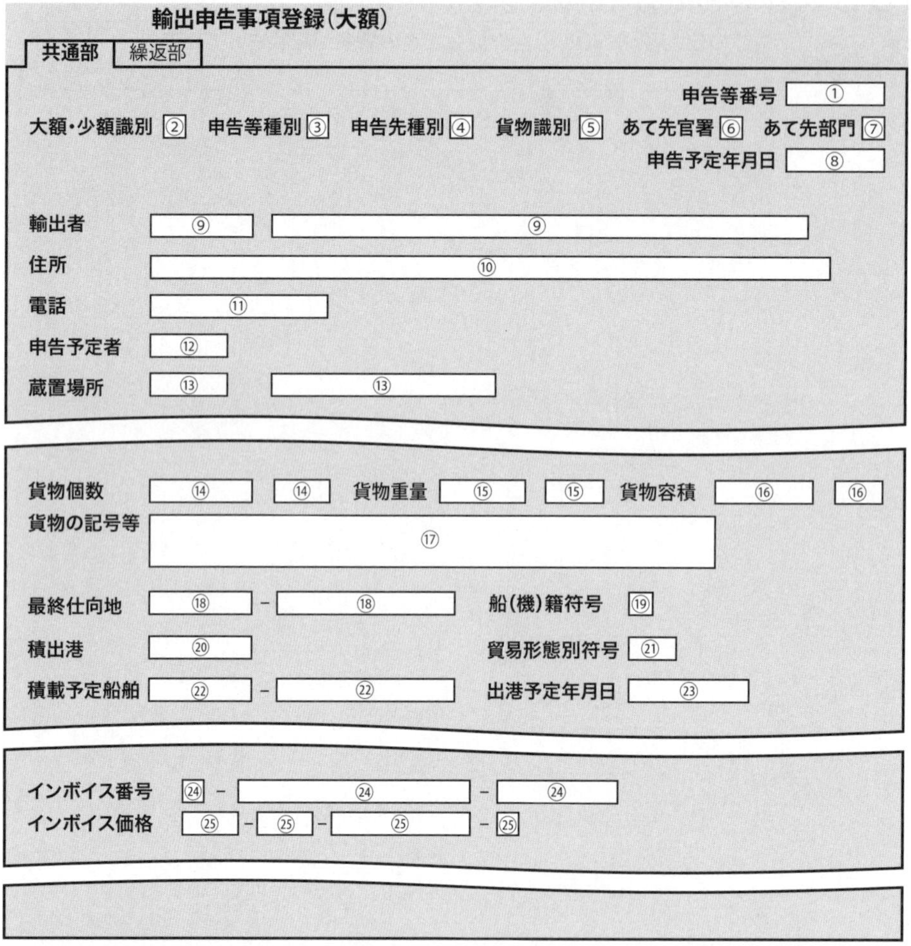

①申告等番号	輸出申告番号（初期登録時に自動付与）が出力される。
②大額・少額識別	通関士試験では、大額申告を表す「L」が入力されている。（少額申告の場合は「S」が入力される。）
③申告等種別	手続内容に応じてコードが入力されている。通関士試験において入力されている「E」は、手続内容が「輸出申告」であることを表している。
④申告先種別	緊急通関貨物又は特別通関貨物である場合にのみ、それぞれのコードが入力される。
⑤貨物識別	申告される貨物の区分（外交官用貨物、プラント貨物、EMS等の場合のみ）に応じて、コードが入力される。
⑥あて先官署	輸出申告をする税関官署の税関官署コードが入力される。
⑦あて先部門	輸出申告をする税関官署の申告先部門が入力される。
⑧申告予定年月日	輸出申告予定日が入力される。
⑨輸出者①	左欄には税関から輸出者に対して付与された輸出入者コードが、左欄に入力のない場合は右欄には輸出者の名称又は氏名が入力されている。

⑩住所Ⓘ	輸出者の住所が入力されている。
⑪電話	輸出者の電話番号が入力される。
⑫申告予定者	入力者以外の者を申告者として指定する場合に、その者の利用者コードが入力される。
⑬蔵置場所	輸出の許可を受ける予定の保税蔵置場等の保税地域コードが入力される。
⑭貨物個数Ⓘ	左欄には貨物の外装個数が、右欄には個数単位の包装種類コードが入力されている。
⑮貨物重量Ⓘ	左欄には貨物総重量が、右欄には貨物総重量単位のコード(KGM：キログラム)が入力されている。
⑯貨物容積	左欄には貨物総容積が、右欄には貨物総容積単位のコードが入力される。
⑰貨物の記号等	貨物のメインマーク等が入力される。 入力が困難な場合は、「AS PER ATTACHED SHEET」と入力され、マークを記載した用紙が輸出申告等関係書類に添付される。
⑱最終仕向地Ⓘ	左欄には、最終仕向地の国連LOCODE(5桁)が入力されている。 右欄には、最終仕向地の港名が入力される。
⑲船(機)籍符号	統計基本通達25-2(船(機)籍符号)に定める「船(機)籍符号表」により、入力される。
⑳積込港	積出港の国連LOCODEコード(5桁)が入力されている。
㉑貿易形態別符号	統計基本通達25-3(貿易形態別符号)に定める「貿易形態別符号表」により、第1符号、第2符号及び第3符号の順に入力される。
㉒積載予定船舶Ⓘ	左欄には、積載予定船舶の船舶コードが入力される。 右欄には、コードのない場合積載予定船舶の名称が入力されている。
㉓出港予定年月日Ⓘ	積載予定船(機)が積出港を出港する予定の年月日が入力されている。
㉔インボイス番号等Ⓘ	左欄には、インボイスの提出方法の区分に応じてコード(通関士試験においてはインボイスの提出を表す「A」)が、中央欄には電子インボイス受付番号を、また、右欄にはインボイス番号が入力されている。
㉕インボイス価格等Ⓘ	左から順に、次の四つの内容が入力されている。 **ｉ　価格条件コード** 価格条件に応じて、コードが入力されている。通関士試験では、CIF価格の「CIF」、CFR価格の「CFR」又はFOB価格の「FOB」が入力されていることが多い。 **ⅱ　通貨種別コード** インボイスの通貨種別に応じて、コードが入力されている。通関士試験においては、ほとんどが米ドルの「USD」であるが、欧州統一通貨・ユーロの「EUR」又は英ポンドの「GBP」が使用されることもある。 **ⅲ　インボイス価格** インボイス価格の総額が入力されている。 **ⅳ　インボイス等価格区分コード** インボイス等による価格区分について、その区分に応じてコードが入力されている。有償貨物の場合は「A」が、無償貨物の場合は「B」が、有償貨物と無償貨物が混在している場合は「C」が入力される。

Ｂ．繰返部

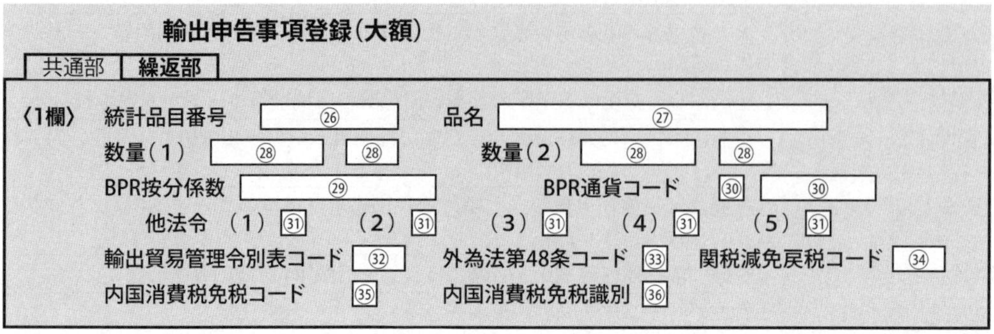

㉖統計品目番号	輸出統計品目表に定める品目番号、統計細分番号及びNACCS用コードが入力される。 通関士試験では、解答する項目となっている。
㉗品名	インボイス等の品名が入力される。 入力がない場合は、システムに登録されている統計品目番号に対応した品名が出力される。
㉘数量	左欄には輸出統計品目表の単位欄に対応する数量が、右欄にはその数量に対応する数量単位の数量単位コードが入力される。
㉙BPR按分係数	１輸出申告等が複数欄にわたる場合及び１インボイスによる分割申告の場合で、各欄の申告価格を価格按分により算出する場合に、価格按分するための当該欄の価格（ベーシックプライス按分係数）が入力される。
㉚BPR通貨コード	価格按分によらず、FOB価格により申告価格を算出する場合には、左欄にFOB価格の通貨種別の通貨コードが、右欄にFOB価格が入力される。
㉛他法令	他法令（外為法を除く。）に係る許可・承認等がある場合に、「他法令コード」が入力される。
㉜輸出貿易管理令別表コード	輸出令別表第１、第２、第５、第７、輸出令第２条第１項第１号の２、第４条第１項、第2項第1号、第4項又はCISTECが公表している非該当リストに該当する場合は、それぞれに応じて「輸出貿易管理令別表コード」が入力される。
㉝外為法第48条コード	外為法第48条第１項（輸出の許可等）による許可がある場合に、その区分に応じてコードが入力される。
㉞関税減免戻税コード	関税の減免戻税の適用を受ける場合等に、「関税減免戻税コード」が入力される。
㉟内国消費税免税コード	内国消費税の免税又は還付の適用を受けようとする場合に、その税種別に応じてコードが入力される。
㊱内国消費税免税識別	内国消費税の免税又は還付の適用を受けようとする場合で、「内国消費税免税コード」欄に「税種別のコード」を入力したときに、当該申告の全部に該当するかどうかに応じてコードが入力される。

Ⅲ．輸入申告事項登録画面

A．共通部

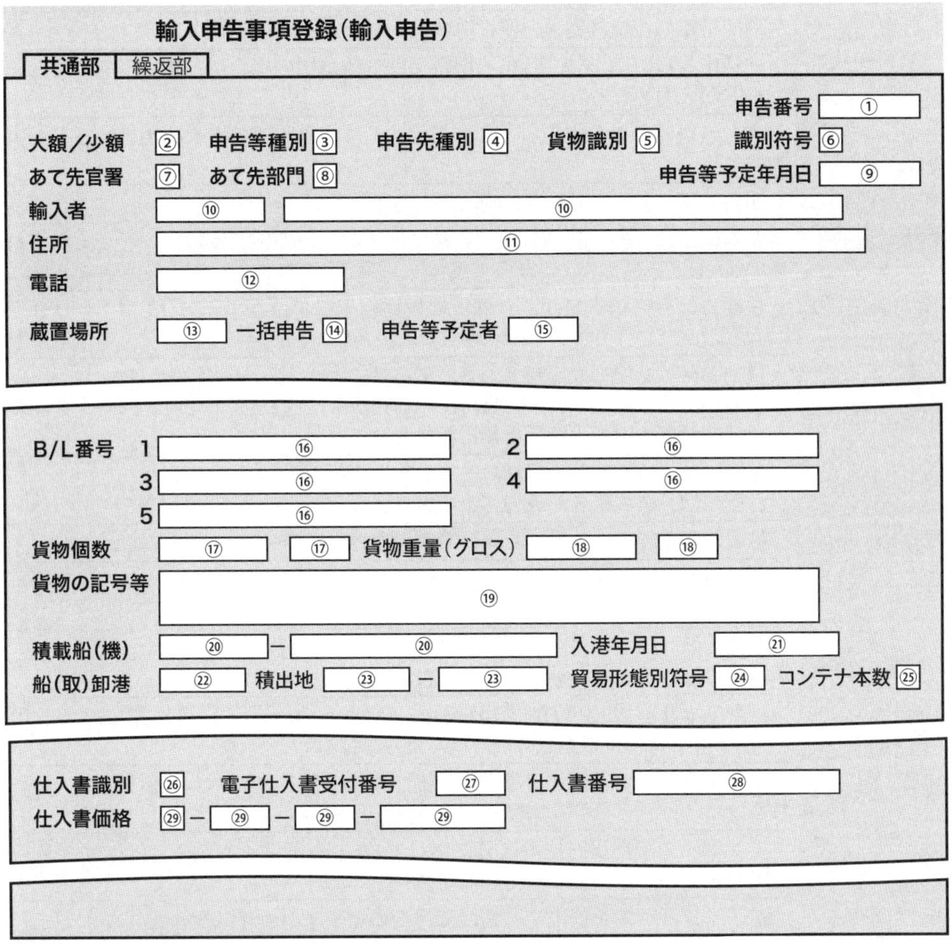

①申告番号	輸入申告番号（初期登録時に自動付与）が出力される。
②大額／少額	通関士試験では、大額申告を表す「L」が入力されている。（少額申告の場合は「S」が入力される。）
③申告等種別	手続内容に応じてコードが入力されている。通関士試験において入力されている「C」は、手続内容が「輸入申告（申告納税）」であることを示している。
④申告先種別	緊急通関貨物又は特別通関貨物である場合にのみ、それぞれのコードが入力される。
⑤貨物識別	申告される貨物の区分（外交官用貨物、EMS貨物等の場合のみ）に応じて、コードが入力される。
⑥識別符号	個人から個人宛の貨物の場合には「1」が、その他の貨物の場合には「2」が入力される。
⑦あて先官署	輸入申告をする税関官署の税関官署コードが入力される。
⑧あて先部門	輸入申告をする税関官署の申告先部門が入力される。
⑨申告等予定年月日	輸入申告予定日が入力される。

⑩輸入者①	左欄には税関から輸入者に対して付与された輸出入者コードが、右欄には輸入者の名称又は氏名が入力されている。
⑪住所①	輸入者の住所が入力されている。
⑫電話	輸入者の電話番号が入力される。
⑬蔵置場所	通関予定の保税蔵置場の保税地域コードが入力される。
⑭一括申告	一括申告（親B/Lを入力）する場合又は分散蔵置の場合に、貨物形態に応じてコードが入力される。
⑮申告等予定者	入力者以外の者を申告者として指定する場合に、その者の利用者コードが入力される。
⑯B/L番号	船会社コード＋B/L番号が続けて入力される。
⑰貨物個数①	左欄には貨物の外装個数が、右欄には個数単位の包装種類コードが入力されている。
⑱貨物重量（グロス）①	左欄には貨物総重量が、右欄には貨物総重量単位がコード（KGM：キログラム）が入力されている。
⑲貨物の記号等	貨物のメインマーク等が入力されている。 入力が困難な場合は、「AS PER ATTACHED SHEET」と入力され、マークを記載した用紙が輸入申告等関係書類に添付される。
⑳積載船（機）①	左欄には、積載船舶の船舶コードが入力される。 右欄には、積載船名が入力されている。
㉑入港年月日①	積載船が船卸港に入港した年月日が入力されている。
㉒船（取）卸港①	船卸港が国連LOCODEの地域コード３桁（通関士試験では国連LOCODE5桁）が入力されている。
㉓積出地①	左欄には、積出地が国連LOCODE（５桁）が入力されている。 右欄には、積出地の港名が入力される。
㉔貿易形態別符号	統計基本通達25-3（貿易形態別符号）に定める「貿易形態別符号表」により、第1符号、第２符号及び第３符号の順に入力される。
㉕コンテナ本数	コンテナ扱いで通関する場合に、当該申告に係るコンテナの総本数が入力される。
㉖仕入書識別	インボイスの提出方法の区分に応じてコード（通関士試験ではインボイスの提出を表す「A」）が入力されている。
㉗電子仕入書受付番号	電子インボイスを提出する場合に、その電子インボイス受付番号が入力される。
㉘仕入書番号①	インボイスの番号が入力されている。
㉙仕入書価格①	左から順に、次の四つの内容が入力されている。 **ⅰ　インボイス等価格区分コード** インボイス等による価格区分について、その区分に応じてコードが入力されている。有償貨物の場合は「A」が、無償貨物の場合は「B」が、有償貨物と無償貨物が混在している場合は「C」が入力される。 **ⅱ　価格条件コード** 価格条件に応じて、コードが入力されている。通関士試験では、CIF価格の「CIF」、CFR価格の「CFR」又はFOB価格の「FOB」が入力されていることが多い。 **ⅲ　通貨種別コード** インボイスの通貨種別に応じて、コードが入力されている。通関士試験では、ほとんどが米ドルの「USD」だが、欧州統一通貨・ユーロの「EUR」又は英ポンドの「GBP」が使用されることもある。 **ⅳ　インボイス価格** インボイス価格の総額が入力されている。

B．繰返部

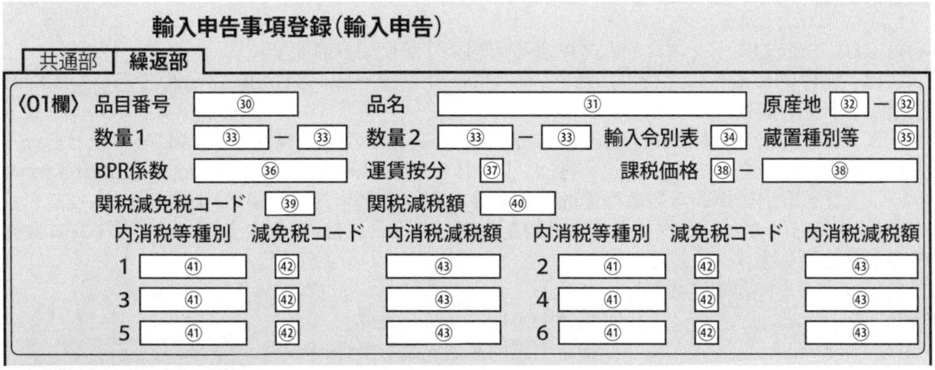

㉚品目番号	実行関税率表に定める品目番号、統計細分番号及びNACCS用コードが入力される。 通関士試験では、解答する項目となっている。
㉛品名	インボイス等の品名が入力される。 入力がない場合は、システムに登録されている統計品目番号に対応した品名が出力される。
㉜原産地Ⓘ	左欄には輸入貨物の原産地の国連LOCODE2桁が、右欄には原産地証明区分が入力されている。 通関士試験における原産地証明区分の入力は、協定原産地証明書はないが、貨物、インボイス等により原産地が確認できる貨物である場合の「R」又は特恵原産地証明書の提出がある貨物である場合の「P」とされていることが多い。
㉝数量	左欄には実行関税率表の単位欄に対応する数量が、右欄にはその数量に対応する数量単位の数量単位コードが入力される。
㉞輸入令別表	輸入貿易管理令別表第１又は第２に該当する場合に、その別表番号に応じてコードが入力される。
㉟蔵置種別等	申告等種別が「C」の場合には、製造場から酒類の輸入申告及び蔵出・移出・総保出輸入申告をする場合に、「L」が入力される。
㊱BPR係数	輸入申告等が複数欄にわたる場合及び1インボイスによる分割申告の場合で、各欄の申告価格を価格按分により算出する場合は、価格按分するための当該欄の価格（ベーシックプライス按分係数）が入力される。
㊲運賃按分	複数欄の申告、かつ、入力された運賃を重量又は容量（容積を含む。）で按分し、他の欄の課税価格の計算に不算入とする場合に、それぞれの区分に応じてコードが入力される。
㊳課税価格	自動計算によらず、手計算により算出した課税価格を入力する場合は、算出した課税価格が日本円で入力される（この場合、左欄は入力不要）。 通関士試験では、解答する項目となっている。
㊴関税減免税コード	関税について、減免税、控除又は軽減税率が適用される場合にのみ、「関税減免税コード」が入力される。
㊵関税減税額	減税又は控除の場合に、手計算により算出した減税額又は控除額が入力される。
㊶内消税等種別	内国消費税、地方消費税又は特殊関税が課される場合に、税種別に応じた「内国消費税種別コード」及び「内国消費税等細目番号」が入力される。
㊷減免税コード	内国消費税について、減税、免税、控除、未納税引取を適用する場合に、その「税科目」及び「内国消費税免税等適用条項」に応じて「減免税コード」が入力される。
㊸内消税減税額	内国消費税について減税又は控除がある場合に、手計算により算出した減税額又は控除額が日本円で入力される。

(付録2)2020年インコタームズ

貿易取引においては、一般的にインコタームズによる契約条件が使用されます。

インコタームズは、国際的に最も広く使用されているトレード・タームズ(Trade Terms)であり、国際商業会議所により制定されています。

このインコタームズ(Incoterms)は、International Commercial Termsの、二つの単語のはじめのInとCoと、Termsとを結合して略称としたものです。正式名称は、ICC Rules for the Use of Domestic and International Trade Termsといい、貿易取引に用いられる標準的取引条件を取りまとめた国際規則(条約ではない)です。貿易取引の当事者(売手、買手)がインコタームズの使用を合意した場合には、その取引についてはインコタームズに拘束されることになります。

2020年版では、次の11規則が規定されています。

①EXW(Ex Works)	指定引渡地工場渡し条件
②FCA(Free Carrier)	指定引渡地運送人渡し条件
③FAS(Free Alongside Ship)	指定船積港船側渡し条件
④FOB(Free On Board)	指定船積港本船甲板渡し条件
⑤CFR(Cost and Freight)	指定仕向港運賃込み条件
⑥CPT(Carriage Paid To)	指定仕向地運賃込み条件
⑦CIF(Cost Insurance and Freight)	指定仕向港運賃保険料込み条件
⑧CIP(Carriage and Insurance Paid To)	指定仕向地運賃保険料込み条件
⑨DAP(Delivered at Place)	指定仕向地持込渡し条件
⑩DPU(Delivered at Place Unloaded)	指定仕向地荷卸込持込渡し条件
⑪DDP(Delivered Duty Paid)	指定仕向地持込渡し輸入税込み条件

通関士試験においては、これらの条件に含まれている費用について把握する必要があります。各条件に含まれる代表的な費用は、次の表のようになっています。

		輸出地							海上		輸入地				
		施設での保管費用	輸出梱包費用	車両積込み費用	輸出国国内輸送費用	許認可・通関費用	ターミナル費用	船積み費用	国際輸送費用	海上保険費用	輸入港荷揚費用	輸入国通関 輸入税	輸入国国内輸送費用	仕向地荷卸費用	
① EXW	指定引渡地工場渡し条件	■	■												(Ex Works)
② FCA	指定引渡地運送人渡し条件	■	■	■	■	■									(Free Carrier)
③ FAS	指定船積港船側渡し条件	■	■	■	■	■	■								(Free Alongside Ship)
④ FOB	指定船積港本船甲板渡し条件	■	■	■	■	■	■	■							(Free On Board)
⑤ CFR	指定仕向港運賃込み条件	■	■	■	■	■	■	■	■						(Cost and Freight)
⑥ CPT	指定仕向地運賃込み条件	■	■	■	■	■	■	■	■						(Carriage Paid To)
⑦ CIF	指定仕向港運賃保険料込み条件	■	■	■	■	■	■	■	■	■					(Cost Insurance and Freight)
⑧ CIP	指定仕向地運賃保険料込み条件	■	■	■	■	■	■	■	■	■					(Carriage and Insurance Paid To)
⑨ DAP	指定仕向地持込渡し条件	■	■	■	■	■	■	■	■	■	■		■		(Delivered at Place)
⑩ DPU	指定仕向地荷卸込持込渡し条件	■	■	■	■	■	■	■	■	■	■		■	■	(Delivered at Place (Unloaded)
⑪ DDP	指定仕向地持込渡し輸入税込み条件	■	■	■	■	■	■	■	■	■	■	■	■		(Delivered Duty Paid)

■ インコタームズの条件に含まれる費用（売手が負担する費用）

═══ 輸出申告価格を構成する費用

- - - - 輸入申告価格を構成する費用

輸入(納税)申告においては、CIF条件に合わせて調整した価格に加算要素の額を加算したものを輸入申告価格(課税価格)とし、輸出申告においては、FOB条件に合わせて調整した価格を輸出申告価格とします。

インコタームズの詳細な内容については、別途貿易実務の書籍を参照してください。

(注)インコタームズは主として売主・買主との間の物品の引渡しに関する「危険移転の分岐点」及び「役割や費用(輸送手配と運賃支払、通関手続、その費用の負担等)」について"基本的"な条件を定めているにすぎません。インコタームズに記載されていない費用等は当事者間でしっかりと契約書を交すことが重要となります。

通関士試験 ゼロからの申告書 2024

2006年4月17日 初 版 発 行　　ISBN978-4-88895-518-8
2024年5月21日 2024年度版(改訂18版)発行

発行所　公益財団法人　日本関税協会
〒101-0062
東京都千代田区神田駿河台3-4-2
日専連朝日生命ビル6階
URL　https://www.kanzei.or.jp/